RUSSIAN | РУССКИЕ
STORIES | РАССКАЗЫ
A DUAL-LANGUAGE BOOK

Edited by

Gleb Struve

DOVER PUBLICATIONS, INC.
NEW YORK

With the exception of stories by Turgenev and Zamyatin, all the stories in this volume have been specially translated by Gleb and Mary Struve for use in this edition.

A LIVING RELIC, *by Ivan Turgenev, was translated by Veronica M. Du Feu for this edition and revised by the editor.*

THE CAVE, *by Eugene Zamyatin, included with the permission of Agence Hoffman, on behalf of Mrs. L. Zamiatine. The translation of* THE CAVE, *by Eugene Zamyatin, was originally made by Alex M. Shane, for Professor Struve's seminar on translation at the University of California; it was published in revised form in* OCCIDENT, *with the permission of whose editors it is included in this collection with minor alterations.*

SUNSTROKE, *by Ivan Bunin, included with the permission of William Aspenwall Bradley, literary agent for Madame Bounine. The translation of* SUNSTROKE *was specially prepared by Professor Gleb Struve for use only in* RUSSIAN STORIES: A BANTAM DUAL-LANGUAGE BOOK. *It appears with the permission of Random House, Inc., publishers of the volume* GRAMMAR OF LOVE, *by Ivan Bunin.*

Published in Canada by General Publishing Company, Ltd., 30 Lesmill Road, Don Mills, Toronto, Ontario.
Published in the United Kingdom by Constable and Company, Ltd.

This Dover edition, first published in 1990, is a republication of the work originally published by Bantam Books, Inc., New York, in 1961 with the same main title (the original subtitle was "A Bantam Dual-Language Book"). The Publisher's Note of the Bantam edition is omitted here.

Manufactured in the United States of America
Dover Publications, Inc., 31 East 2nd Street, Mineola, N.Y. 11501

Library of Congress Cataloging-in-Publication Data

Russian stories = Russkie rasskazy / edited by Gleb Struve.
      p.   cm. — (A Dual-language book)
    Reprint. Originally published: New York : Bantam Books, 1961. Originally published in series: Bantam dual-language book.
    ISBN 0-486-26244-8 (pbk.)
    1. Short stories, Russian—Translations into English. 2. Short stories, English—Translations from Russian. I. Struve, Gleb. II. Title: Russkie rasskazy. III. Series.
PG3286.R9   1990
891.73'0108—dc20   89-26005
                                         CIP

CONTENTS

For those who are interested in this book primarily as a linguistic tool, it is suggested that the stories be read in the following approximate order of relative difficulty:

Pushkin, Tolstoy, Chekhov, Sologub, Bunin, Turgenev, Zamyatin, Dostoevsky, Babel, Zoshchenko, Gogol, Leskov.

FOREWORD

The story, or novella, as a literary genre has a mucn shorter history in Russia than in some of the countries of the West, but within the relatively short span there is enough richness and variety to make a representative selection rather difficult for the compiler of a short anthology. No doubt some names which the reader may justly expect to find in this volume will be missing.

Historically speaking, one should have begun perhaps with Nikolay Karamzin (1766-1826), one of the molders of literary Russian at the end of the eighteenth century, who was also largely instrumental in freeing Russian literature from its dependence on French neo-classicism and reorienting it toward German and English influences. But if the historical significance of Karamzin's stories, which reflect European "new sensibility," is beyond doubt, their artistic value has become questionable. One is therefore justified in taking Pushkin as the true starting point of the short story in Russian literature. Pushkin is, generally speaking, the fountainhead and the epitome of modern Russian literature. While a great many Russians may still argue about the relative merits of Tolstoy and Dostoevsky, or of Gogol and Turgenev, they are practically at one in looking upon Pushkin as *the* national genius of Russia. For most Russians, Pushkin holds the same relative place in their literature as does Dante in the Italian, Shakespeare in the English, and Goethe in the German. Some will say (in fact, it has been said) that while Russian literature has produced several great writers, it can boast of only three great phenomena: Pushkin, Dostoevsky, and Tolstoy.

To the present-day reader, especially in the West, Pushkin's stories may appear too simple, too transparent, too bare, too anecdotal. It is this bareness, this "naked simplicity"—to use his own expression—that Pushkin valued above all in the art of prose narrative. A contemporary of the European romantics, and himself in many ways a renovator of Russian literature, not uninfluenced by some aspects of romanticism, Pushkin was essentially a classicist. His sense of measure, his Mozartesque qualities stand out. In his formative years he was brought up on French literature, and his prose in particular is marked by certain French qualities. Mérimée, who admired Pushkin very much and translated his "The Queen of Spades" into French and one of his poems into Latin, said once that Pushkin's phrasing was "quite French," adding that he meant "French of the eighteenth century." Pushkin's is the art of storytelling at its best, unhampered by any external motives and considerations. But its surface simplicity may be deceptive: hidden beneath it is a great deal of subtlety.

Pushkin as a prose writer had little direct influence on Russian literature. Of the writers closest to him in time, Gogol stood poles apart from him in manner and style, while both Lermontov and Turgenev, who, in a general way, owed a great deal to him, wrote a much more poetic, emotionally saturated prose. (Some lovers of Russian literature may miss Lermontov in this volume, but although his "Taman" has been proclaimed the best short story in the language—an opinion often attributed to Chekhov, but actually voiced by Grigorovich—it is not a separate story but part of a novel, and it would be illegitimate to tear it out of the larger context.) Dostoevsky, Tolstoy, Leskov, and other writers of the great age of Russian psychological realism, do not have Pushkin's precision, simplicity, and psychological nudity; Tolstoy's simplicity in his late creative period (in the stories for the people, in "Alyosha Gorshok" and similar works) is of an entirely different nature. Of all the nineteenth-century Russian writers it was perhaps Chekhov who came closest to Pushkin's ideal, and it is not accidental that the protagonist of Boris Paster-

nak's *Doctor Zhivago* writes in his diary: "What I have
come to like best in the whole of Russian literature is the
childlike Russian quality of Pushkin and Chekhov, their
modest reticence in such high-sounding matters as the
ultimate purpose of mankind or their own salvation."
    The fundamental difference between Pushkin and Gogol
is too obvious to need stressing. The most influential Russian critics of the nineteenth century—Belinsky, Cherny-
shevsky, and their followers—were well aware of their
essential differences but mistakenly regarded Gogol as a
satirical realist primarily concerned with the social reali-
ties of Russia, and opposed him to Pushkin, the "pure
poet," thus completely overlooking the element of the fantastic, the irrational, the *absurd,* which played such an important part in Gogol's work and which makes modern
students of literature speak of the affinity between him and
Kafka. Gogol's influence on the main line of development
of Russian prose fiction in the nineteenth century was not
very deep either, though in the case of Dostoevsky, and
especially of early Dostoevsky, his purely stylistic influence
cannot be denied. On the other hand, Gogol's impact on
a number of modern Russian writers was very real: such
writers as Andrey Bely and Alexey Remizov (neither of
whom is represented in this anthology: the former because
the short story was not his forte; the latter for sheer reasons of space—to the editor's great regret) and their post-
revolutionary disciples owed very much to Gogol's inspiration. Gogol's influence is felt in the stories of Zamyatin,
Babel, and Zoshchenko, who are included in the present
volume.
    In Zoshchenko's case one can also easily perceive the
thread connecting him with Leskov who, though still in-
sufficiently known in the West (he offers great difficulties
for the translator), is recognized today as one of the
major Russian prose writers of the past century. His impact on Russian literature has been particularly noticeable
since the Revolution of 1917. Among his greatest admirers
in modern times was Gorky. Young Soviet Russian authors
of the 1920s appreciated Leskov's marvellous storytelling
gift and were especially influenced by his *skaz* manner of

narrative, that is, the substitution for the author of a fictitious narrator whose peculiar intonations and idiosyncracies of speech are then faithfully rendered. The *skaz* had already been used by Gogol in some of his stories and by several lesser writers of the 1840s and 1850s, but it was Leskov who cultivated it most assiduously.

Although Leskov was at his best in the short story, he also wrote social-psychological novels and belonged to the period when the novel was the dominant literary form. In the work of Turgenev, Dostoevsky and Tolstoy the novel reached its "point of saturation," as Konstantin Leontyev observed. With Chekhov we enter, in the 1880s, the period when its place was taken by the short story. Chekhov himself is one of its greatest practitioners in world literature. Next to him, among the Russians, must be placed Bunin. Their art represents the aftermath of realism, a transition to impressionism, and the next step leads to the neo-realism of Zamyatin.

Feodor Sologub, one of the best of Russian symbolist poets, occupies a place apart from the other authors. He also wrote several novels (of which The Petty Demon was described by Prince D. S. Mirsky in his well-known book on Russian literature as the best Russian novel since The Brothers Karamazov) and a number of highly original stories, many of them about children, in which the classical limpidity of style, here and there spiced up by unusual inversions, serves as a vehicle for modern morbid themes and moods. Sologub is one of those "Decadents" who are despised and neglected today in Communist Russia. None of his stories have been reprinted since the Revolution, though some of his poetry and The Petty Demon were reissued (for the last time) in the late 1930s.

There should hardly be any need to explain to the reader that the absence of a number of names from this volume is due solely to the reasons of space. Of the nineteenth-century writers I would have liked to include Saltykov-Shchedrin, the great satirist. Had there been more space at my disposal I would have included Gorky, although I do not think that as a short-story writer he is on a par with Chekhov and Bunin. Such of their contemporaries as

Leonid Andreyev, Kuprin, Shmelyov, and Boris Zaitsev, would all deserve a place in a wider anthology. Bryusov and Zinaida Hippius among the Symbolists, and Remizov, Alexey N. Tolstoy, and Sergeyev-Tsensky among the pre-revolutionary neo-realists would also come in for consideration. Among postrevolutionary writers I would have liked to add stories by Yury Olesha, Nikolay Tikhonov, Konstantin Paustovsky, and Vladimir Nabokov to make the picture of recent developments more complete.

Gleb Struve

RUSSIAN STORIES

ALEXANDER PUSHKIN
(1799-1837)

Alexander Sergeyevich Pushkin was born in Moscow. He was of mixed descent: on his father's side the family could trace its history in Russia six hundred years back, several of its representatives being mentioned, as minor figures, in historical annals. Pushkin's maternal great-grandfather was an Abyssinian princeling who was sent as a gift to Peter the Great by the Russian ambassador in Constantinople, became the Emperor's godson, and rose to be a general of the army. In 1828 Pushkin began writing a novel about the life of his African ancestor (*The Negro of Peter the Great*), but left it unfinished.

Pushkin received his education at the newly created and rather exclusive school, the Lyceum at Tsarskoye Selo. It was there that he began writing poetry, his first work being published as early as 1814. It would be futile to attempt to characterize Pushkin's role in Russian literature within such a short space. One Russian nineteenth-century critic called him "Our all." Elaborating on that, Dostoevsky in his famous address at the unveiling of Pushkin's statue in Moscow in 1880 developed the theme of Pushkin's "pan-humanity," seeing in it an expression of the receptivity of the Russian mind. Although in the second half of the nineteenth century social-minded Russian literary critics were inclined to dismiss Pushkin as a "pure poet," and opposed to him Gogol and other "realists," today Pushkin's place in Russian literature is beyond dispute. Besides the greatest body of lyrical poetry in the language, he wrote several longer narrative poems, including such a masterpiece as "The Bronze Horseman"; a novel in verse (*Eugene Onegin*); a historical drama inspired by Shakespeare (*Boris Godunov*); four highly original "little tragedies," and several prose works of which the best known are the novel *The Captain's Daughter* and the story, or novella, "The

Queen of Spades." The story chosen by us here comes from the collection entitled *The Tales of Ivan Petrovich Belkin,* which Pushkin published anonymously in 1830.

Pushkin himself said that in prose fiction, of which Russian literature could not yet boast in those days, he valued above all "brevity, precision, and naked simplicity." In his own stories these qualities are displayed to perfection. They are masterfully told anecdotes, pruned of everything superfluous, and very carefully constructed. There is invariably an original twist to the plot, and in each of the stories one can detect the element of a subtle literary parody, a take-off on this or that literary manner in vogue. There is no doubt that in "The Stationmaster" there is such a parody of Karamzin's fabulously popular story "Poor Liza," a mawkishly tearful story of a young peasant girl who commits suicide after being jilted by her gentleman lover. This is doubled by a parody of the biblical parable of the Prodigal Son: it is, after all, a story of a prodigal daughter who makes good. Although Pushkin was probably little concerned with the social-humanitarian implications of his story, "The Stationmaster" came to be regarded by the Russian critics and literary scholars as the seed out of which grew the numerous "philanthropic" tales about "poor clerks" and other underdogs of life.

Pushkin's life was cut short in its prime: he died on January 29 (Old Style), 1837, of the wound received in a duel which he fought, in defense of his wife's honor, with a young French *émigré* d'Anthès who served as an officer in one of the Russian Guards regiments.

СТАНЦИОННЫЙ СМОТРИТЕЛЬ
А. С. Пушкина

Коллежский регистратор,[1]
Почтовой станции диктатор.
К н я з ь В я з е м с к и й.[2]

К то не проклинал станционных смотрителей, кто с ними не бранивался? Кто, в минуту гнева, не требовал от них роковой книги, дабы вписать в оную свою бесполезную жалобу на притеснение, грубость и неисправность? Кто не почитает их извергами человеческого рода, равными покойным подьячим,[3] или по крайней мере муромским разбойникам?[4] Будем однако справедливы, постараемся войти в их положение и, может быть, станем судить о них гораздо снисходительнее. Что такое станционный смотритель? Сущий мученик четырнадцатого класса, ограждённый своим чином токмо от побоев, и то не всегда (ссылаюсь на совесть моих читателей). Какова должность сего диктатора, как называет его шутливо князь Вяземский? Не настоящая ли каторга? Покоя ни днём, ни ночью. Всю досаду, накопленную во время скучной езды, путешественник вымещает на смотрителе. Погода несносная, дорога скверная, ямщик упрямый, лошади не везут — а виноват смотритель. Входя в бедное его жилище, проезжающий смотрит на него, как на врага; хорошо, если удастся ему скоро избавиться от непрошенного гостя; но если не случится лошадей?.. Боже! какие ругательства, какие угрозы посыплются на его голову! В дождь и слякоть принуждён он бегать по дворам; в бурю, в крещенский мороз уходит он в сени, чтоб только на минуту отдохнуть от крика и толчков раздражённого посто-

THE STATIONMASTER
Alexander Pushkin

A cog in the administration,
Dictator of a posting station...
Prince Vyazemsky

Who has not cursed stationmasters, who has not bickered with them? Who, in a moment of rage, has not demanded from them the fateful book in order to write down in it his futile complaint at victimization, rudeness and inefficiency? Who does not consider them the outcasts of the human race, equal to the petty clerks of yore or at best to the brigands of Murom? Let us, however, be fair; let us try to put ourselves in their position, and perhaps we shall judge them much more leniently. What is a stationmaster? A veritable martyr of the fourteenth grade, protected by his rank from beatings only, and that not always (I refer to the conscience of my readers). What are the duties of this dictator, as Prince Vyazemsky facetiously calls him? Are they not really tantamount to a life at hard labor? No respite by day or by night. All the vexation accumulated during his dreary journey the traveler takes out on the stationmaster. Be the weather insupportable, the road bad, the driver stubborn, the horses reluctant—the stationmaster is to blame. The traveler who enters his poor dwelling looks upon him as an enemy; well and good if he can soon be rid of the uninvited visitor. But what if there are no horses? Lord, what oaths, what threats will be showered on his head! In rain and slush he is obliged to run the round of the village; in storms, in Epiphany frosts he retires into the passageway to have at least a moment's rest from the shouts and shoves of his irritated customer. A

5

яльца. Приезжа́ет генера́л; дрожа́щий смотри́тель отдаёт ему́ две после́дние тро́йки, в том числе́ курье́рскую. Генера́л е́дет, не сказа́в ему́ спаси́бо. Че́рез пять мину́т — колоко́льчик!.. и фельдъе́герь[5] броса́ет ему́ на стол свою́ подоро́жную!.. Вни́кнем во всё э́то хороше́нько, и вме́сто негодова́ния се́рдце на́ше испо́лнится и́скренним сострада́нием. Ещё не́сколько слов: в тече́ние двадцати́ лет сря́ду изъе́здил я Росси́ю по всем направле́ниям; почти́ все почто́вые тра́кты мне изве́стны; не́сколько поколе́ний ямщико́в мне знако́мы; ре́дкого смотри́теля не зна́ю я в лицо́,[6] с ре́дким не име́л я де́ла; любопы́тный запа́с путевы́х мои́х наблюде́ний наде́юсь изда́ть в непродолжи́тельном вре́мени; пока́мест скажу́ то́лько, что сосло́вие станцио́нных смотри́телей предста́влено о́бщему мне́нию в са́мом ло́жном ви́де. Сий столь оклеве́танные смотри́тели вообще́ суть лю́ди ми́рные, от приро́ды услу́жливые, скло́нные к общежи́тию, скро́мные в притяза́ниях на по́чести и не сли́шком сребролюби́вые. Из их разгово́ров (ко́ими некста́ти пренебрега́ют господа́ проезжа́ющие) мо́жно почерпну́ть мно́го любопы́тного и поучи́тельного. Что каса́ется до меня́, то, признаю́сь, я предпочита́ю их бесе́ду реча́м како́го-нибудь чино́вника 6-го кла́сса, сле́дующего по казённой на́добности.

Легко́ мо́жно догада́ться, что есть у меня́ прия́тели из почте́нного сосло́вия смотри́телей. В са́мом де́ле, па́мять одного́ из них мне драгоце́нна. Обстоя́тельства не́когда сбли́зили нас, и об нём-то наме́рен я тепе́рь побесе́довать с любе́зными чита́телями.

В 1816 году́, в ма́е ме́сяце, случи́лось, мне проезжа́ть че́рез ***скую губе́рнию, по тра́кту, ны́не уничто́женному. Находи́лся я в ме́лком чи́не, е́хал на перекладны́х и плати́л прого́ны[7] за две ло́шади. Всле́дствие сего́ смотри́тели со мно́ю не церемо́нились, и ча́сто бира́л я с бою то, что, во мне́нии моём, сле́довало мне по пра́ву. Бу́дучи мо́лод и вспы́льчив, я негодова́л на ни́зость и малоду́шие смотри́теля,

general arrives—the trembling stationmaster lets him have the two last troikas, including the special messenger's. The general departs without saying thank you to him. Five minutes later—bells!... And a special courier throws on the table his travel document. Let us look into all this properly and, instead of indignation, our hearts will be filled with sincere compassion. A few more words: in the course of the last twenty years I have crossed and re-crossed Russia in all directions; nearly all the post roads are familiar to me; I am acquainted with several generations of drivers; few are the stationmasters whom I don't know by sight, few are those with whom I have had no dealings. I hope to publish shortly the interesting store of my traveling impressions; for the time being I shall only say that the class of stationmasters has been presented to the public in the most false light. These much maligned stationmasters are generally peaceful folk, by nature obliging, inclined to be sociable, modest in their ambitions and not too money-loving. From their conversation (which the traveling gentlemen mistakenly neglect) one may learn much that is curious and instructive. As for me, I confess that I prefer their conversation to the discourse of some civil servant of the sixth grade traveling on government business.

It is easy to guess that I have friends among the respectable class of stationmasters. Indeed, the memory of one of them is precious to me. Circumstances once brought us close together, and it is about him that I now propose to tell my gentle readers.

In the year 1816, in the month of May, I happened to be traversing N. Province along a post road which now no longer exists. My rank was low, I traveled by post-chaise in relays and my traveling allowance covered the price of only two horses. Because of that the stationmasters did not stand on ceremony with me and I often had to battle for what, in my opinion, belonged to me by rights. Being young and hotheaded, I felt indignant at the meanness and cowardice of a stationmaster when the latter would harness the

когда́ сей после́дний отдава́л пригото́вленную мне
тро́йку под коля́ску чино́вного ба́рина. Столь же
до́лго не мог я привы́кнуть и к тому́, чтоб разбо́р-
чивый холо́п обноси́л меня́ блю́дом на губерна́тор-
ском обе́де.[8] Ны́не то и друго́е ка́жется мне в по-
ря́дке веще́й. В са́мом де́ле, что бы́ло бы с на́ми,
е́сли бы вме́сто общеудо́бного пра́вила: ч и н ч и н а
п о ч и т а́ й, ввело́сь в употребле́ние друго́е, напри-
ме́р: у м у м а́ п о ч и т а́ й? Каки́е возни́кли бы
спо́ры! и слу́ги с кого́ бы начина́ли ку́шанье пода-
ва́ть? Но обраща́юсь к мое́й по́вести.

День был жа́ркий. В трёх верста́х от ста́нции
*** ста́ло накра́пывать, и че́рез мину́ту проливно́й
дождь вы́мочил меня́ до после́дней ни́тки. По при-
е́зде на ста́нцию пе́рвая забо́та была́ поскоре́е пе-
реоде́ться, втора́я — спроси́ть себе́ ча́ю. «Эй, Ду́-
ня!»[9] — закрича́л смотри́тель, — поста́вь самова́р
да сходи́ за сли́вками». При сих слова́х вы́шла из-
за перегоро́дки де́вочка лет четы́рнадцати и побе-
жа́ла в се́ни. Красота́ её меня́ порази́ла. «Это твоя́
до́чка?» — спроси́л я смотри́теля. — «До́чка-с,[10] —
отвеча́л он с ви́дом дово́льного самолю́бия: — да
така́я разу́мная, така́я прово́рная, вся в поко́йни-
цу-мать». Тут он приня́лся́ перепи́сывать мою́ по-
доро́жную, а я заня́лся́ рассмотре́нием карти́нок,
украша́вших его́ смире́нную, но опря́тную оби́тель.
Они́ изобража́ли исто́рию блу́дного сы́на:[11] в пе́р-
вой почте́нный стари́к в колпаке́ и шла́фроке от-
пуска́ет беспоко́йного ю́ношу, кото́рый поспе́шно
принима́ет его́ благослове́ние и мешо́к с деньга́ми.
В друго́й я́ркими черта́ми изображено́ развра́тное
поведе́ние молодо́го челове́ка: он сиди́т за столо́м,
окружённый ло́жными друзья́ми и бессты́дными
же́нщинами. Да́лее промота́вшийся ю́ноша, в ру́би-
ще и в треуго́льной шля́пе, пасёт свине́й и разделя́ет
с ни́ми тра́пезу; в его́ лице́ изображены́ глубо́кая
печа́ль и раска́яние. Наконе́ц предста́влено возвра-
ще́ние его́ к отцу́; до́брый стари́к в том же колпаке́
и шла́фроке выбега́ет к нему́ навстре́чу: блу́дный

troika he had got ready for me to the carriage of some high-ranking gentleman. It took me just as long to get used to the way in which a discriminating lackey would pass me while serving a dish at a governor's dinner. Today both the one and the other seem to me to be in the order of things. Indeed, what would happen to us if, instead of the generally expedient principle: "Rank should respect rank," a different one were to be brought into use, such as for instance: "Mind should respect mind"? What disputes would arise! And whom would the servants serve first with food? But let me return to my narrative.

The day was hot. Three versts from station X. drops of rain began to fall and a minute later a downpour soaked me to the skin. Upon arrival at the station my first concern was to change my clothes as quickly as possible, and my second, to ask for tea. "Hi, Dunya!" called the station-master, "Start the samovar and go and fetch some cream." At these words a girl of about fourteen came out from behind a partition and ran into the passageway. I was struck by her beauty. "Is that your daughter?" I asked the station-master. "Yes, sir," he replied with an air of pleased pride, "and she is so sensible, so quick at her work, the very image of her late mother." Here he began to copy my travel document while I occupied myself with examining the pictures which adorned his humble but neat abode. They depicted the story of the prodigal son: in the first, a respectable-looking old man in a nightcap and dressing-gown is saying farewell to a restless youth who hurriedly receives his blessing and a bag of money. In the next, the dissolute behavior of the young man is portrayed with bold strokes: he sits at the table, surrounded by false friends and shameless women. Next, the ruined youth, in rags and a three-cornered hat, is herding swine and having his share of their meal; his face expresses deep sorrow and repentance. Finally, his return to his father is shown: the kindly old man, in the same nightcap and dressing-gown, runs out to meet him; the prodigal son is kneeling; in the background a

сын стоит на коленах; в перспективе повар убивает упитанного тельца и старший брат вопрошает слуг о причине таковой радости. Под каждой картинкой прочёл я приличные немецкие стихи. Всё это доныне сохранилось в моей памяти, так же как и горшки с бальзамином и кровать с пёстрой занавескою, и прочие предметы, меня в то время окружавшие. Вижу, как теперь, самого хозяина, человека лет пятидесяти, свежего и бодрого, и его длинный зелёный сертук с тремя медалями на полинялых лентах.

Не успел я расплатиться со старым моим ямщиком, как Дуня возвратилась с самоваром. Маленькая кокетка со второго взгляда заметила впечатление, произведённое ею на меня; она потупила большие голубые глаза; я стал с нею разговаривать, она отвечала мне безо всякой робости, как девушка, видевшая свет. Я предложил отцу её стакан пуншу; Дуне подал я чашку чаю, и мы втроём начали беседовать, как будто век были знакомы.

Лошади были давно готовы, а мне всё не хотелось расстаться с смотрителем и его дочкой. Наконец я с ними простился; отец пожелал мне доброго пути, а дочь проводила до телеги. В сенях я остановился и просил у ней позволения её поцеловать. Дуня согласилась... Много могу я насчитать поцелуев,

С тех пор, как этим занимаюсь,[12]

но ни один не оставил во мне столь долгого, столь приятного воспоминания.

Прошло несколько лет, и обстоятельства привели меня на тот самый тракт, в те самые места. Я вспомнил дочь старого смотрителя и обрадовался при мысли, что увижу её снова. Но, подумал я, старый смотритель, может быть, уже сменён; вероятно, Дуня уже замужем. Мысль о смерти того или другого также мелькнула в уме моём, и я приближался к станции *** с печальным предчувствием.

Лошади стали у почтового домика. Вошед[13] в комнату, я тотчас узнал картинки, изображающие исто-

cook is killing the fatted calf and the elder brother asks the servants about the reason for all this rejoicing. Under each picture I read the appropriate German verses. All this is preserved in my memory to this day, as are the pots with balsamine and the bed with its motley curtain, and the other objects which surrounded me at that time. I can see, as though it were today, the host himself, a man of about fifty, fresh and hale, and his long green frock-coat with three medals on faded ribbons.

I had barely paid off my previous driver when Dunya came back with the samovar. The little flirt noticed at the second glance the impression she had made on me; she lowered her large blue eyes; I began talking to her; she answered me without any timidity, like a young girl who had seen the world. I offered her father a glass of punch; to Dunya I handed a cup of tea, and the three of us began chatting as though we had known each other for ages.

My horse had long been ready, but still I was loth to part with the stationmaster and his daughter. Finally, I took leave of them; the father wished me godspeed and the daughter saw me off to the cart. In the passageway I stopped and asked her permission to kiss her. Dunya consented. Many are the kisses I can number

> Since I've been indulging in this sort of thing,

but not one did leave behind so lasting, so pleasant an impression.

Several years passed, and circumstances led me onto the same post road, to the same neighborhood. I remembered the daughter of the old stationmaster and rejoiced at the thought of seeing her again. But, thought I, the old stationmaster might have been replaced, Dunya is probably married by now. The possibility of one or the other of them having died also flashed through my mind, and I approached station X. with a sad foreboding.

The horses stopped by the posting station. On entering the room I immediately recognized the pictures illustrating

рию блудного сына; стол и кровать стояли на прежних местах; но на окнах уже не было цветов, и всё кругом показывало ветхость и небрежение. Смотритель спал под тулупом; мой приезд разбудил его; он привстал... Это был точно Самсон Вырин; но как он постарел! Покамест собирался он переписать мою подорожную, я смотрел на его седину, на глубокие морщины давно небритого лица, на сгорбленную спину — и не мог надивиться, как три или четыре года могли превратить бодрого мужчину в хилого старика. «Узнал ли ты меня? — спросил я его; — мы с тобою старые знакомые», — «Может статься, — отвечал он угрюмо; — здесь дорога большая; много проезжих у меня перебывало». — «Здорова ли твоя Дуня?» — продолжал я. Старик нахмурился. «А Бог её знает», — отвечал он. «Так видно она замужем?» — сказал я. Старик притворился, будто бы не слыхал моего вопроса, и продолжал пошептом читать мою подорожную. Я прекратил свой вопросы и велел поставить чайник. Любопытство начинало меня беспокоить, и я надеялся, что пунш разрешит язык моего старого **знакомца**.

Я не ошибся: старик не отказался от предлагаемого стакана. Я заметил, что ром прояснил его угрюмость. На втором стакане сделался он разговорчив; вспомнил или показал вид, будто бы вспомнил меня, и я узнал от него повесть, которая в то время сильно меня заняла и тронула.

«Так вы знали мою Дуню? — начал он. — Кто же и не знал её? Ах, Дуня, Дуня! Что за девка-то была! Бывало, кто ни проедет, всякий похвалит, никто не осудит. Барыни дарили её, та платочком, та серёжками. Господа проезжие нарочно останавливались, будто бы пообедать, аль отужинать, а в самом деле только, чтоб на нее подолее поглядеть. Бывало, барин, какой бы сердитый ни был, при ней утихает и милостиво со мною разговаривает. Поверите ль, сударь: курьеры, фельдъегеря с нею по получасу заговаривались. Ею дом держался: что при

the story of the prodigal son; the table and the bed stood in their former places; but there were no flowers on the window sills any more, and everything around betrayed decrepitude and neglect. The stationmaster was asleep under a sheepskin coat; my arrival awoke him, he sat up. . . . This was indeed Samson Vyrin, but how he had aged! While he was preparing to copy my travel document I looked at his gray hair, at the deep furrows on his long-unshaven face, at his stooped back—and could only marvel that three or four years could turn a vigorous man into a sickly and old one. "Do you recognize me?" I asked him, "we are old friends." "It could be," he replied gloomily, "this is a main road, I've had many travelers pass by." "Is your Dunya well?" I continued. The old man frowned. "God alone knows," he answered. "Then she is married?" I asked. The old man pretended not to hear my question and went on reading to himself, in an audible whisper, my travel document. I stopped my questioning and ordered the kettle to be put on. My curiosity was aroused and I hoped that some punch would loosen the tongue of my old friend.

I was not mistaken: the old man did not refuse the proferred glass. I noticed that the rum brightened his morose mood. At the second glass he became talkative; he remembered, or pretended to remember, me, and I heard a story from him which at the time interested and touched me very much.

"So you knew my Dunya?" he began. "But then who didn't know her? Oh, Dunya, Dunya! What a girl she was! Everyone who passed here used to praise her, no one had a bad word for her. Ladies gave her presents, some a handkerchief, some a pair of earrings. Traveling gentlemen made a point of stopping as if for dinner or supper, but in fact merely to have a longer look at her. A gentleman, no matter how cross he might be, would calm down in her presence and talk to me graciously. Would you believe it, sir, couriers, state-messengers would chat with her for as much as half-an-hour. She kept the house going; whatever

брать, что приготовить, за всем успевала. А я-то, старый дурак, не нагляжусь, бывало, не нарадуюсь; уж я ли не любил моей Дуни, я ль не лелеял моего дитяти; уж ей ли не было житьё? Да нет, от беды не отбожишься;[14] что суждено, тому не миновать».[15] Тут он стал подробно рассказывать мне своё горе. — Три года тому назад, однажды, в зимний вечер, когда смотритель разлиневывал новую книгу, а дочь его за перегородкой шила себе платье, тройка подъехала, и проезжий в черкесской шапке,[16] в военной шинели, окутанный шалью, вошёл в комнату, требуя лошадей. Лошади все были в разгоне. При сём известии путешественник возвысил было голос и нагайку; но Дуня, привыкшая к таковым сценам, выбежала из-за перегородки и ласково обратилась к проезжему с вопросом: не угодно ли будет ему чего-нибудь покушать? Появление Дуни произвело обыкновенное своё действие. Гнев проезжего прошёл; он согласился ждать лошадей и заказал себе ужин. Сняв мокрую косматую шапку, отпутав шаль и сдёрнув шинель, проезжий явился молодым, стройным гусаром с чёрными усиками. Он расположился у смотрителя, начал весело разговаривать с ним и с его дочерью. Подали ужинать. Между тем лошади пришли, и смотритель приказал, чтоб тотчас, не кормя, запрягали их в кибитку[17] проезжего; но возвратясь, нашёл он молодого человека почти без памяти лежащего на лавке: ему сделалось дурно, голова разболелась, невозможно было ехать... Как быть! смотритель уступил ему свою кровать, и положено было,[18] если больному не будет легче, на другой день утром послать в С*** за лекарем.

На другой день гусару стало хуже. Человек[19] его поехал верхом в город за лекарем. Дуня обвязала ему голову платком, намоченным уксусом, и села с своим шитьём у его кровати. Больной при смотрителе охал и не говорил почти ни слова, однако ж выпил две чашки кофе и, охая, заказал себе обед.

there was to tidy or to prepare, she managed it all. And I, old fool that I was, could not have enough of looking on it all and delighting in it; oh, did I not love my Dunya, did I not cherish my child! wasn't her life a good one? But trouble will seek you out—what must be must be." Here he began to recount his misfortune in detail.—Three years earlier, one winter evening, while the stationmaster was ruling lines in his new route book, and his daughter was sewing herself a dress behind the partition, a troika drew up and a traveler in a Circassian fur cap and military great-coat, wrapped in a shawl, came into the room and demanded horses. All the horses were out. At this news the traveler was about to raise his voice and his whip when Dunya, accustomed to such scenes, ran out from behind the partition and sweetly inquired of the traveler whether he would not care to have something to eat. Dunya's appearance had its usual effect. The traveler's rage subsided; he agreed to wait for horses and ordered supper. Taking off his wet, shaggy cap, disentangling the shawl and throwing off his greatcoat, the traveler turned out to be a young, well-built hussar with a small black mustache. He settled himself in the stationmaster's room and began to chat gaily with him and his daughter. Supper was served. In the meantime, some horses had arrived, and the stationmaster ordered them to be harnessed at once, unfed, to the traveler's sleigh; but on returning he found the young man lying on the bench almost unconscious: he had felt faint, his head had started to ache, it was impossible for him to travel. . . What was to be done? The stationmaster gave up his own bed to him, and it was decided, should the sick man feel no better, to send the next morning to S. for the doctor.

The next day the hussar was worse. His servant rode back to town for the doctor. Dunya wrapped a handkerchief soaked in vinegar round his head and sat by his bed with her sewing. In the presence of the stationmaster the sick man groaned and hardly uttered a word; nevertheless, he drank two cups of coffee and, groaning, ordered dinner.

Дуня от него не отходила. Он поминутно просил пить, и Дуня подносила ему кружку ею заготовленного лимонада. Больной обмакивал губы, и всякий раз, возвращая кружку, в знак благодарности, слабою своею рукою пожимал Дунюшкину[20] руку. К обеду приехал лекарь. Он пощупал пульс больного, поговорил с ним по-немецки, и по-русски объявил, что ему нужно одно спокойствие и что дни[21] через два ему можно будет отправиться в дорогу. Гусар вручил ему двадцать пять рублей за визит, пригласил его отобедать; лекарь согласился; оба ели с большим аппетитом, выпили бутылку вина и расстались очень довольны друг другом.

Прошёл ещё день, и гусар совсем оправился. Он был чрезвычайно весел, без умолку шутил то с Дунею, то с смотрителем; насвистывал песни, разговаривал с проезжими, вписывал их подорожные в почтовую книгу, и так полюбился доброму смотрителю, что на третье утро жаль было ему расстаться с любезным своим постояльцем. День был воскресный; Дуня собиралась к обедне. Гусару подали кибитку. Он простился с смотрителем, щедро наградив его за постой и угощение; простился и с Дунею и вызвался довезти её до церкви, которая находилась на краю деревни. Дуня стояла в недоумении... «Чего же ты бойшься? — сказал ей отец; — ведь его высокоблагородие[22] не волк и тебя не съест; прокатись-ка до церкви». Дуня села в кибитку подле гусара, слуга вскочил на облучок, ямщик свистнул, и лошади поскакали.

Бедный смотритель не понимал, каким образом мог он сам позволить своей Дуне ехать вместе с гусаром, как нашло на него ослепление и что тогда было с его разумом. Не прошло и получаса, как сердце его начало ныть, ныть, и беспокойство овладело им до такой степени, что он не утерпел и пошёл сам к обедне. Подходя к церкви, увидел он, что народ уже расходился, но Дуни не было ни в ограде, ни на паперти. Он поспешно вошёл в церковь: свя-

Dunya would not leave him. He kept asking for a drink, and Dunya would offer him a mug of lemonade she had made. The sick man would moisten his lips and every time, on returning the mug, would press Dunyushka's hand with his own weak one in token of gratitude. By dinnertime the doctor arrived. He felt the patient's pulse, talked to him in German, and announced, in Russian, that all he needed was rest and that in two days time he would be fit to continue his journey. The hussar handed him twenty-five rubles for the visit and invited him to have dinner with him; the doctor accepted. Both of them ate with a good appetite, drank a bottle of wine and parted very pleased with each other.

Another day passed, and the hussar recovered completely. He was exceedingly gay, joked ceaselessly now with Dunya, now with the stationmaster; whistled tunes, talked with travelers, copied their documents into the post-stage book, and so endeared himself to the good stationmaster that by the third morning the latter was sorry to part with his pleasant guest. It was a Sunday; Dunya was going to mass. The hussar's sleigh was brought up. He took leave of the stationmaster, rewarding him handsomely for room and board; said good-bye to Dunya, too, and offered to give her a ride as far as the church, which was situated at the other end of the village. Dunya stood in indecision. . . "Well, what are you afraid of?" said her father to her, "his honor is not a wolf, he won't eat you; have a ride as far as the church." Dunya got into the sleigh next to the hussar, the servant jumped onto the box, the driver whistled, and the horses galloped off.

The poor stationmaster could not understand how he could actually have allowed Dunya to go with the hussar, how he came to be thus blinded, and what had been the matter with his reason. Half-an-hour had not gone by when his heart began to ache and ache and anxiety possessed him to such a degree that, unable to stand it any longer, he went himself to church. Approaching it he saw that people were already leaving, but Dunya was neither in the churchyard nor on the porch. Hurriedly, he entered the

щённик выходил из алтаря; дьячок гасил свечи, две старушки молились ещё в углу; но Дуни в церкви не́ было. Бедный отец насилу решился спросить у дьячка, была ли она у обедни. Дьячок отвечал, что не бывала. Смотритель пошёл домой ни жив, ни мёртв.[23] Одна оставалась ему надежда: Дуня по ветрености молодых лет вздумала, может быть, прокатиться до следующей станции, где жила её крёстная мать. В мучительном волнении ожидал он возвращения тройки, на которой он отпустил её. Ямщик не возвращался. Наконец к вечеру приехал он один и хмелён, с убийственным известием: «Дуня с той станции отправилась далее с гусаром».

Старик не снёс своего несчастия; он тут же слёг в ту самую постель, где накануне лежал молодой обманщик. Теперь смотритель, соображая все обстоятельства, догадывался, что болезнь была притворная. Бедняк занемог сильной горячкою;[24] его свезли в С*** и на его место определили на время другого. Тот же лекарь, который приезжал к гусару, лечил и его. Он уверил смотрителя, что молодой человек был совсем здоров и что тогда ещё догадывался он о его злобном намерении, но молчал, опасаясь его нагайки. Правду ли говорил немец, или только желал похвастаться дальновидностию, но он нимало тем не утешил бедного больного. Едва оправясь от болезни, смотритель выпросил у С*** почтмейстера отпуск на два месяца и, не сказав никому ни слова о своём намерении, пешком отправился за своею дочерью. Из подорожной знал он, что ротмистр Минский ехал из Смоленска[25] в Петербург. Ямщик, который вёз его, сказывал, что во всю дорогу Дуня плакала, хотя, казалось, ехала по своей охоте. «Авось, — думал смотритель, — приведу я домой заблудшую овечку мою». С этой мыслию прибыл он в Петербург, остановился в Измайловском полку,[26] в доме отставного унтер-офицера, своего старого сослуживца, и начал свой поиски. Вскоре узнал он, что ротмистр Минский в Петербурге и

church; the priest was coming out of the altar, the sexton was snuffing the candles, two old women were still praying in a corner. But Dunya was not there. The poor father forced himself to ask the sexton whether she had been to mass. The sexton answered that she had not. The station-master went home more dead than alive. One hope was left to him: in the heedlessness of her youth Dunya had perhaps decided to drive as far as the next station where her god-mother lived. In an agony of suspense he waited for the return of the troika in which he had let her go. The driver did not return. At last, toward evening, he came alone and tipsy, with the disastrous news—from the next station Dunya had gone on with the hussar.

The old man could not stand his misfortune; he forth-with took to the same bed in which the young deceiver had lain the day before. Now the stationmaster, putting all the circumstances together, realized that the illness had been a pretense. The poor man fell ill with a high fever. He was taken to S., and another man was temporarily appointed in his place. The same doctor who had come to see the hussar treated him. He assured the stationmaster that the young man had been quite well and that he had suspected then and there his evil design, but, fearing his whip, had kept quiet. Whether the German spoke the truth, or merely wished to boast of his foresight, he certainly gave no com-fort to his poor patient. Barely recovered, the stationmaster wangled a two-month leave of absence from the postmaster of S. and, without saying a word to anyone of his intention, set out on foot after his daughter. From the travel document he knew that Captain Minsky was on his way from Smo-lensk to Petersburg. The driver who had driven him said that Dunya had cried all the way even though she seemed to be going of her own free will. "Perhaps," thought the stationmaster, "I shall bring my stray lamb home." With this thought he arrived in Petersburg, stopped in Izmailov-sky Regiment, in the house of his old comrade-in-arms, a retired noncommissioned officer, and began his search. He soon learned that Captain Minsky was in Petersburg and

живёт в Де́мутовом тракти́ре.[27] Смотри́тель реши́л-
ся к нему́ яви́ться.

Ра́но у́тром пришёл он в его́ пере́днюю и проси́л
доложи́ть его́ высокоблагоро́дию, что ста́рый сол-
да́т про́сит с ним уви́деться. Вое́нный лаке́й, чи́стя
сапо́г на коло́дке, объяви́л, что ба́рин почива́ет и что
пре́жде оди́ннадцати часо́в не принима́ет никого́.
Смотри́тель ушёл и возврати́лся в назна́ченное вре́-
мя. Ми́нский вы́шел сам к нему́ в хала́те, в кра́сной
скуфье́. «Что, брат, тебе́ на́добно?» — спроси́л он
его́. Се́рдце старика́ закипе́ло, слёзы наверну́лись на
глаза́х, и он дрожа́щим го́лосом произнёс то́лько:
«Ва́ше высокоблагоро́дие!.. сде́лайте таку́ю Бо́же-
скую ми́лость!..» Ми́нский взгляну́л на него́ бы́стро,
вспы́хнул, взял его́ за́ руку, повёл в кабине́т и за́пер
за собо́ю дверь. «Ва́ше высокоблагоро́дие! — про-
должа́л стари́к, — что с во́зу упа́ло, то пропа́ло;[28]
отда́йте мне по кра́йней ме́ре бе́дную мою́ Ду́ню.
Ведь вы нате́шились е́ю; не погуби́те ж её пона-
пра́сну». — «Что сде́лано, того́ не воро́тишь,[29] —
сказа́л молодо́й челове́к в кра́йнем замеша́тельстве;
— винова́т пе́ред тобо́ю и рад проси́ть у тебя́ про-
ще́ния; но не ду́май, чтоб я Ду́ню мог поки́нуть: она́
бу́дет сча́стлива, даю́ тебе́ че́стное сло́во. Заче́м те-
бе́ её? Она́ меня́ лю́бит; она́ отвы́кла от пре́жнего
своего́ состоя́ния. Ни ты, ни она́ — вы не забу́дете
того́, что случи́лось». Пото́м, су́нув ему́ что́-то за
рука́в, он отвори́л дверь, и смотри́тель, сам не по́м-
ня как, очути́лся на у́лице.

До́лго стоя́л он неподви́жно, наконе́ц уви́дел за
обшла́гом своего́ рукава́ свёрток бума́г; он вы́нул их
и разверну́л не́сколько пяти́ и десятирублёвых смя́-
тых ассигна́ций. Слёзы опя́ть наверну́лись на глаза́х
его́, слёзы негодова́ния! Он сжал бума́жки в комо́к,
бро́сил их на́земь, притопта́л каблуко́м и пошёл...
Отоше́д[30] не́сколько шаго́в, он останови́лся, поду́-
мал... и вороти́лся... Но ассигна́ций уже́ не́ было.
Хорошо́ оде́тый молодо́й челове́к, уви́дя его́, под-
бежа́л к изво́зчику, сел поспе́шно и закрича́л: «по-

staying at Demut's Inn. The stationmaster decided to go and see him.

Early in the morning he appeared in his anteroom and asked that his honor be told that an old soldier wished to see him. The orderly, who was polishing a boot on its tree, announced that his master was sleeping and would not be receiving anyone before eleven o'clock. The stationmaster left and returned at the appointed time. Minsky himself came out to him in a dressing-gown and a red skullcap. "What do you want, my friend?" he asked him. The old man's heart was seized with a strong emotion, tears welled up in his eyes, and all he could say in a trembling voice was: "Your honor, for God's sake have the goodness. . ." Minsky glanced at him quickly, flushed, took him by the arm, led him into the study and locked the door. "Your honor," continued the old man, "it's no use crying over spilled milk; at least give me back my poor Dunya. You've had your fun with her; don't ruin her for nothing." "What is done can't be undone," said the young man in extreme embarrassment. "I stand guilty before you and am glad to ask your forgiveness, but don't think that I could abandon Dunya: she will be happy, I give you my word of honor. What do you want with her? She loves me; she has grown unused to her former station in life. Neither she nor you will forget what has happened." Then, stuffing something into the cuff of his sleeve, he opened the door, and the stationmaster, without quite realizing it himself, found himself out in the street.

For a long time he stood motionless, then saw in the cuff of his sleeve a roll of papers. He took it out and unfolded several crumpled five- and ten-ruble notes. Tears again welled up in his eyes, tears of indignation! He squashed the notes into a ball, threw them on the ground, stamped on them with his heel and set off. . . After going a few paces he stopped, thought—and went back. But the notes were no longer there. On catching sight of him, a well-dressed young man ran up to a cab, got in hurriedly and shouted: "Be off!" The stationmaster did not pursue

шёл!..» Смотритель за ним не погнался. Он решился
отправиться домой на свою станцию, но прежде хотел хоть раз ещё увидеть бедную свою Дуню. Для сего, дня через два, воротился он к Минскому; но во-
енный лакей сказал ему сурово, что барин никого
не принимает, грудью вытеснил его из передней и
хлопнул двери ему под нос. Смотритель постоял,
постоял — да и пошёл.

В этот самый день, вечером, шёл он по Литей-
ной,[31] отслужив молебен у Всех Скорбящих.[32] Вдруг
промчались перед ним щегольские дрожки, и смотритель узнал Минского. Дрожки остановились перед трёхэтажным домом, у самого подъезда, и гусар
вбежал на крыльцо. Счастливая мысль мелькнула в
голове смотрителя. Он воротился, и, поровнявшись
с кучером — «Чья, брат, лошадь? — спросил он, —
не Минского ли?» — «Точно так»,[33] — отвечал кучер,
— а что тебе?» — «Да вот что: барин твой приказал мне отнести к его Дуне записочку, а я и поза-
будь,[34] где Дуня-то его живёт». — «Да вот здесь,
во втором этаже. Опоздал ты, брат, с твоей за-
пиской; теперь уж он сам у неё». — «Нужды нет,[35]
— возразил смотритель с неизъяснимым движением
сердца, — спасибо, что надоумил, а я своё дело сделаю». И с этим словом пошёл он по лестнице.

Двери были заперты; он позвонил, прошло несколько секунд в тягостном для него ожидании.
Ключ загремел, ему отворили. «Здесь стоит Авдотья
Самсоновна?»[36] — спросил он. «Здесь, — отвечала
молодая служанка; — зачем тебе её надобно?»
Смотритель, не отвечая, вошёл в залу. «Нельзя,
нельзя! — закричала вслед ему служанка; — у Ав-
дотьи Самсоновны гости». Но смотритель, не слушая, шёл далее. Две первые комнаты были темны,
в третьей был огонь. Он подошёл к растворенной
двери и остановился. В комнате, прекрасно убран-
ной, Минский сидел в задумчивости. Дуня, одетая
со всею роскошью моды, сидела на ручке его кресел,
как наездница на своём английском седле. Она с

him. He decided to go home to his station, but first he wanted to see his poor Dunya at least once again. To this end, a couple of days later, he returned to Minsky's, but the orderly told him gruffly that his master was not receiving anyone, bodily pushed him out of the anteroom and slammed the door in his face. The stationmaster stood there, stood there—and then left.

That same day, in the evening, he was walking along Liteynaya Street after having said a "Te Deum" at the Church of the Lady of Our Sorrows. Suddenly, an elegant carriage whisked by him and he recognized Minsky. The carriage stopped in front of a three-storied house, right outside the entrance, and the hussar ran onto the porch. A happy idea flashed through the stationmaster's head. He went back and, as he was passing the coachman, he asked, "Whose horse is this, my friend? Isn't it Minsky's?" "That's right," answered the driver, "but what do you want?" "Well, it's like this: your master told me to take a note to his Dunya and I clean forgot where this Dunya of his lives." "Well, it's here, on the second floor. But you are late, friend, with your note, now he's with her himself." "Never mind," said the stationmaster with an indescribable feeling in his heart. "Thanks for putting me straight, I'll still do my errand." And with these words he went up the stairs.

The door was locked; he rang. Several seconds passed in agonizing expectation. The key rattled, the door was opened for him. "Does Avdotya Samsonovna live here?" he asked. "Yes," answered a young servant girl, "what do you want with her?" The stationmaster entered the hall without answering. "You mustn't, you mustn't!" cried the girl after him, "Avdotya Samsonovna has company." But the stationmaster, not heeding her, went on. The first two rooms were dark, in the third there was a light. He went up to the open door and stopped. In the beautifully furnished room Minsky sat, brooding. Dunya, dressed in the height of fashion, sat on the arm of his chair like a horsewoman on her English side-saddle. She looked tenderly at

нéжностью смотрéла на Мѝнского, намáтывая чёрные егó кýдри на свой сверкáющие пáльцы[37] Бéдный смотрѝтель! Никогдá дочь егó не казáлась емý столь прекрáсною; он поневóле éю любовáлся. «Кто там?» — спросѝла онá, не поднимáя головы̀. Он всё молчáл. Не получáя отвéта, Дýня поднялá гóлову... и с крѝком упáла на ковёр. Испýганный Мѝнский кинулся её поднимáть, и, вдруг увѝдя в дверя́х стáрого смотрѝтеля, остáвил Дýню и подошёл к немý, дрожá от гнéва. «Чегó тебé нáдобно? — сказáл он емý, стѝснув зýбы; — что ты за мнóю всюду крадёшься, как разбóйник? ѝли хóчешь меня̀ зарéзать? Пошёл вон!» — и сѝльной рукóю, схватѝв старикá за вóрот, вы̀толкнул егó на лéстницу.

Старѝк пришёл к себé на квартѝру. Прия́тель егó совéтовал емý жáловаться; но смотрѝтель подýмал, махнýл рукóй[38] и решѝлся отступѝться. Чéрез два дня отпрáвился он из Петербýрга обрáтно на свою̀ стáнцию и опя́ть принялся̀ за свою̀ дóлжность. «Вот ужé трéтий год, — заключѝл он, — как живý я без Дýни и как об ней нет ни слýху, ни дýху.[39] Живá ли, нет ли, Бог её вéдает. Вся́ко случáется. Не её пéрвую, не её послéднюю сманѝл проéзжий повéса, а там подержáл да и брóсил. Мнóго их в Петербýрге, молóденьких дур, сегóдня в атлáсе да бáрхате, а зáвтра, поглядѝшь, метýт ýлицу вмéсте с гóлью кабáцкою.[40] Как подýмаешь порóю, что и Дýня, мóжет быть, тут же пропадáет, так поневóле согрешѝшь да пожелáешь ей могѝлы...»

Такóв был расскáз прия́теля моегó, стáрого смотрѝтеля, расскáз неоднокрáтно прерывáемый слезáми, котóрые живопѝсно отирáл он своéю полóю, как усéрдный Терéнтьич в прекрáсной баллáде Дмѝтриева.[41] Слёзы сий отчáсти возбуждáемы бы́ли пýншем, кóего вы́тянул он пять стакáнов[42] в продолжéние своегó повествовáния; но как бы то ни бы́ло, онѝ сѝльно трóнули моё сéрдце. С ним расстáвшись, дóлго не мог я забы́ть стáрого смотрѝтеля, дóлго дýмал я о бéдной Дýне...

Minsky as she wound his black curls on her beringed
fingers. The poor stationmaster! Never had his daughter
looked so beautiful to him; he admired her against his will.
"Who's there?" she asked without raising her head. He
remained silent. Receiving no answer, Dunya raised her
head . . . and with a scream fell on the carpet. Minsky,
frightened, hastened to pick her up, but at the sudden sight
of the old stationmaster in the doorway, left Dunya and
went up to him, trembling with rage. "What do you want?"
he asked him through clenched teeth. "Why do you go
creeping after me everywhere like a brigand? Do you want
to murder me? Get out!" And, seizing the old man by the
collar with a strong hand, he pushed him out onto the
staircase.

The old man went back to his quarters. His friend advised him to lodge a complaint, but after giving it some
thought the stationmaster decided to forget the whole thing.
Two days later he set out from Petersburg back to his station where he resumed his duties. "This is the third year,"
he concluded, "that I have been living without Dunya and
that there hasn't been a sign of her. Is she alive or not,
God alone knows. All sorts of things do happen. She is
neither the first nor the last to be lured away by a passing
rake, to be kept for a while and thrown off. There are
many of them in Petersburg, silly little fools, today they
are in satins and velvets, and tomorrow lo! they are sweeping the street along with the tavern scum. At times, when
I think that Dunya may be lost like that, I can't help sinning
and wishing her dead. . . ."

Such was the story of my friend, the old stationmaster,
a story interrupted more than once by tears which he wiped
away picturesquely with the hem of his coat like the faithful
Terentyich in Dmitriev's beautiful ballad. These tears were
partly brought on by the punch of which he had put away
five glasses in the course of his narrative, but all the same
they did touch my heart. After parting with the old stationmaster I could not forget him for a long time and for a
long time kept thinking about poor Dunya. . . .

Недавно ещё, проезжая через местечко ***, вспомнил я о моём приятеле; я узнал, что станция, над которой он начальствовал, уже уничтожена. На вопрос мой: «Жив ли старый смотритель?» — никто не мог дать мне удовлетворительного ответа. Я решился посетить знакомую сторону, взял вольных лошадей[43] и пустился в село Н.

Это случилось осенью. Серенькие тучи покрывали небо; холодный ветер дул с пожатых полей, унося красные и жёлтые листья со встречных деревьев. Я приехал в село при закате солнца и остановился у почтового домика. В сени (где некогда поцеловала меня бедная Дуня) вышла толстая баба и на вопросы мои отвечала, что старый смотритель с год как помер, что в доме его поселился пивовар, а что она жена пивоварова. Мне стало жаль моей напрасной поездки и семи рублей, издержанных даром. — «Отчего ж он умер?» — спросил я пивоварову жену. «Спился, батюшка»,[44] — отвечала она. «А где его похоронили?» — «За околицей, подле покойной хозяйки его». — «Нельзя ли довести меня до его могилы?» — «Почему же нельзя. Эй, Ванька! полно тебе с кошкою возиться. Проводи-ка барина на кладбище, да укажи ему смотрителеву могилу».

При сих словах оборванный мальчик, рыжий и кривой, выбежал ко мне и тотчас повёл меня за околицу.

— Знал ты покойника? — спросил я его дорогой.

— Как не знать! Он выучил меня дудочки вырезывать. Бывало (царство ему небесное!),[45] идёт из кабака, а мы-то за ним: «Дедушка, дедушка! орешков!» — а он нас орешками и наделяет. Всё бывало с нами возится.

— А проезжие вспоминают ли его?

— Да ныне мало проезжих; разве заседатель[46] завернёт, да тому не до мёртвых. Вот летом проезжала барыня, так та спрашивала о старом смотрителе и ходила к нему на могилу.

— Какая барыня? — спросил я с любопытством.

Quite recently, passing through the little town of S., I remembered my friend. I learned that the station of which he had been in charge had been abolished. To my question, "Is the old stationmaster alive?" nobody could give a satisfactory answer. I decided to visit the familiar parts, hired some horses and set off for the village of N.

This was in autumn. Gray storm-clouds covered the sky; a cold wind blew off the stubble-fields, carrying red and yellow leaves from the trees it met on its way. I arrived in the village at sunset and stopped at the posting house. A fat woman came out, into the passageway (where once poor Dunya had kissed me); to my questions she replied that the old stationmaster had died about a year before, that a brewer had come to live in his house, and that she was the brewer's wife. I began to regret my useless trip and the seven rubles I had wasted on it. "But how did he come to die?" I asked the brewer's wife. "Drank himself to death, mister," she answered. "And where is he buried?" "Outside the village, by the side of his late missus." "Could someone take me to his grave?" "Why not? Hi, Vanka! quit fooling with that cat. Take the gentleman to the graveyard and show him the stationmaster's grave."

At these words a ragged boy, redheaded and with one good eye, ran out to me and forthwith conducted me outside the village.

"Did you know the dead man?" I asked him on the way.

"Sure I knew him! He taught me to carve whistles. He'd be coming from the tavern (may his soul rest in peace!) and we would run after him: 'Grandad, grandad! let's have some nuts,' and he would hand out some to us. He was always doing things with us."

"And do the travelers remember him?"

"Well, there aren't many travelers now; maybe the court assessor will drop in, but that one doesn't worry about the dead. But last summer a lady came; she did ask about the old stationmaster and went to his grave."

"What kind of lady?" I asked with curiosity.

— Прекра́сная ба́рыня, — отвеча́л мальчи́шка; — е́хала она́ в каре́те в шесть лошаде́й, с тремя́ ма́ленькими барча́тами и с корми́лицей, и с чёрной мо́ською; и как ей сказа́ли, что ста́рый смотри́тель у́мер, так она́ запла́кала и сказа́ла де́тям: «сиди́те сми́рно, а я схожу́ на кла́дбище». А я бы́ло вы́звался довести́ её. А ба́рыня сказа́ла: «Я сама́ доро́гу зна́ю». И дала́ мне пята́к серебро́м[47] — така́я до́брая ба́рыня!..

Мы пришли́ на кла́дбище, го́лое ме́сто, ниче́м не ограждённое, усе́янное деревя́нными креста́ми, не осенёнными ни еди́ным деревцо́м. Отроду не вида́л я тако́го печа́льного кла́дбища.

— Вот моги́ла ста́рого смотри́теля, — сказа́л мне ма́льчик, вспры́гнув на гру́ду песку́, в кото́рую врыт был чёрный крест с ме́дным о́бразом.

— И ба́рыня приходи́ла сюда́? — спроси́л я.

— Приходи́ла, — отвеча́л Ва́нька; — я смотре́л на неё и́здали. Она́ легла́ здесь и лежа́ла до́лго. А там ба́рыня пошла́ в село́ и призвала́ попа́, дала́ ему́ де́нег и пое́хала, а мне дала́ пята́к серебро́м — сла́вная ба́рыня!

И я дал мальчи́шке пятачо́к и не жале́л уже́ ни о пое́здке, ни о семи́ рубля́х, мно́ю истра́ченных.

"A fine lady," answered the boy. "She drove in a carriage with six horses, with three well-dressed little kids and a wet nurse and a black pug; and when she was told that the old stationmaster had died she began to cry and said to the children: 'You stay here quietly while I go to the cemetery.' And I offered to take her there. But the lady said: 'I know the way.' And she gave me five kopecks in silver—such a kind lady. . . ."

We had come to the graveyard, a bare place, unenclosed, dotted over with wooden crosses, and unshaded by a single tree. In all my life I had not seen such a melancholy graveyard.

"Here's the old stationmaster's grave," said the boy, jumping onto a pile of sand into which was set a black cross with a copper ikon.

"And did the lady come here?" I asked.

"She did," replied Vanka; "I watched her from a distance. She lay down here and lay for a long time. And then the lady went to the village, called the priest, gave him some money and drove away; and to me she gave five kopecks in silver—such a nice lady!"

I, too, gave the boy a five-kopeck piece and no longer regretted either the trip or the seven rubles I had spent.

NIKOLAY GOGOL
(1809-1852)

Nikolay Vasilievich Gogol-Yanovsky (he dropped the second half of his family name) was born in the little town of Sorochintsy—it figures in one of his stories on which Mussorgsky based his short comic opera—in the Province of Poltava. His family was Ukrainian (or Little Russian, as Gogol himself would have said) Cossack gentry. His father was a small landowner and an amateur playwright who, unlike his son, wrote in Ukrainian. After studying at the Lyceum of Nezhin, Gogol went to St. Petersburg and entered civil service. Later he taught history at the Young Ladies' Institute and even at the University of St. Petersburg, though in this latter job he almost immediately proved a failure. He had come to Petersburg with literary ambitions and a long narrative poem in his pocket. Upon its publication, it proved a complete flop: Gogol bought up the copies and destroyed them. Stung by this setback he decided to emigrate to America but went only as far as Lubeck. Befriended and encouraged by Zhukovsky, Pushkin and other writers of their circle, he brought out in 1831 and 1832 the two volumes of *Evenings on a Farm Near Dikanka,* followed in 1835 by two volumes of *Mirgorod* and two volumes of *Arabesques* (which contained his first Petersburg stories). In April 1836 his comedy *Revizor* (The Government Inspector), which many believe to be the greatest comedy in the Russian language, was produced in Petersburg. It had a mixed reception. Rather in a huff, Gogol left Russia and for the next twelve years lived abroad, in Rome and elsewhere. There he wrote *The Overcoat* and the first volume of *Dead Souls,* his greatest work. Gogol's last years were marked by a profound psychological and religious crisis. Suffice it to mention: the publication of his *Selected Passages from a Correspondence with Friends* (in 1847), a book of great conceit and yet of

undoubted sincerity which incensed even his closest friends
and greatest well-wishers; his frantic trip to the Holy Land
in quest of spiritual comfort (1848); his subsequent fits
of ascetic self-mortification; his burning of his manuscripts,
including most of the second volume of *Dead Souls*
(1852). The account of the details of Gogol's death reads
like a grotesque nightmare from one of his own works.

Gogol is one of the most enigmatic and controversial
figures in Russian literature, both as a man and as a writer.
Belinsky and other social-minded critics extolled him as
the father of Russian realism. This view was firmly held
through most of the nineteenth century, but was revised
and reversed in modern times by such men as Rozanov,
Merezhkovsky, Bryusov, and Bely. Soviet criticism has
now reverted to the old view of Gogol as a satirical social
realist. Would it not be more proper, however, to see in
him a surrealist *avant la lettre?*

"The Nose," on which Gogol began to work in 1833,
was published by Pushkin in 1836 in the third issue of
his *Sovremennik*. Prior to that the story had been rejected
by a reputable Moscow magazine as "common" and "filthy." Pushkin provided it with the following editorial
note: "N. V. Gogol has long objected to the publication
of this joke. But we found in it so much that was unexpected, fantastic, jolly, and original, that we persuaded
him to allow us to share with the public the pleasure it
has afforded us."

The story has been subjected to a variety of interpreta-
tions: in terms of Freudian complexes and in terms of
social symbolism (the nose as a symbol of social status,
of self-esteem conferred on man by his rank). The possible influence of Sterne's *Tristram Shandy* and of Hoffmann (or rather a parody of him) has also been mentioned. Perhaps it would be safer to side with Pushkin
and treat the story as a joke, as sheer nonsense for nonsense's sake. As D. S. Mirsky said, "In it more than anywhere else Gogol displays his extraordinary magic power
of making great comic art out of nothing."

Н О С
Н. В. Гоголя

Mа́рта 25 числа́ случи́лось в Петербу́рге не-
обыкнове́нно-стра́нное происше́ствие. Цирю́льник
Ива́н Яковлевич, живу́щий на Вознесе́нском прос-
пе́кте[1] (фами́лия его́ утра́чена, и да́же на вы́веске
его́ — где изображён господи́н с намы́ленною щеко́ю
и на́дписью: «и кровь отворя́ют» — не вы́ставлено
ничего́ бо́лее), цирю́льник Ива́н Яковлевич проснулся дово́льно ра́но и услы́шал за́пах горя́чего хле́ба.
Приподня́вшись немно́го на крова́ти, он уви́дел, что
супру́га его́, дово́льно почте́нная да́ма, о́чень лю-
би́вшая пить ко́фий[2], вынима́ла из печи́ то́лько что
испечённые хле́бы.

«Сего́дня я, Праско́вья Осиповна, не бу́ду пить
ко́фий», сказа́л Ива́н Яковлевич: «а вме́сто того́
хо́чется мне съесть горя́чего хле́бца с лу́ком». (То
есть Ива́н Яковлевич хоте́л бы и того́ и друго́го,
но знал, что бы́ло соверше́нно невозмо́жно тре́бо-
вать двух веще́й ра́зом: и́бо Праско́вья Осиповна
о́чень не люби́ла таки́х при́хотей.) «Пусть дура́к
ест хлеб; мне же лу́чше», поду́мала про себя́ суп-
ру́га: «оста́нется ко́фию ли́шняя по́рция». И бро́-
сила оди́н хлеб на стол.

Ива́н Яковлевич для прили́чия наде́л сверх ру-
ба́шки фрак и, усе́вшись пе́ред столо́м, насы́пал
соль, пригото́вил две голо́вки лу́ку, взял в ру́ки
нож и, сде́лавши значи́тельную ми́ну, приня́лся ре́-
зать хлеб. — Разре́завши хлеб на две полови́ны, он
погляде́л в середи́ну и к удивле́нию своему́ уви́дел

THE NOSE
Nikolay Gogol

On March 25th there took place, in Petersburg, an extraordinarily strange occurrence. The barber Ivan Yakovlevich, who lives on Voznesensky Avenue (his family name has been lost and even on his signboard, where a gentleman is depicted with a lathered cheek and the inscription "Also bloodletting," there is nothing else)—the barber Ivan Yakovlevich woke up rather early and smelled fresh bread. Raising himself slightly in bed he saw his spouse, a rather respectable lady who was very fond of drinking coffee, take some newly baked loaves out of the oven.

"I won't have any coffee today, Praskovya Osipovna," said Ivan Yakovlevich. "Instead, I would like to eat a bit of hot bread with onion." (That is to say, Ivan Yakovlevich would have liked both the one and the other, but he knew that it was quite impossible to demand two things at once, for Praskovya Osipovna very much disliked such whims.) "Let the fool eat the bread; all the better for me," the wife thought to herself, "there will be an extra cup of coffee left." And she threw a loaf onto the table.

For the sake of propriety Ivan Yakovlevich put a tailcoat on over his shirt and, sitting down at the table, poured out some salt, got two onions ready, picked up a knife and, assuming a meaningful expression, began to slice the bread. Having cut the loaf in two halves, he looked inside and to his astonishment saw something white. Ivan Yakovlevich

что́-то беле́вшееся. Ива́н Яковлевич ковырну́л осторо́жно ножо́м и пощу́пал па́льцем: «Пло́тное!» сказа́л он сам про себя́: «что бы э́то тако́е бы́ло?»

Он засу́нул па́льцы и вы́тащил — нос!.. Ива́н Яковлевич и ру́ки опусти́л;[3] стал протира́ть глаза́ и щу́пать: нос, то́чно нос! и ещё, каза́лось, как бу́дто чей-то знако́мый. Ужас изобрази́лся в лице́ Ива́на Яковлевича. Но э́тот у́жас был ничто́ про́тив негодова́ния, кото́рое овладе́ло его́ супру́гою.

«Где э́то ты, зверь, отре́зал нос?» закрича́ла она́ с гне́вом. «Моше́нник! пья́ница! Я сама́ на тебя́ донесу́ поли́ции. Разбо́йник како́й! Вот уж я от трёх челове́к слы́шала, что ты во вре́мя бритья́ так тереби́шь за носы́, что е́ле де́ржатся».

Но Ива́н Яковлевич был ни жив, ни мёртв. Он узна́л, что э́тот нос был не чей друго́й, как колле́жского асе́ссора[4] Ковалёва, кото́рого он брил ка́ждую се́реду[5] и воскресе́нье.

«Стой, Праско́вья Осиповна! Я положу́ его́, заверну́вши в тря́пку, в уголо́к: пусть там мале́нечко полежи́т; а по́сле его́ вы́несу».

«И слу́шать не хочу́! Чтобы я позво́лила у себя́ в ко́мнате лежа́ть отре́занному но́су?.. Суха́рь поджа́ристый![6] Знай уме́ет то́лько бри́твой вози́ть по ремню́, а до́лга своего́ ско́ро совсе́м не в состоя́нии бу́дет исполня́ть, потаску́шка, негодя́й! Чтобы я ста́ла за тебя́ отвеча́ть поли́ции?.. Ах ты, пачку́н, бревно́ глу́пое! Вон его́! вон! неси́ куда́ хо́чешь! чтобы я ду́ху его́ не слыха́ла!»

Ива́н Яковлевич стоя́л соверше́нно как уби́тый. Он ду́мал, ду́мал — и не знал, что поду́мать. «Чёрт его́ зна́ет, как э́то сде́лалось», сказа́л он наконе́ц, почеса́в руко́ю за у́хом. «Пьян ли я вчера́ возврати́лся, и́ли нет, уж наве́рное сказа́ть не могу́. А по всем приме́там должно́ быть происше́ствие несбы́точное: и́бо хлеб — де́ло пече́ное, а нос совсе́м не то. Ничего́ не разберу́!..» Ива́н Яковлевич замолча́л. Мысль о том, что полице́йские оты́щут у него́ нос и обвиня́т его́, привела́ его́ в соверше́нное беспа-

poked it carefully with the knife and felt it with his finger. "Solid!" he said to himself. "What could it be?"

He stuck in his finger and extracted—a nose! Ivan Yakovlevich was dumbfounded. He rubbed his eyes and felt the object: a nose, a nose indeed, and a familiar one at that. Ivan Yakovlevich's face expressed horror. But this horror was nothing compared to the indignation which seized his spouse.

"You beast, where did you cut off a nose?" she shouted angrily. "Scoundrel! drunkard! I'll report you to the police myself. What a ruffian! I have already heard from three people that you jerk their noses about so much when shaving that it's a wonder they stay in place."

But Ivan Yakovlevich was more dead than alive. He recognized the nose as that of none other than Collegiate Assessor Kovalyov, whom he shaved every Wednesday and Sunday.

"Hold on, Praskovya Osipovna! I shall put it in a corner, after I've wrapped it in a rag: let it lie there for a while, and later I'll take it away."

"I won't even hear of it. That I should allow a cut-off nose to lie about in my room? You dry stick! All he knows is how to strop his razor, but soon he'll be in no condition to carry out his duty, the rake, the villain! Am I to answer for you to the police? You piece of filth, you blockhead! Away with it! Away! Take it anywhere you like! Out of my sight with it!"

Ivan Yakovlevich stood there as though bereft of senses. He thought and thought—and really did not know what to think. "The devil knows how it happened," he said at last, scratching behind his ear with his hand. "Was I drunk or wasn't I when I came home yesterday, I really can't say. Whichever way you look at it, this is an impossible occurrence. After all, bread is something baked, and a nose is something altogether different. I can't make it out at all."

Ivan Yakovlevich fell silent. The idea that the police might find the nose in his possession and bring a charge against him drove him into a complete frenzy. He was al-

мятство. Уже ему мерещился алый воротник, красиво вышитый серебром, шпага... и он дрожал всем телом. Наконец достал он своё исподнее платье и сапоги, натащил на себя всю эту дрянь и, сопровождаемый нелёгкими увещаниями Прасковьи Осиповны, завернул нос в тряпку и вышел на улицу.

Он хотел его куда-нибудь подсунуть: или в тумбу под воротами, или так как-нибудь нечаянно выронить, да и повернуть в переулок. Но на беду ему попадался какой-нибудь знакомый человек, который начинал тотчас запросом: «куда идёшь?» или «кого так рано собрался брить?» так что Иван Яковлевич никак не мог улучить минуты. В другой раз он уже совсем уронил его, но будошник[7] еще издали указал ему алебардою, примолвив: «подыми! вон ты что-то уронил!» И Иван Яковлевич должен был поднять нос и спрятать его в карман. Отчаяние овладело им, тем более что народ беспрестанно умножался на улице, по мере того как начали отпираться магазины и лавочки.

Он решился итти к Исакиевскому мосту:[8] не удастся ли как-нибудь швырнуть его в Неву?..[9] Но я несколько виноват, что до сих пор не сказал ничего об Иване Яковлевиче, человеке почтенном во многих отношениях.

Иван Яковлевич, как всякий порядочный русский мастеровой, был пьяница страшный. И хотя каждый день брил чужие подбородки, но его собственный был у него вечно не брит. Фрак у Ивана Яковлевича (Иван Яковлевич никогда не ходил в сюртуке) был пегий, то есть он был чёрный, но весь в коричнево-жёлтых и серых яблоках;[10] воротник лоснился; а вместо трёх пуговиц висели одни только ниточки. Иван Яковлевич был большой циник, и когда коллежский асессор Ковалёв обыкновенно говорил ему во время бритья: «у тебя, Иван Яковлевич, вечно воняют руки!» то Иван Яковлевич отвечал на это вопросом: «отчего ж бы им вонять?» — «Не знаю, братец, только воняют», говорил коллеж-

ready visualizing the scarlet collar, beautifully embroidered with silver, the saber—and he trembled all over. At last he got out his underwear and boots, pulled on all these tatters and, followed by rather weighty exhortations from Praskovya Osipovna, wrapped the nose in a rag and went out into the street.

He wanted to shove it under something somewhere, either into the hitching-post by the gate—or just drop it as if by accident and then turn off into a side street. But as bad luck would have it, he kept running into people he knew, who at once would ask him, "Where are you going?" or "Whom are you going to shave so early?", so that Ivan Yakovlevich couldn't find the right moment. Once he actually did drop it, but a policeman some distance away pointed to it with his halberd and said: "Pick it up—you've dropped something there," and Ivan Yakovlevich was obliged to pick up the nose and hide it in his pocket. He was seized with despair, all the more so as the number of people in the street constantly increased when the shops began to open.

He decided to go to St. Isaac's Bridge—might he not just manage to toss it into the Neva? But I am somewhat to blame for having so far said nothing about Ivan Yakovlevich, in many ways a respectable man.

Like any self-respecting Russian artisan, Ivan Yakovlevich was a terrible drunkard. And although every day he shaved other people's chins his own was ever unshaven. Ivan Yakovlevich's tailcoat (Ivan Yakovlevich never wore a frockcoat) was piebald, that is to say, it was all black but dappled with brownish-yellow and gray; the collar was shiny, and in place of three of the buttons hung just the ends of thread. Ivan Yakovlevich was a great cynic, and when Collegiate Assessor Kovalyov told him while being shaved, "Your hands, Ivan Yakovlevich, always stink," Ivan Yakovlevich would reply with the question, "Why should they stink?" "I don't know, my dear fellow," the Collegiate Assessor would say, "but they do," and Ivan

ский асе́ссор, — и Ива́н Яковлевич, поню́хавши та-
баку́, мы́лил ему́ за э́то и на щеке́, и под но́сом, и
за́ ухом, и под бородо́ю,[11] одни́м сло́вом, где то́лько
ему́ была́ охо́та.

Этот почте́нный граждани́н находи́лся уже́ на
Иса́киевском мосту́. Он пре́жде всего́ осмотре́лся;
пото́м нагну́лся на пери́ла бу́дто бы посмотре́ть под
мост, мно́го ли ры́бы бе́гает, и швырну́л потихо́ньку
тря́пку с но́сом. Он почу́вствовал, как бу́дто бы с
него́ ра́зом свали́лось де́сять пуд[12]: Ива́н Яковлевич
да́же усмехну́лся. Вме́сто того́, чтобы итти́ брить
чино́вничьи подборо́дки, он отпра́вился в заведе́ние
с на́дписью: «Ку́шанье и чай» спроси́ть стака́н пу́н-
шу, как вдруг заме́тил в конце́ моста́ кварта́льного
надзира́теля[13] благоро́дной нару́жности, с широ́ки-
ми бакенба́рдами, в треуго́льной шля́пе, со шпа́гою.
Он о́бмер; а ме́жду тем кварта́льный кива́л ему́
па́льцем и говори́л: «А подойди́ сюда́, любе́зный!»

Ива́н Яковлевич, зна́я фо́рму, снял и́здали ещё
карту́з и, подоше́дши прово́рно, сказа́л: «Жела́ю
здра́вия ва́шему благоро́дию!»[14]

«Нет, нет, бра́тец, не благоро́дию; скажи́-ка, что
ты там дела́л, сто́я на мосту́?»

«Ей-Бо́гу, су́дарь, ходи́л брить да посмотре́л
то́лько, ши́бко ли река́ идёт».

«Врёшь, врёшь! Этим не отде́лаешься. Изво́ль-ка
отвеча́ть!»

«Я ва́шу ми́лость[15] два ра́за в неде́лю, и́ли да́же
три, гото́в брить без вся́кого прекосло́вия», от-
веча́л Ива́н Яковлевич.

«Нет, прия́тель, э́то пустяки́! Меня́ три цирюль-
ника бре́ют, да ещё и за большу́ю честь почита́ют.
А вот изво́ль-ка рассказа́ть, что ты там де́лал?»

Ива́н Яковлевич побледне́л... Но здесь происше́-
ствие соверше́нно закрыва́ется тума́ном, и что да́-
лее произошло́, реши́тельно неизве́стно.

Yakovlevich, after taking a pinch of snuff, would, in retaliation, lather all over his cheeks and under his nose, and behind his ear, and under his chin—in other words, whereever his fancy took him.

This worthy citizen now found himself on St. Isaac's Bridge. To begin with, he took a good look around, then leaned on the railings as though to look under the bridge to see whether or not there were many fish swimming about, and surreptitiously tossed down the rag containing the nose. He felt as though all of a sudden a ton had been lifted off him: Ivan Yakovlevich even smirked. Instead of going to shave some civil servants' chins he set off for an establishment bearing a sign "Snacks and Tea" to order a glass of punch when he suddenly noticed, at the end of the bridge, a police officer of distinguished appearance, with wide sideburns, wearing a three-cornered hat and with a sword. His heart sank: the officer was wagging his finger at him and saying, "Step this way, my friend."

Knowing the etiquette, Ivan Yakovlevich removed his cap while still some way off, and approaching with alacrity said, "I wish your honor good health."

"No, no, my good fellow, not 'your honor.' Just you tell me, what were you doing over there, standing on the bridge?"

"Honestly, sir, I've been to shave someone and only looked to see if the river were running fast."

"You're lying, you're lying. This won't do. Just be so good as to answer."

"I am ready to shave your worship twice a week, or even three times, and no complaints," replied Ivan Yakovlevich.

"No, my friend, all that's nonsense. I have three barbers who shave me and deem it a great honor, too. Just be so good as to tell me, what were you doing over there?"

Ivan Yakovlevich turned pale. . . . But here the whole episode becomes shrouded in mist, and of what happened subsequently absolutely nothing is known.

II

Коллежский асессор Ковалёв проснулся довольно рано и сделал губами: «брр...», что всегда он делал, когда просыпался, хотя сам не мог растолковать, по какой причине. Ковалёв потянулся, приказал себе подать небольшое, стоявшее на столе, зеркало. Он, хотел взглянуть на прыщик, который вчерашнего вечера[16] вскочил у него на носу; но к величайшему изумлению увидел, что у него вместо носа совершенно гладкое место. Испугавшись, Ковалёв велел подать воды и протёр полотенцем глаза: точно, нет носа! Он начал щупать рукою, чтобы узнать: не спит ли он? кажется, не спит. Коллежский асессор Ковалёв вскочил с кровати, встряхнулся: нет носа!.. Он велел тотчас подать себе одеться и полетел к обер-полицмейстеру.[17]

Но между тем необходимо сказать что-нибудь о Ковалёве, чтобы читатель мог видеть, какого рода был этот коллежский асессор. Коллежских асессоров, которые получают это звание с помощью учёных аттестатов, никак нельзя сравнивать с теми коллежскими асессорами, которые делались на Кавказе.[18] Это два совершенно особенные рода. Учёные коллежские ассесоры... Но Россия такая чудная земля, что если скажешь об одном коллежском асессоре, то все коллежские асессоры, от Риги до Камчатки,[19] непременно примут на свой счёт. То же разумей и о всех званиях и чинах. — Ковалёв был кавказский коллежский асессор. Он два года только ещё состоял в этом звании и потому ни на минуту не мог его позабыть; а чтобы более придать себе благородства и веса, он никогда не называл себя коллежским асессором, но всегда майором.[20] «Послушай, голубушка»,[21] говорил он обыкновенно, встретивши на улице бабу, продававшую манишки: «ты приходи ко мне на дом; квартира моя в Садовой; спроси только: здесь ли живёт майор Ковалёв — тебе всякий покажет». Если же встречал какую-нибудь сма-

II

Collegiate Assessor Kovalyov woke up rather early and made a "b-rr-rr" sound with his lips as he was wont to do on awakening, although he could not have explained the reason for it. Kovalyov stretched and asked for the small mirror standing on the table. He wanted to have a look at the pimple which had, the evening before, appeared on his nose. But to his extreme amazement he saw that he had, in the place of his nose, a perfectly smooth surface. Frightened, Kovalyov called for some water and rubbed his eyes with a towel: indeed, no nose! He ran his hand over himself to see whether or not he was asleep. No, he didn't think so. The Collegiate Assessor jumped out of bed and shook himself—no nose! He at once ordered his clothes to be brought to him, and flew off straight to the chief of police.

In the meantime something must be said about Kovalyov, to let the reader see what sort of man this collegiate assessor was. Collegiate assessors who receive their rank on the strength of scholarly diplomas can by no means be equated with those who make the rank in the Caucasus. They are two entirely different breeds. Learned collegiate assessors. . . But Russia is such a wondrous land that if you say something about one collegiate assessor all the collegiate assessors from Riga to Kamchatka will not fail to take it as applying to them, too. The same is true of all our ranks and titles. Kovalyov belonged to the Caucasus variety of collegiate assessors. He had only held that rank for two years and therefore could not forget it for a moment; and in order to lend himself added dignity and weight he never referred to himself as collegiate assessor but always as major. "Listen, my dear woman," he would usually say on meeting in the street a woman selling shirt fronts, "come to my place, my apartment is on Sadovaya; just ask where Major Kovalyov lives, anyone will show you." And if the woman he met happened to be a pretty

зли́венькую, то дава́л ей сверх того́ секре́тное приказа́ние, прибавля́я: «Ты спроси́, ду́шенька,[22] кварти́ру майо́ра Ковалёва». — Поэ́тому-то са́мому и мы бу́дем вперёд э́того колле́жского асе́ссора называ́ть майо́ром.

Майо́р Ковалёв име́л обыкнове́ние ка́ждый день проха́живаться по Не́вскому проспе́кту. Воротничо́к его́ мани́шки был всегда́ чрезвыча́йно чист и накрахма́лен. Бакенба́рды у него́ бы́ли тако́го ро́да, каки́е и тепе́рь ещё мо́жно ви́деть у губе́рнских и пове́товых[23] землеме́ров, у архите́кторов, е́сли то́лько они́ ру́сские лю́ди, и та́кже у отправля́ющих ра́зные полице́йские обя́занности и, вообще́, у всех тех муже́й, кото́рые име́ют по́лные румя́ные щёки и о́чень хорошо́ игра́ют в бостон:[24] э́ти бакенба́рды иду́т по са́мой среди́не щеки́ и прямёхонько дохо́дят до но́са. Майо́р Ковалёв носи́л мно́жество печа́ток, сердоли́ковых и с герба́ми, и таки́х на кото́рых бы́ло вы́резано: середа́, четве́рг, понеде́льник и проч. Майо́р Ковалёв прие́хал в Петербу́рг по на́добности, а и́менно иска́ть прили́чного своему́ зва́нию ме́ста: е́сли уда́стся, то ви́це-губерна́торского, а не то — экзеку́торского[25] в како́м-нибудь ви́дном департа́менте. Майо́р Ковалёв был не прочь и жени́ться; но то́лько в тако́м слу́чае, когда́ за неве́стою случи́тся две́сти ты́сяч капита́лу. И потому́ чита́тель тепе́рь мо́жет суди́ть сам: каково́ бы́ло положе́ние э́того майо́ра, когда́ он уви́дел, вме́сто дово́льно недурно́го и уме́ренного но́са, преглу́пое, ро́вное ме́сто.

Как на беду́, ни оди́н изво́зчик не пока́зывался на у́лице, и он до́лжен был итти́ пешко́м, заку́тавшись в свой плащ и закры́вши платко́м лицо́, пока́зывая вид, как бу́дто у него́ шла кровь. «Но аво́сь-ли́бо мне так предста́вилось: не мо́жет быть, что́бы нос пропа́л сду́ру». Он зашёл в конди́терскую наро́чно с тем, что́бы посмотре́ться в зе́ркало. К сча́стию, в конди́терской никого́ не́ бы́ло: мальчи́шки мели́ ко́мнаты и расставля́ли сту́лья; не́которые с со́нными глаза́ми выноси́ли на подно́сах горя́чие пирожки́;

one, he would also give some confidential instructions, adding, "You just ask, lovey, for Major Kovalyov's apartment."—That is why we, too, will henceforth refer to this collegiate assessor as Major.

Major Kovalyov was in the habit of taking a daily stroll along Nevsky Avenue. The collar of his dress shirt was always exceedingly clean and starched. His sidewhiskers were of the kind you can still see on provincial and district surveyors, or architects (provided they are Russians), as well as on those individuals who perform various police duties, and in general on all those men who have full rosy cheeks and are very good at boston; these sidewhiskers run along the middle of the cheek straight up to the nose. Major Kovalyov wore a great many cornelian seals, some with crests and others with Wednesday, Thursday, Monday, etc., engraved on them. Major Kovalyov had come to Petersburg on business, to wit, to look for a post befitting his rank; if he could arrange it, that of a vice-governor; otherwise, that of a procurement officer in some important government department. Major Kovalyov was not averse to getting married, but only in the event that the bride had a fortune of two hundred thousand. And therefore the reader can now judge for himself what this major's state was when he saw, in the place of a fairly presentable and moderate-sized nose, a most ridiculous flat and smooth surface.

As bad luck would have it, not a single cab showed up in the street, and he was forced to walk, wrapped up in his cloak, his face covered with a handkerchief, pretending that his nose was bleeding. "But perhaps I just imagined all this—a nose cannot disappear in this idiotic way." He stepped into a coffee-house just in order to look at himself in a mirror. Fortunately, there was no one there. Serving boys were sweeping the rooms and arranging the chairs; some of them, sleepy-eyed, were bringing out trays of hot

на стола́х и стулья́х валя́лись зали́тые ко́фием вче-
ра́шние газе́ты. «Ну, сла́ва Бо́гу, никого́ нет», произнёс он; «тепе́рь мо́жно погляде́ть». Он ро́бко подошёл к зе́ркалу и взгляну́л; «Чёрт зна́ет что, кака́я
дрянь!» произнёс он, плю́нувши..: «Хотя́ бы уже́
что́-нибудь бы́ло вме́сто но́са, а то ничего́!..»

С доса́дою закуси́в гу́бы, вы́шел он из конди́тер-
ской и реши́лся, про́тив своего́ обыкнове́ния, не
гляде́ть ни на кого́ и никому́ не улыба́ться. Вдруг
он стал как вко́панный[26] у двере́й одного́ до́ма; в
глаза́х его́ произошло́ явле́ние неизъясни́мое: пе́ред
подъе́здом останови́лась каре́та; две́рцы отвори́-
лись; вы́прыгнул, согну́вшись, господи́н в мунди́ре
и побежа́л вверх по ле́стнице. Како́в же был у́жас и
вме́сте изумле́ние Ковалёва, когда́ он узна́л, что э́то
был со́бственный его́ нос! При э́том необыкнове́н-
ном зре́лище, каза́лось ему́, всё перевороти́лось у
него́ в глаза́х; он чу́вствовал, что едва́ мог стоя́ть;
но реши́лся во что бы ни ста́ло[27] ожида́ть его́ возвра-
ще́ния в каре́ту, весь дрожа́ как в лихора́дке. Чрез
две мину́ты нос действи́тельно вы́шел. Он был в
мунди́ре, ши́том зо́лотом, с больши́м стоя́чим ворот-
нико́м; на нём бы́ли за́мшевые пантало́ны; при боку́
шпа́га. По шля́пе с плюма́жем мо́жно бы́ло заклю-
чи́ть, что он счита́лся в ра́нге ста́тского сове́тника.[28]
По всему́ заме́тно бы́ло, что он е́хал куда́-нибудь с
визи́том. Он погляде́л на о́бе сто́роны, закрича́л ку́-
черу: «подава́й!», сел и уе́хал.

Бе́дный Ковалёв чуть не сошёл с ума́. Он не знал,
как и поду́мать о тако́м стра́нном происше́ствии.
Как же мо́жно, в са́мом де́ле, что́бы нос, кото́рый
ещё вчера́ был у него́ на лице́, не мог е́здить и хо-
ди́ть, — был в мунди́ре! Он побежа́л за каре́тою, ко-
то́рая, к сча́стию, прое́хала недалеко́ и останови́-
лась пе́ред Каза́нским собо́ром.[29]

Он поспеши́л в собо́р, пробра́лся сквозь ряд ни́-
щих стару́х с завя́занными ли́цами и двумя́ отве́р-
стиями для глаз, над кото́рыми он пре́жде так сме-
я́лся, и вошёл в це́рковь. Моле́льщиков внутри́ це́рк-

turnovers; yesterday's papers, coffee-stained, lay about on tables and chairs. "Well, thank God, there is no one here," said the Major. "Now I can have a look." Timidly he approached the mirror and glanced at it. "Damnation! How disgusting!" he exclaimed after spitting. "If at least there were something in place of the nose, but there's nothing!"

Biting his lips with annoyance, he left the coffee-house and decided, contrary to his habit, not to look or to smile at anyone. Suddenly he stopped dead in his tracks before the door of a house. An inexplicable phenomenon took place before his very eyes: a carriage drew up to the entrance; the doors opened; a gentleman in uniform jumped out, slightly stooping, and ran up the stairs. Imagine the horror and at the same time the amazement of Kovalyov when he recognized that it was his own nose! At this extraordinary sight everything seemed to whirl before his eyes; he felt that he could hardly keep on his feet. Trembling all over as though with fever, he made up his mind, come what may, to await the gentleman's return to the carriage. Two minutes later the Nose indeed came out. He was wearing a gold-embroidered uniform with a big stand-up collar and doeskin breeches; there was a sword at his side. From his plumed hat one could infer that he held the rank of a state councillor. Everything pointed to his being on the way to pay a call. He looked right and left, shouted to his driver, "Bring the carriage round," got in and was driven off.

Poor Kovalyov almost went out of his mind. He did not even know what to think of this strange occurrence. Indeed, how could a nose which as recently as yesterday had been on his face and could neither ride nor walk—how could it be in uniform? He ran after the carriage, which fortunately had not gone far but had stopped before the Kazan Cathedral.

He hurried into the cathedral, made his way past the ranks of old beggarwomen with bandaged faces and two slits for their eyes, whom he used to make such fun of, and

ви было немного; они все стояли только при входе
в двери. Ковалёв чувствовал себя в таком расстро-
енном состоянии, что никак не в силах был молиться, и искал глазами этого господина по всем углам.
Наконец увидел его стоявшего в стороне. Нос спрятал совершенно лицо своё в большой стоячий воротник, и с выражением величайшей набожности мо-
лился.

«Как подойти к нему?» думал Ковалёв. «По всему,
по мундиру, по шляпе видно, что он статский советник. Чёрт его знает, как это сделать!»

Он начал около него покашливать; но нос ни на
минуту не оставлял набожного своего положения
и отвешивал поклоны.

«Милостивый государь...»[30] сказал Ковалёв, внут-
ренно принуждая себя ободриться: «милостивый
государь...»

«Что вам угодно?» отвечал нос, оборотившись.

«Мне странно, милостивый государь... мне кажется... вы должны знать своё место. И вдруг я вас
нахожу и где же? — в церкви. Согласитесь...»

«Извините меня, я не могу взять в толк, о чём вы
изволите говорить... Объяснитесь».

«Как мне ему объяснить?» подумал Ковалёв и,
собравшись с духом, начал: «Конечно я... впрочем я
майор. Мне ходить без носа, согласитесь, это неприлично. Какой-нибудь торговке, которая продаёт
на Воскресенском мосту[31] очищенные апельсины,
можно сидеть без носа; но имея в виду получить...
притом будучи во многих домах знаком с дамами:
Чехтарёва, статская советница, и другие... Вы по-
судите сами... я не знаю, милостивый государь...
(При этом майор Ковалёв пожал плечами.) Извините... если на это смотреть сообразно с правилами
долга и чести... вы сами можете понять...»

«Ничего решительно не понимаю», отвечал нос.
«Изъяснитесь удовлетворительнее».

«Милостивый государь...» сказал Ковалёв с чувством собственного достоинства: «я не знаю как

went inside. There were but few worshippers there: they all stood by the entrance. Kovalyov felt so upset that he was in no condition to pray and searched with his eyes for the gentleman in all the church corners. At last he saw him standing to one side. The Nose had completely hidden his face in his big stand-up collar and was praying in an attitude of utmost piety.

"How am I to approach him?" thought Kovalyov. "From everything, from his uniform, from his hat, one can see that he is a state councillor. I'll be damned if I know how to do it."

He started clearing his throat, but the Nose never changed his devout attitude and continued his genuflections.

"My dear sir," said Kovalyov, forcing himself to take courage, "my dear sir. . ."

"What is it you desire?" said the Nose turning round.

"It is strange, my dear sir . . . I think . . . you ought to know your place. And all of a sudden I find you—and where? In church. You'll admit . . ."

"Excuse me, I cannot understand what you are talking about. . . . Make yourself clear."

"How shall I explain to him?" thought Kovalyov and, emboldened, began: "Of course, I . . . however, I am a major. For me to go about without my nose, you'll admit, is unbecoming. It's all right for a peddler woman who sells peeled oranges on Voskresensky Bridge, to sit without a nose. But since I'm expecting—and besides, having many acquaintances among the ladies—Mrs. Chekhtaryova, a state councillor's wife, and others . . . Judge for yourself . . . I don't know, my dear sir . . ." (Here Major Kovalyov shrugged his shoulders.) "Forgive me, if one were to look at this in accordance with rules of duty and honor . . . you yourself can understand. . . ."

"I understand absolutely nothing," replied the Nose. "Make yourself more clear."

"My dear sir," said Kovalyov with a sense of his own dignity, "I don't know how to interpret your words . . .

понимáть словá вáши... Здесь всё дéло, кáжется, совершéнно очевидно... Или вы хотите... Ведь вы мой сóбственный нос!»

Нос посмотрéл на майóра, и брóви егó нéсколько нахмýрились.

«Вы ошибáетесь, милостивый госудáрь. Я сам по себé. Притóм мéжду нáми не мóжет быть никаких тéсных отношéний. Сýдя по пýговицам вáшего вицмундира, вы должны служить в сенáте или по крáйней мéре, по юстиции. Я же по учёной чáсти».

Сказáвши э́то, нос отвернýлся и продолжáл молиться.

Ковалёв совершéнно смешáлся, не знáя что дéлать и что дáже подýмать. В э́то врéмя послышался приятный шум дáмского плáтья: подошлá пожилáя дáма, вся ýбранная кружевáми, и с нéю тóненькая, в бéлом плáтье, óчень мило рисовáвшемся на её стрóйной тáлии, в пáлевой шляпке, лёгкой как пирóжное. За ними остановился и открыл табакéрку высóкий гайдýк с большими бакенбáрдами и цéлой дюжиной воротникóв.

Ковалёв выступил поближе, высунул батистовый воротничóк манишки, попрáвил висéвшие на золотóй цепóчке свои печáтки и, улыбáясь по сторонáм, обратил внимáние на лёгонькую дáму, котóрая, как весéнний цветóчек, слегкá наклонялась и подносила ко лбу свою́ бéленькую рýчку с полупрозрáчными пáльцами. Улыбка на лицé Ковалёва раздвинулась ещё далее, когдá он увидел из-под шляпки её крýгленький, яркой белизны подбородóк и часть щек, осенённой цвéтом пéрвой весéнней рóзы. Но вдруг он отскочил, как бýдто бы обжёгшись. Он вспóмнил, что у негó вмéсто нóса совершéнно нет ничегó, и слёзы выдавились из глаз егó. Он оборотился с тем, чтóбы напрямик сказáть господину в мундире, что он тóлько прикинулся стáтским совéтником, что он плут и подлéц и что он бóльше ничегó, как тóлько его сóбственный нос... Но нóса ужé не было: он

The whole thing seems to me quite obvious . . . Or do you wish . . . After all, you are my own nose!"—

The Nose looked at the major and slightly knitted his brows.

"You are mistaken, my dear sir, I exist in my own right. Besides, there can be no close relation between us. Judging by the buttons on your uniform, you must be employed in the Senate or at least in the Ministry of Justice. As for me, I am in the scholarly line."

Having said this, the Nose turned away and went back to his prayers.

Kovalyov was utterly flabbergasted. He knew not what to do or even what to think. Just then he heard the pleasant rustle of a lady's dress: an elderly lady, all in lace, had come up near him and with her, a slim one, in a white frock which agreeably outlined her slender figure, and in a straw-colored hat, light as a cream-puff. Behind them, a tall footman with huge sidewhiskers and a whole dozen collars, stopped and opened a snuff-box.

Kovalyov stepped closer, pulled out the cambric collar of his dress shirt, adjusted his seals hanging on a golden chain and, smiling in all directions, turned his attention to the ethereal young lady who, like a spring flower, bowed her head slightly and put her little white hand with its translucent fingers to her forehead. The smile on Kovalyov's face grew even wider when from under her hat he caught a glimpse of her little round dazzling-white chin and part of her cheek glowing with the color of the first rose of spring. But suddenly he sprang back as though scalded. He remembered that there was absolutely nothing in the place of his nose, and tears came to his eyes. He turned round, intending without further ado to tell the gentleman in uniform that he was merely pretending to be a state councillor, that he was a rogue and a cad and nothing more than his, the major's, own nose. . . . But the Nose was no longer there; he had managed to dash off,

успе́л ускака́ть, вероя́тно, опя́ть к кому́-нибудь с визи́том.

Это пове́ргло Ковалёва в отча́яние. Он пошёл наза́д и останови́лся с мину́ту под колонна́дою, тща́тельно смотря́ во все сто́роны, не попадётся ли где нос. Он о́чень хорошо́ по́мнил, что шля́па на нём была́ с плюма́жем и мунди́р с золоты́м шитьём; но шине́ль не заме́тил, ни цве́та его́ каре́ты, ни лошаде́й, ни да́же того́, был ли у него́ сза́ди како́й-нибудь лаке́й и в како́й ливре́е. При том каре́т несло́сь тако́е мно́жество взад и вперёд и с тако́ю быстрото́ю, что тру́дно бы́ло да́же приме́тить; но е́сли бы и приме́тил он каку́ю-нибудь из них, то не име́л бы никаки́х средств останови́ть. День был прекра́сный и со́лнечный. На Не́вском наро́ду была́ тьма; дам це́лый цвето́чный водопа́д сы́пался по всему́ троту́ару, начина́я от Полице́йского до Ани́чкина моста́.[32] Вон и знако́мый ему́ надво́рный сове́тник[33] идёт, кото́рого он называ́л подполко́вником, осо́бливо е́жели то случа́лось при посторо́нних. Вон и Яры́гин, столонача́льник[34] в сена́те, большо́й прия́тель, кото́рый ве́чно в босто́не обреми́зивался, когда́ игра́л во́семь. Вон и друго́й майо́р, получи́вший на Кавка́зе асе́ссорство, маха́ет руко́й, чтобы шёл к нему́...

«А чёрт возьми́!» сказа́л Ковалёв. «Эй, изво́зчик, вези́ пря́мо к о́бер-полицме́йстеру!»

Ковалёв сел в дро́жки и то́лько покри́кивал изво́зчику: «Валя́й во всю ива́новскую!»[35]

«У себя́ о́бер-полицме́йстер?» вскрича́л он, заше́дши в се́ни.

«Ника́к нет», отвеча́л привра́тник, «то́лько что уе́хал».

«Вот тебе́ раз!»[36]

«Да», приба́вил привра́тник, «оно́ и не так давно́, но уе́хал. Мину́точкой бы пришли́ ра́ньше, то, мо́жет, заста́ли бы до́ма».

Ковалёв, не отнима́я платка́ от лица́, сел на изво́зчика и закрича́л отча́янным го́лосом: «пошёл!»

«Куда́?» сказа́л изво́зчик.

probably to pay another call.

This plunged Kovalyov into despair. He went back, stopped for a moment under the colonnade and looked carefully, this way and that, for the Nose to turn up somewhere. He remembered quite well that the latter had a plumed hat and a gold-embroidered uniform, but he had not noticed his overcoat, or the color of his carriage or of his horses, not even whether he had a footman at the back, and if so in what livery. Moreover, there was such a multitude of carriages dashing back and forth and at such speed that it was difficult to tell them apart; but even if he did pick one of them out, he would have no means of stopping it. The day was fine and sunny. There were crowds of people on Nevsky Avenue. A whole flowery cascade of ladies poured over the sidewalk, all the way down from Police Bridge to Anichkin Bridge. Here came a court councillor he knew, and was used to addressing as lieutenant-colonel, especially in the presence of strangers. Here, too, was Yarygin, a head clerk in the Senate, a great friend of his, who invariably lost at boston when he went up eight. Here was another major who had won his assessorship in the Caucasus, waving to Kovalyov to join him. . . .

"O hell!" said Kovalyov. "Hey, cabby, take me straight to the chief of police!"

Kovalyov got into the cab and kept shouting to the cabman, "Get going as fast as you can."

"Is the chief of police at home?" he called out as he entered the hall.

"No, sir," answered the doorman, "he has just left."

"You don't say."

"Yes," added the doorman, "he has not been gone long, but he's gone. Had you come a minute sooner perhaps you might have found him in."

Without removing the handkerchief from his face, Kovalyov got back into the cab and in a voice of despair shouted, "Drive on!"

"Where to?" asked the cabman.

«Пошёл прямо!»

«Как прямо? тут поворот: направо или налево?»

Этот вопрос остановил Ковалёва и заставил его опять подумать. В его положении следовало ему прежде всего отнестись в Управу благочиния,[37] не потому что оно имело прямое отношение к полиции, но потому что её распоряжения могли быть гораздо быстрее, чем в других местах: искать же удовлетворения по начальству того места, при котором нос объявил себя служащим, было бы безрассудно, потому что из собственных ответов носа уже можно было видеть, что для этого человека ничего не было священного, и он мог так же солгать и в этом случае, как солгал, уверяя, что он никогда не видался с ним. Итак, Ковалёв уже хотел было приказать ехать в Управу благочиния, как опять пришла мысль ему, что этот плут и мошенник, который поступил уже при первой встрече таким бессовестным образом, мог опять удобно, пользуясь временем, как-нибудь улизнуть из города, — и тогда все искания будут тщетны, или могут продолжиться, чего Боже сохрани, на целый месяц. Наконец, казалось, само небо вразумило его. Он решился отнестись прямо в газетную экспедицию[38] и заблаговременно сделать публикацию с обстоятельным описанием всех качеств, дабы всякий, встретивший его, мог в ту же минуту его представить к нему или, по крайней мере, дать знать о месте пребывания. Итак он, решив на этом, велел извозчику ехать в газетную экспедицию, и во всю дорогу не переставал его тузить кулаком в спину, приговаривая: «скорей, подлец! скорей, мошенник!» — «Эх, барин!» говорил извозчик, потряхивая головой и стегая вожжой свою лошадь, на которой шерсть была длинная, как на болонке. Дрожки, наконец, остановились, и Ковалёв запыхавшись вбежал в небольшую приёмную комнату, где седой чиновник, в старом фраке и очках, сидел за столом и, взявши в зубы перо, считал принесённые медные деньги.

"Drive straight ahead!"

"What do you mean straight ahead? There is a turn here. Right or left?"

This question nonplussed Kovalyov and made him think again. In his plight the first thing for him to do was to apply to the Police Department, not because his case had anything to do directly with the police, but because they could act much more quickly than any other institution; while to seek satisfaction from the superiors of the department by which the Nose claimed to be employed would be pointless because from the Nose's own replies it was obvious that this fellow held nothing sacred, and that he was capable of lying in this case, too, as he had done when he had assured Kovalyov that they had never met. Thus Kovalyov was on the point of telling the cabman to take him to the Police Department when the thought again occurred to him that this rogue and swindler, who had already treated him so shamelessly during their first encounter, might again seize his first chance to slip out of town somewhere, and then all search would be futile or might drag on, God forbid, a whole month. Finally, it seemed, heaven itself brought him to his senses. He decided to go straight to the newspaper office and, before it was too late, place an advertisement with a detailed description of the Nose's particulars, so that anyone coming across him could immediately deliver him or at least give information about his whereabouts. And so, his mind made up, he told the cabby to drive to the newspaper office, and all the way down to it kept whacking him in the back with his fist, saying, "Faster, you villain! faster, you rogue!" —"Ugh, mister!" the cabman would say, shaking his head and flicking his reins at the horse whose coat was as long as a lapdog's. At last the cab drew up to a stop, and Kovalyov, panting, ran into a small reception room where a gray-haired clerk in an old tailcoat and glasses sat at a table and, pen in his teeth, counted newly brought in coppers.

«Кто здесь принима́ет объявле́ния?» закрича́л Ковалёв. «А, здра́вствуйте!»

«Моё почте́ние», сказа́л седо́й чино́вник, подня́в-
ши на мину́ту глаза́ и опусти́вши их сно́ва на разло́-
женные ку́чи де́нег.

«Я жела́ю припеча́тать...»[39]

«Позво́льте. Прошу́ немно́жко повремени́ть», произнёс чино́вник, ста́вя одно́ю руко́ю ци́фру на бума́-
ге и передвига́я па́льцами ле́вой руки́ два очка́ на
счётах. Лаке́й с галуна́ми и нару́жностию, пока́зы-
вавшею пребыва́ние его́ в аристократи́ческом до́ме,
стоя́л во́зле стола́ с запи́скою в рука́х и почёл при-
ли́чным показа́ть свою́ общежи́тельность: «Пове́ри-
те ли, су́дарь, что собачо́нка не сто́ит восьми́ гри́-
вен, то есть я не́ дал бы за неё и восьми́ гро́шей; а
графи́ня лю́бит, ей-Бо́гу, лю́бит, — и вот тому́, кто её
оты́щет, сто рубле́й! Если сказа́ть по прили́чию, то
вот так, как мы тепе́рь с ва́ми, вку́сы люде́й совсе́м не
совме́стны: уж когда́ охо́тник, то держи́ ляга́вую со-
ба́ку и́ли пу́деля; не пожале́й пятисо́т, ты́сячу дай,
но зато́ уж чтоб была́ соба́ка хоро́шая».

Почте́нный чино́вник слу́шал э́то с значи́тельною
ми́ною, и в то же вре́мя занима́лся сме́тою: ско́лько
букв в принесённой запи́ске. По сторона́м стоя́ло
мно́жество стару́х, купе́ческих сиде́льцев и дво́рни-
ков с запи́сками. В одно́й значи́лось, что отпуска́ет-
ся в услуже́ние[40] ку́чер тре́звого поведе́ния; в дру-
го́й — малоподе́ржанная коля́ска, вы́везенная в
1814 году́ из Пари́жа;[41] там отпуска́лась дворо́вая
де́вка 19 лет, упражня́вшаяся в пра́чешном де́ле,
го́дная и для други́х рабо́т; про́чные дро́жки без
одно́й рессо́ры, молода́я горя́чая ло́шадь в се́рых
я́блоках, семна́дцати лет от ро́ду, но́вые полу́ченные
из Ло́ндона семена́ ре́пы и реди́са, да́ча со все́ми
уго́дьями: двумя́ сто́йлами для лошаде́й и ме́стом,
на кото́ром мо́жно развести́ превосхо́дный берёзо-
вый и́ли ело́вый сад; там же находи́лся вы́зов же-
ла́ющих купи́ть ста́рые подо́швы, с приглаше́нием
яви́ться к перето́ржке ка́ждый день от 8 до 3 часо́в

"Who accepts advertisements here?" cried Kovalyov.
"Ah, good morning!"

"How do you do," said the gray-haired clerk, raising
his eyes for a moment and lowering them again to look at
the neat stacks of money.

"I should like to insert—"

"Excuse me. Will you wait a moment," said the clerk
as he wrote down a figure on a piece of paper with one
hand and moved two beads on the abacus with the fingers
of his left hand. A liveried footman, whose appearance
suggested his sojourn in an aristocratic house, and who
stood by the table with a note in his hand, deemed it
appropriate to demonstrate his savoir-faire: "Would you
believe it, sir, this little mutt is not worth eighty kopecks,
that is, I wouldn't even give eight kopecks for it; but the
countess loves it, honestly she does—and so whoever finds
it will get one hundred rubles! To put it politely, just as
you and I are talking, people's tastes differ: if you're a
hunter, keep a pointer or a poodle; don't grudge five
hundred, give a thousand, but then let it be a good dog."

The worthy clerk listened to this with a grave expression
while at the same time trying to count the number of
letters in the note brought to him. All around stood a great
many old women, salespeople and house porters with
notes. One of them offered for sale a coachman of sober
conduct; another, a little-used carriage brought from Paris
in 1814; still others, a nineteen-year-old serf girl experienced in laundering work and suitable for other kinds of
work; a sound droshky with one spring missing; a young
and fiery dappled-gray horse seventeen years old; turnip
and radish seed newly received from London; a summer
residence with all the appurtenances—to wit, two stalls
for horses and a place for planting a grove of birches or
firs; there was also an appeal to those wishing to buy old
boot soles, inviting them to appear for final bidding every
day between eight and three o'clock. The room in which

утра́. Ко́мната, в кото́рой мести́лось всё это о́бще-
ство, была́ ма́ленькая, и во́здух в ней был чрезвы-
ча́йно густ; но колле́жский асе́ссор Ковалёв не мог
слы́шать за́паха, потому́ что закры́лся платко́м, и
потому́ что са́мый нос его находи́лся Бог зна́ет в
каки́х места́х.

«Ми́лостивый госуда́рь, позво́льте вас попроси́ть...
Мне о́чень ну́жно», сказа́л он, наконе́ц, с нетерпе́-
нием.

«Сейча́с, сейча́с! Два рубля́ со́рок три копе́йки!
Сию́ мину́ту! Рубль шестьдеся́т четы́ре копе́йки!»
говори́л седовла́сый господи́н, броса́я стару́хам и
дво́рникам запи́ски в глаза́. «Вам что уго́дно?» на-
коне́ц сказа́л он, обрати́вшись к Ковалёву.

«Я прошу́...» сказа́л Ковалёв: «случи́лось моше́н-
ничество, и́ли плутовство́, я до сих пор не могу́ ни-
ка́к узна́ть. Я прошу́ то́лько припеча́тать, что тот,
кто ко мне э́того подлеца́ предста́вит, полу́чит до-
ста́точное вознагражде́ние».

«Позво́льте узна́ть, как ва́ша фами́лия?»

«Нет, заче́м же фами́лию? Мне нельзя́ сказа́ть её.
У меня́ мно́го знако́мых: Чехтарёва, ста́тская сове́т-
ница, Пелаге́я Григо́рьевна Подто́чина, штаб-офи-
це́рша...[42] Вдруг узна́ют, Бо́же сохрани́! Вы мо́жете
про́сто написа́ть: колле́жский асе́ссор, и́ли, ещё лу́ч-
ше, состоя́щий в майо́рском чи́не».

«А сбежа́вший был ваш дворо́вый челове́к»?[43]

«Како́е дворо́вый челове́к? Это бы ещё не тако́е
большо́е моше́нничество! Сбежа́л от меня́... нос...»

«Гм! кака́я стра́нная фами́лия! И на большу́ю
су́мму э́тот г. Но́сов обокра́л вас?»

«Нос, то́ есть... вы не то ду́маете! Нос, мой со́б-
ственный нос пропа́л неизве́стно куда́. Чёрт хоте́л
подшути́ть надо мно́ю!»

«Да каки́м же о́бразом пропа́л? Я что́-то не могу́
хороше́нько поня́ть».

«Да я не могу́ вам сказа́ть, каки́м о́бразом; но
гла́вное то, что он разъезжа́ет тепе́рь по го́роду и
называ́ет себя́ ста́тским сове́тником. И потому́ я вас

this entire company was crowded was small, and the air in it was extremely thick; but Collegiate Assessor Kovalyov was not in a position to notice the smell, because he kept his handkerchief pressed to his face and because his nose itself was goodness knows where.

"My dear sir, may I ask you . . . It is very urgent," he said at last with impatience.

"Presently, presently! Two rubles forty-three kopecks! Just a moment! One ruble sixty-four kopecks," recited the gray-haired gentleman, tossing the notes into the faces of the old women and the house porters. "What can I do for you?" he said at last, turning to Kovalyov.

"I wish . . . ," said Kovalyov. "There has been a swindle or a fraud . . . I still can't find out. I just wish to advertise that whoever hands this scoundrel over to me will receive an adequate reward."

"Allow me to inquire, what is your name?"

"What do you want my name for? I can't give it to you. I have many acquaintances: Mrs. Chekhtaryova, the wife of a state councillor; Pelageya Grigoryevna Podtochina, the wife of a field officer. . . What if they suddenly were to find out? Heaven forbid! You can simply write down: a collegiate assessor or, still better, a person holding the rank of major."

"And was the runaway your household serf?"

"What do you mean, household serf? That wouldn't be such a bad swindle! The runaway was . . . my nose. . . ."

"Hmm! what a strange name! And did this Mr. Nosov rob you of a big sum?"

"My nose, I mean to say—You've misunderstood me. My nose, my very own nose has disappeared goodness knows where. The devil must have wished to play a trick on me!"

"But how did it disappear? I don't quite understand it."

"Well, I can't tell you how; but the main thing is that it is now gallivanting about town and calling itself a state

прошу́ объяви́ть, что́бы пойма́вший предста́вил его́ неме́дленно ко мне в са́мом скоре́йшем вре́мени. Вы посуди́те, в са́мом де́ле, как же мне быть без тако́й заме́тной ча́сти те́ла? э́то не то, что како́й-нибудь мизи́нный па́лец на ноге́, кото́рую я в сапо́г[44] — и никто́ не уви́дит, е́сли его́ нет. Я быва́ю по четверга́м у ста́тской сове́тницы Чехтарёвой; Подто́чина Пелаге́я Григо́рьевна, штаб-офице́рша, и у ней до́чка о́чень хоро́шенькая, то́же о́чень хоро́шие знако́мые, и вы посуди́те са́ми, как же мне тепе́рь... Мне тепе́рь к ним нельзя́ яви́ться».

Чино́вник заду́мался, что означа́ли кре́пко сжа́вшиеся гу́бы.

«Нет, я не могу́ помести́ть тако́го объявле́ния в газе́тах», сказа́л он наконе́ц по́сле до́лгого молча́ния.

«Как? отчего́?»

«Так. Газе́та мо́жет потеря́ть репута́цию. Если вся́кий начнёт писа́ть, что у него́ сбежа́л нос, то... И так уже́ говоря́т, что печа́тается мно́го несообра́зностей и ло́жных слу́хов».

«Да чем же э́то де́ло несообра́зное? Тут, ка́жется, ничего́ нет тако́го».

«Это вам так ка́жется, что нет. А вот, на про́шлой неде́ле, тако́й же был слу́чай. Пришёл чино́вник таки́м же о́бразом, как вы тепе́рь пришли́, принёс запи́ску, де́нег по расчёту пришло́сь 2 р. 73 к., и всё объявле́ние состо́яло в том, что сбежа́л пу́дель чёрной ше́рсти. Ка́жется, что бы тут тако́е? А вы́шел па́сквиль: пу́дель-то э́тот был казначе́й, не по́мню како́го-то заведе́ния».

«Да ведь я вам не о пу́деле де́лаю объявле́ние, а о со́бственном моём но́се: ста́ло быть, почти́ то же, что о само́м себе́».

«Нет, тако́го объявле́ния я ника́к не могу́ помести́ть».

«Да когда́ у меня́ то́чно пропа́л нос!»

«Если пропа́л, то э́то де́ло ме́дика. Говоря́т, что есть таки́е лю́ди, кото́рые мо́гут приста́вить како́й уго́дно нос. Но впро́чем я замеча́ю, что вы должны́

councillor. And that is why I am asking you to advertise that whoever apprehends it should deliver it to me immediately and without delay. Judge for yourself. How, indeed, can I do without such a conspicuous part of my body? It itsn't like some little toe which I put into my boot, and no one can see whether it is there or not. On Thursdays I call at the house of Mrs. Chekhtaryova, a state councillor's wife. Mrs. Podtochina, Pelageya Grigoryevna, a field officer's wife, and her very pretty daughter, are also very good friends of mine, and you can judge for yourself how can I now . . . I can't appear at their house now."

The clerk thought hard, his lips pursed tightly in witness thereof.

"No, I can't insert such an advertisement in the papers," he said at last after a long silence.

"How so? Why?"

"Well, the paper might lose its reputation. If everyone were to write that his nose had run away, why . . . As it is, people say that too many absurd stories and false rumors are printed."

"But why is this business absurd? I don't think it is anything of the sort."

"That's what you think. But take last week, there was another such case. A civil servant came in, just as you have, bringing a note, was billed two rubles seventy-three kopecks, and all the advertisement consisted of was that a black-coated poodle had run away. Doesn't seem to amount to much, does it now? But it turned out to be a libel. This so-called poodle was the treasurer of I don't recall what institution."

"But I am not putting in an advertisement about a poodle —it's about my very own nose; that is, practically the same as about myself."

"No, I can't possibly insert such an advertisement."

"But when my nose actually has disappeared!"

"If it has disappeared, then it's a doctor's business. They say there are people who can fix you up with any nose you like. However, I observe that you must be a man of

быть⁴⁵ человек весёлого нрава и любите в обществе пошутить».

«Клянусь вам, вот как Бог свят!⁴⁶ Пожалуй, уж если до того дошло, то я покажу вам».

«Зачем беспокоиться!» продолжал чиновник, нюхая табак. «Впрочем, если не в беспокойство», прибавил он с движением любопытства: «то желательно бы взглянуть».

Коллежский асессор отнял от лица платок.

«В самом деле, чрезвычайно странно!» сказал чиновник: «место совершенно гладкое, как будто бы только что выпеченный блин. Да, до невероятности ровное!»

«Ну, вы теперь будете спорить? Вы видите сами, что нельзя не напечатать. Я вам буду особенно благодарен, и очень рад, что этот случай доставил мне удовольствие с вами познакомиться...» Майор, как видно из этого, решился на сей раз немного поподличать.

«Напечатать-то, конечно, дело небольшое», сказал чиновник: «только я не предвижу в этом никакой для вас выгоды. Если уже хотите, то отдайте тому, кто имеет искусное перо, описать как редкое произведение натуры и напечатать статейку в «Северной Пчеле»⁴⁷ (тут он понюхал ещё раз табаку) для пользы юношества (тут он утёр нос), или так, для общего любопытства».

Коллежский асессор был совершенно обезнадёжен. Он опустил глаза вниз газеты, где было извещение о спектаклях; уже лицо его было готово улыбнуться, встретив имя актрисы хорошенькой собою, и рука взялась за карман: есть ли при нём синяя ассигнация,⁴⁸ потому что штаб-офицеры, по мнению Ковалёва, должны сидеть в креслах, — но мысль о носе всё испортила!

Сам чиновник, казалось был тронут затруднительным положением Ковалёва. Желая сколько-нибудь облегчить его горесть, он почёл приличным выразить участие своё в нескольких словах: «Мне, право,

gay disposition and fond of kidding in company."

"I swear to you by all that is holy! Perhaps, if it comes to that, why I'll show you."

"Why trouble yourself?" continued the clerk, taking a pinch of snuff. "However, if it isn't too much trouble," he added, moved by curiosity, "I'd like to have a look."

The collegiate assessor removed the handkerchief from his face.

"Very strange indeed!" said the clerk. "It's absolutely flat, like a pancake fresh off the griddle. Yes, incredibly smooth."

"Well, will you go on arguing after this? You see yourself that you can't refuse to print my advertisement. I'll be particularly grateful and am very glad that this opportunity has given me the pleasure of making your acquaintance. . . ." The major, as we can see, decided this time to use a little flattery.

"To insert it would be easy enough, of course," said the clerk, "but I don't see any advantage to you in it. If you really must, give it to someone who wields a skillful pen and let him describe this as a rare phenomenon of nature and publish this little item in *The Northern Bee*" (here he took another pinch of snuff) "for the benefit of the young" (here he wiped his nose), "or just so, as a matter of general interest."

The collegiate assessor felt completely discouraged. He dropped his eyes to the lower part of the paper where theatrical performances were announced. His face was about to break out into a smile as he came across the name of a pretty actress, and his hand went to his pocket to check whether he had a blue note, because in his opinion field officers ought to sit in the stalls—but the thought of his nose spoiled it all.

The clerk himself seemed to be moved by Kovalyov's embarrassing situation. Wishing at least to ease his distress he deemed it appropriate to express his sympathy in a few words: "I really am grieved that such a thing happened

о́чень приско́рбно, что с ва́ми случи́лся тако́й анек-
до́т. Не уго́дно ли вам поню́хать табачку́? э́то раз-
бива́ет головны́е бо́ли и печа́льные расположе́ния;
да́же в отноше́нии к геморо́идам это хорошо́». Го-
воря́ э́то, чино́вник поднёс Ковалёву табаке́рку, до-
во́льно ло́вко подверну́в под неё кры́шку с портре́том
како́й-то да́мы в шля́пке.

Этот неумы́шленный посту́пок вы́вел из терпе́ния
Ковалёва. «Я не понима́ю, как вы нахо́дите ме́сто
шу́ткам», сказа́л он с се́рдцем: «ра́зве вы не ви́дите,
что у меня́ и́менно нет того́, чем бы я мог поню́хать?
Чтоб чёрт побра́л ваш таба́к! Я тепе́рь не могу́ смот-
ре́ть на него́, и не то́лько на скве́рный ваш берёзин-
ский, но хоть бы вы поднесли́ мне самого́ рапе́».[49]
Сказа́вши э́то, он вы́шел, глубоко́ раздоса́дованный,
из газе́тной экспеди́ции и отпра́вился к ча́стному приставу,[50] чрезвыча́йному охо́тнику до са́хару. На до-
му́ его́ вся пере́дняя, она́ же и столо́вая, была́ уста-
но́влена са́харными голова́ми, кото́рые нанесли́ к
нему́ из дру́жбы купцы́. Куха́рка в это вре́мя ски-
да́ла с ча́стного при́става казённые ботфо́рты; шпа́-
га и все вое́нные доспе́хи уже́ ми́рно разве́сились по
угла́м и гро́зную трехуго́льную шля́пу уже́ затро́ги-
вал трёхле́тний сыно́к его́; и он по́сле боево́й, бра́н-
ной жи́зни, гото́вился вкуси́ть удово́льствия ми́ра.

Ковалёв вошёл к нему́ в то вре́мя, когда́ он потя-
ну́лся, кря́кнул и сказа́л: «Эх, сла́вно засну́ два ча́-
сика!» И потому́ мо́жно бы́ло предви́деть, что при-
хо́д колле́жского асе́ссора был соверше́нно не во́-
время. И не зна́ю, хотя́ бы он да́же принёс ему́ в то
вре́мя не́сколько фу́нтов ча́ю и́ли сукна́, он бы не
был при́нят сли́шком раду́шно. Ча́стный был боль-
шо́й поощри́тель всех иску́сств и мануфакту́рностей;
но госуда́рственную ассигна́цию предпочита́л всему́.
«Это вещь», обыкнове́нно говори́л он: «уж нет ни-
чего́ лу́чше э́той ве́щи: есть не про́сит, ме́ста зай-
мёт немно́го, в карма́не всегда́ поме́стится, уро́нишь
— не расшибётся».

Ча́стный при́нял дово́льно су́хо Ковалёва и сказа́л,

to you. Wouldn't you care for a pinch of snuff? It dispels headaches and melancholy; it's even good for hemorrhoids." With those words the clerk offered Kovalyov his snuff box, rather deftly snapping open the lid which pictured a lady in a hat.

This unpremeditated action made Kovalyov lose all patience. "I can't understand how you find this a time for jokes," he said angrily. "Can't you see that I lack the very thing one needs to take snuff? To hell with your snuff! I can't bear the sight of it now, even if you offered me some *rapé* itself, let alone your wretched Berezin's." After saying this he left the newspaper office, deeply vexed, and went to visit the district police inspector, a man with a passion for sugar. In his house the entire parlor, which served also as the dining room, was stacked with sugar loaves which local tradesmen brought to him out of friendship. At the moment his cook was pulling off the inspector's regulation topboots; his sword and all his military trappings were already hanging peacefully in the corners, and his three-year-old son was reaching for his redoubtable three-cornered hat, while the inspector himself was preparing to taste the fruits of peace after his day of warlike, martial pursuits.

Kovalyov came in at the moment when the inspector had just stretched, grunted and said, "Oh, for a couple of hours' good snooze!" It was therefore easy to see that the collegiate assessor had come at quite the wrong time. And I wonder whether he would have been welcome even if he had brought several pounds of tea or a piece of cloth. The police inspector was a great patron of all arts and manufactures, but he preferred a bank note to everything else. "This is the thing," he would usually say. "There can be nothing better than it—it doesn't ask for food, it doesn't take much space, it'll always fit into a pocket, and if you drop it it won't break."

The inspector received Kovalyov rather coolly and said

что после обеда не то время, чтобы производить следствие, что сама натура назначила, чтобы, наевшись, немного отдохнуть (из этого коллежский асессор мог видеть, что частному приставу были небезызвестны изречения древних мудрецов), что у порядочного человека не оторвут носа и что много есть на свете всяких майоров, которые не имеют даже и исподнего в приличном состоянии и таскаются по всяким непристойным местам.

То есть, не в бровь, а прямо в глаз!⁵¹ Нужно заметить, что Ковалёв был чрезвычайно обидчивый человек. Он мог простить всё, что ни говорили о нём самом, но никак не извинял, если это относилось к чину или званию. Он даже полагал, что в театральных пьесах можно пропустить всё то, что относилось к обер-офицерам, но на штаб-офицеров никак не должно нападать. Приём частного так его сконфузил, что он тряхнул головою и сказал с чувством достоинства, немного расставив свои руки: «Признаюсь, после этаких обидных с вашей стороны замечаний, я ничего не могу прибавить...» и вышел.

Он приехал домой, едва слыша под собою ноги. Были уже сумерки. Печальною или чрезвычайно гадкою показалась ему квартира после всех этих неудачных исканий. Взошедши в переднюю, увидел он на кожаном запачканном диване лакея своего Ивана, который, лёжа на спине, плевал в потолок и попадал удачно в одно и то же место. Такое равнодушие человека взбесило его; он ударил его шляпою по лбу, примолвив: «ты, свинья, всегда глупостями занимаешься!»

Иван вскочил вдруг с своего места и бросился со всех ног снимать с него плащ.

Вошедши в свою комнату, майор, усталый и печальный, бросился в кресла, и, наконец, после нескольких вздохов сказал:

«Боже мой! Боже мой! За что это такое несчастие? Будь я без руки или без ноги — всё бы это

that after dinner was hardly the time to conduct investigations, that nature itself intended that man should rest a little after a good meal (from this the collegiate assessor could see that the aphorisms of the ancient sages were not unknown to the police inspector), that no real gentleman would allow his nose to be pulled off, and that there were many majors in this world who hadn't even decent underwear and hung about in all sorts of disreputable places.

This last was too close for comfort. It must be observed that Kovalyov was extremely quick to take offense. He could forgive whatever was said about himself, but never anything that referred to rank or title. He was even of the opinion that in plays one could allow references to junior officers, but that there should be no criticism of field officers. His reception by the inspector so disconcerted him that he tossed his head and said with an air of dignity, spreading his arms slightly: "I confess that after such offensive remarks on your part, I've nothing more to add. . . ." and left the room.

He came home hardly able to stand on his feet. It was already dusk. After all this fruitless search his apartment appeared to him melancholy or extraordinarily squalid. Coming into the entrance hall he caught sight of his valet Ivan who, lying on his back on the soiled leather sofa, was spitting at the ceiling and rather successfully hitting one and the same spot. Such indifference on the man's part infuriated him; he struck him on the forehead with his hat, saying, "You pig, always doing something stupid!"

Ivan jumped up abruptly and rushed to take off his cloak.

Entering his room the major, tired and sad, sank into an armchair and at last, after several sighs, said:

"O Lord, O Lord! What have I done to deserve such misery? Had I lost an arm or a leg, it would not have been

лу́чше; будь я без уше́й — скве́рно, одна́кож всё
сносне́е; но без но́са челове́к — чёрт зна́ет что:
пти́ца не пти́ца, граждани́н не граждани́н; про́сто
возьми́ да и вы́швырни за око́шко! И пусть бы уже́
на войне́ отруби́ли и́ли на дуэ́ли, и́ли я сам был при-
чи́ною; но ведь пропа́л ни за́ что, ни про́ что,[52] про-
па́л да́ром, ни за грош!.. То́лько нет, не мо́жет
быть», приба́вил он, немно́го поду́мав. «Невероя́тно,
что́бы нос пропа́л; никаки́м о́бразом невероя́тно.
Это, ве́рно, и́ли во сне сни́тся, и́ли про́сто гре́зится;
мо́жет быть, я ка́к-нибудь оши́бкою вы́пил вме́сто
воды́ во́дку, кото́рою вытира́ю по́сле бритья́ себе́
бо́роду. Ива́н дура́к не при́нял, и я, ве́рно, хвати́л
её».—Что́бы действи́тельно увери́ться, что он не пьян,
майо́р ущипну́л себя́ так бо́льно, что сам вскри́кнул.
Эта боль соверше́нно увери́ла его́, что он де́йствует
и живёт наяву́. Он потихо́ньку прибли́зился к зе́рка-
лу и снача́ла зажму́рил глаза́ с то́ю мы́слию, что
аво́сь-либо нос пока́жется на своём ме́сте; но в ту
же мину́ту отскочи́л наза́д, сказа́вши: «э́кой па́ск-
вильный вид!»

Это бы́ло, то́чно, непоня́тно. Если бы пропа́ла пу́-
говица, сере́бряная ло́жка, часы́, или что́-нибудь по-
до́бное; — но пропа́сть, и кому́ же пропа́сть? и при-
то́м ещё на со́бственной кварти́ре!.. Майо́р Ковалёв,
сообразя́ все обстоя́тельства, предполага́л едва́ ли
не бли́же всего́ к и́стине, что вино́ю э́того до́лжен
быть не кто друго́й, как штаб-офице́рша Подто́чи-
на, кото́рая жела́ла, что́бы он жени́лся на её до́че-
ри. Он и сам люби́л за не́ю приволокну́ться, но из-
бега́л оконча́тельной разде́лки. Когда́ же штаб-офи-
це́рша объяви́ла ему́ напрями́к, что она́ хо́чет вы́-
дать ее за него́, он потихо́ньку отча́лил с свои́ми
комплиме́нтами, сказа́вши, что ещё мо́лод, что ну́ж-
но ему́ прослужи́ть лет пято́к, что́бы уже́ ро́вно
бы́ло со́рок два го́да. И потому́ штаб-офице́рша,
ве́рно из мще́ния, реши́лась его́ испо́ртить и наняла́
для э́того каки́х-нибудь колдо́вок-баб, потому́ что
никаки́м о́бразом нельзя́ бы́ло предположи́ть, что́бы

so bad; had I lost my ears, it would have been bad enough but nevertheless bearable; but without a nose a man is goodness knows what; he's not a bird, he's not a human being; in fact, just take him and throw him out the window! And if at least it had been chopped off in battle or in a duel, or if I myself had been to blame; but it disappeared just like that, with nothing, nothing at all to show for it. But no, it can't be," he added after some thought. "It's unbelievable that a nose should disappear; absolutely unbelievable. I must be either dreaming or just imagining it. Maybe, somehow, by mistake instead of water I drank the vodka which I rub on my chin after shaving. That fool Ivan didn't take it away and I probably gulped it down." —To satisfy himself that he was not drunk the major pinched himself so hard that he cried out. The pain he felt fully convinced him that he was wide awake. He stealthily approached the mirror and at first half-closed his eyes, thinking that perhaps the nose would appear in its proper place; but the same moment he sprang back exclaiming, "What a caricature of a face!"

It was indeed incomprehensible. If a button, a silver spoon, a watch, or some such thing had disappeared—but to disappear, and for whom to disappear? and besides in his own apartment, too! . . . After considering all the circumstances, Major Kovalyov was inclined to think that most likely it was the fault of none other than the field officer's wife, Mrs. Podtochina, who wanted him to marry her daughter. He, too, liked to flirt with her but avoided a final showdown. And when the field officer's wife told him point-blank that she wanted to marry her daughter off to him, he eased off on his attentions, saying that he was still young, that he had to serve another five years when he would be exactly forty-two. And so the field officer's wife, presumably in revenge, had decided to put a curse on him and hired for this purpose some old witchwomen, because it was impossible even to suppose that the nose had been

нос был отрéзан: никтó не входил к нему в кóмнату; цирюльник же Ивáн Яковлевич брил его ещё в срéду, и в продолжéние всей среды и дáже во весь четвертóк[53] нос у негó был цел, — это он пóмнил и знал óчень хорошó; притóм былá бы им чувствуема боль, и, без сомнéния, рáна не моглá бы так скóро зажить и быть глáдкою, как блин. Он строил в головé плáны: звать ли штаб-офицéршу формáльным порядком в суд или явиться к ней самомý и уличить её. Размышлéния его прéрваны были свéтом, блеснувшим сквозь все сквáжины дверéй, котóрый дал знать, что свечá в передней ужé зажженá Ивáном. Скóро показáлся и сам Ивáн, неся её пéред собóю и озаряя всю кóмнату. Пéрвым движéнием Ковалёва было схватить платóк и закрыть то мéсто, где вчерá ещё был нос, чтóбы в сáмом дéле глупый человéк не зазевáлся, увидя у бáрина такýю стрáнность.

Не успéл Ивáн уйти в конурý свою, как послышался в передней незнакóмый гóлос, произнёсший: «Здесь ли живёт коллéжский асéссор Ковалёв?»

«Войдите. Майóр Ковалёв здесь», сказáл Ковалёв, вскочивши поспéшно и отворяя дверь.

Вошёл полицéйский чинóвник красивой наружности, с бакенбáрдами не слишком свéтлыми и не тёмными, с довóльно пóлными щекáми, тот сáмый, котóрый в начáле пóвести стоял в концé Исáкиевского мóста.

«Вы изволили затерять нос свой?»

«Так тóчно».

«Он тепéрь нáйден».

«Что вы говорите?» закричáл Ковалёв. Рáдость отнялá у негó язык. Он глядéл в óба на стоявшего пéред ним квартáльного, на пóлных губáх и щекáх котóрого ярко мелькáл трéпетный свет свечи. «Каким óбразом?»

«Стрáнным слýчаем: его перехватили на дорóге. Он ужé садился в дилижáнс и хотéл уéхать в Ригу. И пáшпорт давнó был написан на имя одногó чинóвника. И стрáнно то, что я сам принял его сначáла за

simply cut off: no one had entered his room; the barber, Ivan Yakovlevich, had shaved him as recently as Wednesday and throughout that whole day and even on Thursday his nose was all there—he remembered and knew it very well. Besides, he would have felt the pain and no doubt the wound could not have healed so soon and be as smooth as a pancake. Different plans of action occurred to him: should he formally summons Mrs. Podtochina to court or go to her himself and expose her in person? His reflections were interrupted by light breaking through all the cracks in the door, which told him that Ivan had lit the candle in the hall. Soon Ivan himself appeared, carrying it before him and brightly illuminating the whole room. Kovalyov's first gesture was to snatch his handkerchief and cover the place where his nose had been only the day before, so that indeed the silly fellow would not stand there gaping at such an oddity in his master's strange appearance.

Barely had Ivan gone into his cubbyhole when an unfamiliar voice was heard in the hall saying, "Does Collegiate Assessor Kovalyov live here?"

"Come in. Major Kovalyov is here," said Kovalyov, jumping up quickly and opening the door.

In came a police officer of handsome appearance with sidewhiskers that were neither too light nor too dark, and rather full cheeks, the very same who at the beginning of this story was standing at the end of St. Isaac's Bridge.

"Did you happen to mislay your nose?"

"That's right."

"It has been recovered."

"What are you saying!" exclaimed Major Kovalyov. He was tongue-tied with joy. He stared at the police officer standing in front of him, on whose full lips and cheeks the trembling light of the candle flickered. "How?"

"By an odd piece of luck—he was intercepted on the point of leaving town. He was about to board a stagecoach and leave for Riga. He even had a passport made out a long time ago in the name of a certain civil servant. Strangely enough, I also at first took him for a gentleman.

господи́на. Но к сча́стию бы́ли со мной очки́, и я тот же час уви́дел, что э́то был нос. Ведь я близору́к, и е́сли вы ста́нете передо мно́ю, то я ви́жу то́лько у вас лицо́, но ни но́са, ни бороды́, ничего́ не заме́чу. Моя́ тёща, то́ есть мать жены́ мое́й, то́же ничего́ не ви́дит».

Ковалёв был вне себя́. «Где же он? Где? Я сейча́с побегу́».

«Не беспоко́йтесь. Я, зна́я, что он вам ну́жен, принёс его́ с собо́ю. И стра́нно то, что гла́вный уча́стник в э́том де́ле есть моше́нник цирю́льник на Вознесе́нской у́лице, кото́рый сиди́т тепе́рь на съе́зжей.[54] Я давно́ подозрева́л его́ в пья́нстве и воров́стве, и ещё тре́тьего дня стащи́л он в одно́й ла́вочке бо́ртище пу́говиц.[55] Нос ваш соверше́нно тако́в, как был». — При э́том кварта́льный поле́з в карма́н и вы́тащил отту́да завёрнутый в бума́жке нос.

«Так, он!» закрича́л Ковалёв: «то́чно он! Отку́шайте сего́дня со мно́ю ча́шечку ча́ю».

«Почёл бы за большу́ю прия́тность, но ника́к не могу́: мне ну́жно зае́хать отсю́да в смири́тельный дом... Очень больша́я подняла́сь дороговизна на все припа́сы... У меня́ в до́ме живёт и тёща, то́ есть мать мое́й жены́, и де́ти; ста́рший осо́бенно подаёт больши́е наде́жды: о́чень у́мный мальчи́шка, но средств для воспита́ния соверше́нно нет никаки́х».

Ковалёв догада́лся и, схвати́в со стола́ кра́сную ассигна́цию,[56] су́нул в ру́ки надзира́телю, кото́рый, расша́ркавшись, вы́шел за дверь, и в ту же почти́ мину́ту Ковалёв слы́шал уже́ го́лос его́ на у́лице, где он увещева́л по зуба́м одного́ глу́пого мужика́, нае́хавшего со свое́ю теле́гою как раз на бульва́р.

Колле́жский асе́ссор по ухо́де кварта́льного не́сколько мину́т остава́лся в како́м-то неопределён́ном состоя́нии и едва́ че́рез не́сколько мину́т пришёл в возмо́жность ви́деть и чу́вствовать: в тако́е беспа́мятство пове́ргла его́ неожи́данная ра́дость. Он взял бережли́во на́йденный нос в о́бе руки́, сло́женные го́рстью, и ещё раз рассмотре́л его́ внима́тельно.

But fortunately I had my glasses with me and I saw at once that it was a nose. You see, I am nearsighted and when you stand before me all I can see is that you have a face, but I can't make out if you have a nose or a beard or anything. My mother-in-law, that is, my wife's mother, can't see anything, either."

Kovalyov was beside himself. "Where is it? Where? I'll run there at once."

"Don't trouble yourself. Knowing that you need it I have brought it with me. And the strange thing is that the chief villain in this business is that rascally barber from Voznesensky Street who is now in a lockup. I have long suspected him of drunkenness and theft, and as recently as the day before yesterday he stole a dozen buttons from a certain shop. Your nose is quite in order."—With these words the police officer reached into his pocket and pulled out a nose wrapped up in a piece of paper.

"That's it!" shouted Kovalyov. "That's it, all right! Do join me in a little cup of tea today."

"I would consider it a great pleasure, but I simply can't: I have to drop in at a mental asylum. . . . All food prices have gone up enormously. . . . I have my mother-in-law, that's my wife's mother, living with me, and my children; the eldest is particularly promising, a very clever lad, but we haven't the means to educate him."

Kovalyov grasped his meaning and, snatching up a red banknote from the table, thrust it into the hands of the inspector who, clicking his heels, went out the door. Almost the very same instant Kovalyov heard his voice out in the street where he was admonishing with his fist a stupid peasant who had driven his cart onto the boulevard.

After the police officer had left, the collegiate assessor remained for a few minutes in a sort of indefinable state and only after several minutes recovered the capacity to see and feel: his unexpected joy had made him lose his senses. He carefully took the newly found nose in both his cupped hands and once again examined it thoroughly.

«Так, он, то́чно он!» говори́л майо́р Ковалёв. «Вот и пры́щик на ле́вой стороне́, вскочи́вший вчера́шнего дня».[57] Майо́р чуть не засмея́лся от ра́дости.

Но на све́те нет ничего́ долговре́менного, а потому́ и ра́дость в сле́дующую мину́ту за пе́рвою уже́ не так жива́; в тре́тью мину́ту она́ стано́вится ещё слабе́е и, наконе́ц, незаме́тно слива́ется с обыкнове́нным положе́нием души́, как на воде́ круг, рождённый паде́нием ка́мешка, наконе́ц слива́ется с гла́дкою пове́рхностью. Ковалёв на́чал размышля́ть и смекну́л, что де́ло ещё не ко́нчено: нос на́йден, но ведь ну́жно же его́ приста́вить, помести́ть на своё ме́сто.

«А что́, е́сли он не приста́нет?»

При тако́м вопро́се, сде́ланном[58] самому́ себе́, майо́р побледне́л.

С чу́вством неизъясни́мого стра́ха бро́сился он к столу́, придви́нул зе́ркало, чтобы ка́к-нибудь не поста́вить нос кри́во. Ру́ки его́ дрожа́ли. Осторо́жно и осмотри́тельно наложи́л он его́ на пре́жнее ме́сто. О, у́жас! Нос не прикле́ивался!.. Он поднёс его́ ко рту, нагре́л его́ слегка́ свои́м дыха́нием и опя́ть поднёс к гла́дкому ме́сту, находи́вшемуся ме́жду двух щёк; но нос никаки́м о́бразом не держа́лся.

«Ну! ну же! полеза́й, дура́к!» говори́л он ему́. Но нос был как деревя́нный и па́дал на стол с таки́м стра́нным зву́ком, как бу́дто бы про́бка. Лицо́ майо́ра су́дорожно скриви́лось. «Неуже́ли он не прираста́т?» говори́л он в испу́ге. Но ско́лько раз ни подноси́л он его́ на его́ же со́бственное ме́сто, стара́ние было́ попре́жнему неуспе́шно.

Он кли́кнул Ива́на и посла́л его́ за до́ктором, кото́рый занима́л в том же са́мом до́ме лу́чшую кварти́ру в бельэта́же.[59] До́ктор э́тот был ви́дный из себя́ мужчи́на, име́л прекра́сные смоли́стые бакенба́рды, све́жую, здоро́вую до́кторшу, ел поутру́ я́блоки и держа́л рот в необыкнове́нной чистоте́, полоща́ его́ ка́ждое у́тро почти́ три че́тверти часа́ и шлифуя́ зу́бы пятью́ ра́зных родо́в щёточками. До́к-

"That's it, that's it, all right," said Major Kovalyov. "Here on the left side is the pimple which swelled up yesterday." The major very nearly laughed with joy.

But there is nothing enduring in this world, and that is why even joy is not as keen in the moment that follows the first; and a moment later it grows weaker still and finally merges imperceptibly into one's usual state of mind, just as a ring on the water, made by the fall of a pebble, merges finally into the smooth surface. Kovalyov began to reflect and realized that the whole business was not yet over: the nose was found but it still had to be affixed, put in its proper place.

"And what if it doesn't stick?"

At this question, addressed to himself, the major turned pale.

Seized by unaccountable fear, he rushed to the table and drew the looking-glass closer, to avoid affixing the nose crookedly. His hands trembled. Carefully and deliberately, he put it in its former place. O horror! the nose wouldn't stick. . . . He carried it to his mouth, warmed it slightly with his breath, and again brought it to the smooth place between his two cheeks; but the nose just wouldn't stay on.

"Well, come on, come on, you fool!" he kept saying to it. But the nose was as though made of wood and plopped back on the table with a strange corklike sound. The major's face was twisted in convulsion. "Won't it really grow on?" he said fearfully. But no matter how many times he tried to fit it in its proper place, his efforts were unsuccessful as before.

He called Ivan and sent him for the doctor who occupied the best apartment on the first floor of the same house. The doctor was a fine figure of a man; he had beautiful pitch-black sidewhiskers, a fresh, healthy wife, ate raw apples first thing in the morning, and kept his mouth extraordinarily clean, rinsing it every morning for nearly three quarters of an hour and polishing his teeth with five dif-

тор яви́лся в ту же мину́ту. Спроси́вши, как давно́ случи́лось несча́стие, он по́днял майо́ра Ковалёва за подборо́док и дал ему́ больши́м па́льцем щелчка́ в то са́мое ме́сто, где пре́жде был нос, так что майо́р до́лжен был отки́нуть свою́ го́лову наза́д с тако́ю си́лою, что уда́рился заты́лком в сте́ну. Ме́дик сказа́л, что э́то ничего́, и, посове́товавши отодви́нуться немно́го от стены́, веле́л ему́ перегну́ть го́лову снача́ла на пра́вую сто́рону и, пощу́павши то ме́сто, где пре́жде был нос, сказа́л: «Гм!». Пото́м веле́л ему́ перегну́ть го́лову на ле́вую сто́рону и сказа́л: «Гм!» и в заключе́ние дал опя́ть ему́ больши́м па́льцем щелчка́, так что майо́р Ковалёв дёрнул голово́ю как конь, кото́рому смо́трят в зу́бы. Сде́лавши таку́ю про́бу, ме́дик покача́л голово́ю и сказа́л: «Нет, нельзя́. Вы уж лу́чше так остава́йтесь, потому́ что мо́жно сде́лать ещё ху́же. Оно́ коне́чно, приста́вить мо́жно; я бы, пожа́луй, вам сейча́с приста́вил; но я вас уверя́ю, что э́то для вас ху́же».

«Вот хорошо́! как же мне остава́ться без но́са»? сказа́л Ковалёв. «Уж ху́же не мо́жет быть, как тепе́рь. Э́то про́сто чёрт зна́ет что! Куда́ же я э́такою па́сквильностию покажу́ся? Я име́ю хоро́шее знако́мство: вот и сего́дня мне ну́жно быть на ве́чере в двух дома́х. Я со мно́гими знако́м: ста́тская сове́тница Чехтарёва, Подто́чина, штаб-офице́рша... хоть по́сле тепе́решнего посту́пка её я не име́ю с ней друго́го де́ла, как то́лько чрез поли́цию. Сде́лайте ми́лость», произнёс Ковалёв умоля́ющим го́лосом: «нет ли сре́дства? ка́к-нибудь приста́вьте; хоть не хорошо́, лишь бы то́лько держа́лся; я да́же могу́ его́ слегка́ подпира́ть руко́ю в опа́сных слу́чаях. Я же прито́м и не танцу́ю, чтобы мог вреди́ть каки́м-нибудь неосторо́жным движе́нием. Всё, что отно́сится на счёт благода́рности за визи́ты, уж бу́дьте уве́рены, ско́лько дозво́лят мои́ сре́дства...»

«Ве́рите ли», сказа́л до́ктор ни гро́мким, ни ти́хим го́лосом, но чрезвыча́йно уве́тливым и магнети́ческим: «что я никогда́ из коры́сти не лечу́. Э́то

ferent kinds of little brushes. The doctor came at once. After asking him how long ago the mishap had occurred, he lifted Major Kovalyov's face by the chin and flicked him with his thumb on the very spot where the nose used to be, so that the major had to throw his head back with such force that he hit the back of it against the wall. The doctor said this didn't matter and, suggesting that he move a little away from the wall, told him first to bend his head to the right, and, after feeling the spot where the nose had been, said "Hmm!" Then he told him to bend his head to the left and said "Hmm!"; and in conclusion he again flicked him with his thumb so that Major Kovalyov jerked his head like a horse whose teeth are being examined. Having carried out this test, the doctor shook his head and said: "No, can't be done. You'd better stay like this, or we might make things even worse. Of course, it can be stuck on. I daresay, I could do it right now for you, but I assure you it'll be worse for you."

"I like that! How am I to remain without a nose?" said Kovalyov. "It couldn't possibly be worse than now. This is simply a hell of a thing! How can I show myself anywhere in such a scandalous state? I have acquaintances in good society; why, this evening, now, I am expected at parties in two houses. I know many people: Mrs. Chekhtaryova, a state councillor's wife, Mrs. Podtochina, a field officer's wife . . . although after what she's done now I'll have nothing more to do with her except through the police. I appeal to you," pleaded Kovalyov, "is there no way at all? Fix it on somehow, even if not very well, just so it stays on; in an emergency, I could even prop it up with my hand. And besides, I don't dance, so I can't do any harm by some careless movement. As regards my grateful acknowledgment of your visits, be assured that as far as my means allow . . . ."

"Would you believe it," said the doctor in a voice that was neither loud nor soft but extremely persuasive and magnetic, "I never treat people out of self-interest. This

противно моим правилам и моему искусству. Правда, я беру за визиты, но единственно с тем только, чтобы не обидеть моим отказом. Конечно, я бы приставил ваш нос: но я вас уверяю честью, если уже вы не верите моему слову, что это будет гораздо хуже. Предоставьте лучше действию самой натуры. Мойте чаще холодною водою, и я вас уверяю, что вы, не имея носа, будете так же здоровы, как если бы имели его. А нос я вам советую положить в банку со спиртом или ещё лучше влить туда две столовые ложки острой водки и подогретого уксуса, — и тогда вы можете взять за него порядочные деньги. Я даже сам возьму его, если вы только не подорожитесь».

«Нет, нет! ни за что не продам!» вскричал отчаянный майор Ковалёв: «лучше пусть он пропадёт!»

«Извините!» сказал доктор, откланиваясь, «я хотел быть вам полезным... Что ж делать! По крайней мере, вы видели моё старание». Сказавши это, доктор с благородною осанкою вышел из комнаты. Ковалёв не заметил даже лица его и в глубокой бесчувственности видел только выглядывавшие из рукавов его чёрного фрака рукавчики белой и чистой как снег рубашки.

Он решился на другой же день, прежде представления жалобы, писать к штаб-офицерше, не согласится ли она без бою возвратить ему то, что следует. Письмо было такого содержания:

Милостивая государыня,
Александра Григорьевна!

Не могу понять странного со стороны вашей действия. Будьте уверены, что поступая таким образом, ничего вы не выиграете и ничуть не принудите меня жениться на вашей дочери. Поверьте, что история насчёт моего носа мне совершенно известна, равно как то, что в этом вы есть главные участницы,[60] а не кто другой. Внезапное его отделение с своего места, побег и маскирование, то под видом одного чиновника, то наконец в собственном виде,

is against my principles and my calling. It is true that I
charge for my visits, but solely in order not to offend by
my refusal. Of course I could affix your nose; but I assure
you on my honor, if you won't take my word for it, that
it will be much worse. Rather, let nature take its course.
Wash the place more often with cold water, and I assure
you that without a nose you'll be as healthy as if you had
one. As for the nose itself, I advise you to put the nose in
a jar with alcohol, or, better still, pour into the jar two
tablespoonfuls of aqua fortis and warmed-up vinegar—and
then you can get good money for it. I'll buy it myself, if
you don't ask too much."

"No, no! I won't sell it for anything!" exclaimed Major
Kovalyov in desperation. "Let it rather go to blazes!"
"Excuse me!" said the doctor, bowing himself out, "I
wanted to be of some use to you. . . . Never mind! At least
you saw my good will." Having said this the doctor left the
room with a dignified air. Kovalyov didn't even notice his
face and in his benumbed state saw nothing but the cuffs
of his snow-white shirt peeping out of the sleeves of his
black tailcoat.

The very next day he decided, before lodging a complaint, to write to Mrs. Podtochina requesting her to restore
him his due without a fight. The letter ran as follows:

Dear Madam Alexandra Grigoryevna,
I fail to understand your strange behavior. Be
assured that, acting in this way, you gain nothing and
certainly will not force me to marry your daughter.
Believe me that the incident with my nose is fully
known to me, just as is the fact that you—and no
one else—is the principal person involved. Its sudden detachment from its place, its flight and its disguise, first as a certain civil servant, then at last in
its own shape, is nothing other than the result of a

есть бо́льше ничего́, кро́ме сле́дствие волхвова́ний,[61] произведённых ва́ми и́ли те́ми, кото́рые упражня́ют-ся в подо́бных вам благоро́дных заня́тиях. Я с свое́й стороны́ почита́ю до́лгом вас предуве́домить, е́сли упомина́емый мно́ю нос не бу́дет сего́дня же на сво-ём ме́сте, то я принуждён бу́ду прибе́гнуть к защи́-те и покрови́тельству зако́нов.

Впро́чем, с соверше́нным почте́нием к вам, име́ю честь быть

                    Ваш поко́рный слуга́
                    Плато́н Ковалёв.

   Ми́лостивый госуда́рь,
   Плато́н Кузьми́ч!

Чрезвыча́йно удиви́ло меня́ письмо́ ва́ше. Я, при-зна́юсь вам по открове́нности, ника́к не ожида́ла, а тем бо́лее относи́тельно несправедли́вых укори́зн со стороны́ ва́шей. Предуведомля́ю вас, что я чино́вни-ка, о кото́ром упомина́ете вы, никогда́ не принима́ла у себя́ в до́ме, ни замаскиро́ванного, ни в настоя́щем ви́де. Быва́л у меня́, пра́вда, Фили́пп Ива́нович По-та́нчиков. И хотя́ он, то́чно, иска́л руки́ мое́й до́чери, бу́дучи сам хоро́шего, тре́звого поведе́ния и вели-ко́й учёности; но я никогда́ не подава́ла ему́ ника-ко́й наде́жды. Вы упомина́ете ещё о но́се. Если вы разуме́ете под сим, что бу́дто бы я хоте́ла оста́вить вас с но́сом,[62] то́ есть дать вам форма́льный отка́з: то меня́ удивля́ет, что вы са́ми об э́том говори́те, тогда́ как я, ско́лько вам изве́стно, была́ соверше́н-но проти́вного мне́ния, и е́сли вы тепе́рь же посва́-таетесь на мое́й до́чери зако́нным о́бразом, я го-то́ва сей же час удовлетвори́ть вас, и́бо э́то составля́ло всегда́ предме́т моего́ живе́йшего жела́ния, в наде́жде чего́ остаю́сь всегда́ гото́вою к услу́гам ва́шим

                    Алекса́ндра Подто́чина.[63]

«Нет», говори́л Ковалёв, прочита́вши письмо́. «Она́ то́чно не винова́та. Не мо́жет быть! Письмо́

spell cast by you or by those who engage like you in such noble pursuits. I for my part deem it my duty to forewarn you that if the abovementioned nose is not back in its place this very day I shall be forced to resort to the defense and protection of the law.

Whereupon I have the honor to remain, with my full respect,

Your obedient servant
Platon Kovalyov

Dear Sir
Platon Kuzmich,
Your letter came as a complete surprise to me. I frankly confess that I never expected it, especially as regards your unjust reproaches. I beg to inform you that I never received in my house the civil servant you mention, neither in disguise nor in his actual shape. It is true that Filipp Ivanovich Potanchikov had been visiting me. And though he did indeed seek my daughter's hand, being himself of good sober conduct and great learning, I never held out any hopes to him. You also mention your nose. If by this you mean that I wanted to put your nose out of joint, that is, to give you a formal refusal, then I am surprised to hear you mention it, for I, as you know, was of the exactly opposite opinion, and if you now seek my daughter in marriage in the lawful way, I am ready to give you immediate satisfaction, for this has always been the object of my keenest desire, in the hope of which I remain always at your service,

Alexandra Podtochina

"No," said Kovalyov, after he had read the letter. "She certainly isn't guilty. Impossible! The letter is written in a

так написано, как не может написать человек, виноватый в преступлении. Коллежский асессор был в этом сведущ потому, что был посылан несколько раз на следствие ещё в Кавказской области. «Каким же образом, какими судьбами это приключилось? Только чёрт разберёт это!» сказал он наконец, опустив руки.

Между тем слухи об этом необыкновенном происшествии распространились по всей столице и, как водится,[64] не без особенных прибавлений. Тогда умы всех именно настроены были к чрезвычайному: недавно только что занимали весь город опыты действия магнетизма.[65] Притом история о танцующих стульях в Конюшенной улице[66] была ещё свежа, и потому нечего удивляться, что скоро начали говорить, будто нос коллежского асессора Ковалёва ровно в 3 часа прогуливается по Невскому проспекту. Любопытных стекалось каждый день множество. Сказал кто-то, что нос будто бы находился в магазине Юнкера: и возле Юнкера такая сделалась толпа и давка, что должна была даже полиция вступиться. Один спекулятор почтенной наружности, с бакенбардами, продававший при входе в театр разные сухие кондитерские пирожки, нарочно поделал прекрасные деревянные, прочные скамьи, на которые приглашал любопытных становиться за 80 копеек от каждого посетителя. Один заслуженный полковник нарочно для этого вышел раньше из дому и с большим трудом пробрался сквозь толпу; но, к большому негодованию своему, увидел в окне магазина вместо носа обыкновенную шерстяную фуфайку и литографированную картинку с изображением девушки, поправлявшей чулок, и глядевшего на неё из-за дерева франта с откидным жилетом и небольшою бородкою, — картинку, уже более десяти лет висящую всё на одном месте. Отошед,[67] он сказал с досадою: «как можно этакими глупыми и неправдоподобными слухами смущать народ?» — Потом пронёсся слух, что не на Невском проспекте, а в

way no person guilty of a crime can write."—The collegiate assessor was an expert in this matter, having been sent several times to take part in a judicial investigation while still serving in the Caucasus.—"How then, how on earth could this have happened? The devil alone can make it out," he said at last in utter dejection.

In the meantime rumors about this extraordinary occurrence had spread all over the capital and, as is usual in such cases, not without some special accretions. In those days the minds of everybody were particularly inclined toward things extraordinary: not long before, the whole town had shown an interest in experiments with the effects of hypnotism. Moreover, the story of the dancing chairs in Konyushennaya Street was still fresh in memory, and one should not be surprised therefore that soon people began saying that Collegiate Assessor Kovalyov's nose went strolling along Nevsky Avenue at precisely three o'clock. Throngs of curious people came there every day. Someone said that the Nose was in Junker's store: and such a crowd and jam was created outside Junker's that the police had to intervene. One profit-seeker of respectable appearance, with sidewhiskers, who sold a variety of dry pastries at the entrance to a theater, had specially constructed excellent, sturdy wooden benches, on which he invited the curious to mount for eighty kopecks apiece. One veteran colonel made a point of leaving his house earlier than usual and with much difficulty made his way through the crowd, but to his great indignation saw in the window of the shop instead of the nose an ordinary woolen undershirt and a lithograph showing a young girl straightening her stocking and a dandy, with a lapeled waistcoat and a small beard, peeping at her from behind a tree—a picture which had been hanging in the same place for more than ten years. Moving away he said with annoyance, "How can they confound the people by such silly and unlikely rumors?" —Then a rumor went round that Major Kovalyov's nose was out for a stroll, not on Nevsky Avenue but in Taurida

Таврическом саду[68] прогуливается нос майора Ковалёва, что будто бы он давно уже там; что когда ещё проживал там Хозрев-Мирза,[69] то очень удивлялся этой странной игре природы. Некоторые из студентов Хирургической академии[70] отправились туда. Одна знатная, почтенная дама просила особенным письмом смотрителя за садом показать детям её этот редкий феномен и, если можно, с объяснением наставительным и назидательным для юношей.

Всем этим происшествиям были чрезвычайно рады все светские, необходимые посетители раутов, любившие смешить дам, у которых запас в то время совершенно истощился. Небольшая часть почтенных и благонамеренных людей была чрезвычайно недовольна. Один господин говорил с негодованием, что он не понимает, как в нынешний просвещённый век могут распространяться нелепые выдумки, и что он удивляется, как не обратит на это внимание правительство. Господин этот, как видно, принадлежал к числу тех господ, которые желали бы впутать правительство во всё, даже в свои ежедневные ссоры с женою. Вслед за этим... но здесь вновь всё происшествие скрывается туманом, и что было потом, решительно неизвестно.

III

Чепуха совершенная делается на свете. Иногда вовсе нет никакого правдоподобия: вдруг тот самый нос, который разъезжал в чине статского советника и наделал столько шуму в городе, очутился как ни в чём не бывало вновь на своём месте, то есть именно между двух щёк майора Ковалёва. Это случилось уже апреля 7 числа. Проснувшись и нечаянно взглянув в зеркало, видит он: нос! хвать рукою — точно нос! «Эге!» сказал Ковалёв, и в радости чуть не дёрнул по всей комнате босиком тропака,[71] но вошедший Иван помешал. Он приказал тот

Gardens, that it had been there for ages; that when Khos-
rev-Mirza lived there he marveled greatly at this strange
freak of nature. Some students from the Surgical Academy
went there. One aristocratic, respectable lady, in a special
letter to the Superintendent of the Gardens, asked him to
show her children this rare phenomenon, accompanied, if
possible, with an explanation edifying and instructive for
the young.

All the men about town, the *habitués* of society parties,
who liked to amuse ladies and whose resources had by
that time been exhausted, were extremely glad of all these
goings-on. A small percentage of respectable and well-
meaning people were extremely displeased. One gentleman said indignantly that he could not understand how in
this enlightened age such senseless stories could spread
and that he was surprised at the government's failure to
take heed of it. This gentleman apparently was one of
those gentlemen who would like to embroil the government
in everything, even in their daily quarrels with their wives.
After that . . . but here again the whole incident is shrouded
in fog, and what happened afterwards is absolutely
unknown.

III

Utterly nonsensical things happen in this world. Sometimes there is absolutely no rhyme or reason in them:
suddenly the very nose which had been going around with
the rank of a state councillor and created such a stir in
the city, found itself again, as though nothing were the
matter, in its proper place, that is to say, between the two
cheeks of Major Kovalyov. This happened on April 7th.
Waking up and chancing to look in the mirror, he sees—
his nose! He grabbed it with his hand—his nose indeed!
"Aha!" said Kovalyov, and in his joy he very nearly broke
into a barefooted dance round the room, but Ivan's entry

же час дать себе умы́ться, и, умыва́ясь, взгляну́л ещё раз в зе́ркало: нос. Вытира́ясь утира́льником, он опя́ть взгляну́л в зе́ркало: нос!

«А посмотри́, Ива́н, ка́жется, у меня́ на носу́ как бу́дто пры́щик», сказа́л он и ме́жду тем ду́мал: «вот беда́, как Ива́н ска́жет: да нет, су́дарь, не то́лько пры́щика, и самого́ но́са нет!»

Но Ива́н сказа́л: «Ничего́-с, никако́го пры́щика: нос чи́стый!»

«Хорошо́, чёрт побери́!» сказа́л сам себе́ майо́р и щёлкнул па́льцами. В э́то вре́мя вы́глянул в дверь цирю́льник Ива́н Яковлевич; но так боязли́во, как ко́шка, кото́рую то́лько что вы́секли за кра́жу са́ла.

«Говори́ вперёд: чи́сты ру́ки?» крича́л ещё и́здали ему́ Ковалёв.

«Чи́сты».

«Врёшь!»

«Ей-Бо́гу-с чи́сты, су́дарь».

«Ну, смотри́ же».

Ковалёв сел. Ива́н Яковлевич закры́л его́ салфе́т-кою и в одно́ мгнове́нье, с по́мощью ки́сточки, пре-врати́л всю бо́роду его́ и часть щеки́ в крем, како́й подаю́т на купе́ческих имени́нах. «Вишь ты!» ска-за́л сам себе́ Ива́н Яковлевич, взгляну́вши на нос, и пото́м перегну́л го́лову на другу́ю сто́рону и посмот-ре́л на него́ сбо́ку: «Во́на! эк его́ пра́во как поду́ма-ешь», продолжа́л он и до́лго смотре́л на нос. Нако-не́ц лего́нько, с бережли́востью, каку́ю то́лько мо́ж-но себе́ вообрази́ть, он припо́днял два па́льца с тем, чтобы пойма́ть его́ за ко́нчик. Такова́ уж была́ си-сте́ма Ива́на Яковлевича.

«Ну, ну, ну, смотри́!» закрича́л Ковалёв. Ива́н Яковлевич и ру́ки опусти́л, оторопе́л и смути́лся, как никогда́ не смуща́лся. Наконе́ц осторо́жно стал он щекота́ть бри́твой у него́ под бородо́ю, и хотя́ бы́ло ему́ совсе́м не сподру́чно и тру́дно брить без приде́рж-ки за нюха́тельную часть те́ла, одна́ко же, кое-ка́к упира́ясь свои́м шерохова́тым больши́м па́льцем ему́

stopped him. He told Ivan to bring him some water to wash in and, while washing, glanced again at the mirror—his nose! Drying himself with his towel, he again glanced at the mirror—his nose!

"Take a look, Ivan, I think there's a pimple on my nose," he said, and in the meantime thought, "How awful if Ivan says: 'Why, no sir, not only there is no pimple but also the nose itself is gone!' "

But Ivan said: "Nothing, sir, no pimple—your nose is fine!"

"That's great, damn it!" the major said to himself, snapping his fingers. At that moment the barber Ivan Yakovlevich peeped in at the door but as timidly as a cat which had just been whipped for stealing lard.

"First you tell me—are your hands clean?" Kovalyov shouted to him before he had approached.

"They are."

"You're lying."

"I swear they are, sir."

"Well, we'll see."

Kovalyov sat down. Ivan Yakovlevich draped him with a napkin and instantly, with the help of a shaving brush, transformed his chin and part of his cheek into the whipped cream served at merchants' namesday parties. "Well, I never!" Ivan Yakovlevich said to himself, glancing at his nose, and then cocked his head on the other side and looked at it sideways: "Look at that! Just you try and figure that out," he continued and took a good look at his nose. At last, gently, with the greatest care imaginable, he raised two fingers to grasp it by the tip. Such was Ivan Yakovlevich's method.

"Now, now, now, look out there!" cried Kovalyov. Dumbfounded and confused as never before in his life, Ivan Yakovlevich let his hands drop. At last he began cautiously tickling him with the razor under the chin, and although it wasn't at all handy for him and difficult to shave without holding on to the olfactory portion of the face, nevertheless, somehow bracing his gnarled thumb

в щёку и в нижнюю десну́, наконе́ц одоле́л все пре-
пя́тствия и вы́брил.

Когда́ всё бы́ло гото́во, Ковалёв поспеши́л тот же
час оде́ться, взял изво́зчика и пое́хал пря́мо в кон-
ди́терскую. Входя́, закрича́л он ещё и́здали: «ма́ль-
чик, ча́шку шокола́ду!» а сам в ту же мину́ту к зе́р-
калу: есть нос. Он ве́село оборо ти́лся наза́д и с са-
тири́ческим ви́дом посмотре́л, не́сколько прищу́ря
глаз, на двух вое́нных, у одного́ из кото́рых был нос
ника́к не бо́льше жиле́тной пу́говицы. По́сле того́
отпра́вился он в канцеля́рию того́ департа́мента, где
хлопота́л об ви́це-губерна́торском ме́сте, а в слу́чае
неуда́чи об экзеку́торском. Проходя́ чрез приёмную,
он взгляну́л в зе́ркало: есть нос. Пото́м пое́хал он к
друго́му колле́жскому асе́ссору и́ли майо́ру, боль-
шо́му насме́шнику, кото́рому он ча́сто говори́л в
отве́т на ра́зные зано́зистые заме́тки: «ну, уж ты,
я тебя́ зна́ю, ты шпи́лька!»[72] Доро́гою он поду́мал:
«е́сли и майо́р не тре́снет со́ смеху, уви́девши меня́,
тогда́ уже́ ве́рный знак, что всё, что ни есть, сиди́т
на своём ме́сте». Но колле́жский асе́ссор ничего́.
«Хорошо́, хорошо́, чёрт побери́»! поду́мал про себя́
Ковалёв. На доро́ге встре́тил он штаб-офице́ршу
Подто́чину вме́сте с до́черью, раскла́нялся с ни́ми
и был встре́чен с ра́достными восклица́ньями, ста́ло
быть ничего́, в нём нет никако́го уще́рба. Он разго-
ва́ривал с ни́ми о́чень до́лго, и наро́чно вы́нувши та-
баке́рку, набива́л пред ни́ми весьма́ до́лго свой нос
с обо́их подъе́здов, пригова́ривая про себя́: «вот,
мол, вам, бабьё, кури́ный наро́д[73], а на до́чке всё-
таки не женю́сь. Так про́сто, par amour[74] — изво́ль!»
И майо́р Ковалёв с тех пор прогу́ливался, как ни в
чём не быва́ло, и на Не́вском проспе́кте, и в теа́трах,
и везде́. И нос то́же, как ни в чём не быва́ло, сиде́л
на его́ лице́, не пока́зывая да́же ви́да, чтобы отлу-
ча́лся по сторона́м. И по́сле того́ майо́ра Ковалёва
ви́дели ве́чно в хоро́шем юмо́ре,[75] улыба́ющегося,
пресле́дующего реши́тельно всех хоро́шеньких дам и
да́же останови́вшегося оди́н раз пе́ред ла́вочкой в

against the cheek and the lower jaw, he finally overcame all obstacles and finished shaving him.

When everything was ready, Kovalyov hastened to dress, hired a cab and went straight to the coffee-house. Before he was properly inside the door he shouted, "Boy, a cup of chocolate!" and immediately made for the mirror: the nose was there. He turned round cheerfully and looked ironically, slightly screwing up one eye, at two military gentlemen one of whom had a nose no bigger than a waistcoat button. After that he set off for the office of the department where he was trying to obtain the post of a vice-governor or, failing that, of a procurement officer. Passing through the reception room, he glanced in the mirror: the nose was there. Then he went to visit another collegiate assessor or major, a great wag, to whom he often said in reply to various derisive remarks: "Oh, come off it, I know you, you're a kidder." On the way there he thought: "If the major doesn't explode with laughter on seeing me, it's a sure sign that everything is in its proper place." The collegiate assessor did not explode. "That's great, that's great, damn it!" Kovalyov thought to himself. On the street he met Mrs. Podtochina, the field officer's wife, together with her daughter, bowed to them and was hailed with joyful exclamations, and so everything was all right, no part of him was missing. He talked with them a very long time and, deliberately taking out his snuffbox, right in front of them kept stuffing his nose with snuff at both entrances for a very long time, saying to himself: "So much for you, you women, you stupid hens! I won't marry the daughter all the same. Anything else, *par amour*—by all means." And from that time on, Major Kovalyov went strolling about as though nothing had happened, both on Nevsky Avenue, and in the theaters, and everywhere. And his nose too, as though nothing had happened, stayed on his face, betraying no sign of having played truant. And thereafter Major Kovalyov was always seen in good humor, smiling, running after absolutely all the pretty ladies, and once even stopping in front of a little shop in Gostinny

Гостином Дворе[76] и покупавшего какую-то орден-
скую ленточку, неизвестно для каких причин, потому
что он сам не был кавалером никакого ордена.

Вот какая история случилась в северной столице[77]
нашего обширного государства! Теперь только по
соображении всего видим, что в ней есть много не-
правдоподобного. Не говоря уже о том, что точно
странно сверхъестественное отделение носа и появ-
ленье его в разных местах в виде статского советника, — как Ковалёв не смекнул, что нельзя чрез
газетную экспедицию объявлять о носе? Я здесь не
в том смысле говорю, чтобы мне казалось дорого
заплатить за объявление: это вздор, и я совсем не
из числа корыстолюбивых людей. Но неприлично,
неловко, нехорошо! И опять тоже — как нос очутился в печёном хлебе, и как сам Иван Яковлевич?..
нет, этого я никак не понимаю, решительно не понимаю! Но что страннее, что непонятнее всего, это
то, как авторы могут брать подобные сюжеты. Признаюсь, это уж совсем непостижимо, это точно...
нет, нет, совсем не понимаю. Во-первых, пользы
отечеству решительно никакой; во-вторых... но и
во-вторых тоже нет пользы. Просто я не знаю, что
это...

А однако же, при всём том, хотя, конечно, можно
допустить и то, и другое, и третье, может даже...
ну да и где ж не бывает несообразностей? — А всё
однако же, как поразмыслишь, во всём этом, право,
есть что-то. Кто что ни говори, а подобные проис-
шествия бывают на свете; редко, но бывают.

Dvor and buying himself the ribbon of some order, goodness knows why, for he hadn't been decorated with any
order.

That is the kind of affair that happened in the northern
capital of our vast empire. Only now, on second thoughts,
can we see that there is much that is improbable in it.
Without speaking of the fact that the supernatural detachment of the nose and its appearance in various places in
the guise of a state councillor is indeed strange, how is
it that Kovalyov did not realize that one does not advertise
for one's nose through the newspaper office? I do not mean
to say that advertising rates appear to me too high: that's
nonsense, and I am not at all one of those mercenary
people. But it's improper, embarrassing, not nice! And then
again—how did the nose come to be in a newly baked loaf,
and how about Ivan Yakovlevich? . . . No, this is something I can't understand, positively can't understand. But
the strangest, the most incomprehensible thing of all, is
how authors can choose such subjects. I confess that this
is quite inconceivable; it is indeed . . . no, no, I just can't
understand it at all! In the first place, there is absolutely
no benefit in it for the fatherland; in the second place . . .
but in the second place, there is no benefit either. I simply
don't know what to make of it. . . .

And yet, in spite of it all, though, of course, we may
assume this and that and the other, perhaps even . . . And
after all, where aren't there incongruities?—But all the
same, when you think about it, there really is something in
all this. Whatever anyone says, such things happen in this
world; rarely, but they do.

IVAN TURGENEV
(1818-1883)

Ivan Sergeyevich Turgenev was born into a landowners' family in the Province of Oryol, in the very heart of European Russia, the region which gave Russian literature so many outstanding representatives (Tolstoy, Tyutchev, Leskov, Fet, Bunin). Like many of his contemporaries he studied philosophy in Germany and even thought of becoming a university professor. However, after a short spell in civil service, he made literature his vocation. In 1847 he published in Nekrasov's *Sovremennik* the first of his *Sportsman't Sketches;* five years later twenty-two of them were collected in a book that became something of a literary and political sensation. Its publication led to Turgenev's arrest and detention and subsequent banishment to his ancestral estate (though the ostensible reason for these actions was his obituary of Gogol). The book, most of which was written during Turgenev's visits to France, is said to have had its share of influence on Emperor Alexander II's decision to liberate the serfs in 1861; Turgenev however, had not written it as an abolitionist tract, and in many of the stories neither the misery of the peasants' plight nor the cruelty of the landowners is the main theme. It is refreshingly free from all sentimentalism.

Turgenev's manner, best described perhaps as poetic realism, is equally far removed from the classical simplicity of Pushkin's prose (though influenced undoubtedly by Pushkin's poetry and his novel in verse) and from the baroque ornamentalism of Gogol's: it is much closer to Lermontov. Turgenev was one of the most exquisite and fastidious stylists in Russian literature, and his descriptions of nature are justly renowned. He lacked the creative imaginative power of his two younger contemporaries, Dostoevsky and Tolstoy, who were soon to

eclipse his fame both in Russia and—especially—in the West, but it was he who brought Russian literature out onto the wide European arena. After 1855 he spent much of his life abroad, in France and in Germany, and his personal intercourse with Gustave Flaubert, Emile Zola, George Sand, the brothers Goncourt, Guy de Maupassant, Henry James, and other Western writers, is a well-known chapter in the history of world literature. Turgenev wrote a great many stories besides *Sportsman's Sketches,* and some of them are among the greatest in the language. He also wrote six novels in which, as he himself put it, he wanted to give expression to "the body and pressure of time." These novels were described by one contemporary critic as "a mirror of Russian society in its successive stages". Written between 1855 and 1876, they deal with the Russian life and the problems that agitated Turgenev's contemporaries between the 1840s and the early 1870s.

The story chosen by us here is one of the three stories which were added to *Sportsman's Sketches* in 1874. It was apparently written much earlier. When Turgenev sent it from Paris to his friend, the poet Polonsky, for publication in a volume to raise funds for the victims of famine in the Province of Samara, he described it as an unfinished draft from his old files. He wanted to dedicate it to George Sand who regarded it very highly, but his friend Louis Viardot advised him to wait until he was to write "something more significant and more worthy of [her] glorious name," as Turgenev wrote to George Sand herself on April 15, 1874. In a manuscript copy of the story preserved in the Pushkin House of the Russian Academy of Sciences is found a passage struck out by Turgenev when he was preparing the story for publication: here Lukerya tells of another vision in which a multitude of serfs beg her to suffer for them, for their freedom. In a letter to his German friend and translator, Ludwig Pietsch, Turgenev said that the story was based on a true episode.

ЖИВЫЕ МОЩИ
И. С. Тургéнева

Край роднóй долготерпéнья —
Край ты рýсского нарóда!
Ф. Тютчев[1]

Францýзская поговóрка гласúт: «Сухóй рыбáк и мóкрый охóтник являют вид печáльный».[2] Не имéв никогдá пристрáстия к рыбной лóвле, я не могý судúть о том, что испытывает рыбáк в хорóшую, ясную погóду и наскóлько в ненáстное врéмя удовóльствие, доставляемое емý обúльной добычей, перевéшивает неприятность быть мóкрым. Но для охóтника дождь — сýщее бéдствие. Именно такóму бéдствию подвéрглись мы с Ермолáем[3] в однý из нáших поéздок за тетеревáми в Белёвский уéзд.[4] С сáмой ýтренней зарú дождь не переставáл. Уж чегó-чегó мы не дéлали, чтóбы от негó избáвиться! И резúнковые плáщики чуть не на сáмую гóлову надевáли, и под дерéвья становúлись, чтóбы помéньше кáпало... Непромокáемые плáщики, не говоря ужé о том, что мешáли стрелять, пропускáли вóду сáмым бесстыдным óбразом; а под дерéвьями тóчно на пéрвых порáх как бýдто и не кáпало, но потóм вдруг накопúвшаяся в листвé влáга прорывáлась, кáждая вéтка обдавáла нас как из дождевóй трубы, холóдная стрýйка забирáлась под гáлстух и теклá вдоль спиннóго хребтá... А уж э́то послéднее дéло! — как выражáлся Ермолáй.

— Нет, Пётр Петрóвич, — восклúкнул он наконéц. — Этак нельзя!.. Нельзя сегóдня охóтиться. Собáкам чучьё[5] заливáет, рýжья осекáются... Тьфу! Задáча!

— Что же дéлать? — спросúл я.

A LIVING RELIC
Ivan Turgenev

Native land of long endurance,
Thou land of the Russian people!
Tyutchev

A French proverb runs: "A dry fisherman and a wet hunter present a sorry sight." Never having had any predilection for fishing I cannot judge what a fisherman feels in fine, bright weather and to what extent, in bad weather, the pleasure afforded him by an abundant catch outweighs the unpleasantness of being wet. But for the hunter rain is a veritable calamity. It was precisely such a calamity that Ermolay and I suffered on one of our black grouse expeditions in Belyov district. Since the very dawn the rain had not stopped. What didn't we do to dodge it! We had even put our rubber cloaks almost right over our heads; we had stood under trees so as to be dripped on less. . . . The waterproof cloaks (not to mention the fact that they hindered our shooting) let through water in a most shameless fashion; and though it is true that at first it seemed not to drip under the trees, then suddenly the moisture, accumulated in the foliage, would break through, every twig letting loose a shower on us as if it were a rainspout, a cold trickle finding its way under one's tie and running along one's spine. And that beats all, as Ermolay would put it.

"No, Pyotr Petrovich," he exclaimed finally, "it's no good! We cannot go hunting today. The dogs' noses are drowned, the guns misfire. . . . Ugh! What a job!"

"What shall we do then?" I asked.

— А вот что. Поедемте в Алексеевку. Вы можете, не знаете — хуторок такой есть, матушке вашей принадлежит; отсюда вёрст восемь. Переночуем там, а завтра...

— Сюда вернёмся?

— Нет, не сюда... Мне за Алексеевкой места известны... многим лучше здешних для тетеревов!

Я не стал расспрашивать моего верного спутника, зачем он не повёз меня прямо в те места, и в тот же день мы добрались до матушкина хуторка, существования которого я, признаться сказать, и не подозревал до тех пор. При этом хуторке оказался флигелёк, очень ветхий, но нежилой и потому чистый; я провёл в нём довольно спокойную ночь.

На следующий день я проснулся ранёхонько. Солнце только что встало; на небе не было ни одного облачка; всё кругом блестело сильным двойным блеском: блеском молодых утренних лучей и вчерашнего ливня. Пока мне закладывали таратайку,[6] я пошёл побродить по небольшому, некогда фруктовому, теперь одичалому саду, со всех сторон обступившему флигелёк своей пахучей, сочной глушью. Ах, как было хорошо на вольном воздухе, под ясным небом, где трепетали жаворонки, откуда сыпался серебряный бисер их звонких голосов! На крыльях своих они, наверно, унесли капли росы, и песни их казались орошёнными росою. Я даже шапку снял с головы и дышал радостно — всею грудью... На склоне неглубокого оврага, возле самого плетня, виднелась пасека; узенькая тропинка вела к ней, извиваясь змейкой между сплошными стенами бурьяна и крапивы, над которыми высились, Бог ведает откуда занесённые, остроконечные стебли темнозелёной конопли.

Я отправился по этой тропинке; дошёл до пасеки. Рядом с нею стоял плетёный сарайчик, так называемый амшаник, куда ставят улья на зиму. Я заглянул в полуоткрытую дверь: темно, тихо, сухо; пахнет мятой, мелиссой. В углу приспособлены подмостки,

"I know what. Let's go to Alekseyevka. You may not know it, but there is such a little farmstead, it belongs to your mother; it's about eight versts from here. We'll spend the night there, and tomorrow. . ."

"We'll come back here?"

"No, not here. I know some places beyond Alekseyevka . . . much better places than these here for black grouse."

I did not question my faithful companion as to why he had not taken me straight to those places, and on the same day we reached my mother's farmstead the existence of which, I must admit, I had not suspected until then. Adjoining the farm there turned out to be a small cottage, very dilapidated but not inhabited and therefore clean; I passed a fairly quiet night in it.

The next day I woke up quite early. The sun had only just risen; there was not a single cloud in the sky; everything around glistened with a strong double sparkle: the sparkle of the young morning rays and of the previous day's downpour. While a horse was being harnessed to the gig, I went off and wandered round in the small garden— once an orchard, now grown wild—which surrounded the cottage on all sides with its fragrant, succulent wilderness. Oh, how wonderful it was in the fresh air, under the clear sky in which the larks trembled, out of which the silvery beads of their clear voices showered down. On their wings, no doubt, they carried up dewdrops and their songs seemed to be watered by the dew. I even took off my cap and breathed joyfully—deeply . . . from the bottom of my lungs. On the slope of a small gully, right up against a wattle fence, I could see a bee-garden; a little narrow path led to it, winding like a snake between the solid walls of weeds and nettles; above rose the sharp-pointed stalks of dark-green hemp, carried over from Lord knows where.

I set off along this path and came to the bee-garden. Beside it there stood a small wattle shed, a so-called *amshanik,* where the hives are put for the winter. I glanced in through the half-open door: it was dark, quiet, dry; smelling of mint and melissa. In the corner some boards

и на них, прикрытая одеялом, какая-то маленькая
фигура... Я пошёл было[7] прочь...

— Барин, а барин! Пётр Петрович! — послышался мне голос, слабый, медленный и сиплый, как шелест болотной осоки.

Я остановился.

— Пётр Петрович! Подойдите, пожалуйста! —
повторил голос. Он доносился до меня из угла, с
тех, замеченных мною, подмостков.

Я приблизился — и остолбенел от удивления. Передо мною лежало живое человеческое существо, но
что это было такое?

Голова совершенно высохшая, одноцветная, брон-
зовая — ни дать ни взять[8] — икона старинного письма;[9] нос узкий, как лезвиё ножа; губ почти не ви-
дать, только зубы белеют и глаза, да из-под платка
выбиваются на лоб жидкие пряди жёлтых волос. У
подбородка, на складке одеяла, движутся, медленно
перебирая пальцами, как палочками, две крошечных
руки тоже бронзового цвета. Я вглядываюсь по-
пристальнее: лицо не только не безобразное, даже
красивое — но страшное, необычайное. И тем страш-
нее кажется мне это лицо, что по нём, по металличе-
ским его щекам, я вижу — силится... силится и не
может расплыться улыбка.

— Вы меня не узнаёте, барин? — прошептал
опять голос; он словно испарялся из едва шевелив-
шихся губ. — Да и где узнать! Я — Лукерья... Помните, что хороводы[10] у матушки у вашей в Спас-
ском[11] водила... помните, я ещё запевалой была?

— Лукерья! — воскликнул я. — Ты ли это? Возможно ли?

— Я, да, барин, я. Я — Лукерья.

Я не знал, что сказать, и как ошеломлённый глядел на это тёмное, неподвижное лицо, с устремлён-
ными на меня светлыми и мёртвенными глазами.
Возможно ли? Эта мумия — Лукерья, первая кра-
савица во всей нашей дворне, — высокая, полная,
белая, румяная, — хохотунья, плясунья, певунья!

had been set up and on them, loosely covered with a blanket, was a small figure. I was about to go away. . .

"Master, oh master! Pyotr Petrovich," I heard a voice, weak, slow, and husky, like the murmur of marsh sedge.

I stopped.

"Pyotr Petrovich! Come closer, please!" the voice repeated. It came to me from the corner, from the boards I had noticed.

I approached—and stood stock still in amazement. Before me lay a living human being, but what was it?

The head completely dried up, all of one color, bronze, for all the world like an icon painted in the old style; the nose narrow like the blade of a knife; the lips almost invisible, only the teeth and eyes showing white; and from under a kerchief thin strands of yellow hair straying onto the forehead. Around the chin, on the fold of the blanket, move two tiny hands, also bronze, the fingers slowly drumming like tiny sticks. I gaze at it more intently: not only is the face not ugly, it is even beautiful—but frightening, extraordinary. And this face seems all the more frightening to me because over it, over its metallic cheeks, I see— trying, trying hard to spread, but not succeeding—a smile.

"You don't recognize me, master?" the voice whispered again; it seemed to be exhaled from the scarcely moving lips. "But how could you recognize me! I am Lukerya. You remember, the one who used to lead the dancing at your mother's, at Spasskoye, you remember, I led the singing, too?"

"Lukerya!" I exclaimed. "Is it really you? Is it possible?"

"Yes, it is, master, it is. I am Lukerya."

I did not know what to say and gazed as if stunned on this dark motionless face with its light, lifeless eyes fixed on me. Was it possible? This mummy—Lukerya, the leading beauty among all our household serfs, the tall, plump, fair-skinned, rosy-cheeked girl, always the great one for

Лукéрья, ýмница Лукéрья, за котóрою ухáживали все нáши молоды́е пáрни, по котóрой я сам втáйне вздыхáл, я, шестнадцатилéтний мáльчик!

— Помúлуй, Лукéрья, — проговорúл я наконéц, — что э́то с тобóй случúлось?

— А бедá такáя стряслáсь!¹² Да вы не побрéзгуйте, бáрин, не погнушáйтесь несчáстием мойм, ся́дьте вон на кадýшечку — поблúже, а то вам меня́ не слы́шно бýдет... вишь,¹³ я какáя голосúстая стáла!.. Ну, уж и рáда же я, что увидáла вас! Как э́то вы в Алексéевку попáли?

Лукéрья говорúла óчень тúхо и слáбо, но без остановки.

— Меня́ Ермолáй-охóтник сюдá завёз. Но расскажú же ты мне...

— Про бедý-то мою́ рассказáть? Извóльте, бáрин. Случúлось э́то со мной ужé давнó, лет шесть úли семь. Меня́ тогдá тóлько что помóлвили за Васúлья Полякóва — пóмните, такóй из себя́ стáтный был, кудря́вый, ещё буфéтчиком у мáтушки у вáшей служúл? Да вас ужé тогдá в дерéвне нé было; в Москвý уéхали учúться. Очень мы с Васúлием слюбúлись; из головы́ он у меня́ не выходúл; а дéло бы́ло веснóю. Вот раз нóчью... уж и до зарú недалёко... а мне не спúтся: соловéй в садý таковó удивúтельно поёт слáдко!.. Не вы́терпела я, встáла и вы́шла на крыльцó его послýшать. Заливáется он, заливáется... и вдруг мне почýдилось: зовёт меня́ ктó-то Вáсиным¹⁴ гóлосом, тúхо так: «Лýша!..»¹⁵ Я глядь в стóрону, да знать спросóнья — оступúлась, так пря́мо с рундучкá и полетéла вниз — да о зéмлю хлоп!¹⁶ И, кажúсь, не сúльно я расшúблась, потому — скóро поднялáсь и к себé в кóмнату вернýлась. Тóлько слóвно у меня́ что внутрú — в утрóбе — порвалóсь... Дáйте дух перевестú... с минýточку... бáрин.

Лукéрья умóлкла, а я с изумлéнием глядéл на неё. Изумля́ло меня́ сóбственно то, что она́ расскáз свой

laughing, dancing, and singing! Lukerya, the clever Lukerya, whom all our young lads courted and for whom I, too,
had secretly sighed, I, a sixteen-year-old boy!

"Good gracious, Lukerya," I managed to say at last,
"what happened to you?"

"Oh, such a misfortune befell me. But, master, do not
feel disgusted, do not turn away from my misfortune, sit
down over there, on that keg, a little closer, otherwise you
won't be able to hear me. . . . You see how loud-voiced
I have become! Oh, I am so glad to have seen you! How
did you happen to come to Alekseyevka?"

Lukerya spoke very softly and weakly but without
pausing.

"Ermolay the hunter brought me here. But do tell
me. . ."

"Tell you about my misfortune? As you wish, master.
It happened to me a long time ago, some six or seven
years back. At that time they had just betrothed me to
Vasily Polyakov—you remember, he was such a fine-look-
ing fellow, with curly hair, and he was butler at your
mother's? But at the time you were not in the country
any more; you had gone off to Moscow to study. Vasily
and I were very much in love; I could not get him out of
my head; it was spring. Then once, at night . . . it was not
long to dawn . . . and I could not sleep—the nightingale
in the garden was singing so wonderfully sweetly. I could
not stand it any longer, I got up and went out on the
porch to listen to it. It was trilling and trilling away.
. . . And suddenly I imagined someone was calling me
with Vasya's voice, softly like this: 'Lusha!' I glanced to
the side and being, I suppose, half-awake, missed my
footing and fell down, right off the porch and bang! on
the ground. You'd think I had not hurt myself badly because I soon got up and went back to my room. Only it
was as if something within me, in my innards, had
snapped. . . . Let me get my breath . . . just a minute . . .
master."

Lukerya fell silent and I gazed at her in amazement.
What amazed me really was that she was telling her story

вела́ почти́ ве́село, без о́хов и вздо́хов, ниско́лько не жа́луясь и не напра́шиваясь на уча́стие.

— С са́мого того́ слу́чая, — продолжа́ла Луке́рья, — ста́ла я со́хнуть, ча́хнуть; чернота́ на меня́ нашла́; тру́дно мне ста́ло ходи́ть, а там уже́ — по́лно и нога́ми владе́ть;[17] ни стоя́ть, ни сиде́ть не могу́: всё бы лежа́ла. И ни пить, ни есть не хо́чется: всё ху́же да ху́же. Ма́тушка ва́ша по доброте́ свое́й и лекаря́м меня́ пока́зывала, и в больни́цу посыла́ла. Одна́ко облегче́нья мне никако́го не вы́шло. И ни оди́н ле́карь да́же сказа́ть не мог, что за боле́знь у меня́ за така́я. Чего́ они́ со мной то́лько не де́лали: желе́зом раскалённым спи́ну жгли, в ко́лотый лёд сажа́ли — и всё ничего́. Совсе́м я окостене́ла[18] под коне́ц... Вот и пореши́ли господа́, что лечи́ть меня́ бо́льше не́чего, а в ба́рском до́ме держа́ть кале́к неспосо́бно... ну, и пересла́ли меня́ сюда́ — потому́ тут у меня́ ро́дственники есть. Вот я и живу́, как ви́дите.

Луке́рья опя́ть умо́лкла и опя́ть уси́лилась улыбну́ться.

— Это, одна́коже, ужа́сно, твоё положе́ние! — воскли́кнул я... и, не зна́я, что́ приба́вить, спроси́л:

— А что же Поляко́в Васи́лий?

Очень глуп был э́тот вопро́с.

Луке́рья отвела́ глаза́ немно́го в сто́рону.

— Что Поляко́в? Потужи́л, потужи́л — да и жени́лся на друго́й, на де́вушке из Гли́нного. Зна́ете Гли́нное? От нас недале́че. Аграфе́ной её зва́ли. Очень он меня́ люби́л, да ведь челове́к молодо́й — не остава́ться же ему́ холосты́м. И кака́я уж я ему́ могла́ быть подру́га? А жену́ он нашёл себе́ хоро́шую, до́брую, и де́тки у них есть. Он тут у сосе́да в прика́зчиках живёт: ма́тушка ва́ша по па́чпорту его́ отпусти́ла,[19] и о́чень ему́, сла́ва Бо́гу, хорошо́.

— И так ты всё лежи́шь да лежи́шь? — спроси́л я опя́ть.

— Вот так и лежу́, ба́рин, седьмо́й годо́к. Ле́томто я здесь лежу́, в э́той плету́шке, а как хо́лодно ста́нет — меня́ в предба́нник[20] перенесу́т. Там лежу́.

almost cheerfully, without moans and groans, without complaining at all, and not begging for sympathy.

"From the time of that accident," continued Lukerya, "I began to dry up, and wither away; blackness came over me; it became difficult for me to walk—and then to use my legs altogether; I could neither stand nor sit. I felt like lying down all the time. Nor did I want to eat or drink. It got worse and worse. Your mother in her kindness had the doctors see me and sent me to the hospital. However, this in no way eased me. And not a single doctor could even say what sort of sickness I had. What they didn't do with me: burned my back with a red-hot iron, put me in chopped ice—and all for nothing. At last I got completely stiff. So the gentry decided that it was no use trying to cure me any more, while it was inconvenient to keep cripples in the manor house. . . well, they sent me off here—because here I have some relatives. And here I live, as you can see."

Lukerya again fell silent and again made an effort to smile.

"But this plight of yours is terrible!" I exclaimed and, not knowing what to add, asked: "What about Vasily Polyakov?"

It was a very stupid question.

Lukerya averted her eyes a little.

"What about Polyakov? He grieved and grieved—and then married another, a girl from Glinnoye. You know Glinnoye? It isn't far from us. Her name was Agrafena. He loved me very much, but, after all, he was a young man, he could not remain single. And what sort of helpmate could I be to him? And he found himself a good, kind wife, and they have little ones. He lives here as a bailiff at a neighbor's: your mother set him free with his documents and, praise be to God, he is doing well."

"And so you lie here all the time?" I asked again.

"I have been lying here like this for over six years, master. In the summer I lie here, in this wattle shed, but when it becomes cold they take me to the lobby of the bathhouse. There I lie."

— Кто же за тобой ходит?[21] Присматривает кто?

— А добрые люди здесь есть тоже. Меня не
оставляют. Да и ходьбы за мной немного. Есть-то,
почитай, что не ем ничего, а вода — вон она в круж-
ке-то: всегда стоит припасённая, чистая, ключевая
вода. До кружки-то я сама дотянуться могу: одна
рука у меня ещё действовать может. Ну, девочка
тут есть, сиротка; нет, нет — да и наведается, спасибо ей. Сейчас тут была... Вы её не встретили?
Хорошенькая такая, беленькая. Она цветы мне но-
сит; большая я до них охотница, до цветов-то. Садовых у нас нет, — были да перевелись. Но ведь и
полевые цветы хороши; пахнут ещё лучше садовых.
Вот хоть бы ландыш... на что приятнее!

— И не скучно, не жутко тебе, моя бедная Лукерья?

— А что будешь делать? Лгать не хочу — спер-
ва очень томно было; а потом привыкла, обтерпе-
лась — ничего; иным[22] ещё хуже бывает.

— Это каким же образом?

— А у иного и пристанища нет! А иной — слепой
или глухой! А я, слава Богу, вижу прекрасно и всё
слышу, всё. Крот под землёю роется — я и то слышу. И запах я всякий чувствовать могу, самый какой ни на есть слабый! Гречиха в поле зацветёт или
липа в саду — мне и сказывать не надо: я первая
сейчас слышу. Лишь бы ветерком оттуда потянуло.
Нет, что Бога гневить? — многим хуже моего бывает. Хоть бы то взять: иной здоровый человек очень
легко согрешить может; а от меня сам грех отошёл.
Намеднись отец Алексей, священник, стал меня при-
чащать, да и говорит: «Тебя, мол, исповедовать нечего: разве ты в твоём состоянии согрешить можешь?» Но я ему ответила: «А мысленный грех, батюшка?» — «Ну, — говорит, а сам смеётся, — это
грех не великий».

— Да я, должно быть, и этим самым мысленным
грехом не больно грешна, — продолжала Лукерья,
— потому я так себя приучила: не думать, а пуще

"Who then takes care of you? Who looks after you?"

"Oh, there are good people here, too. I am not abandoned. And I don't need much looking after. As for eating, you can reckon I don't eat anything, and water—it is there in that mug: there is always some clean spring water put by. I can reach the mug myself: one of my arms still works. Then there is a girl here, an orphan; now and again she drops in, thanks be to her. She was here just now. Didn't you meet her? Such a pretty, white-skinned girl. She brings me flowers; I am a great one for them, for flowers. We have no garden flowers; there used to be some but they died out. But then wild flowers are beautiful, too; they smell even better than the garden ones. Take just the lily-of-the-valley . . . how much sweeter it is!"

"And it isn't lonesome, isn't frightening for you, my poor Lukerya?"

"But what can you do? I won't lie: at first it was very wearisome, but then I got used to it, I came to put up with it—it's all right, some have it even worse."

"And how is that?"

"Some haven't even a shelter. And some are blind or deaf. But I, thank God, can see beautifully and can hear everything, everything. A mole burrows underground— and I can hear even that. And I can sense every smell, no matter how faint it may be. The buckwheat blooms in the field or the linden in the garden—no need to tell me, I am the first to sense it, at once. It just needs a light breeze to blow from there. No, why anger God?—many have it worse than I. Take just this: healthy people can very easily sin; but from me even sin has fallen off. The other day Father Aleksey, the priest, began to give me the communion and then said: 'There is no need,' said he, 'to confess you: can you really, in your condition, commit a sin?' 'But what about a sin of thought, Father?' I answered him. 'Well,' he said, and he was laughing himself, 'that is no great sin.' "

"And I cannot be very guilty even of a sin of thought," continued Lukerya, "because I have trained myself like that: not to think and, what is more, not to remember.

того — не вспоминать. Время скорей проходит.

Я, признаюсь, удивился.

— Ты всё одна да одна, Лукерья; как же ты можешь помешать, чтобы мысли тебе в голову не шли?
Или ты всё спишь?

— Ой, нет, барин! Спать-то я не всегда могу.
Хоть и больших болей у меня нет, а ноет у меня
там, в самом нутре, и в костях тоже; не даёт спать,
как следует. Нет... а так лежу я себе, лежу-полёжи-
ваю[23] — и не думаю; чую, что жива, дышу — и вся
я тут. Смотрю, слушаю. Пчёлы на пасеке жужжат
да гудят; голубь на крышу сядет и заворкует; ку-
рочка-наседочка зайдёт с цыплятами крошек поклевать;
а то воробей залетит или бабочка — мне очень
приятно. В позапрошлом году так даже ласточки
вон там в углу гнездо себе свили и детей вывели.
Уж как же оно было занятно! Одна влетит, к гнёз-
дышку припадёт, деток накормит — и вон. Глядишь
— уж на смену ей другая. Иногда не влетит, только
мимо раскрытой двери пронесётся, а детки тотчас —
ну пищать[24] да клювы разевать... Я их и на следующий год поджидала, да их, говорят, один здешний
охотник из ружья застрелил. И на что покорыстил-
ся? Вся-то она, ласточка, не больше жука... Какие
вы, господа-охотники, злые!

— Я ласточек не стреляю, — поспешил я заметить.

— А то раз, — начала опять Лукерья, — вот сме-
ху-то было! Заяц забежал, право! Собаки, что ли,
за ним гнались, только он прямо в дверь как прика-
тит!.. Сел близёхонько и долго-таки сидел, всё но-
сом водил и усами дёргал — настоящий офицер. И
на меня смотрел. Понял, значит, что я ему не
страшна. Наконец встал, прыг-прыг[25] к двери, на по-
роге оглянулся — да и был таков![26] Смешной такой!

Лукерья взглянула на меня... аль, мол, не забавно?
Я, в угоду[27] ей, посмеялся. Она покусала пересохшие
губы.

— Ну, зимою, конечно, мне хуже: потому —

Time passes more quickly."

I was surprised, I admit.

"You are alone, alone all the time, Lukerya; how can you keep thoughts from coming into your head? Or do you sleep all the time?"

"Oh, no, master! I cannot always sleep. Even though I have no great pains, it still aches there, right inside me and in my bones, too; it does not let me sleep properly. No . . . but I just lie and lie and don't think. I feel that I am alive; that I breathe and all of me is here. I look, I listen. The bees in the bee-garden buzz and hum; a pigeon will alight on the roof and begin to coo; the brood-hen will come in with her chickens and peck the crumbs; or sometimes a sparrow will fly in or a butterfly—I am very pleased. The year before last, that's how some swallows built their nest over there in the corner and reared their young. How interesting that was! One would fly in, swoop down to the nest, feed its young and away! You look—now the other has taken its place. Sometimes it would not fly in, just flash past the open door, and the little ones would at once cheep and open their beaks. I was expecting them the following year, too, but I am told that a local hunter shot them with his gun. And what did he gain from that? The whole of that swallow is no bigger than a beetle. How wicked you sportsmen are!"

"I do not shoot swallows," I hastened to remark.

"And then once," Lukerya began again, "what a laugh! A hare ran in, really! The dogs were chasing him, or what, only he just rolled straight in through the door. He sat down quite close and sat a long time like that, sniffing around him and twitching his whiskers, a regular officer! And he looked at me. He understood, you see, that he had nothing to fear from me. Finally he got up, hippety-hop toward the door, glanced back on the threshold—and that was the last of him. He was so funny!"

Lukerya glanced at me as if to say "isn't that amusing?" To please her I laughed. She bit her dried lips.

"Well, in winter, of course, I am worse off because it is dark. It's a pity to waste a candle and what is the good

темно; свечку зажечь жалко, да и к чему? Я хоть
грамоте знаю и читать завсегда охоча²⁸ была, но что
читать? Книг здесь нет никаких, да хоть бы и были,
как я буду держать её, книгу-то? Отец Алексей
мне, для рассеянности, принёс календарь, да видит, что пользы нет, взял да унёс опять. Однако
хоть и темно, а всё слушать есть что: сверчок за-
трещит али мышь где скрестись станет. Вот тут-то
хорошо: не думать!

— А то я молитвы читаю, — продолжала, отдох-
нув немного, Лукерья. — Только немного я знаю
их, этих самых молитв. Да и на что я стану Господу
Богу наскучать? О чём я Его просить могу? Он
лучше меня знает, чего мне надобно. Послал Он мне
крест — значит, меня Он любит. Так нам велено
это понимать. Прочту Отче Наш, Богородицу,
акафист всем скорбящим²⁹ — да и опять полёжи-
ваю себе безо всякой думочки. И ничего!

Прошло минуты две. Я не нарушал молчанья и не
шевелился на узенькой кадушке, служившей мне си-
деньем. Жестокая, каменная неподвижность лежав-
шего передо мною живого, несчастного существа
сообщилась и мне: я тоже словно оцепенел.

— Послушай, Лукерья, — начал я наконец. — Послушай, какое я тебе предложение сделаю. Хочешь, я
распоряжусь: тебя в больницу перевезут, в хорошую
городскую больницу? Кто знает, быть может, тебя
ещё вылечат? Во всяком случае ты одна не будешь...

Лукерья чуть-чуть двинула бровями.

— Ох, нет, барин, — промолвила она озабочен-
ным шёпотом, — не переводите меня в больницу,
не трогайте меня. Я там только больше муки приму.
Уж куда меня лечить!..³⁰ Вот так-то раз доктор сюда
приезжал; осматривать меня захотел. Я его прошу:
«Не тревожьте вы меня, Христа ради». Куда! пере-
ворачивать меня стал, руки, ноги разминал, разги-
нал:³¹ говорит: «Это я для учёности делаю; на то я
служащий человек, учёный! И ты, говорит, не моги³²
мне противиться, потому что мне за мой труды

of it? Even though I can read and write and was always a great one for reading, but what is there to read? There are no books here at all, and even if there were, how could I hold a book? Father Aleksey brought me a calendar to help pass the time; but he saw it was no use and he just took it away again. However, even when it is dark there is still something to listen to: a cricket will chirp or a mouse will start scratching somewhere. That's when it is good: no need to think."

"Or else I recite some prayers," Lukerya continued after having rested a little. "Only I don't know many of them, of these prayers. But also why should I bother the Lord God? What can I ask Him for? He knows better than I do what I need. He has sent me a cross to bear, that means He loves me. That is how we are told to understand it. I recite the Lord's Prayer, Hail Mary, the Akathistos to All the Sorrowing, and once again I lie without the slightest thought. It's all right."

A couple of minutes passed. I did not break the silence and did not make the least movement on the narrow keg which served me as a seat. The severe, stony immobility of the unfortunate living creature lying before me had communicated itself to me also; it was as if I too had become numb.

"Listen, Lukerya," I said finally, "listen to the suggestion I have to make. Would you like me to arrange for you to be transferred to a hospital, a good city hospital? Who knows, perhaps they can still cure you? In any case you won't be alone. . . ."

Lukerya made a scarcely perceptible movement with her eyebrows.

"Oh no, master," she murmured in a troubled whisper, "do not have me taken to the hospital, do not touch me. There I shall suffer greater torments. What is the use of treating me! Like when once a doctor came here; he wanted to examine me. I begged him: 'Do not trouble me, for Christ's sake!' What use was it! He started to turn me over, massage and bend my hands, my feet, saying: 'I am doing this for learning's sake; it is for this that I hold a post, am a scholar. And you,' he said, 'you must not

о́рден на ше́ю дан, и я для вас же, дурако́в, стара́-
юсь». Потормоши́л, потормоши́л меня, назва́л мне
мою́ боле́знь — мудрено́ таково́ — да с тем и уе́хал.
А у меня́ пото́м це́лую неде́лю все ко́сточки ны́ли.
Вы говори́те: я одна́ быва́ю, всегда́ одна́. Нет, не
всегда́. Ко мне хо́дят. Я сми́рная — не меша́ю. Де́-
вушки крестья́нские зайду́т, погуто́рят;[33] стра́нница
забредёт, ста́нет про Иерусали́м[34] расска́зывать, про
Ки́ев,[35] про святы́е города́. Да мне и не стра́шно
одно́й быть. Да́же лу́чше, ей-ей!.. Ба́рин, не тро́гай-
те меня́, не вози́те в больни́цу... Спаси́бо вам, вы
до́брый, то́лько не тро́гайте меня́, голу́бчик.

— Ну, как хо́чешь, как хо́чешь, Луке́рья. Я ведь
для твое́й же по́льзы полага́л...

— Зна́ю, ба́рин, что для мое́й по́льзы. Да, ба́рин,
ми́лый, кто друго́му помо́чь мо́жет? Кто ему́ в ду́шу
войдёт? Сам себе́ челове́к помога́й! Вы вот не пове́-
рите — а лежу́ я иногда́ так-то одна́... и сло́вно
никого́ в це́лом све́те, кро́ме меня́, не́ту. То́лько од-
на́ я — жива́я! И чу́дится мне, бу́дто что меня́ осе-
ни́т... Возьмёт меня́ размышле́ние — да́же удиви́-
тельно!

— О чём же ты тогда́ размышля́ешь, Луке́рья?

— Этого, ба́рин, то́же ника́к нельзя́ сказа́ть: не
растолку́ешь. Да и забыва́ется оно́ пото́м. Придёт,
сло́вно как ту́чка, прольётся, свежо́ так, хорошо́
ста́нет, а что тако́е бы́ло — не поймёшь! То́лько
ду́мается мне: будь о́коло меня́ лю́ди — ничего́ бы
э́того не́ было и ничего́ бы я не чу́вствовала, окромя́[63]
своего́ несча́стья.

Луке́рья вздохну́ла с трудо́м. Грудь ей не пови-
нова́лась — так же, как и остальны́е чле́ны.

— Как погляжу́ я, ба́рин, на вас, — начала́ она́
сно́ва, — о́чень вам меня́ жа́лко. А вы меня́ не сли́ш-
ком жале́йте, пра́во! Я вам, наприме́р, что скажу́:
я иногда́ и тепе́рь... Вы ведь по́мните, кака́я я была́
в своё вре́мя весёлая? Бой-де́вка!..[37] Так зна́ете что?
Я и тепе́рь пе́сни пою́.

— Пе́сни?.. Ты?

resist me because I have been given a decoration for my labors and it is for you, fools, that I am exerting myself.' He joggled and joggled me; told me the name of my illness—some outlandish name—and with that went away. After that all my bones ached for a whole week. You say I am alone. No, not always. People come to see me. I am humble, I do not bother anyone. Peasant girls come in, they have a little chat. A pilgrim woman will wander in and start to tell all about Jerusalem, about Kiev and the Holy Cities. And then, I am not afraid to be alone. It is even better, I swear. . . . Master, do not touch me, do not have me taken to hospital. . . . I thank you, you are kind, only do not touch me, my dear."

"Well, as you wish, as you wish, Lukerya. It was for your own good, I thought. . ."

"I know, master, that it was for my good. But, dear master, who can help another? Who can enter into his soul? A man must help himself. Now you would not believe it, but sometimes I lie like this alone and it is as if there is no one in the whole world except me. I alone am alive. And I fancy that something is about to be revealed to me. I give in to meditation; it is even astonishing. . . ."

"What do you meditate about at such times, Lukerya?"

"It is impossible to tell that either, master, impossible to put into words. And then I forget about it afterwards. It comes just like a little storm cloud, it rains, all becomes nice and fresh, but what it actually was you don't understand. Only it occurs to me: if there had been people around me there would not be anything like that; and I should feel nothing except my own misfortune."

Lukerya heaved a heavy sigh: her chest did not obey her just like the rest of her body.

"Looking at you, master," she began once more, "I can see you are very sorry for me. But you must not be too sorry for me, really! I will tell you something, for example: now, too, I sometimes . . . you surely remember what a gay one I was in my time? A spunky girl! Full of pep! So, you know what? Even now I sing songs."

"Songs? You?"

— Да, песни, старые песни, хороводные, подблюдные, святочные, [38] всякие! Много я их ведь знала и не забыла. Только вот плясовых не пою. В теперешнем моём звании — оно не годится.

— Как же ты поёшь их... про себя?

— И про себя и голосом. Громко-то не могу, а всё — понять можно. Вот я вам сказывала — девочка ко мне ходит. Сиротка, значит, понятливая. Так вот я её выучила; четыре песни она уже у меня переняла. Аль не верите? Постойте, я вам сейчас...

Лукерья собралась с духом... Мысль, что это полумёртвое существо готовится запеть, возбудила во мне невольный ужас. Но прежде, чем я мог промолвить слово, в ушах моих задрожал протяжный, едва слышный, но чистый и верный звук... за ним последовал другой, третий. «Во лузях»[39] пела Лукерья. Она пела, не изменив выражения своего окаменелого лица, уставив даже глаза. Но так трогательно звенел этот бедный, усиленный, как струйка дыма колебавшийся голосок, так хотелось ей всю душу вылить... Уже не ужас чувствовал я: жалость несказанная стиснула мне сердце.

— Ох, не могу! — проговорила она вдруг, — силушки не хватает... Очень уж я вам обрадовалась.

Она закрыла глаза.

Я положил руку на её крошечные холодные пальчики... Она взглянула на меня — и её тёмные веки, опушённые золотистыми ресницами, как у древних статуй, закрылись снова. Спустя мгновенье они заблистали в полутьме... Слеза их смочила.

Я не шевелился попрежнему.

— Экая я! — проговорила вдруг Лукерья с неожиданной силой и, раскрыв широко глаза, постаралась смигнуть с них слезу. — Не стыдно ли? Чего я? Давно этого со мной не случалось... с самого того дня, как Поляков Вася у меня был прошлой весной. Пока он со мной сидел да разговаривал — ну, ничего; а как ушёл он — поплакала я-таки в одиночку! Откуда бралось!.. Да ведь у нашей се-

"Yes, songs, old songs, dance choruses, fortune-telling songs, carols, all kinds. After all, I used to know many of them and I have not forgotten them. But I don't sing dance songs. In my present condition it is not fitting."

"And how do you sing them, to yourself?"

"Both to myself and out loud. I cannot sing loudly, of course, but still you can understand. I was just telling you, a girl comes to see me. The orphan, I mean; a smart one. So I have taught her. She has learned four songs from me already. Or don't you believe me? Wait, I'll sing for you now. . . ."

Lukerya summoned up her courage. The thought that this half-dead creature was preparing to sing awakened in me an involuntary horror. But before I could get out a word my ears caught the trembling of a drawn-out, scarcely audible but pure and true sound; it was followed by another and still another. Lukerya sang "In the meadows." She sang without changing the expression of her petrified face; even her eyes were fixed. But so touching did this poor, strained, shaky voice sound, like a thin trail of smoke, so great was her desire to pour her whole soul into it—I no longer felt any horror; an ineffable pity gripped my heart.

"Oh, I cannot go on," she brought out suddenly. "I just haven't enough strength. . . . I am so glad you were here, though."

She closed her eyes.

I placed my hand on her tiny, cold fingers. She looked at me—and her dark lids, edged with golden lashes as on an ancient statue, closed once more. After a moment they started to glisten in the half-darkness. A tear had moistened them.

As before I did not stir.

"Look at me!" Lukerya said suddenly with unexpected energy, and, opening her eyes wide, she tried to blink away the tear. "Isn't it shameful! What's come over me? This hasn't happened to me for a long time . . . not since that very day when Vasya Polyakov was here last spring. While he was sitting with me and talking—well, it was all right; but no sooner had he gone, how I cried all alone! Where did it come from! . . . But with us women tears are

стры́ слёзы неку́пленные. Ба́рин, — приба́вила Лу-
ке́рья, — чай, у вас плато́чек есть... Не побре́згуйте,
утри́те мне глаза́.

Я поспеши́л испо́лнить её жела́ние — и плато́к
ей оста́вил. Она́ сперва́ отка́зывалась... на что, мол,
мне тако́й пода́рок? Плато́к был о́чень просто́й, но
чи́стый и бе́лый. Пото́м она́ схвати́ла его́ свои́ми
сла́быми па́льцами и уже́ не разжа́ла их бо́лее. При-
вы́кнув к темноте́, в кото́рой мы о́ба находи́лись, я
мог я́сно различи́ть её черты́, мог да́же заме́тить
то́нкий румя́нец, проступи́вший сквозь бро́нзу её
лица́, мог откры́ть в э́том лице́, так по кра́йней ме́-
ре мне каза́лось, следы́ его́ быва́лой красоты́.

— Вот вы, ба́рин, спра́шивали меня́, — загово-
ри́ла опя́ть Луке́рья, — сплю ли я? Сплю я то́чно
ре́дко, но вся́кий раз сны ви́жу, хоро́шие сны! Ни-
когда́ я больно́й себя́ не ви́жу: така́я я всегда́ во
сне здоро́вая да молода́я... Одно́ го́ре: просну́сь я,
потяну́ться хочу́ хороше́нько — ан я вся как ско́-
ванная.[40] Раз мне како́й чу́дный сон присни́лся! Хо-
ти́те, расскажу́ вам? Ну, слу́шайте. Ви́жу я, бу́дто
стою́ я в по́ле, а круго́м рожь, така́я высо́кая, спе-
лая, как золота́я!.. И бу́дто со мной соба́чка ры́-
женькая, злю́щая-презлю́щая — всё укуси́ть меня́
хо́чет. И бу́дто в рука́х у меня́ серп, и не просто́й
серп, а са́мый как есть ме́сяц, вот когда́ он на серп
похо́ж быва́ет. И э́тим са́мым ме́сяцем должна́ я
э́ту са́мую рожь сжать до́чиста. То́лько о́чень меня́
от жары́ растоми́ло, и ме́сяц меня́ слепи́т, и лень
на меня́ нашла́; а круго́м васильки́ расту́т, да таки́е
кру́пные! И все ко мне голо́вками поверну́лись. И
ду́маю я: нарву́ я э́тих василько́в; Ва́ся прийти́ обе-
ща́лся — так вот я себе́ вено́к сперва́ совью́; жать-
то я ещё успе́ю. Начина́ю я рвать васильки́, а они́ у
меня́ проме́ж па́льцев та́ют да та́ют, хоть ты что!
И не могу́ я себе́ вено́к свить. А ме́жду тем я слы́шу
— кто́-то уж идёт ко мне, бли́зко таково́,[41] и зовёт:
Лу́ша! Лу́ша!.. Ай, ду́маю, беда́ — не успе́ла! Всё
равно́, наде́ну я себе́ на го́лову э́тот ме́сяц заме́сто

not hard to come by. Master," Lukerya added, "I expect
you have a handkerchief. Don't be squeamish, wipe my
eyes."

I hastened to fulfill her wish—and left her the handkerchief. She refused it at first. . . . "What do I need," she
said, "such a present for?" It was a very ordinary handkerchief but clean and white. Then she clutched it with her
weak fingers and did not unclasp them again. Having
become accustomed to the darkness in which we both were,
I could distinguish her features clearly, could even notice
the slight flush which showed through the bronze of her
face, could discover in that face, so it seemed to me at
least, traces of its former beauty.

"You were just asking me, master," Lukerya began to
talk again, "whether I sleep. It is true I sleep but rarely,
but I have dreams each time, nice dreams! I never see
myself sick: in a dream I am always so healthy and young.
One thing is sad only: I wake up and want to stretch
properly—but it's as if I'm all shackled. Once I had such
a wonderful dream! Would you like me to tell you? Well,
listen. I dream that I am standing in a field and all around
is rye, so high, ripe, so golden! And that I have a little dog
with me, red-coated, vicious, most vicious; it keeps wanting
to bite me. And that I have a sickle in my hands, and not
an ordinary sickle but just the young moon when it looks
like a sickle. And with this same moon I am to reap the
rye right down to the stubble. But I'm feeling very weary
from the heat, and the moon is blinding me and a lazy
feeling comes over me; and all around the cornflowers are
growing and such large ones! And they have all turned their
heads toward me. And I think: 'I shall pick a whole lot
of these cornflowers; Vasya has promised to come, so first
of all I shall make myself a wreath; as for reaping I shall
still manage that in time.' I begin to pick the cornflowers,
but they keep melting in my fingers no matter what I do.
And I cannot weave myself a wreath. And meanwhile I
hear someone is already coming toward me, quite near,
and calling, 'Lusha! Lusha!' Oh! I think, what a nuisance,
I haven't managed it. Never mind, I shall put this moon

василько́в. Надева́ю я ме́сяц, ро́вно как коко́шник,[42] и так сама́ сейча́с вся засия́ла, всё по́ле круго́м освети́ла. Глядь — по са́мым верху́шкам коло́сьев ка́тит ко мне скорёхонько — то́лько не Ва́ся, а сам Христо́с! И почему́ я узна́ла, что э́то Христо́с — сказа́ть не могу́, таки́м Его́ не пи́шут, а то́лько Он! Безборо́дый, высо́кий, молодо́й, весь в бе́лом, — то́лько по́яс золото́й, — и ру́чку мне протя́гивает. «Не бо́йся, говори́т, неве́ста Моя́ разу́бранная, ступа́й за Мно́ю; ты у Меня́ в Ца́рстве Небе́сном хорово́ды води́ть бу́дешь и пе́сни игра́ть ра́йские». И я́ к Его́ ру́чке как прильну́! Соба́чка моя́ сейча́с меня́ за́ ноги... но тут мы взвили́сь! Он впереди́... Кры́лья у Него́ по всему́ не́бу разверну́лись, дли́нные, как у ча́йки, — и я за Ним! И соба́чка должна́ отста́ть от меня́. Тут то́лько я поняла́, что э́та соба́чка — боле́знь моя́ и что в Ца́рстве Небе́сном ей уже́ ме́ста не бу́дет.

Луке́рья умо́лкла на мину́ту.

— А то ещё ви́дела я сон, — начала́ она́ сно́ва, — а быть мо́жет, э́то бы́ло мне виде́ние — я уж и не зна́ю. Почу́дилось мне, бу́дто я в са́мой э́той плету́шке лежу́ и прихо́дят ко мне мои́ поко́йные роди́тели — ба́тюшка да ма́тушка — и кла́няются мне ни́зко, а са́ми ничего́ не говоря́т. И спра́шиваю я их: заче́м вы, ба́тюшка и ма́тушка, мне кла́няетесь? А зате́м, говоря́т, что так как ты на сём све́те мно́го му́чишься, то не одну́ ты свою́ ду́шеньку облегчи́ла, но и с нас большу́ю тя́гу[43] сняла́. И нам на том све́те ста́ло мно́го спосо́бнее. Со свои́ми греха́ми ты уже́ поко́нчила; тепе́рь на́ши грехи́ побежда́ешь. И, сказа́вши э́то, роди́тели мне опя́ть поклони́лись — и не ста́ло их ви́дно: одни́ сте́ны видны́. О́чень я пото́м сомнева́лась, что э́то тако́е со мно́ю бы́ло. Да́же ба́тюшке на духу́ рассказа́ла. То́лько он так полага́ет, что э́то бы́ло не виде́ние, потому́ что виде́ния быва́ют одному́ духо́вному чи́ну.[44]

— А то вот ещё како́й мне был сон, — продолжа́ла Луке́рья. — Ви́жу я, что сижу́ я э́так бу́дто на

on my head instead of the cornflowers. I put on the moon like a festive headdress, and all at once I start to shine and I light up all the field around. I look and along the very tops of the ears of rye there comes swiftly toward me— only it isn't Vasya but Christ Himself! And how I know that this is Christ, I cannot say, they do not paint Him that way but it is He. Beardless, tall, young, all in white, only His girdle is gold and He is stretching His hand toward me. 'Do not fear,' He says, 'my bride adorned, come after Me; in My heavenly kingdom you shall lead the dance chorus and sing heavenly songs.' And how I fell for His hand! My little dog goes straight away for my legs. But at that moment we soar up. He is in front. His wings stretch out over the whole sky, long like a gull's, and I follow Him. And the dog has to stay behind. Then only I understand that this dog is my illness and that in the Kingdom of Heaven it will have no place."

Lukerya was silent for a moment.

"And then I had another dream," she began once more, "or perhaps it was a vision, I really don't know. I imagined I was lying in this very wattle shed and my dead parents, father and mother, come to me and bow low to me but they do not say anything. And I ask them: 'Why are you bowing to me, father and mother?' Well, they say, because having suffered much in this world you not only lightened your own soul but have also taken a great weight off us. And it is much easier now for us in the other world. You have already done away with your sins; now you are conquering our sins. And having said that, my parents again bow to me and become invisible; only the walls are to be seen. Afterwards I wondered a great deal what exactly had happened to me. I had even told the priest at confession. Only he believes that it was not a vision because only the clergy have visions."

"And then I had still another dream," continued Lukerya. "I dream that I am just sitting by the highway

большо́й доро́ге под раки́той, па́лочку держу́ остру́-
ганную, кото́мка за плеча́ми и голова́ платко́м оку́та-
на — как есть стра́нница![45] И идти́ мне куда́-то далё-
ко-далёко на богомо́лье. И прохо́дят ми́мо меня́ всё
стра́нники; иду́т они́ ти́хо, сло́вно не́хотя, всё в одну́
сто́рону; ли́ца у всех уны́лые и друг на дру́жку все
о́чень похо́жи. И ви́жу я: вьётся, ме́чется ме́жду
ни́ми одна́ же́нщина, це́лой голово́й вы́ше други́х,
и пла́тье на ней осо́бенное, сло́вно не на́ше, не ру́с-
ское. И лицо́ то́же осо́бенное, по́стное лицо́, стро́гое.
И бу́дто все други́е от неё сторо́нятся; а она́ вдруг
верть[46] — да пря́мо ко мне. Останови́лась и смо́трит;
а глаза́ у ней, как у со́кола, жёлтые, больши́е и
све́тлые-пресве́тлые. И спра́шиваю я её: «Кто ты?»
А она́ мне говори́т: «Я смерть твоя́». Мне что́бы
испуга́ться, а я напро́тив — ра́да-радёхонька,[47] кре-
щу́сь! И говори́т мне та же́нщина, смерть моя́:
«Жаль мне тебя́, Луке́рья, но взять я тебя́ с собо́ю
не могу́. Проща́й!» Го́споди! как мне тут гру́стно
ста́ло!.. «Возьми́ меня́, говорю́, ма́тушка, голу́бушка,
возьми́!» И смерть моя́ оберну́лась ко мне, ста́ла
мне выгова́ривать... Понима́ю я, что назнача́ет она́
мне мой час, да непоня́тно так, нея́вственно... По́сле,
мол, Петро́вок...[48] С э́тим я просну́лась... Таки́е-то
у меня́ быва́ют сны удиви́тельные!

Луке́рья подняла́ глаза́ кве́рху... заду́малась...

— То́лько вот беда́ моя́: случа́ется, це́лая неде́ля
пройдёт, а я не засну́ ни ра́зу. В про́шлом году́ ба́-
рыня одна́ проезжа́ла, уви́дела меня́, да и дала́ мне
скля́ночку с лека́рством про́тив бессо́нницы; по
десяти́ ка́пель приказа́ла принима́ть. Очень мне по-
мога́ло, и я спала́; то́лько тепе́рь давно́ та скля́-
ночка вы́пита... Не зна́ете ли, что э́то бы́ло за ле-
ка́рство и как его́ получи́ть?

Проезжа́вшая ба́рыня, очеви́дно, дала́ Луке́рье
о́пиума. Я обеща́лся доста́вить ей таку́ю скля́ночку
и опя́ть-таки не мог не подиви́ться вслух её терпе́-
нью.

under a willow, holding a whittled stick, a knapsack over my shoulder and my head wrapped up in a kerchief—just like a pilgrim! And I have to go somewhere far, far away on a pilgrimage. And pilgrims keep passing by; they walk slowly, as if unwillingly, always in the one direction; the faces of all of them are downcast and resemble each other very much. And I see: among them is a woman weaving and tossing about, a whole head taller than the others, and her dress is different, as if not ours, not Russian. And her face also different, a lenten, austere face. And all the others seem to be shunning her; and suddenly she turns— and comes straight toward me. She has stopped and looks; and her eyes are, like a falcon's, yellow, large, and ever so light. And I ask her, 'Who are you?' And she says to me: 'I am your death.' I ought to be frightened but on the contrary I am glad, so glad I cross myself. And that woman, my death, says to me: 'I am sorry for you, Lukerya, but I cannot take you with me. Farewell.' Lord! how sad I felt then. 'Take me,' I say, 'my dear, dear lady, take me.' And my death turned to me and began to rebuke me. I understood that she was appointing to me my hour but in a sort of indistinct, unclear way. After the fast for St. Peter's Day like. . . . Upon that I woke up. Those are the wonderful sorts of dreams I have."

Lukerya raised her eyes, became pensive.

"Here is my only trouble: it happens that a whole week goes by and I do not go off to sleep once. Last year a certain lady was passing by; she saw me and gave me a little bottle with medicine for sleeplessness. She told me to take ten drops at a time. It helped me a lot and I slept. Only now the bottle has long since been finished. Do you know what sort of medicine it was and how to get it?"

The passing lady had evidently given Lukerya opium. I promised to let her have such a bottle and once more I could not help marveling aloud at her patience.

— Эх, ба́рин! — возрази́ла она́. — Что вы э́то?
Како́е тако́е терпе́ние? Вот Симео́на Сто́лпника[49]
терпе́ние бы́ло то́чно вели́кое: три́дцать лет на
столбу́ простоя́л! А друго́й уго́дник[50] себя́ в зе́млю
зары́ть веле́л по са́мую грудь, и муравьи́ ему́ лицо́
е́ли... А то вот ещё мне ска́зывал оди́н начётчик:[51]
была́ не́кая страна́, и ту страну́ ага́ряне завоева́ли,
и всех жи́телев[52] они́ му́чили и убива́ли; и что ни де́-
лали жи́тели, освободи́ть себя́ ника́к не могли́. И
прояви́сь тут ме́жду те́ми жи́телями свята́я де́в-
ственница; взяла́ она́ меч вели́кий, ла́ты на себя́
возложи́ла двухпудо́вые, пошла́ на ага́рян[53] и всех
их прогнала́ за́ море. А то́лько прогна́вши их, гово-
ри́т им: «Тепе́рь вы меня́ сожги́те, потому́ что та-
ко́е бы́ло моё обеща́ние, чтобы мне о́гненною сме́р-
тью за свой наро́д помере́ть». И ага́ряне её взя́ли и
сожгли́, а наро́д с той поры́ навсегда́ освободи́лся!
Вот э́то по́двиг! А я что!

Подиви́лся я тут про себя́, куда́ и в како́м ви́де
зашла́ леге́нда об Иоа́нне д'Арк,[54] и, помолча́в не-
мно́го, спроси́л Луке́рью: ско́лько ей лет?

— Два́дцать во́семь... а́ли де́вять... Тридцати́ не
бу́дет. Да что их счита́ть, года́-то! Я вам ещё вот
что доложу́...

Луке́рья вдруг ка́к-то глу́хо ка́шлянула, о́хнула...

— Ты мно́го говори́шь, — заме́тил я ей, — э́то
мо́жет тебе́ повреди́ть.

— Пра́вда, — прошепта́ла она́ едва́ слы́шно, —
разгово́рке на́шей коне́ц; да куда́ ни шло![55] Тепе́рь,
как вы уе́дете, намолчу́сь я вво́лю. По кра́йности,
ду́шу отвела́...

Я стал проща́ться с не́ю, повтори́л ей моё обеща́-
ние присла́ть ей лека́рство, попроси́л её ещё раз хо-
роше́нько поду́мать и сказа́ть мне — не ну́жно ли ей
чего́?

— Ничего́ мне не ну́жно; всем дово́льна, сла́ва
Бо́гу, — с велича́йшим уси́лием, но умилённо произ-
несла́ она́. — Дай Бог всем здоро́вья! А вот вам бы,
ба́рин, ма́тушку ва́шу уговори́ть — крестья́не зде́ш-

"Eh, master," she protested. "What do you mean? What sort of patience is this? Now Simeon Stylites really had great patience: he stayed thirty years on a pillar! And another holy man ordered himself to be buried in the earth up to his chest and the ants ate his face. And here is something a learned Old Believer told me: There was a certain land, and the Sons of Hagar made war against it and they were torturing and killing all the inhabitants; and no matter what the inhabitants did they could not free themselves. And thereupon, there appeared among the inhabitants a holy maiden; she took up a great sword, put on herself armor weighing eighty pounds, went out against the Sons of Hagar and chased them beyond the sea. But no sooner had she chased them away when she said to them: 'Now burn me because such was my promise, that I should die by fire for the sake of my people.' And the Sons of Hagar took her and burnt her but from that time her people were freed for ever! There is a great deed for you! But what am I?"

I marveled to myself then how far the legend of Joan of Arc had come and in what form, and after a short silence I asked Lukerya how old she was.

"Twenty-eight or nine . . . not yet thirty. But why count them, the years! Now I will tell you something else."

Lukerya suddenly gave a deep cough and groaned.

"You talk a lot," I remarked to her, "this may be bad for you."

"That's true," she whispered scarcely audibly, "this is the end to our talk. Well, never mind. Now when you go away, I shall have my fill of being silent. At least I have unburdened my soul."

I began to say good-bye to her, reiterated my promise to send her the medicine, and asked her to think again carefully and tell me if she wanted anything.

"I don't need anything; I am quite satisfied, thank God," she said with a very great effort but with emotion. "May God grant health to you all. Just one thing, master, you should persuade your mother—the peasants here are poor,

ние бе́дные, хоть бы ма́лость обро́ку с них она́ сба́-
вила! Земли́ у них недоста́точно, уго́дий[56] нет...
Они́ бы за вас Бо́гу помоли́лись... А мне ничего́ не
ну́жно — всем дово́льна.

Я дал Луке́рье сло́во испо́лнить её про́сьбу и под-
ходи́л уже́ к дверя́м... она́ подозвала́ меня́ опя́ть.

— По́мните, ба́рин, — сказа́ла она́ — и чу́дное
что́-то мелькну́ло в её глаза́х и на губа́х, — кака́я
у меня́ была́ коса́? По́мните — до са́мых коле́н! Я
до́лго не реша́лась... Этакие во́лосы!.. Но где же их
бы́ло расчёсывать? В моём-то положе́нии!.. Так уж
я их и обре́зала... Да... Ну, прости́те, ба́рин! Бо́льше
не могу́...

В тот же день, пре́жде чем отпра́виться на охо́ту,
был у меня́ разгово́р о Луке́рье с хуторски́м деся́т-
ским. Я узна́л от него́, что её в дере́вне прозыва́ли
«Живы́е Мо́щи», что, впро́чем, от неё никако́го не
вида́ть беспоко́йства; ни ро́пота от неё не слыха́ть,
ни жа́лоб. «Сама́ ничего́ не тре́бует, а напро́тив —
за всё благода́рна; тихо́ня, как есть тихо́ня, так
сказа́ть на́до. Бо́гом уби́тая, — так заключи́л деся́т-
ский, — ста́ло быть, за грехи́; но мы в э́то не вхо́-
дим. А чтобы, наприме́р, осужда́ть её — нет, мы её
не осужда́ем. Пуща́й[57] её!»

Не́сколько неде́ль спустя́ я узна́л, что Луке́рья
сконча́лась. Смерть пришла́-таки за ней... и «по́сле
Петро́вок». Расска́зывали, что в са́мый день кончи́-
ны она́ всё слы́шала колоко́льный звон, хотя́ от
Алексе́евки до це́ркви счита́ют пять вёрст с ли́шком
и день был бу́дничный. Впро́чем, Луке́рья говори́ла,
что звон шёл не от це́ркви, а «све́рху». Веро́ятно,
она́ не посме́ла сказа́ть: «с не́ба».

if only she would reduce the quit-rent a little! They have not enough land, no common-land. . . . They would pray to God for you. As for me, I need nothing, I am quite satisfied."

I gave Lukerya my word to carry out her request and was approaching the door already when she called me back again.

"You remember, master," she said, and something strange flashed in her eyes and over her lips, "what a braid I had? You remember, down to my knees! For a long time I could not make up my mind. Such hair! But how was it to be combed? In my situation! So then I had it cut off. . . Yes. . . Well, farewell, master! I can't any more. . . ."

That same day, before going out to hunt I had a conversation about Lukerya with the foreman on the farm. I learned from him that in the village they called her 'Living Relic'; that, however, they had no trouble with her; neither protest nor complaint was heard from her. "She never asks for anything herself and on the other hand is grateful for everything. She is a quiet one, as quiet as they make them, this must be said. Stricken by God," so the foreman concluded, "must be for her sins, but we don't go into that. And as for condemning her, we do not condemn her. Let her be!"

A few weeks later I learned that Lukerya had died. Death did, after all, come for her—and "after the fast for St. Peter's Day." They said that on the actual day of her death she kept hearing the sound of church bells although it was five-odd versts from Alekseyevka to the church, and it was a weekday. However, Lukerya said that the pealing of bells came not from the church but "from above." Probably she dared not say "from Heaven."

FEODOR DOSTOYEVSKY
(1821-1881)

Feodor Mikhailovich Dostoevsky hardly needs any introduction to the reader: both his life, eventful enough,
and his work are well known. But the story here chosen
to represent him may not be quite so well known. Dostoevsky was, in the first place, a novelist, and his best work
is represented by very long novels or by rather long
stories. To find among his works a suitably short, and
yet characteristic, story was not easy. "Bobok" may not
be one of his best shorter works, but it is both important
and characteristic. It belongs to his late period. Written
between *The Demons* and *A Raw Youth,* it appeared
in 1873 in the sixth issue of *Grazhdanin* (*The Citizen*).

"Bobok" is ascribed by Dostoevsky to "a certain person" who crops up again later in the "Diary" (once
under the pseudonym of "A Silent Observer"). It is thus
an example of *skaz*. But it is a combination of a monolo-
gue—the nervous, staccato style of the narrator resem-
bles Dostoevsky's own—with a great deal of dialogue in
which Dostoevsky displays his usual mastery in individu-
alizing the speech of his graveyard inmates. The General,
the irritable Lady, the obsequious Court Councillor (with
his revealing name), the Shopkeeper, the cynical *beau-
monde* rascal Klinevich, are all easily recognizable by
the intonation of their voices. In its combination of the
macabre and the vulgarly trivial the story is both fascinating and repulsive. It is a good example of Dostoevsky's
"fantastic realism," which reaches beneath the surface of
the reality to its very core. In a later issue of *The Citizen*
Dostoevsky published an interesting article about a
major exhibition of contemporary Russian artists expound-
ing certain ideas about art which help us understand his
own artistic method. He wrote:

'Reality must be portrayed as it is,' say they [our artists]. Actually, there is no such thing on earth, and never has been, because the essence of things is inaccessible to man and he perceives nature as it is reflected in his idea, after passing through his emotions. One must therefore give more rein to the idea and not be afraid of the ideal. A portrait painter, for instance, sits his sitter in order to do his portrait, prepares, peers at him. Why does he do it? Because he knows from experience that a man does not always look like himself, and therefore he looks for the 'main idea' of his face, for the moment when the model will be most like himself. In knowing how to find and catch such a moment consists the art of portrait painting. What, then, does the artist do here if not rely on his idea (ideal) ... The ideal, after all, is the same reality, just as legitimate as the current reality ...

And Dostoevsky went on to add that certain, "almost fantastic," themes were "as real, and as necessary to art and man, as current reality."

It has been pointed out (by Zenta Maurina in her German book on Dostoevsky) that a parallel to Dostoevsky's macabre graveyard fantasy may be seen in Jean-Paul Sartre's play *Huis clos*. The underlying ideas of the two works may be, however, quite different. Dostoevsky's graveyard grotesque is essentially a denunciation of the decadent, despiritualized, crassly materialistic contemporary society, a denunciation that is rooted in Dostoevsky's Christian conception. One should also note in "Bobok" an important recurrent Dostoevskian motif expressed in the urge of the dead to "bare" themselves. "Bobok" can be linked in various ways with some of Dostoevsky's most important works, beginning with *The Notes from the Underground*—the focal point from which so much of Dostoevsky's thought and imaginative insight radiates.

БОБОК
Ф. М. Достоевского

На э́тот раз помеща́ю «Запи́ски одного́ лица́».[2] Это не я; э́то совсе́м друго́е лицо́. Я ду́маю, бо́лее не на́до никако́го предисло́вия.

Запи́ски одного́ лица́

Семён Ардальо́нович тре́тьего дня́ мне как раз:

— Да бу́дешь ли ты, Ива́н Ива́ныч, когда́-нибудь трезв, скажи́ на ми́лость?

Стра́нное тре́бование. Я не обижа́юсь, я челове́к ро́бкий; но одна́ко же вот меня́ и сумасше́дшим сде́лали. Списа́л с меня́ живопи́сец портре́т из случа́йности: «всё-таки ты, говори́т, литера́тор». Я да́лся, он и вы́ставил. Чита́ю: «Ступа́йте смотре́ть на э́то боле́зненное, бли́зкое к помеша́тельству лицо́».

Оно́ пусть, но ведь как же, одна́ко, так пря́мо в печа́ти? В печа́ти на́до всё благоро́дное; идеа́лов на́до, а тут...

Скажи́, по кра́йней ме́ре, ко́свенно, на то тебе́ слог. Нет, он ко́свенно уже́ не хо́чет. Ны́не ю́мор и хоро́ший слог исчеза́ют и руга́тельства за ме́сто остроты́ принима́ются. Я не обижа́юсь: не Бог зна́ет како́й[3] литера́тор, что́бы с ума́ сойти́. Написа́л по́весть — не напеча́тали. Написа́л фельето́н[4] — отказа́ли. Этих фельето́нов я мно́го по ра́зным реда́кциям носи́л, везде́ отка́зывали: со́ли, говоря́т, у вас нет.

— Како́й же тебе́ со́ли, спра́шиваю с насме́шкою: атти́ческой?[5]

BOBOK
Feodor Dostoevsky

This time I insert "Someone's Notes." This someone is not myself; it is quite a different person. No further introduction, I believe, is needed.

SOMEONE'S NOTES

It was just the day before yesterday Semyon Ardalyonovich said to me:

"Pray tell me, Ivan Ivanovich, will you ever be sober?"

A strange demand. I don't resent it, I am a timid man. But they've managed to make a madman out of me. An artist happened to paint my portrait: after all, says he, you're a man of letters. I let him do it, and he exhibited it. I read: "Go and see this face—morbid, on the verge of insanity."

All right, but how can one say it so bluntly in print? In print everything ought to be noble; what's needed is ideals, while here . . . .

Put it indirectly at least, that's what style is there for. But no, he doesn't care any longer to be indirect. Nowadays humor and fine style are disappearing, and abuse is taking the place of wit. I don't resent it: I'm not much of a man of letters to go mad. I wrote a novel: it wasn't published. I wrote a journalistic column: it was rejected. I took many such articles to different editorial offices—everywhere they were rejected: there was no salt in them, I was told.

"What sort of salt do you want?" I ask mockingly. "Attic salt?"

Даже и не понимает. Перевожу больше книгопродавцам с французского. Пишу и объявления купцам: «Редкость! Красненький, дескать, чай, с собственных плантаций»... За панегирик его превосходительству[6] покойному Петру Матвеевичу большой куш хватил. «Искусство нравиться дамам», по заказу книгопродавца составил. Вот этаких книжек я штук шесть в моей жизни пустил. Вольтеровы бонмо[7] хочу собрать, да боюсь, не пресно ли нашим покажется. Какой теперь Вольтер; нынче дубина, а не Вольтер! Последние зубы друг другу повыбили! Ну, вот и вся моя литературная деятельность. Разве что безмездно письма по редакциям рассылаю, за моею полною подписью. Всё увещания и советы даю, критикую и путь указую.[8] В одну редакцию, на прошлой неделе, сороковое письмо за два года послал; четыре рубля на одни почтовые марки истратил. Характер у меня скверен, вот что.

Думаю, что живописец списал меня не литературы ради, а ради двух моих симметрических бородавок на лбу: феномен, дескать. Идеи-то нет, так они теперь на феноменах выезжают. Ну и как же у него на портрете удались мой бородавки, — живые! Это они реализмом зовут.

А на счёт помешательства, так у нас прошлого года многих в сумасшедшие записали. И каким слогом: «При таком, дескать, самобытном таланте... и вот что под самый конец оказалось... впрочем, давно уже надо было предвидеть»... Это ещё довольно хитро; так что с точки чистого искусства даже и похвалить можно. Ну, а те вдруг ещё умней воротились. То-то, свести-то с ума у нас сведут, а умней-то ещё никого не сделали.

Всех умней, по-моему, тот, кто хоть раз в месяц самого себя дураком назовёт, — способность ныне неслыханная! Прежде, по крайности, дурак хоть раз в год знал про себя, что он дурак, ну а теперь ни-ни. И до того замешали дела, что дурака от умного не отличишь. Это они нарочно сделали.

He doesn't even understand. For the most part, I translate from French for the booksellers. I also write advertisements for merchants: "A rarity! Extra-fine tea from our own plantations. . . ." For a panegyric to his excellency, the late Pyotr Matveyevich, I pocketed a tidy sum. I compiled "The Art of Pleasing Ladies," commissioned by a bookseller. Of this kind of book I produced about six in my lifetime. I should like to collect Voltaire's *bons mots* but am afraid they might seem insipid to our folk. Where does Voltaire get you now? What's wanted now is a cudgel, not Voltaire! They've knocked each other's last teeth out! Well, that's the whole of my literary activity. Unless you include the letters to the editors I send round gratis over my full signature. I keep giving exhortation and advice, criticizing and showing them the true path. Last week I mailed my fortieth letter in two years to one editor; in stamps alone I laid out four rubles. I have a rotten temper, that's what it is.

I think the artist painted me not for the sake of literature, but for the sake of the two symmetrical warts on my forehead—a phenomenon, forsooth! They lack general ideas, so they make do with phenomena. And what a success he made of my warts in that portrait—they're alive! They call that realism.

And as for insanity, last year many people among us were put down as mad. And in what style: "Given such an original talent . . . and that's how it turned out toward the very end . . . however, it should have been foreseen long ago." That's still pretty clever, so that from the point of view of pure art it can even be praised. Well, all of a sudden back they came, wiser than ever. That's it, they know how to drive people mad, but they haven't yet made anyone wiser.

The wisest of all, to my mind, is he who will at least once a month call himself a fool—a faculty unheard of nowadays! Formerly, a fool knew at least once a year that he was a fool, but now—no fear! And they have so muddled things up that you can't tell a fool from a wise man. They've done this on purpose.

Припоминается мне испанская острота, когда французы, два с половиною века назад, выстроили у себя первый сумасшедший дом: «Они заперли всех своих дураков в особенный дом, чтобы уверить, что сами они люди умные». Оно и впрямь: тем, что другого запрёшь в сумасшедший дом, своего ума не докажешь. «К. с ума сошёл, значит, теперь мы умные». Нет, ещё не значит.

Впрочем, чёрт... и что я с своим умом развозился: брюзжу, брюзжу. Даже служанке надоел. Вчера заходил приятель: «У тебя, говорит, слог меняется, рубленый. Рубишь, рубишь — и вводное предложение, потом к вводному ещё вводное, потом в скобках ещё что-нибудь вставишь, а потом опять зарубишь, зарубишь»...

Приятель прав. Со мной что-то странное происходит. И характер меняется, и голова болит. Я начинаю видеть и слышать какие-то странные вещи. Не то чтобы голоса, а так как будто кто подле: «бобок, бобок, бобок!»

Какой такой бобок? Надо развлечься.

———

Ходил развлекаться, попал на похороны. Дальний родственник. Коллежский, однако, советник.[9] Вдова, пять дочерей, все девицы. Ведь это только по башмакам, так во что обойдётся! Покойник добывал, ну а теперь — пенсионишка.[10] Подожмут хвосты. Меня принимали всегда нерадушно. Да и не пошёл бы я и теперь, если бы не экстренный такой случай. Провожал до кладбища в числе других; сторонятся от меня и гордятся. Вицмундир мой действительно плоховат. Лет двадцать пять, я думаю, не бывал на кладбище; вот ещё местечко!

Во-первых, дух. Мертвецов пятнадцать наехало. Покровы разных цен; даже было два катафалка:' одному генералу и одной какой-то барыне. Много скорбных лиц, много и притворной скорби, а много и откровенной весёлости. Причту нельзя пожало-

This reminds me of the Spanish witticism coined two and a half centuries ago when the French built their first lunatic asylum: "They've locked up all their fools in a special house to prove that they are wise people themselves." That's true: you will not prove your own wisdom by locking up others in a lunatic asylum. "K. is gone mad, that means we are sane now." No, in itself it doesn't.

However, what the hell! Why all this fuss about my own mind? Grumbling and grumbling. Even my maidservant is fed up with me. Yesterday a friend dropped in: "Your style is changing," he said, "it's choppy. You chop and chop—you interpolate a clause, and then another interpolated clause within it, and then you add still something else in parenthesis, and then you start chopping and chopping again."

My friend is right. Something strange is happening to me. My character is changing, and my head aches. I begin to see and hear strange things. I don't mean exactly voices, but just as though someone beside me goes: *"Bobok, bobok, bobok!"*

What is this *bobok?* I must distract myself.

I went out to distract myself and ended up at a funeral. A distant relation. A Collegiate Councillor, however. A widow, five daughters, all spinsters. In shoes alone how much must it come to? The deceased earned his living, and now all they have is a miserable little pension. They'll tuck their tails between their legs. They always received me inhospitably. I wouldn't have gone now either, were it not a sort of special occasion. With the rest of them I saw him off to the cemetery; they shun me and act haughty. In truth my uniform frockcoat is pretty shabby. It must be all of twenty-five years I think since I have been to a cemetery. Some place!

First of all, the smell. Some fifteen corpses had flocked there. Palls at various prices. There were even two catafalques: one for a general, and the other for some society lady. Many grieving faces, much feigned grief, too, but also a great deal of frank gaiety. The clergy have nothing

ваться: дохо́ды. Но дух, дух. Не жела́л бы быть
зде́шним духо́вным лицо́м.

В лица́ мертвецо́в загля́дывал с осторо́жностью,
не наде́ясь на мою́ впечатли́тельность. Есть выра-
же́ния мя́гкие, есть и неприя́тные. Вообще́ улы́бки
не хоро́ши, а у ины́х да́же о́чень. Не люблю́; сня́тся.

За обе́дней вы́шел из це́ркви на во́здух: день был
серова́т, но сух. То́же и хо́лодно; ну, да ведь и ок-
тя́брь же. Походи́л по моги́лкам. Ра́зные разря́ды.
Тре́тий разря́д в три́дцать рубле́й: и прили́чно, и не
так до́рого. Пе́рвые два в це́ркви и под па́пертью;
ну, э́то куса́ется.[11] В тре́тьем разря́де за э́тот раз
хорони́ли челове́к шесть, в том числе́ генера́ла и ба́-
рыню.

Загляну́л в моги́лки — ужа́сно: вода́ и кака́я вода́!
Соверше́нно зелёная и... ну, да уж что! Помину́тно
моги́льщик выка́чивал черпако́м. Вы́шел, пока́ слу́ж-
ба, поброди́ть за врата́.[12] Тут сейча́с богаде́льня, а
немно́го пода́льше и рестора́н. И так себе́, не ду́рной
рестора́нчик: и закуси́ть и всё. Наби́лось мно́го и из
провожа́тых. Мно́го заме́тил весёлости и одушевле́-
ния и́скреннего. Закуси́л и вы́пил.

Зате́м уча́ствовал собственнору́чно в отнесе́нии
гро́ба из це́ркви к моги́ле. Отчего́ э́то мертвецы́ в
гробу́ де́лаются так тяжелы́? Говоря́т, по како́й-то
ине́рции, что те́ло бу́дто бы ка́к-то уже́ не управ-
ля́ется сами́м... и́ли како́й-то вздор в э́том ро́де;
противоре́чит меха́нике и здра́вому смы́слу. Не лю-
блю́, когда́ при одно́м лишь о́бщем образова́нии су-
ю́тся у нас разреша́ть специа́льности; а у нас э́то
сплошь. Шта́тские ли́ца лю́бят суди́ть о предме́тах
вое́нных и да́же фельдма́ршальских, а лю́ди с ин-
жене́рным образова́нием су́дят бо́льше о филосо́фии
и полити́ческой эконо́мии.

На литию́[13] не пое́хал. Я горд, и е́сли меня́ прини-
ма́ют то́лько по э́кстренной необходи́мости, то чего́
же таска́ться по их обе́дам, хотя́ бы и похоро́нным?

to complain about: it's an income, after all! But the smell, the smell! I wouldn't care to be one of the local chapter.

Distrusting my impressionable nature, I glanced cautiously at the corpses' faces. Some of the expressions are gentle, but some are unpleasant. In general, the smiles are not nice, and in some cases very much so. I don't like them; one dreams of them.

During the service I went out into the fresh air: the day was grayish but dry. It was cold, too; but after all it was October. I strolled among the graves. Different classes. The third class at thirty rubles: both decent and not too expensive. The top two were in the church and under the porch; well, that's pretty steep. About six people received burial in the third class this time, among them the general and the society lady.

I peeked into the graves—dreadful: water, and what water! Absolutely green and—well, let it go. The grave-digger was baling it out all the time with a dipper. While the service was on I went out and wandered outside the gate. Right there is an almshouse and, a little further on, a restaurant. A fair-to-middling little restaurant, not a bad one: you can have a snack and all that. There was quite a crowd of mourners there. I noticed a lot of gaiety and sincere animation. I had a snack and a drink.

Then I personally took part in the bearing of the coffin from the church to the grave. Why is it that the corpses in their coffins become so heavy? They say it's due to some sort of inertia, that the body sort of loses control over itself—or some such nonsense; this contradicts both mechanics and common sense. I don't like it when people with nothing but general education pretend to solve specialized problems, but with us this happens all the time. Civilians love to voice opinions on military matters, even those of a field marshal's competence, while people with engineer's training discuss mostly philosophy and political economy.

I did not go to the wake. I have my pride and if I am received only in cases of urgent necessity, why should I drag myself to their dinners, even if they're funeral din-

Не понимаю только, зачем остался на кладбище; сел на памятник и соответственно задумался.

Начал с московской выставки,[14] а кончил об удивлении, говоря вообще как о теме. Об «удивлении» я вот что вывел:

«Всему удивляться, конечно, глупо, а ничему не удивляться гораздо красивее и почему-то признано за хороший тон. Но вряд ли так в сущности. По-моему, ничему не удивляться гораздо глупее, чем всему удивляться. Да и кроме того: ничему не удивляться почти то же, что ничего и не уважать. Да глупый человек и не может уважать».

— Да я, прежде всего, желаю уважать. Я *жажду* уважать, — сказал мне как-то раз, на днях, один мой знакомый.

Жаждет он уважать! И, Боже, подумал я, что бы с тобой было, если б ты это дерзнул теперь напечатать!

Тут-то я и забылся. Не люблю читать надгробных надписей; вечно то же. На плите подле меня лежал недоеденный бутерброд: глупо и не к месту. Скинул его на землю, так как это не хлеб, а лишь бутерброд. Впрочем, на землю хлеб крошить кажется, не грешно; это на пол грешно. Справиться в календаре Суворина.[15]

Надо полагать, что я долго сидел, даже слишком; то-есть даже прилёг на длинном камне в виде мраморного гроба. И как это так случилось, что вдруг начал слышать разные вещи? Не обратил сначала внимания и отнёсся с презрением. Но однако разговор продолжался. Слышу, — звуки глухие, как будто рты закрыты подушками; и при всём том внятные и очень близкие. Очнулся, присел и стал внимательно вслушиваться.

— Ваше превосходительство, это просто никак невозможно-с. Вы объявили в червях, я вистую, и

ners. The only thing I don't understand is why I stayed on at the cemetery; I sat down on a tombstone and became engrossed in appropriate thoughts.

I began with the Moscow Exhibition and ended by thinking about astonishment in the abstract. On "astonishment" this is what I arrived at:

"To be astonished by everything is, of course, stupid, while to be astonished at nothing is a great deal more becoming and for some reason considered good form. But this is hardly the case really. To my mind, to be astonished at nothing is much more stupid than to be astonished at everything. And moreover, to be astonished at nothing is almost the same as feeling respect for nothing. And indeed a stupid man is incapable of feeling respect."

"What I wish above all, is to feel respect. I *thirst* to feel respect," a friend of mine said to me the other day.

He thirsts to feel respect! O Lord! I thought, what would happen to you if you dared say that in print nowadays!

At this point I sank into oblivion. I don't like reading tombstone epitaphs: everlastingly the same. On the tombstone by my side lay a half-eaten sandwich—stupid and out of place. I flicked it off onto the ground since it was not bread but just a sandwich. As a matter of fact, I believe it isn't a sin to crumble bread on the ground; the sin is to do so on the floor. Look it up in Suvorin's calendar.

I must assume that I sat there long, too long in fact. That is, I even lay down for a while on the long stone shaped like a marble coffin. And how did it happen that all of a sudden I began to hear all sorts of things? At first, I didn't pay attention and reacted with scorn. However, the conversation went on. I listened; the sounds came muffled as though from mouths covered with pillows; and withal quite distinct and close by. I came to, sat up, and began listening attentively.

. "It's simply impossible, your excellency. You called hearts, I lead and all of a sudden you have seven in

вдруг у вас семь в бубнах. На́до бы́ло усло́виться
зара́нее на счёт бубён-с.

— Что́ же, зна́чит, игра́ть наизу́сть? Где же при-
влека́тельность?

— Нельзя́, ва́ше превосходи́тельство, без гара́н-
тии ника́к нельзя́. На́до непреме́нно с болва́ном, и
чтоб была́ одна́ тёмная сда́ча.

— Ну, болва́на здесь не доста́нешь.

Каки́е зано́счивые, одна́ко, слова́! И стра́нно и не-
ожи́данно. Оди́н тако́й ве́ский и соли́дный го́лос,
друго́й как бы мя́гко услащённый; не пове́рил бы,
е́сли бы не слы́шал сам. На лити́й я, ка́жется, не́
был. И одна́ко как же э́то здесь в префера́нс,[16] и ка-
ко́й тако́й генера́л? Что раздава́лось из-под моги́л,
в том не́ было и сомне́ния. Я нагну́лся и прочёл
на́дпись на па́мятнике:

«Здесь поко́ится те́ло генера́л-майо́ра Первое́до-
ва... таки́х-то и таки́х-то орденов кавале́ра. Гм.
Сконча́лся в а́вгусте сего́ го́да... пятидесяти семи́...
Поко́йся, ми́лый прах, до ра́достного у́тра!»[17]

Гм, чорт, в са́мом де́ле генера́л! На друго́й мо-
ги́лке, отку́да шёл льсти́вый го́лос, ещё не́ было па́-
мятника; была́ то́лько пли́тка; должно́ быть, из
новичко́в. По го́лосу надво́рный сове́тник.[18]

— Ох-хо-хо-хо! послы́шался совсе́м уже́ но́вый
го́лос, саженя́х в пяти́ от генера́льского ме́ста и уже́
совсе́м из-под све́жей моги́лки, — го́лос мужско́й и
простонаро́дный, но рассла́бленный на благогове́й-
но-умилённый мане́р.

— Ох-хо-хо-хо!

— Ах, опя́ть он ика́ет! — разда́лся вдруг брезг-
ли́вый и высокоме́рный го́лос раздражённой да́мы,
как бы вы́сшего све́та. Наказа́ние мне[19] по́дле э́того
ла́вочника!

— Ничего́ я не ика́л, да и пи́щи не принима́л, а
одно́ лишь э́то моё естество́. — И всё-то вы, ба́ры-
ня, от ва́ших зде́шних капри́зов ника́к не мо́жете
успоко́иться.

— Так заче́м вы сюда́ легли́?

diamonds. We ought to have agreed about diamonds beforehand."

"Well, what do you mean—play by rote? Where's the fun then?"

"You can't do it, your excellency, you simply can't do it without a guarantee. You must at all costs have a dummy and one deal in the dark. . . ."

"Well, you can't get a dummy around here."

What presumptuous words! Odd and unexpected. One of the voices so weighty and dignified, the other, as it were, slightly saccharine. I would not have believed it if I had not heard it myself. After all, I hadn't been to the wake. And yet how could they have been playing preference here, and what sort of general was this? That the sounds came from under the tombstones there was no doubt whatever. I bent down and read the inscription on the monument:

"Here rests the body of Major-General Pervoyedov . . . knight of such and such orders." Hm . . . Died in August of the current year . . . age fifty-seven . . . "Repose, o dear remains, until the joyous morn!"

Hm, what the devil, really and truly a general! On the other grave, from which came the ingratiating voice, there was as yet no monument—only a slab; must be one of the newcomers. A court councillor, by his voice.

"Oh-ho-ho-ho!" an entirely new voice was heard, about thirty-five feet from the general's place, and this time from quite a fresh grave; a masculine, plebeian voice, but with a softly sanctimonious intonation.

"Oh-ho-ho-ho!"

"Oh, he's hiccuping again!" came the squeamish and haughty voice of the irritated lady, apparently from high society. "What a bore for me to be next to this shopkeeper."

"I didn't hiccup at all, I didn't even partake of any food. This is just my nature. As for you, lady, even here you don't seem to be able to find peace from your fussing."

"Well, why did you come and lie here?"

— Положи́ли меня́, положи́ли супруга́ и ма́лые де́тки, а не сам я возлёг. Сме́рти та́инство! И не лёг бы я по́дле вас ни за что́, ни за како́е зла́то; а лежу́ по со́бственному капита́лу, су́дя по цене́-с.[20] Ибо э́то мы всегда́ мо́жем, чтобы за моги́лку на́шу по тре́тьему разря́ду внести́.

— Накопи́л; люде́й обсчи́тывал?

— Чем вас обсчита́ешь-то, ко́ли с января́, почита́й, никако́й ва́шей упла́ты к нам не́ было. Счётец на вас в ла́вке име́ется.

— Ну, уж э́то глу́по; здесь, по-мо́ему, долги́ розы́скивать о́чень глу́по! Ступа́йте наве́рх. Спра́шивайте у племя́нницы; она́ насле́дница.

— Да уж где тепе́рь спра́шивать и куда́ пойдёшь. Оба дости́гли преде́ла и пред судо́м Бо́жиим во гресе́х[21] равны́.

— Во гресе́х! — презри́тельно передразни́ла поко́йница. — И не сме́йте совсе́м со мной говори́ть!

— Ох-хо-хо-хо!

— Одна́ко ла́вочник-то ба́рыни слу́шается, ва́ше превосходи́тельство.

— Почему́ же бы ему́ не слу́шаться?

— Ну да изве́стно, ва́ше превосходи́тельство, так как здесь но́вый поря́док.

— Како́й же э́то но́вый поря́док?

— Да ведь мы, так сказа́ть, у́мерли, ва́ше превосходи́тельство.

— Ах да! Ну, всё же поря́док...

Ну, одолжи́ли; не́чего сказа́ть, уте́шили! Если уж здесь до того́ дошло́, то чего́ же спра́шивать в ве́рхнем-то этаже́? Каки́е, одна́ко же, шту́ки! Продолжа́л одна́ко выслу́шивать, хотя́ и с чрезме́рным негодова́нием.

— Нет, я бы по́жил! Нет... я, зна́ете... я бы по́жил! — разда́лся вдруг че́й-то но́вый го́лос, где́-то в промежу́тке ме́жду генера́лом и раздражи́тельной ба́рыней.

"I was laid here, laid by my spouse and my kiddies. I didn't come and repose here myself. The mystery of death! And I wouldn't have lain down next to you for anything, not for any amount of gold; I lie here in keeping with my capital, judging by the price, ma'am. For we can always manage that; that is, to pay for our little third-class grave."

"You saved up—short-changing people?"

"How could one short-change you if, since January, I reckon, you haven't paid us anything! There is a little bill against you at the shop."

"Why, that's really silly. I think it is most silly to try to claim debts here! Go upstairs. Demand from my niece, she is my heiress."

"Well, how can I demand now, and where can I go? We have both reached the end of the line and stand equal in our sins before the Lord's judgment."

"In our sins!" the deceased lady parroted scornfully. "Don't you dare speak to me at all!'

"Oh-ho-ho-ho!"

"After all, the shopkeeper obeys the lady, your excellency."

"Why shouldn't he?"

"Well, you know, your excellency, there is a new order here."

"What sort of new order is it?"

"Why, we are all dead, so to speak, your excellency."

"Oh yes! Still, all the same, order. . . ."

Well, I never—that's a comfort, I must say. If it has come to that here, what can one expect on the upper floor? Some goings-on, I must say! Nonetheless I went on listening, even though with extreme indignation.

* * *

"Yes, I could do with a bit of living! Yes . . . you know . . . I could do with a bit of living!" a new voice was suddenly heard somewhere in between the general and the irritable lady.

— Слы́шите, ва́ше превосходи́тельство, наш опя́ть за то же. По три дня молчи́т-молчи́т и вдруг: «Я бы по́жил, нет, я бы по́жил!» И с таки́м зна́ете, аппети́том, хи-хи!

— И с легкомы́слием.

— Пронима́ет его́, ва́ше превосходи́тельство, и, зна́ете, засыпа́ет, совсе́м уже́ засыпа́ет, с апре́ля ведь здесь, и вдруг: «Я бы по́жил!»

— Скучнова́то одна́ко, — заме́тил его́ превосходи́тельство.

— Скучнова́то, ва́ше превосходи́тельство, ра́зве Авдо́тью Игна́тьевну опя́ть пораздразни́ть, хи-хи?

— Нет, уж прошу́ уво́лить. Терпе́ть не могу́ э́той задо́рной кри́ксы.[22]

— А я, напро́тив, вас обо́их терпе́ть не могу́, — брезгли́во откли́кнулась кри́кса. — Оба вы са́мые преску́чные и ничего́ не уме́ете рассказа́ть идеа́льного. Я про вас, ва́ше превосходи́тельство, — не чва́ньтесь, пожа́луйста, — одну́ исто́рийку зна́ю, как вас из-под одно́й супру́жеской крова́ти поутру́ лаке́й щёткой вы́мел.

— Скве́рная же́нщина! — сквозь зу́бы проворча́л генера́л.

— Ма́тушка, Авдо́тья Игна́тьевна, — возопи́л вдруг опя́ть ла́вочник, — ба́рынька ты моя́, скажи́ ты мне, зла не по́мня, что ж я по мыта́рствам[23] э́то хожу́, а́ли что ино́е де́ется?..

— Ах, он опя́ть за то же, так я и предчу́вствовала, потому́ слы́шу дух от него́, дух, а э́то он воро́чается!

— Не воро́чаюсь я, ма́тушка, и нет от меня́ никако́го тако́го осо́бого ду́ху, потому́ ещё в по́лном на́шем те́ле как есть сохрани́л себя́, а вот вы, ба́рынька, так уж тро́нулись — потому́ дух действи́тельно нестерпи́мый, да́же и по зде́шнему ме́сту. Из ве́жливости то́лько молчу́.

— Ах, скве́рный оби́дчик! От самого́ так и рази́т, а он на меня́.

"You hear, your excellency, our friend is taking up the same old tune. For three days he keeps silent and suddenly: 'I could do with a bit of living, yes, I could do with a bit of living.' And with such gusto, you know, he-he."

"And with flippancy."

"It gets him, your excellency, and you know, he's going to sleep, he's almost gone to sleep. After all, he's been here since April, and suddenly: 'I could do with a bit of living.'"

"It's a bit of a bore, I must say," remarked His Excellency.

"It is, your excellency. Now how about teasing Avdotya Ignatyevna again, he-he?"

"No, I beg to be excused. Can't stand that quarrelsome cat."

"And as for me, for my part, I can't abide the two of you," querulously retorted the cat. "Both of you are utterly boring and don't know how to tell anything of a lofty nature. As for you, your excellency—don't get on your high horse, please—I know a little story about you, how one morning a footman swept you with his broom from under a certain married lady's bed."

"Nasty woman!" grumbled the general through his teeth.

"Ma'am, Avdotya Ignatyevna!" suddenly wailed the shopkeeper again. "My dear lady, don't bear me a grudge, tell me, am I going the way of torments, or is it something else?"

"Ah, there he is at it again, as I suspected, for I could smell him, smell him—that was him twisting and turning."

"I'm not twisting and turning, ma'am, and there's no particular odor coming from me, because I have still preserved my body intact, while as for you, lady, you're already high, the odor is truly unbearable, even for this place here. I've kept silent from politeness alone."

"Oh, you nasty slanderer! There he is, simply reeking, and he blames it on me."

— Ох-хо-хо-хо! Хоша бы[24] сороковинки[25] наши
скорее пристигли:[26] слёзные гласы их над собою ус-
лышу, супруги вопль и детей тихий плач!..

— Ну, вот об чем плачет: нажрутся кутьи[27] и
уедут. Ах, хоть бы кто проснулся!

— Авдотья Игнатьевна, — заговорил льстивый
чиновник. — Подождите капельку,[78] новенькие заго-
ворят.

— А молодые люди есть между ними?

— И молодые есть, Авдотья Игнатьевна. Юноши
даже есть.

— Ах как бы кстати!

— А что, не начинали ещё? — осведомился его
превосходительство.

— Даже и третьеводнишние ещё не очнулись, ваше превосходительство, сами изволите знать, иной
раз по неделе молчат. Хорошо, что их вчера, треть-
его дня и сегодня как-то разом вдруг навезли. А то
ведь кругом сажень на десять почти всё у нас про-
шлогодние.

— Да, интересно.

— Вот, ваше превосходительство, сегодня дейст-
вительного тайного советника[29] Тарасевича схоро-
нили. Я по голосам узнал. Племянник его мне знаком, давеча гроб опускал.

— Гм, где же он тут?

— Да шагах в пяти от вас, ваше превосходительство, влево. Почти в самых ваших ногах-с... Вот
бы вам, ваше превосходительство, познакомиться.

— Гм, нет — уж... мне что же первому.

— Да он сам начнёт, ваше превосходительство.
Он будет даже польщён, поручите мне, ваше превосходительство, и я...

— Ах, ах... ах, что же это со мной? — закряхтел
вдруг чей-то испуганный новенький голосок.

— Новенький, ваше превосходительство, новенький, слава Богу, и как ведь скоро! Другой раз по
неделе молчат.

"Oh-ho-ho-ho! I wish our fortieth day would come sooner! I would hear their tearful laments over me, my wife's wail and my children's quiet weeping."

"Here, look what he's crying for; they'll stuff themselves with funeral rice and go home. Oh, if at least someone were to wake up!"

"Avdotya Ignatyevna," chimed in the obsequious civil servant, "wait a bit, the brand-new ones will start talking."

"And are there any young men among them?"

"There are, Avdotya Ignatyevna. There are even some quite young ones."

"How nice that would be!"

"But why haven't they begun yet?" inquired His Excellency.

"Even those of the day before yesterday haven't come to yet, your excellency, you know it well enough yourself. Sometimes they keep silent for a whole week. It's a good thing that yesterday, the day before yesterday and today they brought a whole batch of them all at once. For otherwise they are all last year's within seventy feet around us."

"Yes, it will be interesting."

"Why, your excellency, today they buried the titular privy councillor Tarasevich. I knew by the voices. I know his nephew, just now he's been lowering the coffin."

"Hm, where is he then?"

"Well, about five paces from you, your excellency, to the left. Almost at your very feet, sir. You should really make his acquaintance, your excellency."

"Hm, not really—why should I be the first. . ."

"Well, he'll make the first move himself, your excellency. He will even be flattered. Leave it to me, your excellency, and I . . ."

"Oh, oh . . . Oh, what's happening to me?" croaked a frightened, brand-new voice.

"A brand-new one, your excellency, a brand-new one, thank God, and look how soon! Sometimes they are silent for a whole week."

— Ах, кажется, молодой человек! — взвизгнула Авдотья Игнатьевна.

— Я... я... я от осложнения и так внезапно! — залепетал опять юноша. — Мне Шульц ещё накануне: у вас, говорит, осложнение, а я вдруг к утру и помер. Ах! Ах!

— Ну, нечего делать, молодой человек, — милостиво и очевидно радуясь новичку заметил генерал, — надо утешиться! Милости просим в нашу, так сказать, долину Иосафатову.[30] Люди мы добрые, узнаете и оцените. Генерал-майор Василий Васильев[31] Первоедов, к вашим услугам.

— Ах, нет! нет, нет, это я никак! Я у Шульца; у меня, знаете, осложнение вышло, сначала грудь захватило и кашель, а потом простудился: грудь и грипп... и вот вдруг совсём неожиданно... главное, совсём неожиданно.

— Вы говорите сначала грудь, — мягко ввязался чиновник, как бы желая ободрить новичка.

— Да, грудь и мокрота, а потом вдруг нет мокроты и грудь, и дышать не могу... и знаете...

— Знаю, знаю. Но если грудь, вам бы скорее к Эку, а не к Шульцу.

— А я, знаете, всё собирался к Боткину...[32] и вдруг...

— Ну, Боткин кусается, — заметил генерал.

— Ах нет, он совсём не кусается; я слышал, он такой внимательный и всё предскажет вперёд.

— Его превосходительство заметил насчёт цены, — поправил чиновник.

— Ах, что вы, всего три целковых, и он так осматривает, и рецепт... и я непременно хотел, потому что мне говорили... Что же, господа, как же мне, к Эку или к Боткину?

— Что? Куда? — приятно хохоча, заколыхался труп генерала. Чиновник вторил ему фистулой.

"Oh, I think it's a young man!" squealed Avdotya Ignat-yevna.

"I . . . I . . . I . . . it was due to complications, and so suddenly," babbled the youth again. "Schultz said to me the day before, 'There are complications,' he said, and suddenly toward morning I died. Oh! Oh!"

"Well, never mind, young man," remarked the general graciously, evidently pleased by the new arrival, "you must be consoled. Welcome to our, one might say, Valley of Jehosaphat. We are kind people; you'll get to know and appreciate us. Major-General Vasily Vasilyev Pervoyedov, at your service."

"Oh no! No, no, I can't possibly! I am at Schultz's. I had complications, you know, first my chest was affected, and coughing, and then I caught cold, my chest and grippe . . . and then quite unexpectedly . . . the main thing is, it was quite unexpected."

"You say first the chest," gently interjected the civil servant as though wishing to encourage the newcomer.

"Yes, my chest and phlegm, and then suddenly no more phlegm, and my chest—I can't breathe . . . and you know . . ."

"I know, I know. But if it's your chest, you should rather have gone to Eck, and not to Schultz . . ."

"Well, you know, I kept planning to go to Botkin, and suddenly . . ."

"But you get stung at Botkin's," remarked the General.

"Oh no, he doesn't sting at all. I've heard he's so attentive and can tell everything in advance. . . ."

"His Excellency meant as regards the fee," the civil servant corrected him.

"Oh, not at all, three rubles only, and he examines you so . . . and the prescription . . . and I was really intent on seeing him, for I was told . . . Well, gentlemen, where shall I go, to Eck or to Botkin?"

"What? Where?" the General's corpse shook with pleasant laughter. The civil servant echoed him in a falsetto.

— Ми́лый ма́льчик, ми́лый, ра́достный ма́льчик,
как я тебя́ люблю́! — восто́рженно взви́згнула Авдо́-
тья Игна́тьевна. — Вот е́сли б э́такого по́дле поло-
жи́ли!

Нет, э́того уж я не могу́ допусти́ть! И э́то совре-
ме́нный мертве́ц! Одна́ко послу́шать ещё и не спе-
ши́ть заключе́ниями. Этот сопля́к-новичо́к, — я его́
да́веча в гробу́ по́мню, — выраже́ние перепу́ганно-
го цыплёнка, наипроти́внейшее в ми́ре! Одна́ко что́
да́лее.

Но да́лее начала́сь така́я катава́сия, что я всего́
и не удержа́л в па́мяти, и́бо о́чень мно́гие ра́зом'
просну́лись: просну́лся чино́вник, из ста́тских сове́т-
ников, и на́чал с генера́лом то́тчас же и неме́дленно
о прое́кте но́вой подкоми́ссии в министе́рстве ——
дел и о веро́ятном, сопряжённом с подкоми́ссией,
перемеще́нии должностны́х лиц, — чем весьма́ и
весьма́ развлёк генера́ла. Признаю́сь, я и сам узна́л
мно́го но́вого, так что подиви́лся путя́м, кото́рыми
мо́жно иногда́ узнава́ть в сей столи́це администра-
ти́вные но́вости. Зате́м полупросну́лся оди́н инже-
не́р, но до́лго ещё бормота́л соверше́нный вздор,
так что на́ши и не пристава́ли к нему́, а оста́вили
до вре́мени вы́лежаться. Наконе́ц, обнару́жила при́-
знаки моги́льного воодушевле́ния схоронённая поут-
ру́ под катафа́лком зна́тная ба́рыня. Лебезя́тников[33]
(и́бо льсти́вый и ненави́димый мно́ю надво́рный со-
ве́тник, помеща́вшийся по́дле генера́ла Первое́дова,
по и́мени оказа́лся Лебезя́тниковым) о́чень суети́лся
и удивля́лся, что так ско́ро на э́тот раз все просы-
па́ются. Признаю́сь, удиви́лся и я; впро́чем, не́кото-
рые из просну́вшихся бы́ли схоронены́ ещё тре́ть-
его дня, как, наприме́р, одна́ моло́денькая о́чень де-
ви́ца, лет шестна́дцати, но всё хихи́кавшая... ме́рзко
и плотоя́дно хихи́кавшая.

"Dear boy, dear, joyous boy, how I love you!" Avdotya Ignatyevna squealed ecstatically. "Oh, if only they had laid one like that beside me!"

No, this is more than I can tolerate! And these are the modern dead! However, I must listen a bit more and not be too hasty with conclusions. This sniveling newcomer—I remember seeing him in his coffin a short time ago: the expression of a terrified chicken, the most repulsive expression in the world! However, what next?

———

But next there began such a hullabaloo that I could not retain everything in my memory, for a great many of them awoke all at once. A civil servant of state councillor's rank awoke and at once, without further ado, began talking to the General about the project of a new subcommittee in the Ministry of —— Affairs and about the probable switching of personnel in connection with that subcommittee, and thereby greatly diverted the General. I admit, I also learned much that was new, and so marveled at the channels through which you can sometimes learn administrative news in this capital of ours. Then an engineer half awoke, but for a long time kept muttering utter nonsense, so that our folk did not pester him but left him to lie it out for the time being. Finally, the society lady brought in that morning in a catafalque showed signs of sepulchral animation. Lebezyatnikov (for that turned out to be the name of the obsequious, and to me loathsome, court councillor lying next to General Pervoyedov) fussed a lot and was surprised that everybody was waking up so soon this time. I admit I was surprised, too, but then some of those who woke up had been buried the day before yesterday, as, for example, one very young girl, about sixteen years of age, who kept giggling . . . disgustingly and lasciviously giggling.

— Ва́ше превосходи́тельство, та́йный сове́тник Тарасе́вич просыпа́ются![34] — возвести́л вдруг Лебезя́тников с чрезвыча́йною торопли́востью.

— А? что? — брезгли́во и сюсю́кающим го́лосом проша́мкал вдруг очну́вшийся та́йный сове́тник. В зву́ках го́лоса бы́ло не́что капри́зно-повели́тельное. Я с любопы́тством прислу́шался, и́бо в после́дние дни не́что слы́шал о сём Тарасе́виче, — соблазни́тельное и трево́жное в вы́сшей сте́пени.

— Это я-с, ва́ше превосходи́тельство, пока́мест всего́ то́лько я-с.

— Чего́ про́сите и что вам уго́дно?

— Еди́нственно осве́домиться о здоро́вьи ва́шего превосходи́тельства; с непривы́чки здесь ка́ждый с пе́рвого ра́зу чу́вствует себя́ как бы в тесноте́-с... Генера́л Первое́дов жела́л бы име́ть честь знако́мства с ва́шим превосходи́тельством и наде́ются...

— Не слыха́л.

— Поми́луйте, ва́ше превосходи́тельство, генера́л Первое́дов, Васи́лий Васи́льевич...

— Вы генера́л Первое́дов?

— Нет-с, ва́ше превосходи́тельство, я всего́ то́лько надво́рный сове́тник Лебезя́тников-с к ва́шим услу́гам, а генера́л Первое́дов...

— Вздор! И прошу́ вас оста́вить меня́ в поко́е.

— Оста́вьте, — с досто́инством останови́л, наконе́ц, сам генера́л Первое́дов гну́сную торопли́вость моги́льного своего́ клие́нта.

— Не просну́лись ещё, ва́ше превосходи́тельство, на́до име́ть в виду́-с; э́то они́ с непривы́чки-с: просну́тся и тогда́ при́мут ина́че-с...

— Оста́вьте, — повтори́л генера́л.

— Васи́лий Васи́льевич! Эй вы, ва́ше превосходи́тельство! — вдруг гро́мко и аза́ртно прокрича́л по́дле са́мой Авдо́тьи Игна́тьевны оди́н совсе́м но́вый го́лос, — го́лос ба́рский и де́рзкий, с утомлённым по мо́де вы́говором и с наха́льною его́ скандиро́вкою; — я вас всех уже́ два часа́ наблюда́ю; я ведь три дня лежу́; вы по́мните меня́, Васи́лий Васи́льевич?

"Your excellency, Privy Councillor Tarasevich is about to wake up," suddenly announced Lebezyatnikov with great haste.

"Ah? what?" squeamishly mouthed in a lisping voice the Privy Councillor who had suddenly come to. In the sound of his voice there was something peevishly imperious. I listened with curiosity, for in the last few days I had heard something about this Tarasevich—something scandalous and alarming to the highest degree.

"It's me, sir, your excellency, so far only me, sir."

"What is your request and what is it you want?"

"Solely to inquire about your excellency's health. From lack of habit, everyone at first feels sort of crowded here, sir. . . . General Pervoyedov desires to have the honor of being introduced to your excellency, and hopes . . ."

"Never heard of him."

"But surely, your excellency, General Pervoyedov, Vasily Vasilyevich . . ."

"Are you General Pervoyedov?"

"No, your excellency, I am merely Court Councillor Lebezyatnikov, sir, at your service, and General Pervoyedov . . ."

"Poppycock! And I beg you to leave me in peace."

"Leave him," General Pervoyedov himself interrupted with dignity the odious haste of his graveyard factotum.

"He still hasn't awakened, your excellency, you must bear that in mind, sir. That's from not being used to it, sir. He'll wake up and take it in a different way, sir."

"Leave him," repeated the General.

"Vasily Vasilyevich! Hey there, your excellency!" a completely new voice suddenly called out loudly and with verve right beside Avdotya Ignatyevna—an insolent, gentlemanly voice, with a fashionably languid enunciation and an impudent drawl. "I've been observing all of you these two hours. After all, I've been lying here for three days. You remember me, Vasily Vasilyevich? Klinevich.

Клиневич, у Волоконских встречались, куда вас, не знаю почему, тоже пускали.

— Как, граф Пётр Петрович... да неужели же вы... и в таких молодых годах... Как сожалею!

— Да я и сам сожалею, но только мне всё равно, и я хочу отсюду извлечь всё возможное. И не граф, а барон, всего только барон. Мы какие-то шелудивые баронишки, из лакеев, да и не знаю почему, наплевать. Я только негодяй псевдо-высшего света и считаюсь «милым полисоном».[35] Отец мой какой-то генералишка, а мать была когда-то принята en haut lieu.[36] Я с Зифелем жидом[37] на пятьдесят тысяч прошлого года фальшивых бумажек провёл, да на него и донёс, а деньги все с собой Юлька[38] Charpentier de-Lusignan увезла в Бордо.[39] И представьте, я уже совсем был помолвлен — Щевалёвская, трёх месяцев до шестнадцати не доставало, ещё в институте,[40] за ней тысяч девяносто дают. Авдотья Игнатьевна, помните, как вы меня, лет пятнадцать назад, когда я ещё был четырнадцатилетним пажом,[41] развратили?..

— Ах, это ты, негодяй, ну хоть тебя Бог послал, а то здесь...

— Вы напрасно вашего соседа негоцианта заподозрили в дурном запахе... Я только молчал, да смеялся. Ведь это от меня; меня так в заколоченном гробе и хоронили.

— Ах какой мёрзкий! Только я всё-таки рада; вы не поверите, Клиневич, не поверите, какое здесь отсутствие жизни и остроумия.

— Ну да, ну да, и я намерен завести здесь нечто оригинальное. Ваше превосходительство, — я не вас, Первоедов, — ваше превосходительство, другой, господин Тарасевич, тайный советник! Откликнитесь! Клиневич, который вас к m-lle Фюри постом возил, слышите?

— Я вас слышу, Клиневич, и очень рад, и поверьте...

We used to meet at the Volokonskys where you, too, were received, I don't know why."

"What! Count Pyotr Petrovich! is it possible that you —and so young. How sorry I am!"

"I am sorry myself, but it's all one to me, and I want to get the most out of everything. And it's not count, it's baron, just mere baron. We are just mangy wretched barons risen from lackeys, and I don't know why and don't give a damn. I am only a scoundrel of pseudo-high society and am regarded as 'a dear *polisson.*' My father is some sort of lousy general and my mother was received once upon a time *en haut lieu.* Last year I passed fifty thousand worth of counterfeit bank notes with Siffel the Jew and then informed on him, and Yulka Charpentier de Lusignan took all the money away with her to Bordeaux. And imagine, I was practically betrothed —Shchevalevskaya, three months short of sixteen, still at boarding school, she's worth ninety thousand. Avdotya Ignatyevna, do you remember how you seduced me about fifteen years ago, when I was still a fourteen-year-old page?"

"Oh, it's you, you scoundrel! Well, God has sent you at least, otherwise here . . ."

"You were wrong in blaming the bad smell on your neighbor the tradesman. I kept silent and laughed to myself. It comes from me; they had to nail down my coffin for the funeral."

"Oh, how disgusting you are! All the same, I'm glad. You won't believe, Klinevich, you won't believe what an absence of life and wit there is down here."

"Quite so, quite so, and I have the intention of introducing something novel here. Your excellency—I don't mean you, Pervoyedov—your excellency, the other one, Mr. Tarasevich, the privy councillor. Respond! Klinevich, the one who took you to Mlle Furie during Lent. Can you hear me?"

"I can hear you, Klinevich, and am very glad, and believe me. . . ."

— Ни на грош не ве́рю и наплева́ть. Я вас, ми́лый ста́рец, про́сто расцелова́ть хочу́, да, сла́ва Бо́гу, не могу́. Зна́ете вы, господа́, что э́тот grand-père[42] сочини́л? Он тре́тьего дня аль четвёртого по́мер и, мо́жете себе́ предста́вить, це́лых четы́реста ты́сяч казённого недочёту оста́вил? Су́мма на вдов и сиро́т, и он оди́н почему́-то хозя́йничал, так что его́, под коне́ц, лет во́семь не ревизова́ли. Вообража́ю, каки́е там у всех тепе́рь дли́нные ли́ца и чем они́ его́ помина́ют? Не пра́вда ли, сладостра́стная мысль! Я весь после́дний год удивля́лся, как у тако́го семидесятиле́тнего старика́шки, пода́грика и хира́грика, уцеле́ло ещё сто́лько сил на развра́т и — и вот тепе́рь и разга́дка! Эти вдо́вы и си́роты — да одна́ уже́ мысль о них должна́ была́ раскаля́ть его́!.. Я про э́то давно́ уже́ знал, оди́н то́лько я и знал, мне Charpentier переда́ла, и как я узна́л, ту́т-то я на него́, на Свято́й,[43] и налёг по-прия́тельски: «Подава́й два́дцать пять ты́сяч, не то за́втра обревизу́ют»; так, предста́вьте, у него́ то́лько трина́дцать ты́сяч тогда́ нашло́сь, так что он, ка́жется, тепе́рь о́чень кста́ти по́мер. Grand-père, grand-père, слы́шите?

— Cher Клине́вич, я соверше́нно с ва́ми согла́сен и напра́сно вы... пуска́лись в таки́е подро́бности. В жи́зни сто́лько страда́ний, истяза́ний и так ма́ло возме́здия... я пожела́л, наконе́ц, успоко́иться, и, ско́лько ви́жу, наде́юсь извле́чь и отсю́да всё...

— Бьюсь об закла́д, что он уже́ проню́хал Кати́шь[44] Берестóву!

— Каку́ю?.. Каку́ю Кати́шь? — плотоя́дно задрожа́л го́лос ста́рца.

— А-а, каку́ю Кати́шь? А вот здесь нале́во, в пяти́ шага́х от меня́, от вас — в десяти́. Она́ уж здесь пя́тый день и е́сли б вы зна́ли, grand-père, что́ э́то за мерза́вочка... хоро́шего до́ма, воспи́тана и — монстр, монстр до после́дней сте́пени! Я там её нико́му не пока́зывал, оди́н я и знал... Кати́шь, отклики́нсь!

"I don't believe a pennyworth of it, and don't give a damn. I would simply love to kiss you, my dear old man, but thank goodness I can't. Do you know, ladies and gentlemen, what this *grand-père* pulled off? He died three or four days ago, and can you imagine, now the fund is four hundred thousand short? It was a fund for widows and orphans, and for some reason he was running it alone, so that it ended up by not being audited for nearly eight years. I can well imagine what long faces they all have there now and what names they are calling him. A voluptuous thought, is it not? All last year I was wondering how such a nasty seventy-year-old man, gouty and arthritic, still had so much vigor for debauchery—and now here is the answer to this riddle. These widows and orphans—why, the very thought of them alone must have inflamed him! I knew about it a long time ago, I alone knew it—the Charpentier woman had told me about it, and as soon as I found out I immediately, in Holy Week, put some friendly pressure on him: 'Hand over twenty-five thousand, or else tomorrow they will audit you.' Well, imagine, he had only about thirteen thousand on hand at the moment, so, it seems, he chose a most appropriate time to die. *Grand-père, grand-père,* can you hear me?"

"*Cher* Klinevich, I quite agree with you and you needn't have . . . gone into such details. In life there is so much suffering, torment, and so little reward. . . . I wanted at last to find peace and as far as I can see, here I hope to get all I can, too . . . ."

"I wager he has already sniffed out Catiche Berestov!"

"Who? What Catiche?" the old man's voice quavered lasciviously.

"Aha, what Catiche! Well, here, to the left, five paces from me and ten from you. This is her fifth day here, and if you knew, *grand-père,* what a little bitch she is. From a good family, well bred, and —a monster, a monster to the *n*th degree! Over there I did not show her to anyone, I alone knew . . . . Catiche, let's hear from you!"

— Хи-хи-хи! — откликнулся надтреснутый звук девичьего голоска, но в нём послышалось нечто вроде укола иголки. — Хи-хи-хи!

— И блон-ди-ночка? — обрывисто в три звука пролепетал grand-père.

— Хи-хи-хи!

— Мне... мне давно уже, — залепетал, задыхаясь, старец, — нравилась мечта о блондиночке... лет пятнадцати... и именно при такой обстановочке...

— Ах, чудовище! — воскликнула Авдотья Игнатьевна.

— Довольно! — порешил Клиневич, — я вижу, что материал превосходный. Мы здесь немедленно устроимся к лучшему. Главное, чтобы весело провести остальное время; но какое время? Эй, вы, чиновник какой-то, Лебезятников, что ли, я слышал, что вас так звали!

— Лебезятников, надворный советник, Семён Евсеич, к вашим услугам и очень-очень-очень рад.

— Наплевать, что вы рады, а только вы, кажется, здесь всё знаете. Скажите, во-первых (я ещё со вчерашнего дня удивляюсь), каким это образом мы здесь говорим? Ведь мы умерли, а между тем говорим; как будто и движемся, а между тем и не говорим и не движемся? Что за фокусы?

— Это, если б вы пожелали, барон, мог бы вам лучше меня Платон Николаевич объяснить.

— Какой такой Платон Николаевич? Не мямлите, к делу.

— Платон Николаевич, наш доморощенный здешний философ, естественник и магистр. Он несколько философских книжек пустил, но вот три месяца и совсем засыпает, так что уже здесь его невозможно теперь раскачать. Раз в неделю бормочет по нескольку слов, не идущих к делу.

— К делу, к делу!..

— Он объясняет всё это самым простым фактом, именно тем, что наверху, когда ещё мы жили, то считали ошибочно тамошнюю смерть за смерть.

"He-he-he!" responded a cracked girlish voice in which could be heard, however, something like the prick of a needle. "He-he-he!"

"And a little blonde?" babbled *grand-père* in a three-note staccato.

"He-he-he!"

"I . . . I have long," the old man babbled, panting, "cherished the dream of a little blonde . . . about fifteen years old . . . and precisely in such surroundings . . ."

"Oh you monster!" exclaimed Avdotya Ignatyevna.

"Enough!" decided Klinevich, "I can see that the material is first-rate. We shall immediately settle down here in the best possible way. The main thing is to enjoy ourselves for the rest of the time. But how much time? Hey you, some kind of civil servant, Lebezyatnikov or something, I heard them call you that!"

"Lebezyatnikov, Court Councillor, Semyon Evseich, at your service, and very, very, very pleased."

"I don't give a damn that you are pleased, but you seem to know everything here. Tell me first (I have been wondering about it since yesterday) how is it that we can talk here? After all, we are dead, and yet we talk; we seem to move, too; and yet we neither talk nor move? What sort of tricks are these?"

"If you wish, Baron, Platon Nikolayevich could explain it to you better than I."

"What Platon Nikolayevich is that? Don't bumble, get to the point."

"Platon Nikolayevich, our local homespun philosopher, naturalist and Master of Sciences. He put out several philosophical books, but it is three months now and he is almost asleep, so that it is impossible now to shake him up here. Once a week he mutters a few words, not to the point."

"Get to the point, to the point."

"He explains all this by a very simple fact, namely that upstairs, while we were still alive, we erroneously took the death we died there for death. Here the body once

Тело здесь ещё раз как будто оживает, остатки жизни сосредоточиваются, но только в сознании. Это — не умею вам выразить — продолжается жизнь как бы по инерции. Всё сосредоточено, по мнению его, где-то в сознании и продолжается ещё месяца два или три... иногда даже полгода... Есть, например, здесь один такой, который почти совсем разложился, но раз недель в шесть. он всё ещё вдруг пробормочет одно словцо, конечно, бессмысленное, про какой-то бобок: «Бобок, бобок», — но и в нём, значит, жизнь всё ещё теплится незаметною искрой...

— Довольно глупо. Ну, а как же вот я не имею обоняния, а слышу вонь!

— Это... хе-хе... Ну, уж тут наш философ пустился в туман. Он именно про обоняние заметил, что тут вонь слышится, так сказать, нравственная — хе-хе! вонь будто бы души, чтобы в два-три этих месяца успеть спохватиться... и что это, так сказать, последнее милосердие... Только мне кажется, барон, всё это уже мистический бред, весьма извинительный в его положении...

— Довольно, и далее, я уверен, всё вздор. Главное, два или три месяца жизни и, в конце концов — бобок. Я предлагаю всем провести эти два месяца как можно приятнее и для того всем устроиться на иных основаниях. Господа! я предлагаю ничего не стыдиться!

— Ах, давайте, давайте ничего не стыдиться! — послышались многие голоса, и, странно, послышались даже совсем новые голоса, значит, тем временем, вновь проснувшихся. С особенною готовностью прогремел басом своё согласие совсем уже очнувшийся инженер. Девочка Катишь радостно захихикала.

— Ах, как я хочу ничего не стыдиться! — с восторгом воскликнула Авдотья Игнатьевна.

— Слышите, уж коли Авдотья Игнатьевна хочет ничего не стыдиться...

again seems to come alive, the remnants of life become concentrated, but only in our consciousness. This is—I don't know how to express it to you—life continuing as if by inertia. Everything is concentrated, in his opinion, somewhere in our consciousness and goes on for another two or three months . . . sometimes even half a year. There is here, for instance, someone who has almost completely decomposed, but once in about six weeks he'll still suddenly mutter a little word, meaningless of course, about some kind of *bobok*: 'Bobok, bobok,' but this means that in him, too, life still flickers like an imperceptible spark."

"Rather stupid. Well, how is it then that I have no sense of smell and yet can smell stench?"

"This—he-he. . . . Well, here our philosopher has strayed into a fog. On this very subject of sense of smell he remarked that the stench we smell here is, so to speak, moral—he-he! stench of the soul, as it were, so that during these two or three months there is still time to reconsider . . . and that this, so to speak, is the final mercy. But I think, Baron, that all this is just mystical raving, quite pardonable in his position . . ."

"Enough, and I am sure all the rest is nonsense. The main thing is: two or three months of life and in the end—*bobok*. I suggest we all spend these two months as enjoyably as possible, and that to this purpose we all arrange our life on different principles. Ladies and gentlemen, I suggest that we be ashamed of nothing!"

"Oh, let us, let us be ashamed of nothing!" many voices were heard exclaiming, and strangely enough, among them some entirely new voices of those who must have awakened in the meantime. The engineer, who had by now completely come to, roared his consent in a bass voice with particular readiness. The girl Catiche giggled with glee.

"Oh, how I long to be ashamed of nothing!" exclaimed Avdotya Ignatyevna rapturously.

"Do you hear, if even Avdotya Ignatyevna longs to be ashamed of nothing . . ."

— Нет-нет-нет, Клиневич, я стыдилась, я всё-таки там стыдилась, а здесь я ужасно, ужасно хочу ничего не стыдиться...

— Я понимаю, Клиневич, пробасил инженер, что вы предлагаете устроить здешнюю, так сказать, жизнь, на новых и уже разумных началах.

— Ну, это мне наплевать! На этот счёт подождём Кудеярова, вчера принесли. Проснётся и вам всё объяснит. Это такое лицо, такое великанское лицо! Завтра, кажется, притащат ещё одного естественника, одного офицера наверно и, если не ошибаюсь, дня через три-четыре одного фельетониста, и, кажется, вместе с редактором. Впрочем, чёрт с ними, но только нас соберётся своя кучка, и у нас всё само собою устроится. Но пока я хочу, чтоб не лгать. Я только этого и хочу, потому что это главное. На земле жить и не лгать невозможно, ибо жизнь и ложь синонимы; ну а здесь мы для смеху будем не лгать. Чёрт возьми, ведь значит же что-нибудь могила! Мы все будем вслух рассказывать наши истории и уже ничего не стыдиться. Я прежде всех про себя расскажу. Я, знаете, из плотоядных. Всё это там вверху было связано гнилыми верёвками. Долой верёвки и проживём эти два месяца в самой бесстыдной правде! Заголимся и обнажимся!

— Обнажимся, обнажимся! — закричали во все голоса.

— Я ужасно, ужасно хочу обнажиться! — взвизгивала Авдотья Игнатьевна.

— Ах... ах... Ах, я вижу, что здесь будет весело; я не хочу к Эку!

— Нет, я бы пожил, нет, знаете, я бы пожил!

— Хи-хи-хи! — хихикала Катишь.

— Главное, что никто не может нам запретить и хоть Первоедов, я вижу, и сердится, а рукой он меня всё-таки не достанет. Grand-père, вы согласны?

— Я совершенно, совершенно согласен и с вели-

"No, no, no, Klinevich, I was ashamed, up there I still felt ashamed, but here I terribly, terribly long to be ashamed of nothing!"

"As I understand, Klinevich," rumbled the engineer, "you suggest arranging our life here, so to speak, on new and rational principles."

"Well, I don't give a damn about that. On this matter we'll wait for Kudeyarov, he was brought yesterday. He'll wake up and will explain everything to you. He is such a personality, such a gigantic personality! Tomorrow I think they'll haul in another naturalist, one officer for sure, and if I am not mistaken, in three or four days a columnist, and, I believe, with his editor. However, to hell with them! But we'll have a group of our own and everything will arrange itself. But for the time being I want no lying. That's all I want, because that's the chief thing. It's impossible to live on earth and not lie because living and lying are synonymous. But here, just for laughs, let's have no lying. Devil take it, after all, the grave does mean something! We'll all be telling our own stories aloud and no longer be ashamed of anything. First of all, I'll tell about myself. I'm one of the predatory sort, you know. Up there, all this was bound up by rotten cords. Down with the cords, and let us live these two months in the most shameless truth! Let's strip and bare ourselves!"

"Let's bare, let's bare ourselves!" everybody shouted at the top of his voice.

"I terribly, terribly long to bare myself!" squealed Avdotya Ignatyevna.

"Oh . . . oh . . . Oh, I can see it's going to be fun here. I don't want to go to Eck."

"Yes, I could do with a bit of living; yes, you know, I could!"

"He-he," giggled Catiche.

"The main thing is that no one can forbid us, and although Pervoyedov, I see, is angry, he still won't be able to lay a hand on me. *Grand-père,* do you agree?"

"I agree completely, completely, and with the great-

чайшим моим удовольствием, но с тем, что Катишь начнёт первая свою би-о-графию.

— Протестую! протестую изо всех сил, — с твёрдостию произнёс генерал Первоедов.

— Ваше превосходительство! — в торопливом волнении и понизив голос лепетал и убеждал негодяй Лебезятников, — ваше превосходительство, ведь это нам даже выгоднее, если мы согласимся. Тут, знаете, эта девочка... и, наконец, все эти разные штучки...

— Положим, девочка, но...

— Выгоднее, ваше превосходительство, ей Богу бы выгоднее! Ну, хоть для примерчика, ну, хоть попробуем...

— Даже и в могиле не дадут успокоиться!

— Во-первых, генерал, вы в могиле в преферанс играете, а во-вторых, нам на вас на-пле-вать, — проскандировал Клиневич.

— Милостивый государь, прошу однако не забываться.

— Что? Да ведь вы меня не достанете, а я вас могу отсюда дразнить, как Юлькину болонку. И, во-первых, господа, какой он здесь генерал? Это там он был генерал, а здесь пшик![45]

— Нет не пшик... я и здесь...

— Здесь вы сгниёте в гробу, и от вас останется шесть медных пуговиц.

— Браво, Клиневич, ха-ха-ха! — заревели голоса.

— Я служил государю моему... я имею шпагу...

— Шпагой вашей мышей колоть, и к тому же вы её никогда не вынимали.

— Всё равно-с; я составлял часть целого.

— Мало ли какие[46] есть части целого.

— Браво, Клиневич, браво, ха-ха-ха!

— Я не понимаю, что такое шпага, — провозгласил инженер.

— Мы от пруссаков убежим как мыши, растреплют в пух! — прокричал отдалённый и неизвестный

est of pleasure, provided Catiche will be the first to be-gin her bi-o-graphy."

"I protest! I protest with all my might," firmly an-nounced General Pervoyedov.

"Your excellency!" urged the scoundrel Lebezyatnikov, his voice lowered, babbling away in haste and agitation, "your excellency, it's even more to our advantage if we agree. You know, there is that girl here . . . and in short, all these various little things . . ."

"The girl, granted, but . . ."

"More to our advantage, your excellency, I swear it is! Why, just by way of a little example, let's at least try . . . ."

"They won't leave you in peace even in the grave!"

"First of all, General, you play preference in the grave, and secondly we don't *give a damn* about you," drawled Klinevich.

"My dear sir, I ask you not to forget yourself."

"What? You can't reach me but from here I can tease you like Yulka's lapdog. But first of all, ladies and gen-tlemen, what sort of general can he be here? It was up there he was a general, but here—pooh-pooh!"

"No pooh-poohing! Even here I am . . ."

"Here you will rot away in your coffin, and all that will be left of you is six brass buttons."

"Bravo, Klinevich! Ha-ha-ha!" roared the voices.

"I served my sovereign . . . I have a sword . . ."

"Your sword is good for sticking mice, and besides, you never took it out of its scabbard."

"That makes no difference, I was a part of the whole."

"There are all sorts of parts in a whole."

"Bravo, Klinevich, bravo! Ha-ha-ha!"

"I don't understand what the sword stands for," spoke up the engineer.

"We'll flee from the Prussians like mice, we'll be torn to shreds!" shouted a distant voice, unfamiliar to me and

мне го́лос, но буква́льно захлёбывавшийся от во-
сто́рга.

— Шпа́га, су́дарь, есть честь! — кри́кнул бы́ло
генера́л, но то́лько я его́ и слы́шал. Подня́лся до́лгий
и нейстовый рёв, бунт и гам, и лишь слы́шались не-
терпели́вые до исте́рики взви́зги Авдо́тьи Игна́ть-
евны:

— Да поскоре́й же, поскоре́й! Ах, когда́ же мы
начнём ничего́ не стыди́ться!

— Ох-хо-хо! войстину душа́ по мыта́рствам хо́-
дит! — разда́лся-бы́ло го́лос простолю́дина, и...

И тут я вдруг чихну́л. Произошло́ внеза́пно и не-
наме́ренно, но эффе́кт вы́шел порази́тельный: всё
смо́лкло то́чно на кла́дбище, исче́зло как сон. На-
ста́ла и́стинно-моги́льная тишина́. Не ду́маю, чтобы
они́ меня́ устыди́лись: реши́лись же ничего́ не сты-
ди́ться! Я прожда́л мину́т с пять и — ни сло́ва, ни
зву́ка. Нельзя́ то́же предположи́ть, что́бы испуга́-
лись доно́са в поли́цию; ибо что́ мо́жет тут сде́лать
поли́ция? Заключа́ю нево́льно, что всё-таки у них
должна́ быть кака́я-то та́йна, неизве́стная сме́ртно-
му, и кото́рую они́ тща́тельно скрыва́ют от вся́кого
сме́ртного.

«Ну, поду́мал, ми́ленькие, я ещё вас навещу́», и
с сим сло́вом оста́вил кла́дбище.

———

Нет, э́того я не могу́ допусти́ть; нет, войстину
нет! Бобо́к меня́ не смуща́ет (вот он бобо́к-то и
оказа́лся!).

Развра́т в тако́м ме́сте, развра́т после́дних упова́-
ний, развра́т дря́блых и гнию́щих тру́пов и — да́же
не щадя́ после́дних мгнове́ний созна́ния! — им даны́,
пода́рены э́ти мгнове́ния и... А гла́вное, гла́вное в
тако́м ме́сте! Нет, э́того я не могу́ допусти́ть...

literally choking with delight.

"The sword, sir, stands for honor!" the general attempted to shout, but I alone heard him. There arose a prolonged and wild uproar, riot and hubbub, and only Avdotya Ignatyevna's squeals, impatient to the point of hysterics, were audible:

"Well, hurry, hurry! Oh, when shall we begin to be ashamed of nothing?"

"Oh-ho-ho! In truth, my soul goes through torments," was heard the voice of the shopkeeper, and . . .

And here I suddenly sneezed. This was sudden and unintentional, but the effect was remarkable: all was hushed as though in a graveyard, vanished like a dream. A truly sepulchral stillness set in. I don't think they felt ashamed of me: after all, they had decided to be ashamed of nothing. I waited five minutes or so—and not a word, not a sound. It is not to be supposed, either, that they were afraid of being reported to the police, for what can the police do in a case like this? I conclude willy-nilly that they must, after all, have some secret, unknown to mortals and which they carefully conceal from any mortal.

"Well, my dears," I thought, "I shall visit you again," and with these words left the cemetery.

———

No, I cannot tolerate this; no, in truth I can't. *Bobok* does not disturb me (so that's what this *bobok* turned out to be!).

Debauchery in such a place, debauchery of last hopes, debauchery of flabby and rotting corpses, not even sparing the last moments of consciousness!—these moments are given to them, bestowed on them, and . . . And worst of all, worst of all—in such a place! No, this I cannot tolerate. . . .

Побыва́ю в други́х разря́дах, послу́шаю везде́. То́-то и есть, что на́до послу́шать везде́, а не с одного́ лишь кра́ю, чтобы соста́вить поня́тие. Аво́сь, наткну́сь и на утеши́тельное.

А к тем непреме́нно верну́сь. Обеща́ли свои биогра́фии и ра́зные анекдо́тцы. Тьфу! Но пойду́, непреме́нно пойду́; де́ло со́вести!

Снесу́ в «Граждани́н»;[47] там одного́ реда́ктора портре́т то́же вы́ставили. Аво́сь напеча́тает.

I'll visit other categories, I shall listen everywhere. The whole point is that one should listen everywhere and not just at one end. Maybe I'll even come across something reassuring.

But I'll revisit those without fail. They promised their biographies and all sorts of funny little stories. Ugh! But I'll go, I'll go without fail; it's a matter of conscience!

I shall take this to the *Citizen*. The portrait of one of their editors was also exhibited there. Maybe he'll print it.

LEO TOLSTOY

(1828-1910)

Like Dostoevsky, Count Lev Nikolaevich Tolstoy requires no conventional introduction. In his case, too, however, the choice of a relatively little-known story ought to be explained. With Tolstoy, the compiler of an anthology is also faced with a difficulty. True, Tolstoy wrote a great many stories, many more than Dostoevsky, and they vary greatly in length. But the question arises: Should one choose something from the early Tolstoy, or one of his late stories? In deciding in favor of a late story we were guided above all by the consideration that those late stories, stories for the people, represent a distinctive new development in Russian literature. In a remarkable critical essay on Tolstoy, written in 1890, Konstantin Leontyev (1831-91), who had no sympathy with Tolstoy's religious and ethical teaching—in fact, was strongly opposed to it—voiced his esthetic preference for the stories written by Tolstoy in the 1880s. These stories were a reaction against the predominant brand of Russian realism, with its proneness to "psychologize," its stress on the seamy side of life, and its attention to small, trivial details of everyday life (this last tendency Leontyev was inclined to blame on the influence of Gogol). Tolstoy's new manner was dictated by his iconoclastic views on art and his urge to produce "religious art." Leontyev did not agree with Tolstoy's rejection of the esthetic approach to art any more than he did with his rejection of the official Church or with his doctrine of nonresistance. But he welcomed Tolstoy's new manner for his own esthetic reasons and anticipated Tolstoy's pamphlet on art; he was, in fact, willing to hail any form of art that went against the grain of "superfluous detail" realism of the "Russian school," as he called it. Tolstoy's "baring" of the narrative, his stripping it of all the para-

phernalia and embellishments of realism (Leontyev called them "flyspecks of realism"), appealed to Leontyev's esthetic sense. Leontyev was one of the few perspicacious men at the time who saw that the fact that Tolstoy had come to look upon himself as a "preacher" did not impair his artistic power.

In choosing "The Three Hermits" we wanted to avoid stories, however excellent, that had been often anthologized—such as "Where Love Is, God Is," or "God Sees the Truth, But Waits."

Tolstoy wrote "The Three Hermits" in 1885, and the story was published in the weekly *Niva* in 1886. The subtitle "From the Folk-Tales Current on the Volga," which figures in some editions, was not given by Tolstoy. In any case, the mention of Archangel and the Solovetsk Islands in the story points rather to the northern origin of this version of the legend. At the core of the legend lies a well-known subject, a variant of which can be found in St. Augustine. St. Augustine's version of the legend became known in Russia in the sixteenth century. It is unlikely, however, that Tolstoy used as his source any of the bookish versions; the legend probably came to him in an oral retelling.

ТРИ СТАРЦА
Л. Н. Толстого

> А моля́сь, не говори́те ли́шнего,
> как язы́чники: и́бо они́ ду́мают, что
> в многосло́вии своём бу́дут услы́-
> шаны. Не уподобля́йтесь им: и́бо
> зна́ет Оте́ц ваш, в чём вы име́ете
> нужду́, пре́жде ва́шего проше́ния у
> Него́.
>
> (*Матф.* VI. 7, 8).

Плыл на корабле́ архиере́й[1] из Арха́нгельска-го́ро-
да в Солове́цкие.[2] На том же корабле́ плы́ли
богомо́льцы к уго́дникам.[3] Ве́тер был попу́тный,
пого́да я́сная, не кача́ло.[4] Богомо́льцы — кото́рые
лежа́ли, кото́рые заку́сывали, кото́рые сиде́ли ку́ч-
ками — бесе́довали друг с дру́жкой. Вы́шел и архи-
ере́й на па́лубу, стал ходи́ть взад и вперёд по мосту́.
Подошёл архиере́й к но́су, ви́дит, собрала́сь ку́чка
наро́ду. Мужичо́к пока́зывает что́-то руко́й в мо́ре
и говори́т, а наро́д слу́шает. Останови́лся архиере́й,
посмотре́л, куда́ пока́зывал мужичо́к: ничего́ не
ви́дно, то́лько мо́ре на со́лнце блести́т. Подошёл
побли́же архиере́й, стал прислу́шиваться. Увида́л
архиере́я мужичо́к, снял ша́пку и замолча́л. Увида́л
и наро́д архиере́я, то́же сня́ли ша́пки, почте́нье сде́-
лали.

— Не стесня́йтесь, бра́тцы, — сказа́л архиере́й.
— Я то́же послу́шать подошёл, что ты, до́брый
челове́к, расска́зываешь.

— Да вот про ста́рцев[5] нам рыбачо́к расска́зы-
вал, — сказа́л оди́н купе́ц посмеле́е.

— Что про ста́рцев? — спроси́л архиере́й, подошёл к бо́рту и присе́л на я́щик. — Расскажи́ и мне,
я послу́шаю. Что ты пока́зывал?

THE THREE HERMITS
Leo Tolstoy

> But when ye pray, use not vain repetitions,
> as the heathen do: for they think that they
> shall be heard for their much speaking. Be
> not ye therefore like unto them: for your
> Father knoweth what things ye have need
> of, before ye ask Him.
>
> *Matt.* vi. 7, 8.

A Bishop was sailing from the city of Arkhangelsk to the Solovetsky Islands. On the same vessel there were pilgrims sailing to visit the holy shrines. The wind was favorable, the weather fair, the sea smooth. The pilgrims —some were lying down, some having a bite to eat, some sitting in groups—were talking to each other. The Bishop, too, came out on deck, began to pace the bridge. He approached the bow, saw a group of people gathered together. A peasant was pointing out something in the sea and speaking, and the people were listening. The Bishop stopped, looked where the peasant was pointing: there was nothing to be seen, only the sea gleaming in the sun. The Bishop came closer, began to listen. The peasant saw the Bishop, took off his cap and fell silent. The people also saw the Bishop, also took off their caps, paid their respects.

"Don't mind me, friends," said the Bishop. "I have also come to hear what you, good man, are telling them."

"This fisherman was telling us about the hermits," said one merchant who was bolder than the others.

"What about the hermits?" asked the Bishop, came up to the rail and sat down on a box. "Tell me, too, I'll listen. What were you pointing at?"

167

— Да вот островóк маячит, — сказáл мужичóк и показáл вперёд в прáвую стóрону. — На э́том сáмом островкé и стáрцы живýт, спасáются.

— Где же островóк? — спросил архиерéй.

— Вот по рукé-то моéй извóльте смотрéть. Вон óблачко, так полевéе егó вниз, как полóска виднéется.

Смотрéл, смотрéл архиерéй, рябит водá на сóлнце и не видáть ему ничегó без привы́чки.

— Не ви́жу, — говори́т. — Так каки́е же тут стáрцы на óстрове живýт?

— Бóжьи люди, — отвéтил крестья́нин. — Давнó уж я слыхáл про них, да не доводи́лось ви́деть, а вот запрóшлым лéтом сам ви́дел.

И стал опя́ть расскáзывать рыбáк, как éздил он за ры́бой и как приби́ло егó к óстрову к э́тому, и сам не знал, где он. Поутрý пошёл ходи́ть и набрёл на земля́ночку, и увидáл у земля́ночки одногó стáрца, а потóм вы́шли и ещё два; покорми́ли и обсуши́ли егó и помогли́ лóдку почини́ть.

— Каки́е же они́ из себя́? — спроси́л архиерéй.

— Оди́н мáхонький, сгóрбленный, совсéм дрéвний, в ря́ске стáренькой, дóлжно, годóв бóльше ста, седина́ в бородé уж зеленéть стáла, а сам всё улыбáется и свéтлый, как áнгел небéсный. Другóй рóстом повы́ше, тóже стар, в кафтáне рвáном, бородá широ́кая, седáя с желтизнóй, а человéк си́льный: лóдку мою́ переверну́л как ушáт, не успéл я и подсоби́ть ему́, — тóже рáдостный. А трéтий высóкий, бородá дли́нная до колéн и бéлая как лунь,[6] а сам сýмрачный, брóви на глазá вися́т, и нагóй весь, тóлько рогóжкой опоя́сан.

— Что ж они́ говори́ли с тобóй?

— Всё бóльше мóлча дéлали, и друг с дрýжкой мáло говоря́т. А взгля́нет оди́н, а другóй уж понимáет. Стал я высóкого спрáшивать, давнó ли они́ живýт тут. Нахмýрился он, чтó-то заговори́л, рас-

"Why, that little island you can just make out," said
the peasant and pointed forward to starboard. "On that
very island the hermits live, seek salvation."

"But where is the island?" asked the Bishop.

"Here, please look in line with my hand. See that
cloud? Just a bit to the left of it, below, showing like
a thin streak."

The Bishop looked and looked, the water rippled in
the sun, and, for want of practice, he could see nothing.

"I cannot see it," he said. "So, what kind of hermits
live on that island?"

"Godly men," answered the peasant. "I had heard of
them long ago, but never chanced to see them, and then
the summer before last I saw them myself."

And the fisherman began to recount once more how he
had gone out fishing, and how he had run aground on
that island and didn't know himself where he was. In
the morning he wandered off and came upon an earth
hut and saw a hermit by the earth hut, and then two more
came out; they fed and dried him and helped him repair
his boat.

"And what do they look like?" asked the Bishop.

"One of them tiny, bent, quite ancient, in an old little cassock, must be more than a hundred years old, the
grey hairs in his beard turning green already; but he
keeps smiling and is bright as an angel from Heaven.
Another a little taller, also old, in a torn coat, his beard
broad, yellowish white, but he is a powerful man: he
turned my boat over like a tub, I didn't have a chance
to lend him a hand—also joyous. And the third is tall,
his beard long, down to his knees—and white as a blue
kite, himself gloomy, eyebrows hanging over his eyes,
and all naked, only girded with a piece of sacking."

"What did they talk about with you?" asked the
Bishop.

"They did everything mostly silently, and they don't
talk much to one another. But one looks up and the
other understands him. I began to ask the tall one whether they had been living there long. He frowned, began to

сердился точно, да древний маленький сейчас его
за руку взял, улыбнулся, — и затих большой. Только сказал древний «помилуй нас», и улыбнулся.

Пока говорил крестьянин, корабль ещё ближе
подошёл к островам.

— Вот теперь вовсе видно стало, — сказал ку-
пец. — Вот извольте посмотреть, ваше преосвященство,[7] —сказал он, показывая.

Архиерей стал смотреть. И точно увидал чёрную
полоску — островок. Посмотрел, посмотрел архиерей и пошёл прочь от носу к корме, подошёл к корм-
чему.

— Какой это островок, — говорит, — тут вид-
неется?

— А так, безыменный. Их много тут.

— Что, правда, говорят, тут старцы спасаются?

— Говорят, ваше преосвященство, да не знаю,
правда ли. Рыбаки, — говорят, — видали. Да тоже,
бывает, и зря болтают.

— Я желаю пристать к острову, — повидать
старцев, — сказал архиерей. — Как это сделать?

— Кораблём подойти нельзя, — сказал кормчий.
— На лодке можно, да надо старшого[8] спросить.

Вызвали старшого.

— Хотелось бы мне посмотреть этих старцев, —
сказал архиерей. — Нельзя ли свезти меня?

Стал старшой отговаривать. — Можно-то можно, да много времени проведём и, осмелюсь доло-
жить вашему преосвященству, не стоит смотреть
на них. Слыхал я от людей, что совсем глупые ста-
рики эти живут, ничего не понимают и ничего и
говорить не могут, как рыбы какие морские.

— Я желаю, — сказал архиерей. — Я заплачу
за труды, свезите меня.

Нечего делать, распорядились корабельщики, пе-
реладили паруса. Повернул кормчий корабль, поплы-

say something, seemed to get angry; but the little ancient one at once took him by the hand, smiled, and the big one fell silent. The ancient one just said: 'Have mercy on us,' and smiled."

While the peasant spoke the vessel drew still nearer to the island.

"Now you can really see it," said the merchant. "Be so good as to look, your lordship," he said, pointing.

The Bishop looked. And indeed he saw a black streak —the little island. After looking for a while the Bishop went away from the bow to the stern and approached the helmsman.

"What is this little island, showing there?"

"It's nameless. There are many of them here."

"Is it true what they say, that some hermits seek salvation there?"

"So they say, your lordship, but I don't know if it's true. Some fishermen, they say, have seen them. It may be just idle talk."

"I should like to land on that island, to see the hermits," said the Bishop. "How can this be done?"

"The ship cannot come near," said the helmsman. "You can come near in a boat though, but the Captain must be asked."

They called the Captain.

"I should like to have a look at those hermits," said the Bishop. "Can't you row me over?"

The Captain tried to talk him out of it. "It could be done, but we would waste a lot of time, and if I may mention it to your lordship, they are not worth looking at. I have heard from people that these are foolish old men who live there, they understand nothing and can say nothing, like some kind of fish of the sea."

"I want to," said the Bishop. "I'll pay for the trouble, take me there."

There was nothing to be done; the shipmen gave orders, sails were trimmed. The helmsman turned the ship,

ли к острову. Вынесли архиерею стул на нос. Сел он и смотрит. И народ весь собрался к носу, все на островок глядят. И у кого глаза повострее,[9] уж видят камни на острове и землянку показывают. А один уж и трёх старцев разглядел. Вынес старшой трубу,[10] посмотрел в неё, подал архиерею. «Точно — говорит, — вот на берегу, поправей камня большого, три человека стоят».

Посмотрел архиерей в трубу, навёл, куда надо; точно, стоят трое: один высокий, другой пониже, а третий вовсе маленький; стоят на берегу, за руки держатся.

Подошёл старшой к архиерею. — Здесь, ваше преосвященство, остановиться кораблю надо. Если уж угодно, так отсюда на лодке вы извольте съездить, а мы тут на якорях постоим.

Сейчас распустили тросс, кинули якорь, спустили парус — дёрнуло, зашаталось судно. Спустили лодку, соскочили гребцы, и стал спускаться архиерей по лесенке. Спустился архиерей, сел на лавочку в лодке, ударили гребцы в вёсла, поплыли к острову. Подплыли как камень кинуть; видят — стоят три старца: высокий — нагой, рогожкой опоясан, пониже — в кафтане рваном и древненький сгорбленный — в ряске старенькой; стоят все трое, за руки держатся.

Причалили гребцы к берегу, зацепились багром. Вышел архиерей.

Поклонились ему старцы, благословил он их, поклонились они ему ещё ниже. И начал им говорить архиерей:

— Слышал я, — говорит, — что вы здесь, старцы Божии, спасаетесь, за людей Христу-Богу молитесь, а я здесь, по милости Божьей, недостойный раб Христов, Его паству пасти призван; так хотел

they sailed toward the island. A chair was brought to the bow for the Bishop. He sat down and watched. And all the people gathered at the bow, all looking at the little island. And those with keener eyes could already see the rocks on the island and point out the earth hut. And one man had already made out the three hermits. The Captain brought out a spyglass, looked through it, handed it to the Bishop. "True enough," he said, "there on the shore, a bit to the right of the large rock, there are three men standing.".

The Bishop looked through the glass, trained it in the right direction; true enough, there were three of them standing there: one tall, another a little shorter, and the third quite small; they were standing on the shore, holding hands."

The Captain went up to the Bishop. "Here, your lordship, the ship must stop. If you so wish, you can go on in a boat, while we stand here at anchor."

At once they let out the cable, cast anchor, furled the sail—the ship jerked, shook. A boat was lowered, the oarsmen jumped down, and the Bishop began to descend the ladder. The Bishop descended, sat down on the seat in the boat, the oarsmen pulled at the oars and rowed to the island. They rowed up within a stone's throw; they saw: there stood the three hermits—the tall one, naked, girded with a piece of sacking; the shorter one in a torn coat; and the ancient little bent one, in a little old cassock: they stood, all three of them, holding each other by the hand.

The oarsmen put to the shore, held fast with a boathook. The Bishop got out.

The hermits bowed to him, he blessed them, they bowed to him even lower. And the Bishop spoke to them:

"I have heard," he says, "that you, godly men, seek salvation here, praying for people to Christ the Lord, while I, Christ's unworthy servant, am here by God's grace, called

и вас, рабóв Бóжиих, повидáть и вам, éсли могý, поучéние дать.

Молчáт стáрцы, улыбáются, друг на дрýжку поглядывают.

— Скажúте мне, как вы спасáетесь и как Бóгу служите, — сказáл архиерéй.

Воздохнýл срéдний стáрец и посмотрéл на стáршего, на дрéвнего; нахмýрился высóкий стáрец и посмотрéл на стáршего, на дрéвнего. И улыбнýлся стáрший, дрéвний стáрец и сказáл: Не умéем мы, раб Бóжий, служúть Бóгу, тóлько себé слýжим, себя кóрмим.

— Как же вы Бóгу мóлитесь? — спросúл архиерéй.

И дрéвний стáрец сказáл: Мóлимся мы так: трóе Вас, трóе нас, помúлуй нас!

И как тóлько сказáл это дрéвний стáрец, пóдняли все три стáрца глазá к нéбу и все трóе сказáли: «Трóе Вас, трóе нас, помúлуй нас!»

Усмехнýлся архиерéй и сказáл:

— Это вы про Святýю Трóицу слышали, да не так вы мóлитесь. Полюбúл я вас, стáрцы Бóжии, вúжу, что хотúте вы угодúть Бóгу, да не знáете, как служúть Емý. Не так нáдо молúться, а слýшайте меня, я научý. Не от себя бýду учúть вас, а из Бóжьего писáния научý томý, как Бог повелéл всем людям молúться Емý.

И нáчал архиерéй толковáть стáрцам, как Бог открыл Себя людям: растолковáл им про Бóга Отцá, Бóга Сына и Бóга Дýха Святóго и сказáл:

— Бог Сын сошёл на зéмлю людéй спастú и так научúл всех молúться. Слýшайте и повторяйте за мной.

И стал архиерéй говорúть: «Отче наш». И повторúл одúн стáрец: «Отче наш», повторúл и другóй: «Отче наш», повторúл и трéтий: «Отче наш». — «Иже есú на небесéх».[11] Повторúли и стáрцы: «Иже

upon to tend His flock, and so I wanted to see you, servants of God, and give you instruction if I can."

The hermits are silent, smile, glance at one another.

"Tell me how you seek salvation and how you serve
God," said the Bishop.

The second hermit sighed and looked at the oldest, the
ancient one; the tall hermit frowned and looked at the
oldest, the ancient one. And the oldest, the ancient hermit,
smiled and said: "We don't know, servant of God, how to
serve God; we only serve ourselves, feed ourselves."

"How then do you pray to God?" asked the Bishop.

And the ancient hermit said: "We pray thus: three of
You, three of us, have mercy on us."

And as soon as the ancient hermit had said this all three
hermits raised their eyes to heaven and all three of them
said: "Three of You, three of us, have mercy on us."

With an amused smile the Bishop said:

"You must have heard about the Holy Trinity, but you
pray in the wrong way. I have come to love you, godly
hermits, I can see that you want to please God, but do
not know how to serve Him. That's not the way to pray,
but listen to me, and I'll teach you. I'll teach you not in
some way of my own, but I'll teach you according to the
Lord's scripture, the way God commanded all men to
pray to Him."

And the Bishop began to expound to the hermits how
God had revealed Himself to men; he explained to them
about God the Father, God the Son, and God the Holy
Ghost, and said:

"God the Son came down on earth to save men and
taught them all to pray thus. Listen and repeat after me."

And the Bishop began to recite: "Our Father." And one
hermit repeated: "Our Father," the second repeated, too:
"Our Father," and the third, too, repeated: "Our Father."
—"Which art in Heaven." The hermits, too, repeated:

еси́ на небесе́х». Да запу́тался в слова́х сре́дний
ста́рец, не так сказа́л; не вы́говорил и высо́кий, на-
го́й ста́рец: ему́ усы́ рот заросли́ — не мог чи́сто
вы́говорить; невня́тно проша́мкал и дре́вний беззу́-
бый ста́рец.

Повтори́л ещё раз архиере́й, повтори́ли ещё раз
ста́рцы. И присе́л на ка́мушек архиере́й, и ста́ли
о́коло него́ ста́рцы, и смотре́ли ему́ в рот, и твер-
ди́ли за ним, пока́ он говори́л им. И весь день до
ве́чера протруди́лся с ни́ми архиере́й; и де́сять, и
два́дцать, и сто раз повторя́л одно́ сло́во, и ста́рцы
тверди́ли за ним. И пу́тались они́, и поправля́л он
их, и заставля́л повторя́ть снача́ла.

И не оста́вил архиере́й ста́рцев, пока́ не научи́л
их всей моли́тве Госпо́дней. Прочли́ они́ её за ним и
прочли́ са́ми. Пре́жде всех по́нял сре́дний ста́рец и
сам повтори́л её всю. И веле́л ему́ архиере́й ещё и
ещё раз сказа́ть её, и ещё повтори́ть, и други́е про-
чли́ всю моли́тву.

Уж смерка́ться ста́ло, и ме́сяц из мо́ря всходи́ть
стал, когда́ подня́лся архиере́й е́хать на кора́бль.
Прости́лся архиере́й с ста́рцами, поклони́лись они́
ему́ все в но́ги. По́днял он их и облобыза́л ка́ждого,
веле́л им моли́ться, как он научи́л их, и сел в ло́дку
и поплы́л к кораблю́.

И плыл к кора́блю архиере́й, и всё слы́шал, как
ста́рцы в три го́лоса гро́мко тверди́ли моли́тву
Госпо́дню. Ста́ли подплыва́ть к кораблю́, не слы́ш-
но уж ста́ло го́лоса ста́рцев, но то́лько ви́дно бы́ло
при ме́сяце: стоя́т на берегу́, на том же ме́сте, три
ста́рца — оди́н поме́ньше всех посереди́не, а высо́-
кий с пра́вой, а сре́дний с ле́вой стороны́. Подъе́хал
архиере́й к кораблю́, взошёл на па́лубу, вы́нули
я́корь, по́дняли паруса́, наду́ло их ве́тром, сдви́нуло
кора́бль, и поплы́ли да́льше. Прошёл архиере́й на
корму́ и сел там, и всё смотре́л на острово́к. Снача́-
ла видны́ бы́ли ста́рцы, пото́м скры́лись из ви́да,

"Which art in Heaven." But the second hermit mixed up the words and said them wrong; and the tall, naked hermit could not pronounce them: his mouth was overgrown with whiskers, he could not pronounce clearly; and the ancient, toothless hermit mumbled indistinctly.

The Bishop repeated once again, and once again the hermits repeated. And down on a little rock sat the Bishop, and the hermits stood near him and stared at his mouth and repeated after him that which he was saying to them. And all day until evening the Bishop labored with them; and ten and twenty and a hundred times he would repeat a single word, and the hermits would repeat it after him. They would get mixed up, and he would correct them and make them repeat it all over again.

And the Bishop did not leave the hermits until he had taught them the whole of the Lord's Prayer. They recited it after him and they recited it by themselves. The first to understand it was the middle hermit and he repeated it all by himself. And the Bishop bade him say it again and again, and repeat again, and the others recited the entire prayer.

It had already begun to grow dark and the young moon was rising out of the sea when the Bishop rose to return to the ship. The Bishop took leave of the hermits, they all bowed to the ground before him. He raised them and embraced each one, bade them pray as he had taught them and got into the boat and went back to the ship.

And as he was going back to the ship the Bishop still heard the hermits loudly reciting in chorus the Lord's Prayer. They were approaching the ship, the hermits' voices were no longer heard, but one could see in the moonlight: standing on the shore, on the same spot, were the three hermits—the smallest one in the middle, and the tall one on the right, and the middle one on the left. The Bishop came up to the ship, climbed on deck, the anchor was weighed, the sails were unfurled, the wind filled them, set the ship in motion, and they sailed on. The Bishop went to the stern and sat down there and kept looking at the little island. At first the hermits could be seen, then

виднёлся тóлько островóк, потóм и островóк скры́лся, однó мóре игрáло на мéсячном свéте.

Улеглись богомóльцы спать, и затихло всё на пáлубе. Но не хотéлось спать архиерéю, сидéл он один на кормé, глядéл на мóре тудá, где скры́лся островóк, и дýмал о дóбрых стáрцах. Дýмал о том, как рáдовались они тому, что научились молитве, и благодарил Бóга за то, что привёл Он его помóчь Бóжьим стáрцам, научить их слóву Бóжию.

Сидит так архиерéй, дýмает, глядит в мóре, в ту стóрону, где островóк скры́лся. И рябит у негó в глазáх — то тут, то там свет по волнáм заигрáет. Вдруг видит, блестит и белéется чтó-то в столбé мéсячном: птица ли, чáйка или парусóк на лóдке белéется. Пригляделся архиерéй. «Лóдка, — дýмает, — на пáрусе за нáми бежит. Да скóро уж óчень нас догоня́ет. То далекó, далекó бы́ло, а вот уж и вóвсе виднéется близко. И лóдка не лóдка, на пáрус непохóже. А бежит чтó-то за нáми и нас догоня́ет». И не мóжет разобрáть архиерéй, чтó такóе: лóдка не лóдка, птица не птица, ры́ба не ры́ба.[12] На человéка похóже, да великó óчень, да нельзя́ человéку середь[13] мóря быть. Подня́лся архиерéй, подошёл к кóрмчему:

— Погляди, — говорит, — что э́то?

— Что э́то, брáтец? Что э́то? — спрáшивает архиерéй, а уж сам видит — бегýт по мóрю стáрцы, белéют и блестя́т их седы́е бóроды, и, как к стоя́чему, к кораблю́ приближáются.

Оглянýлся кóрмчий, ужаснýлся, брóсил руль и закричáл грóмким гóлосом:

— Гóсподи! Стáрцы за нáми пó морю, как пó суху, бегýт!

Услыхáл нарóд, подня́лся, брóсились все к кормé. Все видят: бегýт стáрцы, рукá с рукóй дéржатся — крáйние рукáми мáшут, остановиться веля́т. Все

they disappeared from view, only the little island could be seen, then the island disappeared, too; only the sea shimmered in the moonlight.

The pilgrims lay themselves down to sleep and all grew quiet on deck. But the Bishop did not feel like sleeping, he sat alone on the stern, gazed toward the place where the island had gone out of sight, and thought about the good hermits. He thought of how they had rejoiced in having learned the prayer and he thanked God for giving him the chance to help those godly hermits, to teach them the word of God.

The Bishop is sitting thus, thinking, gazing at the sea in the direction of the vanished island. And his sight is blurred—now here, now there the moonlight shimmers over the waves. Suddenly he sees something gleaming white in the path of the moon: is it a bird, a gull, or a little sail of a boat showing white? The Bishop peers closer. "A sailing boat," he thinks, "speeding after us. But how fast it is catching up with us. Just now it was far, far away and lo, it is appearing quite near. And the boat is no boat and it doesn't look like a sail. But something is speeding after us and catching up with us." And the Bishop cannot make out what it is: neither a boat, nor a bird, nor a fish! It looks like a man but is too big; and then a man couldn't be in the middle of the sea.—The Bishop rose, went up to the helmsman:

"Look," he said, "what is that?"

"What is that, my friend? What is it?" the Bishop keeps asking; but he can now see for himself—over the sea speed the hermits, their gray beards gleaming white, approaching the vessel as though it were standing still.

The helmsman looked round, was terror-striken, let go of the helm and shouted in a loud voice:

"O Lord! the hermits are running after us over the sea as over dry land!"

The people heard him, rose, rushed to the stern. They all see: the hermits are speeding, hand in hand, the ones on the outside waving their arms, bidding the ship stop. All

три по воде́, как по́-суху, бегу́т и ног не передви-
га́ют.

Не успе́ли су́дна останови́ть, как поравня́лись
ста́рцы с корабле́м, подошли́ под са́мый борт, по́д-
няли го́ловы и заговори́ли в оди́н го́лос:

— Забы́ли, раб Бо́жий, забы́ли твоё уче́нье! Пока́
тверди́ли — по́мнили, переста́ли на час тверди́ть,
одно́ сло́во вы́скочило — забы́ли, всё рассы́палось.
Ничего́ не по́мним, научи́ опя́ть.

Перекрести́лся архиере́й, перегну́лся к ста́рцам и
сказа́л:

— Дохо́дна до Бо́га и ва́ша моли́тва, ста́рцы
Бо́жии! Не мне вас учи́ть. Моли́тесь за нас гре́шных!

И поклони́лся архиере́й в но́ги ста́рцам. И оста-
нови́лись ста́рцы, поверну́лись и пошли́ наза́д по
мо́рю. И до утра́ ви́дно бы́ло сия́нье с той стороны́,
куда́ ушли́ ста́рцы.

three speed over the water as over dry land, without moving their feet.

The vessel had been barely stopped when the hermits drew even with it, came right up alongside, raised their heads and spoke in unison:

"We have forgotten, servant of God, we have forgotten your teaching! As long as we kept reciting it we remembered it, we stopped reciting for an hour, one word escaped us, and we forgot—everything fell apart. We don't remember anything, teach us again."

The Bishop crossed himself, leaned over the side to the hermits and said:

"Your prayer, too, reaches God, godly hermits. It is not for me to teach you. Pray for us sinners!"

And the Bishop bowed to the ground before the hermits. And the hermits stopped, turned and went back over the sea. And until morning a radiance shone in the direction in which the hermits had disappeared.

NIKOLAY LESKOV
(1831-1895)

Nikolay Semyonovich Leskov was born in the Province of Oryol. His father was a civil servant, his grandfather a priest, while his mother came from a gentry family. He lost his parents when he was sixteen and had to earn his livelihood before completing his education. He was employed as a clerk in various provincial government offices, including the military drafting office, and later as a traveling agent to an Englishman, a Mr. Scott, who was the chief steward of the estates of a rich aristocratic landowner. In this latter capacity especially, Leskov acquired an excellent firsthand knowledge of Russian life and its problems. As D. S. Mirsky says, "This is why his view of Russian life is so unconventional and so free from that attitude of condescending and sentimental pity for the peasant, which is typical of the liberal and educated serf-owner."

The compilation of reports for Mr. Scott trained Leskov for his future writing profession. He entered literature rather late and through the door of journalism, as a provincial correspondent of some Petersburg newspapers (his first story was not published until 1863). Some of his articles, largely because of a misunderstanding, provoked the ire of the radical press. This was further intensified by his two political novels, *No Way Out* (1864) and *At Daggers Drawn* (1870-71), which portray certain aspects of the revolutionary movement in Russia. Although Leskov had no intention to blacken the revolutionaries, and in the first of those two novels the Socialists are portrayed quite sympathetically, he was placed under boycott by the progressive and radical opinion and all progressive journals were closed to him.

Nevertheless, Leskov managed to win popularity with the readers, but since he was ostracized by some of the

most influential critics of the time (Pisarev and others) his impartial recognition as a major writer was delayed. Today Leskov's reputation is based not on his political novels, but on *Cathedral Folk,* a charmingly humorous chronicle of life of provincial clergy, in which there is some wonderful character-drawing, and even more on his stories which display a first-rate gift of storytelling, and a verve and vigor which have no equal in Russian literature. To quote again from Mirsky, "As a story-teller [Leskov] is easily first among modern Russian writers. His stories are mere anecdotes, told with enormous zest and ability, and even in his longer works his favorite way of characterizing his characters is by a series of anecdotes. This was quite contrary to the traditions of 'serious' Russian fiction and induced the critics to regard Leskov as a mere jester." It was this superlative gift as a storyteller, as well as his colorful and ingenious handling of all the rich resources of the Russian language, that endeared Leskov to so many post-revolutionary Russian writers, made him into a powerful factor of literary influence in the 1920s, and induced Gorky to advise young Soviet writers to learn the craft of writing from Leskov. The reader of this volume will see for himself what an impossible job it is to translate some of Leskov's linguistic pranks and gambols into another language.

In the last decade or so of his life Leskov, who never really was a reactionary or even a thorough conservative, grew to be much more critical both of the Russian government and of the official Church. His stories about the Russian clergy, written in the early 1880s, have a satirical flavor and are quite different in tone from the humorous and mellow picture in *Cathedral Folk*—although there, too, the main character, Father Tuberozov, is shown in conflict with his superiors. Toward the end of his life Leskov even became an enthusiastic Tolstoyan.

ШТОПАЛЬЩИК

Н. С. Лескóва

ГЛАВА ПЕРВАЯ

Преглýпое э́то пожелáние сули́т кáждому в нó-
вом годý нóвое счáстие, а ведь иногдá чтó-то по-
дóбное прихóдит. Позвóльте мне рассказáть вам на
э́ту тéму небольшóе собы́тьице, имéющее совсéм
свя́точный харáктер.

В однý из о́чень дáвних мои́х побы́вок в Москвé
я задержáлся там дóлее, чем дýмал, и мне надоéло
жить в гости́нице. Псалóмщик однóй из придвóр-
ных церквéй[1] услы́шал, как я жáловался на претер-
певáемые неудóбства прия́телю моемý, той цéркви
свящéннику, и говори́т:

— Вот бы им, бáтюшка, к кумý моемý,[2] — у негó
ны́нче кóмната свобóдная на ýлицу.

— К какóму кумý? — спрáшивает свящéнник.

— К Васи́лию Кóнычу.[3]

— Ах, э́то «метр тальéр Лепутáн»![4]

— Так тóчно-с.

— Что же — э́то действи́тельно о́чень хорошó.

И свящéнник мне пояснúл, что он и людéй э́тих
знáет, и кóмната отлúчная, а псалóмщик добáвил
ещё про однý вы́году:

— Éсли, — говори́т, — что прорвётся úли низкú
в брю́ках обобью́тся — всё опя́ть у вас бýдет ис-
прáвно, так что глáзом не замéтить.

Я вся́кие дальнéйшие осведомлéния почёл излú́ш-
ними и дáже кóмнаты не пошёл смотрéть, а дал
псалóмщику ключ от моегó нóмера с довери́тельною
нáдписью на кáрточке и поручи́л ему рассчитáться

THE CLOTHESMENDER
Nikolay Leskov

CHAPTER ONE

What a silly custom it is to wish everyone new happiness in the new year, yet sometimes something of the sort does come true. On this subject allow me to tell you of a little episode having a perfectly Yuletide character.

During one of my stays in Moscow in times long gone by, I was held up longer than I had expected and got fed up with living in a hotel. The psalmodist of one of the Court churches heard me complain to a friend of mine, a priest of that church, about the discomforts I had to put up with and said:

"Why shouldn't the gentleman stay with my gossip, father? Just now he has a room free, facing the street."

"What gossip?" asks the priest.

"Vasily Konych."

"Ah, that's the *maître tailleur* Lepoutant!"

"Just so."

"Well, that is really a very good idea."

And the priest explained to me that he knew those people and that the room was excellent, while the psalmodist mentioned one additional advantage:

"If," he says, "something gets torn, or the bottoms of your trousers get frayed, everything will be put right, and invisible to the eye."

I thought all further inquiries superfluous and did not even go to see the room, but gave the psalmodist the key to my hotel room with a note of authorization on my card, and entrusted him with the settling of my hotel bill, col-

в гости́нице, взять отту́да мои́ ве́щи и перевезти́ всё к его́ куму́. Пото́м я проси́л его́ зайти́ за мно́ю сюда́ и проводи́ть меня́ на моё но́вое жили́ще.

ГЛАВА ВТОРАЯ

Псало́мщик о́чень ско́ро обде́лал моё поруче́ние и с небольши́м че́рез час зашёл за мно́ю к свяще́ннику.

— Пойдёмте, — говори́т, — всё уже́ ва́ше там разложи́ли и расста́вили, и око́шечки вам откры́ли, и две́рку в сад на балко́нчик отвори́ли, и да́же са́ми с ку́мом там же, на балко́нчике, ча́йку вы́пили. Хорошо́ там, — расска́зывает, — цветки́ вокру́г, в крыжо́внике пта́шки гнездя́тся, и в кле́тке под окно́м соловей сви́щет. Лу́чше как на да́че,[5] потому́ — зе́лено, а меж тем всё дома́шнее в поря́дке, и е́сли кака́я пу́говица ослабе́ла и́ли низки́ оби́лись, — сейча́с испра́вят.

Псало́мщик был па́рень аккура́тный и большо́й франт, а потому́ он о́чень напира́л на э́ту сто́рону вы́годности мое́й но́вой кварти́ры.

Да и свяще́нник его́ подде́рживал.

— Да, — говори́т, — tailleur Lepoutant тако́й арти́ст по э́той ча́сти, что друго́го ни в Москве́, ни в Петербу́рге не найдёте.

— Специали́ст, — серьёзно подсказа́л, подава́я мне пальто́, псало́мщик.

Кто́ э́то Lepoutant — я не разобра́л, да прито́м э́то до меня́ и не каса́лось.

ГЛАВА ТРЕТЬЯ

Мы пошли́ пешко́м.

Псало́мщик уверя́л, что изво́зчика брать не сто́ит, потому́ что э́то бу́дто бы «два шага́ промина́жи».[6]

lecting my things from there and taking them all to his gossip. Then I asked him to call for me where I was and conduct me to my new quarters.

CHAPTER TWO

The psalmodist managed to carry out my commission very quickly, and within a little more than an hour called for me at the priest's.

"Let's go," says he, "all your possessions are already unpacked and set out there, and we've unshuttered the windows for you and opened the door on the little balcony to the garden, and my gossip and I even had some tea on that same balcony. It's nice there," he goes on, "flowers all around, birds nesting in the gooseberries and a nightingale trilling away in a cage under the window. Better than in the country, because it's green, and yet all household affairs are in order, and if some button of yours gets loose or your trouser bottoms get frayed, it'll be fixed up in no time."

The psalmodist was a tidy fellow and a great dandy and therefore kept stressing this particular advantage of my new quarters.

The priest supported him, too.

"Yes," says he, *"tailleur* Lepoutant is an artist in that line the like of whom you won't find, whether in Moscow or in Petersburg."

"An expert," gravely chimed in the psalmodist as he helped me into my coat.

Who was this *Lepoutant*—I couldn't make out; moreover, it didn't concern me.

CHAPTER THREE

We set off on foot.

The psalmodist assured me that it wasn't worth taking a cab since it was supposedly just "two steps of *promenage.*"

На са́мом де́ле э́то одна́ко, оказа́лось о́коло получа́су ходьбы́, но псало́мщику хоте́лось сде́лать «промина́жу», мо́жет быть, не без у́мысла, что́бы показа́ть бы́вшую у него́ в рука́х тро́сточку с лило́вой шёлковой ки́стью.

Ме́стность, где находи́лся дом Лепута́на, была́ за Москво́й-реко́ю к Я́узе,[7] где́-то на бережку́. Тепе́рь я уже́ не припо́мню, в како́м э́то прихо́де и как переу́лок называ́ется. Впро́чем, э́то, со́бственно, не́ был и переу́лок, а скоре́е како́й-то непрое́зжий закоу́лочек, вро́де стари́нного пого́ста. Стоя́ла це́рковка, а вокру́г неё уго́льничком объе́зд,[8] и вот в э́том-то объе́зде шесть и́ли семь до́миков, все о́чень небольши́е, се́ренькие, деревя́нные, оди́н на ка́менном полуэтаже́. Этот был всех показне́е и всех бо́льше, и на нём во весь фронто́н была́ приби́та больша́я желе́зная вы́веска, на кото́рой по чёрному по́лю золоты́ми бу́квами кру́пно и чётко вы́ведено:

«Maitr taileur Lepoutant».[9]

Очеви́дно, здесь и бы́ло моё жильё, но мне стра́нно показа́лось: заче́м же мой хозя́ин, по и́мени Васи́лий Ко́ныч, называ́ется «Maitr taileur Lepoutant»? Когда́ его́ называ́л таки́м о́бразом свяще́нник, я ду́мал, что э́то не бо́лее как шу́тка, и не прида́л э́тому никако́го значе́ния, но тепе́рь, ви́дя вы́веску, я до́лжен был перемени́ть своё заключе́ние. Очеви́дно, что де́ло шло всерьёз, и потому́ я спроси́л моего́ провожа́того:

— Васи́лий Ко́ныч — ру́сский и́ли францу́з?

Псало́мщик да́же удиви́лся и как бу́дто не сра́зу по́нял вопро́с, а пото́м отвеча́л:
— Что вы э́то? Как мо́жно францу́з, — чи́стый ру́сский! Он и пла́тье де́лает на ры́нок то́лько са́мое ру́сское: поддёвки[10] и тому́ подо́бное, но бо́льше он по всей Москве́ знамени́т почи́нкою: страсть[11] ско́лько ста́рого пла́тья че́рез его́ ру́ки на ры́нке за но́вое идёт.

In actual fact, however, it turned out to be about half an hour's walk, but the psalmodist seemed to want a "promenage," perhaps not without an intention of displaying the cane with a purple silk tassel which he had in his hand.

The district where Lepoutant's house was located was beyond the Moskva river, toward the Yauza, somewhere on its banks. I no longer remember in what parish it was nor what the street was called. Strictly speaking, it wasn't a street but rather a sort of dead-end alley, something like an old churchyard. A little church stood there, and at a right angle to it, there was a close and in it six or seven little cottages, all very small, gray, wooden, one of them on a stone semi-basement. This one was more showy and bigger than all the others, and along the whole length of its façade was fixed a large iron signboard on which, in big and clear letters of gold on a black background, was inscribed:

"Maitr taileur Lepoutant."

Apparently, my new quarters were here, but it appeared strange to me: why did my landlord, whose name was Vasily Konych, call himself *'maitr taileur Lepoutant'?* When the priest called him that, I thought it was no more than a joke and did not attach any importance to it, but now, seeing the sign, I had to change my mind. Apparently this was in all earnest, and I therefore asked my guide:

"Is Vasily Konych a Russian or a Frenchman?"

The psalmodist even looked surprised and seemed not to have understood my question at once. But then he answered:

"What are you saying? Why should he be a Frenchman? He's as Russian as they come. Even the clothes he makes for sale are all Russian: *poddyovkas* and suchlike. But he is most famous all over Moscow for his mending: ever so much old clothing that passes through his hands is sold for new."

—Но всё-таки, — любопы́тствую я, — он, ве́рно, от францу́зов происхо́дит?

Псало́мщик опя́ть удиви́лся.

— Нет, — говори́т, — заче́м же от францу́зов? Он са́мой пра́вильной зде́шней приро́ды, ру́сской, и дете́й у меня́ воспринима́ет, а ведь мы, духо́вного зва́ния, все чи́слимся правосла́вные. Да и почему́ вы так вообража́ете, что он прибли́жен к францу́зской на́ции?

— У него́ на вы́веске напи́сана францу́зская фами́лия.

— Ах, э́то — говори́т, — соверше́нные пустяки́ — одна́ лафе́рма.¹² Да и то на гла́вной вы́веске по-францу́зски, а вот у са́мых воро́т, ви́дите, есть друга́я, ру́сская вы́веска, э́та верне́е.

Смотрю́, и то́чно, у воро́т есть друга́я вы́веска, на кото́рой нарисо́ваны армя́к¹³ и поддёвка и два чёрные жиле́та с сере́бряными пу́говицами, сия́ющими, как звёзды во мра́ке, а внизу́ по́дпись:

«Де́лают кусту́мы¹⁴ ру́сского и духо́вного пла́тья, со специа́льностью во́рса, вы́верта и почи́нки».

Под э́тою второ́ю вы́вескою фами́лия производи́теля «кусту́мов, вы́верта и почи́нки» не обозна́чена, а стоя́ли то́лько два инициа́ла «В. Л.».

ГЛАВА ЧЕТВЕРТАЯ

Помеще́ние и хозя́ин оказа́лись в действи́тельности вы́ше всех сде́ланных им похва́л и описа́ний, та́к что я сра́зу же почу́вствовал себя́ здесь как до́ма и ско́ро полюби́л моего́ до́брого хозя́ина Васи́лья Ко́ныча. Ско́ро мы с ним ста́ли сходи́ться пить чай, нача́ли благобесе́довать о разнообра́зных предме́тах. Таки́м о́бразом, раз, си́дя за ча́ем на балко́нчике, мы завели́ ре́чи на ца́рственные те́мы Когеле́та¹⁵ о суете́ всего́, что есть под со́лнцем, и о на́шей неуста́нной скло́нности рабо́тать вся́кой суете́.¹⁶ Тут и договори́лись до Лепута́на.

"But all the same," I persisted in my curiosity, "he must be of French descent?"

Again the psalmodist was surprised.

"No," said he, "why French? He is of the regular local breed, Russian that is, and godfather to my children, and after all we of the clerical calling, we all belong to the Orthodox Church. And why should you really imagine that he has any connection with the French nation?"

"The name on his signboard is French."

"Oh, that," says he, "that's nothing at all, that's sheer formality. And anyhow, the main sign is in French, but right here, by the gate, you see, there is another sign, in Russian, that's the correct one."

I look and indeed by the gate there is another sign on which are painted an *armyak* and a *poddyovka* and two black waistcoats with silver buttons shining like stars in darkness, and, underneath, the inscription:

"GARMENTS OF RUSSIAN AND CLERICAL DRESS MADE. SPECIALIZING IN NAP, TURN-ING OUT AND REPAIRS."

Under this second sign the name of the maker of "garments, turning out and repairs" was not indicated; there were only the two initials "V. L."

CHAPTER FOUR

Accommodation and landlord turned out indeed to be above all praise and description bestowed upon them, so that I immediately felt at home there and soon grew fond of my good host, Vasily Konych. Before long we took to joining one another for tea and conversing peaceably on diverse subjects. Thus, one day, sitting at tea on the little balcony, we began discoursing on the royal themes of the Koheleth about the vanity of all things under the sun and about our inherent propensity to succumb to all vanity. That is how we came upon the subject of Lepoutant.

Не пóмню, как и́менно э́то случи́лось, но тóлько дошлó до тогó, что Васи́лий Кóныч пожелáл рассказáть мне стрáнную истóрию: как и по какóй причи́не он яви́лся «под францýзским заглáвием».

Это имéет мáленькое отношéние к общéственным нрáвам и к литератýре, хотя́ пи́сано на вы́веске.

Кóныч нáчал прóсто, но óчень интере́но.

— Моя́ фами́лия, сýдарь, — сказáл он, — вóвсе не Лепутáн, а и́наче, — а под францýзское заглáвие меня́ помести́ла самá *судьбá*.

ГЛАВА ПЯТАЯ

— Я прирóдный, кореннóй москви́ч, из беднéйшего звáния. Дéдушка наш у Рогóжской застáвы[17] стéлечки для древлестепéнных старовéров[18] продавáл. Отли́чный был старичóк, как святóй, — весь сéденький, бýдто подлиня́лый зáйчик, а всё до сáмой смéрти свои́ми трудáми питáлся: кýпит, бывáло, вóйлочек, нарéжет его́ на кусóчки по подóшевке, смéчет пáрочками на ни́тку и хóдит «по христиáнам», а сам поёт лáсково: «Стéлечки, стéлечки, комý нáдо стéлечки?» Так, бывáло, по всей Москвé хóдит и на оди́н грош у негó всегó товáру, а кóрмится. Отéц мой был портнóй по дрéвнему фасóну. Для сáмых закóнных старовéров рáбские кафтáшки[19] шил с тремя́ сбóрочками и меня́ к своемý мастерствý вы́учил. Но у меня́ с дéтства осóбенное даровáние бы́ло — штóпать. Крóю не фасóнисто, но штóпать у меня́ пéрвая охóта. Так я к э́тому приспосóбился, что, бывáло, где угóдно на сáмом ви́дном мéсте подштóпаю и óчень трýдно замéтить.

Старики́ отцý говори́ли:

— Это мальцý от Бóга талáн[20] дан, а где талáн, там и счáстье бýдет.

Так и вы́шло; но до вся́кого счáстья нáдо, знáете, покóрное терпéние, и мне тóже даны́ бы́ли два немáлые испытáния: во-пéрвых, роди́тели мои́ пóмерли, остáвив меня́ в óчень молоды́х годáх, а во-вто-

I do not remember how it actually happened but it so came about that Vasily Konych signified his desire to tell me the odd story of how and why he had assumed a "French title."

This has some relation to social mores and to literature, even though it is written on a sign.

Konych began in a simple but very interesting fashion:

"My family name, sir," said he, "is not Lepoutant at all but something else, and it is *fate* itself which endowed me with a French title.

CHAPTER FIVE

I am a native, true-blue Muscovite, of the poorest class. Our grandfather used to sell insoles outside the Rogozhsky Gate to venerable Old Believers. An excellent old man he was, saintlike—all grayish, like a faded little rabbit; but until his very death he lived by his own labor. He would buy a bit of felt, cut it into pieces for soles, tack them into pairs with a bit of thread and go "among the Christians," chanting affectionately: "Little insoles, little insoles, who needs little insoles?" Thus he would make the round of Moscow, and though he had but a pennysworth of merchandise, he made a living. My father was a tailor in the old style. He made old-fashioned coats with three pleats for the most faithful Old Believers, and he taught me his craft. But from childhood on I had a special gift for darning. My cutting is not stylish, but darning is my first love. I've got such a knack for it that I could darn over the most conspicuous place and it would be very hard to notice.

The old men said to my father:

"This youngster has a Godsent talent, and where there is talent there will be good fortune."

And so it came about; but to attain good fortune, you know, you have to show humble patience, and I was also sent two major trials: first, my parents died, leaving me when I was still young in years, and secondly, the place

рых, квартирка, где я жил, сгорела ночью на самое Рождество, когда я был в Божьем храме у заутрени, — и там погорело всё моё заведение, — и утюг, и колодка, и чужие вещи, которые были взяты для штопки. Очутился я тогда в большом злострадании, но отсюда же и начался первый шаг к моему счастию.

ГЛАВА ШЕСТАЯ

Один давалец, у которого при моём разорении сгорела у меня крытая шуба, пришёл и говорит:

— Потеря моя большая, и к самому празднику неприятно остаться без шубы, но я вижу, что взять с тебя нечего, а надо ещё тебе помочь. Если ты путный парень, так я тебя на хороший путь выведу, с тем однако, что ты мне со временем долг отдашь.

Я отвечаю:

— Если бы только Бог позволил, то с большим моим удовольствием — отдать долг почитаю за первую обязанность.

Он велел мне одеться и привёл в гостиницу напротив главнокомандующего дома к подбуфетчику, и сказывает ему при мне:

— Вот, — говорит, — тот самый подмастерье, который, я вам говорил, что для вашей коммерции может быть очень способный.

Коммерция их была такая, чтобы разутюживать приезжающим всякое платье, которое приедет в чемоданах замявшись,[21] и всякую починку делать, где какая потребуется.

Подбуфетчик дал мне на пробу одну штуку сделать, увидал, что исполняю хорошо, и приказал оставаться.

— Теперь, — говорит, — Христов праздник и господ много наехало, и все пьют-гуляют, а впереди ещё Новый год и Крещенье[22] — безобразия будет ещё больше, — оставайся.

where I lived burned down the night before Christmas while I was in church at matins, and with it all my equipment was burnt—my iron, and my tailor's dummy, and the customers' clothes I had taken in to darn. I found myself at the time in great distress, but it was from that that I took my first step toward my good fortune.

CHAPTER SIX

One customer whose fur-lined coat burned in my disaster came to me and said: "My loss is great, and it's awkward to be left without a coat just before the holidays, yet I can see that there's no claim to make against you but rather you must be helped. If you're a sensible lad, I'll put you on the right path provided you will eventually repay me."

I answered:
"If only God pleases, with the greatest of pleasure. I'll deem it my first duty to repay my debt."

He told me to dress and took me to the hotel opposite the Governor-General's house, to the assistant barman, and said to him in my presence: "Here," he says, "is that same apprentice who, I told you, could be very useful in your line of trade."

Their trade consisted in pressing all kinds of clothing as it would come wrinkled from the suitcases, and doing all kinds of necessary repairs for the newly arrived guests.

The assistant barman gave me one piece to do by way of trial, saw that I could do a good job, and told me to stay.

"Now," he says, "it is Christ's feast, and a great many gentlemen have come and are drinking and making merry, and there are still the New Year and the Twelfth Night to come, there will be still more goings-on, so you stay here. . . ."

Я отвечаю:

— Согласен.

А тот, что меня привёл, говорит:

— Ну, смотри, действуй, — здесь нажить можно. А только его (то есть подбуфетчика) слушай, как пастыря. Бог пристанет и пастыря приставит.[23]

Отвели мне в заднем коридоре маленький уголочек при окошечке, и пошёл я действовать. Очень много, — пожалуй и не счесть, сколько я господ перечинил, и грех жаловаться, сам хорошо починился, потому что работы было ужасно как много и плату давали хорошую. Люди простой масти там не останавливались, а приезжали одни козыри,[24] которые любили, чтобы постоять с главнокомандующим на одном местоположении из окон в окна.

Особенно хорошо платили за штуковки да за штопку при тех случаях, если повреждение вдруг неожиданно окажется в таком платье, которое сейчас надеть надо. Иной раз, бывало, даже совестно, — дырка вся в гривенник, а зачинить её незаметно — дают золотой.

Меньше червонца дырочку подштопать никогда не плачивали. Но, разумеется, требовалось уже и искусство настоящее, чтобы, как воды капля с другою слита и нельзя их различить, так чтобы и штука была вштукована.

Из денег мне, из каждой платы, давали третью часть, а первую брал подбуфетчик, другую — услужающие, которые в номерах господам чемоданы с приезда разбирают и платье чистят. В них всё главное дело, потому они вещи и помнут, и потрут, и дырочку клюнут, и потому им две доли, а остальное мне. Но только и этого было на мою долю так достаточно, что я из коридорного угла ушёл и себе на том же дворе поспокойнее комнатку занял, а через год подбуфетчикова сестра из деревни приехала, я на ней и женился. Теперешняя моя супруга, как её видите, — она и есть, дожила до старости с почтением, и, может быть, на её долю всё Бог и дал.

I answer:

"I am willing."

And the one who brought me says: "Well, mind you, get going—here one can make a good pile. But just listen to him (that is, the assistant barman) as to a shepherd. God will provide a shelter and give you a shepherd."

I was given a little corner by the window in the back passage and I got going. A great many were the gentlemen—I daresay I couldn't even count them—whom I fixed up, but it would be a sin to complain, I got myself pretty well fixed up, too, for there was an awful lot of work to do and the pay was good. Ordinary men did not stop there, only the big shots who liked the idea of staying in the same location as the Governor-General, window to window with him.

The pay for patching and darning was particularly good when the damage was unexpectedly discovered in clothes which had to be worn right away. Sometimes I felt even ashamed—the hole was the size of a dime, but mend it invisibly—you get a gold piece.

Less than ten rubles was never paid for darning a tiny hole. But naturally real skill was demanded, so that the piece would be pieced in as two drops of water run together and you can't tell them apart.

Of the money that was paid each time, I was given one third; one third was taken by the assistant barman, and the other by the room servants who unpack the gentlemen's suitcases and brush their clothes. It is they really who matter most because it is they who crumple the things and scuff them, and pick a little hole, and that's why they got two parts and the rest went to me. But even so my share was more than enough, so that I moved from my corner in the passage and rented a quieter room in the same yard, and a year later the sister of the assistant barman came from her village and I married her. My present spouse, as you see her—that's her, she has reached old age with honor, and it was for her sake perhaps that God gave

А женился просто таким способом, что подбуфетчик сказал: «Она сирота, и ты должен её осчастливить, а потом через неё тебе большое счастье будет». И она тоже говорила: «Я, — говорит, — счастливая, — тебе за меня Бог даст»; и вдруг словно через это в самом деле случилась удивительная неожиданность.

ГЛАВА СЕДЬМАЯ

Пришло опять Рождество, и опять канун на Новый год. Сижу я вечером у себя — что-то штопаю, и уже думаю работу кончить да спать ложиться, как прибегает лакей из номеров и говорит:

— Беги скорей, в первом номере страшный Козырь остановимшись,[25] — почитай всех перебил, и кого ударит — червонцем дарит, — сейчас он тебя к себе требует.

— Что ему от меня нужно? — спрашиваю.

— На бал, — говорит, — он стал одеваться и в самую последнюю минуту во фраке на видном месте прожжённую дырку осмотрел, человека, который чистил, избил и три червонца дал. Беги как можно скорее, такой сердитый, что на всех зверей сразу похож.

Я только головой покачал, потому что знал, как они проезжающих вещи нарочно портят, чтобы профит с работы иметь, но, однако, оделся и пошёл смотреть Козыря, который один сразу на всех зверей похож.

Плата непременно предвиделась большая, потому что первый номер во всякой гостинице считается «козырный» и не роскошный человек там не останавливается; а в нашей гостинице цена за первый номер полагалась в сутки, по-нынешнему, пятнадцать рублей, а по-тогдашнему счёту на ассигнации[26]— пятьдесят два с полтиною, и кто тут стоял, звали его Козырем.

us all this. And as for marrying, it was simply like this: the assistant barman said: "She's an orphan and you must make her happy, and then through her you will have good luck." And she also said: "I bring luck," says she, "God will reward you on my behalf," and suddenly, as if because of this, an astonishing surprise really happened.

CHAPTER SEVEN

Christmas came again, and again New Year's Eve. I am sitting in the evening in my room, darning something or other, and already thinking of stopping work and going to bed when one of the room servants runs in and said:

"Run quickly, a terrible Big Shot is staying in Room One. I reckon he's beaten everybody and whomever he strikes he tips ten rubles. Now he's demanding you."

"What does he want from me?" I ask.

"He started dressing to go to a ball," says he, "and at the very last moment noticed a hole burnt in his tailcoat in a conspicuous place. He gave a thrashing and three gold pieces to the man who had brushed it. Run as quickly as you can, he's so furious he looks like all the wild beasts put together."

I just shook my head, for I knew how they purposely ruined the clothes of their hotel guests, to derive profit from the mending; nevertheless I dressed and went to see the Big Shot who resembled all the wild beasts put together.

The pay certainly would be high because Room One in any hotel is considered to be a room for Big Shots, and none but luxury trade stops there; and in our hotel the price for Room One per day was what is now fifteen rubles and in those days was figured in paper money, amounting to fifty-two fifty, and whoever stopped there was known as the Big Shot.

Этот, к которому меня теперь привели, на вид был ужасно какой страшный — ростом огромнейший и с лица смугл и дик и действительно на всех зверей похож.

— Ты, — спрашивает он меня злобным голосом, — можешь так хорошо дырку заштопать, чтобы заметить нельзя?

Отвечаю:

— Зависит от того, в какой вещи. Если вещь ворсистая, так можно очень хорошо сделать, а если блестящий атлас или шёлковая мове-материя,[27] с теми не берусь.

— Сам, — говорит, — ты мове, а мне какой-то подлец вчера, вероятно, сзади меня сидевши, цигаркою фрак прожёг. Вот осмотри его и скажи.

Я осмотрел и говорю:

— Это хорошо можно сделать.

— А в сколько времени?

— Да через час, — отвечаю, — будет готово.

— Делай, — говорит, — и если хорошо сделаешь, получишь денег полушку, а если нехорошо, то головой об кадушку.[28] Поди расспроси, как я здешних молодцов избил, и знай, что тебя я в сто раз больнее изобью.

ГЛАВА ВОСЬМАЯ

Пошёл я чинить, а сам не очень и рад, потому что не всегда можно быть уверенным, как сделаешь: попроховее сукнецо лучше слипнет, а которое жёстче, — трудно его подворсить так, чтобы не было заметно.

Сделал я, однако, хорошо, но сам не понёс, потому что обращение его мне очень не нравилось. Работа этакая капризная, что как хорошо ни сделай, а всё кто охоч[29] придраться — легко можно неприятность получить.

The one to whom I was brought now was really fearful to look upon—of enormous stature, swarthy-faced and wild, and truly looking like all the wild beasts.

"You," he asks me in a fierce voice, "can you mend a hole so well that it can't be noticed?"

I answer:

"Depends on what kind of thing it is. If the stuff is napped then it can be done very well, but if it's shiny satin or silky *mauvais*-stuff, then I won't undertake it."

"*Mauvais* yourself," says he, "but some bastard, who was probably sitting behind me yesterday, burnt a hole in my tailcoat with his cigarette: Here, look it over and tell me."

I looked it over and said:

"This can be done well."

"And how long will it take?"

"Well, in an hour's time," I answer, "it will be ready."

"Do it," says he, "and if you do it well, you'll get a pot of money, and if you don't you'll get a knock on the head. Go and ask the lads here how I thrashed them, and you can be sure that I'll thrash you a hundred times worse."

CHAPTER EIGHT

I went off to do the repair; none too pleased about it, however, because you can't always be sure of how it will come off: a more loosely woven bit of cloth will blend in better, but the one with the harder finish, it is difficult to work in the nap inconspicuously.

I did a good job, however, but I didn't take it back myself, for I didn't at all like the way he treated me. It's tricky work, and no matter how well you may do it, if the customer is set on finding fault, it can easily lead to unpleasantness.

Послал я фрак с женою к её брату и наказал, чтобы отдала, а сама скорее домой ворочалась, и как она прибежала назад, так поскорее заперлись изнутри на крюк и легли спать.

Утром я встал и повёл день своим порядком: сижу за работою и жду, какое мне от козырного барина придут сказывать жалование — денег полушку или головой об кадушку.

И вдруг, так часу во втором является лакей и говорит:

— Барин из первого номера тебя к себе требует.

Я говорю:

— Ни за что не пойду.

— Через что такое?[30]

— А так — не пойду, да и только; пусть лучше работа моя даром пропадает, но я видеть его не желаю.

А лакей стал говорить:

— Напрасно ты только страшишься: он тобою очень доволен остался и в твоём фраке на бале Новый год встречал, и никто на нём дырки не заметил. А теперь у него собрались к завтраку гости его с Новым годом поздравлять и хорошо выпили и, ставши о твоей работе разговаривать, об заклад пошли: кто дырку найдёт, да никто не нашёл. Теперь они на радости, к этому случаю присыпавшись,[31] за твоё русское искусство пьют и самого тебя видеть желают. Иди скорей — через это тебя в Новый год новое счастье ждёт.

И жена тоже на том настаивает — иди да иди:

— Моё сердце, — говорит, — чувствует, что с этого наше новое счастье начинается.

Я их послушался и пошёл.

ГЛАВА ДЕВЯТАЯ

Господ в первом номере я встретил человек десять, и все много выпивши, и как я пришёл, то и мне сейчас подают покал[32] с вином и говорят:

I sent my wife with the tailcoat to her brother and told her to hand it over to him and hurry home, and as soon as she came running back we put the door on the hook and went to bed.

In the morning I got up and began the day in my usual way. There I sit at my work waiting to see what sort of reward from the Big Shot gentleman they will come to announce to me—a pot of money or a knock on the head.

And suddenly, soon after one o'clock or so, the room servant comes and says:

"The gentleman from Room One demands you."

I say: "I won't go for anything."

"Why so?"

"Just so; I won't go, and that's flat. Rather let my work be wasted, but I have no wish to see him."

But the servant began to insist:

"You've no call to be scared: he is very pleased and saw the New Year in at the ball in your tailcoat and nobody noticed the hole in it. And now he has guests for lunch who have come to wish him a Happy New Year. They've had a few drinks under their belt, and, getting to talk of your work, they had a wager—which of them will find the hole, but not one of them did. Now, for sheer joy, using this as an excuse, they are toasting your Russian skill and wish to see you in person. Go quickly, this will bring you new luck in the new year."

My wife also insisted. "Do go," she said, "my heart tells me that this will be the beginning of our new fortune."

I obeyed them and went.

CHAPTER NINE

I found about ten gentlemen in Room One and all of them had had a lot in the way of drinks, and as soon as I came in they handed me right off a glass of wine, and

— Пей с нами вместе за твоё русское искусство, в котором ты нашу нацию прославить можешь.

И разное такое под вином говорят, чего дело совсем и не стоит.

Я, разумеется, благодарю и кланяюсь, и два покала выпил за Россию и за их здоровье, а более, говорю, не могу сладкого вина пить через то, что я к нему не привычен, да и такой компании не заслуживаю.

А страшный барин из первого номера отвечает:

— Ты, братец, осёл, и дурак, и скотина, — ты сам себе цены не знаешь, сколько ты по своим дарованиям заслуживаешь. Ты мне помог под Новый год весь предлог жизни[33] исправить, через то, что я вчера на балу любимой невесте важного рода в любви открылся и согласие получил, в этот мясоед[34] и свадьба моя будет.

— Желаю, — говорю, — вам и будущей супруге вашей принять закон[35] в полном счастии.

— А ты за это выпей.

Я не мог отказаться и выпил, но дальше прошу отпустить.

— Хорошо, — говорит, — только скажи мне, где ты живёшь и как тебя звать по имени, отчеству и прозванию: я хочу твоим благодетелем быть.

Я отвечаю:

— Звать меня Василий, по отцу Кононов сын, а прозванием Лапутин, и мастерство моё тут же рядом, тут и маленькая вывеска есть, обозначено: «Лапутин».

Рассказываю это и не замечаю, что все гости при моих словах чего-то пёрскнули и со смеху покатились; а барин, которому я фрак чинил, ни с того ни с сего хлясь[36] меня в ухо, а потом хлясь в другое, так что я на ногах не устоял. А он подтолкнул меня выступком[37] к двери да за порог и выбросил.

Ничего я понять не мог, и дай Бог скорее ноги.[38]

Прихожу, а жена спрашивает:

said: "Drink with us to your Russian skill through which
you can bring glory to our nation."

And in their cups they said all sorts of things like that
which the whole business was not worth at all.

Naturally, I thank them and bow, and drank two glasses
of wine to Russia and to their health, but I could not, I
said, drink any more of sweet wine, not being used to it
and, besides, unworthy of such company.

To which the terrible gentleman from Room One replies:

"You, my friend, are an ass and a fool and a brute—
you don't know your own worth nor how much you deserve
through your talent. You helped me on New Year's Eve
to set straight the whole course of my life, because yesterday at the ball I disclosed my love to my beloved betrothed
of high birth and received her consent, and when the fast
is over I'll have a wedding."

"I wish you and your future spouse," I say, "to enter
into wedlock with full happiness."

"Have a drink to it then."

I could not refuse and drank, but asked to be excused
from any more.

"All right," says he, "only tell me where you live and
what is your name, patronymic, and surname. I want to be
your benefactor."

I reply: "My name is Vasily, son of Konon, and by
surname Laputin. And my workshop is right here, next
door, there is a small sign there, too, saying 'Laputin'."

There I stood telling all this and not noticing that at my
words all the guests snorted and burst into gales of laughter,
and the gentleman whose tailcoat I had repaired up and
landed me one on the ear, and then one on the other ear,
so that I could not keep on my feet. Then he shooed me to
the door and threw me out over the threshold.

I couldn't understand a thing and made off as fast as
my legs would carry me.

I come home and my wife asks me:

— Говори́ скоре́е, Ва́сенька: как моё сча́стье те-
бе́ послужи́ло?

Я говорю́:

— Ты меня́, Ма́шенька, во всех частя́х подро́бно
не расспра́шивай, но то́лько е́сли по э́тому нача́лу
в тако́м же ро́де да́льше пойдёт, то лу́чше бы для
твоего́ сча́стья не жить. Изби́л меня́, а́нгел мой,
э́тот ба́рин.

Жена́ встрево́жилась, — что, как и за каку́ю про-
ви́нность? — а я, разуме́ется, и сказа́ть не могу́, по-
тому́ что сам ничего́ не зна́ю.

Но пока́ мы э́тот разгово́р ведём, вдруг у нас в
се́ничках что́-то застуча́ло, зашуме́ло, загреме́ло, и
вхо́дит мой из пе́рвого но́мера благоде́тель.

Мы о́ба вста́ли с мест и на него́ смо́трим, а он,
раскрасне́вшись от вну́тренних чувств и́ли ещё вина́
подба́вивши, и де́ржит в одно́й руке́ дво́рницкий то-
по́р на до́лгом топори́ще, а в друго́й поко́лотую в
ще́пы доще́чку, на кото́рой была́ моя́ плоха́я вы́ве-
сочка с обозначе́нием моего́ бе́дного рукомесла́[39] и
фами́лии: «Старьё чи́нит и вывора́чивает Лапу́тин».

ГЛАВА ДЕСЯТАЯ

Вошёл ба́рин с э́тими поко́лотыми до́сточками[40]
и пря́мо ки́нул их в пе́чку, а мне говори́т: «Одева́й-
ся, сейча́с вме́сте со мно́ю в коля́ске пое́дем, — я
сча́стье жи́зни твое́й устро́ю. Ина́че и тебя́, и жену́,
и всё, что у вас есть, как э́ти до́ски поколю́».

Я ду́маю: чем с таки́м дебоши́ром спо́рить, лу́чше
его́ скоре́е из до́ма увести́, чтобы жене́ како́й оби́ды
не сде́лал.

Торопли́во оде́лся, — говорю́ жене́: «Перекрести́
меня́, Ма́шенька!» — и пое́хали. Прикати́ли в Брон-
ную, где жил изве́стный покупно́й сво́дчик[41] Про́хор
Ива́ныч, и ба́рин сейча́с спроси́л у него́:

— Каки́е есть в прода́жу дома́ и в како́й ме́стно-
сти, на це́ну от двадцати́ пяти́ до тридцати́ ты́сяч
и́ли немно́жко бо́лее. — Разуме́ется, по-тогда́шне-

"Tell me quickly, Vasenka, how has my luck served you?"

I say: "Don't you, Mashenka, ask me for all particulars, but if this is only the first taste and there is more of the same to come, then I'd rather not live by your luck. He beat me up, my angel, he did, this gentleman."

My wife was worried. What, how and what for? But I naturally could not tell her because I didn't know myself.

But while we were having this conversation, suddenly there was clatter, noise, crashing, and in comes my benefactor from Room One.

We both got up from our places and stared at him while he, flushed with innermost feelings or from having had more wine, was holding in one hand the janitor's long-handled ax and in the other, chopped up into splinters, the little board on which I had my wretched little sign, indicating my poor craft and surname: OLD CLOTHES MENDED AND TURNED OUT. LAPUTIN.

CHAPTER TEN

In walked the gentleman with those splintered little boards and flung them straight away into the stove, and said to me: "Get dressed, you're coming with me in my carriage, I'll make your life's fortune. Or else I'll chop up you and your wife and everything you have, just as I did those boards."

I thought that rather than argue with such a rowdy I'd better get him out of the house as soon as possible lest he do some harm to my wife.

I dressed hastily, said to my wife, "Make the sign of the cross over me, Mashenka," and off we went. We drove to Bronnaya where the well-known real estate agent Prokhor Ivanych lived, and the gentleman asked him straight away:

"What houses are there for sale and in what location, priced from twenty-five to thirty thousand or a little more?" Naturally in paper money as was used then. "But I need

му, на ассигна́ции. — То́лько мне тако́й дом тре́буется, — объясня́ет, — что́бы его́ сию́ мину́ту взять и перейти́ туда́ мо́жно.

Сво́дчик вы́нул из комо́да китра́дь,[42] вздел очки́, посмотре́л в оди́н лист, в друго́й, и говори́т:

— Есть дом на все виды́ вам подходя́щий, но то́лько приба́вить немно́жко придётся.

— Могу́ приба́вить.

— Так на́до дать до тридцати́ пяти́ ты́сяч.

— Я согла́сен.

— Тогда́, — говори́т, — всё де́ло в час ко́нчим, и за́втра въе́хать в него́ мо́жно, потому́ что в э́том до́ме дья́кон на крести́нах кури́ной ко́стью подави́лся и по́мер, и че́рез то там тепе́рь никто́ не живёт.

Вот э́то и есть тот са́мый до́мик, где мы с ва́ми тепе́рь сиди́м. Говори́ли, бу́дто здесь поко́йный дья́кон ноча́ми хо́дит и да́вится, но то́лько всё э́то соверше́нные пустяки́, и никто́ его́ тут при нас ни ра́зу не ви́дывал. Мы с жено́ю на друго́й же день сюда́ перее́хали, потому́ что ба́рин нам э́тот дом по да́рственной[43] перевёл; а на тре́тий день он прихо́дит с рабо́чими, кото́рых бо́льше как шесть и́ли семь челове́к, и с ни́ми ле́стница и вот э́та са́мая вы́веска, что я бу́дто францу́зский портно́й.

Пришли́ и приколоти́ли и наза́д ушли́, а ба́рин мне наказа́л:

— Одно́, — говори́т, — тебе́ моё приказа́ние: вы́веску э́ту никогда́ не сметь переменя́ть и на э́то назва́ние отзыва́ться. — И вдруг вскри́кнул:

— Лепута́н!

Я откли́каюсь:

— Чего́ изво́лите?

— Молоде́ц, — говори́т. — Вот тебе́ ещё ты́сячу рубле́й на ло́жки и пло́шки, но смотри́, Лепута́н, — за́поведи мои́ соблюди́, и тогда́ сам соблюдён бу́дешь,[44] а е́жели что... да, спаси́ тебя́ Го́споди, ста́нешь в своём пре́жнем и́мени утвержда́ться, и я узна́ю... то во пе́рвое предисло́вие я всего́ тебя́ изобью́, а во-вторы́х, по зако́ну «дар дари́телю возвраща́ет-

such a house," he explains, "that can be taken over and moved into this very moment."

The agent took a ledger out of his cupboard, put on his spectacles, looked at one page and at another, and said:

"There is a house suitable to you in every way but you'll have to add a bit."

"I can do it."

"You'll have to go up to thirty-five thousand."

"I am willing."

"Then," says he, "we'll complete the deal in an hour and it will be possible to move in tomorrow because in this house a deacon choked on a chicken bone at a christening and died, and that's why nobody lives there now."

And that's this very same little house where you and I are sitting now. There was some talk about the late deacon walking about at night and choking, but all this is absolute nonsense and nobody has seen him here in our time. My wife and I moved in here the very next day because the gentleman transferred the title-deed to this house to us as a gift; and the day after that he comes with some workmen, more than six or seven of them, and with them a ladder and this very signboard that makes me out a French tailor.

They came and nailed it on and went away, and the gentleman instructed me:

"I have just one order for you," he says, "don't you ever dare change this signboard, and always answer to this name." And all of a sudden he exclaimed:

"Lepoutant!"

I respond: "Yes, sir."

"Good lad," says he, "here is another 1000 rubles for spoons and saucers, but mind you, Lepoutant, follow my commandments with care and you'll be taken care of, but if anything . . . and if, God forbid, you start asserting your former name and I find out . . . then, to begin with, I'll give you a sound hiding, and secondly, according to the law 'the gift reverts to the giver.' But if you are loyal to my

ся». А если в моём желании пребудешь, то объясни, что тебе ещё надо, и всё от меня получишь.

Я его благодарю и говорю, что никаких желаниев[45] не имею и не придумаю, окромя[46] одного — если его милость будет сказать мне: что всё это значит и за что я дом получил?

Но этого он не сказал.

— Это, — говорит, — тебе совсем не надо, но только помни, что с этих пор ты называешься — «Лепутан», и так в моей дарственной именован. Храни это имя: тебе это будет выгодно.

ГЛАВА ОДИННАДЦАТАЯ

Остались мы в своём доме хозяйствовать, и пошло у нас всё очень благополучно, и считали мы так, что всё это жениным счастьем, потому что настоящего объяснения долгое время ни от кого получить не могли, но один раз пробежали тут мимо нас два господина и вдруг остановились и входят.

Жена спрашивает:

— Что прикажете?

Они отвечают:

— Нам нужно самого мусьё[47] Лепутана.

Я выхожу, а они переглянулись, оба враз засмеялись и заговорили со мною по-французски.

Я извиняюсь, что по-французски не понимаю.

— А давно ли, — спрашивают, — вы стали под этой вывеской?

Я им сказал, сколько лет.

— Ну так и есть. Мы вас, — говорят, — помним и видели: вы одному господину под Новый год удивительно фрак к балу заштопали и потом от него при нас неприятность в гостинице перенесли.

— Совершенно верно, — говорю, — был такой случай, но только я этому господину благодарен и через него жить пошёл, но не знаю ни его имени, ни прозвания, потому всё это от меня скрыто.

wish, then just say what else you want and you'll get everything from me."

I thank him and say that I have no wishes and can think of nothing except for one thing—if he can be so good to tell me what is the meaning of all this and why did I receive the house.

But that he wouldn't tell me.

"That," says he, "you don't need to know at all; just remember that from now on you are called Lepoutant and are thus named in my gift deed. Keep this name; you will gain thereby."

CHAPTER ELEVEN

We set up housekeeping in our own home, and everything went very well, and we believed that all this was due to my wife's good luck, because for a long time we could not come upon the true explanation from anybody; but one day two gentlemen hurried past our house, and suddenly stopped and came in.

The wife asks them:

"Can I help you?"

They replied:

"We need Monsieur Lepoutant himself."

I come out, and they exchanged glances, both of them laughed at the same time and began talking to me in French.

I apologize, saying I do not understand French.

"Have you hung out this sign for a long time?"

I told them how many years it was.

"Well, that's it. We remember you," they say, "and saw how you did a marvelous job mending a gentleman's tailcoat for a ball on New Year's Eve, and later suffered unpleasantness at his hands in our presence in the hotel."

"That's quite right," I say, "there was such an occasion, but I am grateful to that gentleman, and it is through him that my life began; but I don't know his name or surname, for all this has been kept from me."

Они́ мне сказа́ли его́ и́мя, а фами́лия его́, приба́-
вили, — Лапу́тин.

— Как Лапу́тин?

— Да, разуме́ется, — говоря́т, — Лапу́тин. А вы
ра́зве не зна́ли, че́рез что он вам всё э́то благоде́-
тельство оказа́л? Че́рез то, чтобы его́ фами́лии на
вы́веске не́ было.

— Предста́вьте, — говорю́, — а мы о сю по́ру[48]
ничего́ э́того поня́ть не могли́; благодея́нием по́ль-
зовались, а сло́вно как в потёмках.

— Но, одна́ко, — продолжа́ют мои́ го́сти, — ему́
от э́того ничего́ не помогло́сь,[49] — вчера́ с ним но́вая
исто́рия вы́шла.

И рассказа́ли мне таку́ю но́вость, что ста́ло мне
моего́ пре́жнего однофами́льца о́чень жа́лко.

ГЛАВА ДВЕНАДЦАТАЯ

Жена́ Лапу́тина, кото́рой они́ сде́лали[50] предложе́-
ние в зашто́панном фра́ке, была́ ещё щекоти́стее му́-
жа и обожа́ла ва́жность. Са́ми они́ о́ба бы́ли не Бог
весть[51] како́й поро́ды, а то́лько отцы́ их по откупа́м[52]
разбогате́ли, но иска́ли знако́мства с одни́ми зна́т-
ными. А в ту по́ру у нас в Москве́ был главнокома́н-
дующим граф Закре́вский,[53] кото́рый сам то́же, го-
воря́т, был из поля́цких шля́хтецов,[54] и его́ настоя́-
щие господа́, как князь Серге́й Миха́йлович Голи́-
цын,[55] не высоко́ чи́слили; но про́чие обольща́лись
быть в его́ до́ме при́няты. Моего́ пре́жнего однофа-
ми́льца супру́га то́же э́той че́сти жа́ждали. Одна́ко,
Бог их зна́ет почему́, им э́то до́лго не выходи́ло, но,
наконе́ц, нашёл господи́н Лапу́тин сде́лать гра́фу
каку́ю-то прия́тность, и тот ему́ сказа́л:

— Заезжа́й, бра́тец, ко мне, я велю́ тебя́ приня́ть,
скажи́ мне, чтобы я не забы́л: как твоя́ фами́лия?

Тот отвеча́л, что его́ фами́лия — Лапу́тин.

— Лапу́тин? — заговори́л граф, — Лапу́тин...
Посто́й, посто́й, сде́лай ми́лость, Лапу́тин... Я что́-

They told me his name, and his surname, they added, was Laputin.

"What do you mean, Laputin?"

"Yes, of course," they say, "Laputin. Didn't you really know why he showered on you all those benefactions? So that his name should not appear on your signboard."

"Fancy that," I say, "and we couldn't understand it at all to this very day; we enjoyed the benefaction but in the dark as it were."

"However," continue my visitors, "it didn't do him any good. Yesterday he got involved in a new mixup."

And they told me a bit of news that made me feel very sorry for my erstwhile namesake.

CHAPTER TWELVE

Laputin's wife, to whom he proposed in his darned tail-coat, was even more snobbish than her husband, and adored pomp. Neither of them was particularly high-born, it was just that their fathers had grown rich through government contracts; but they sought the acquaintance of the nobility only. And at that time our governor-general in Moscow was Count Zakrevsky, who himself, they say, was also from the Polish gentry, and real gentlemen like Prince Sergey Mikhailovich Golitsyn did not rate him high, but all the rest were flattered to be received in his house. The spouse of the man who used to have the same name as mine also thirsted for this honor. Yet, goodness knows why, this eluded them for a long time, but at last Mr. Laputin found the opportunity of pleasing the Count, and the latter said to him:

"Come and see me, my dear fellow, I'll leave orders to have you admitted. Tell me, lest I forget, what is your name?"

The other answered that his name was Laputin.

"Laputin?" asked the Count. "Laputin. . . Wait a moment, wait a moment, if you please. Laputin. . . I seem

то по́мню, Лапу́тин... Это чья́-то фами́лия.

— То́чно так, — говори́т, — ва́ше сия́тельство,[56] э́то моя́ фами́лия.

— Да, да, бра́тец, действи́тельно э́то твоя́ фами́лия, то́лько я что́-то по́мню... как бу́дто был ещё кто́-то Лапу́тин. Мо́жет быть, э́то твой оте́ц был Лапу́тин?

Ба́рин отвеча́ет, что его́ оте́ц был Лапу́тин.

— То́-то я по́мню, по́мню... Лапу́тин. Очень мо́жет быть, что э́то твой оте́ц. У меня́ о́чень хоро́шая па́мять: приезжа́й, Лапу́тин, за́втра же приезжа́й; я тебя́ велю́ приня́ть, Лапу́тин.

Тот от ра́дости себя́ не по́мнит и на друго́й день е́дет.

ГЛАВА ТРИНАДЦАТАЯ

Но граф Закре́вский па́мять свою́ хотя́ и хвали́л, одна́ко на э́тот раз оплоша́л и ничего́ не сказа́л, чтобы приня́ть господи́на Лапу́тина.

Тот разлете́лся.

— Тако́й-то, — говори́т, — и жела́ю ви́деть гра́фа.

А швейца́р его́ не пуща́ет:[57]

— Никого́, — говори́т, — не ве́лено принима́ть.

Ба́рин так-сяк его́ убежда́ть, — что «я, — говори́т, — не сам, а по гра́фскому зо́ву прие́хал», — швейца́р ко всему́ пребыва́ет[58] нечувстви́телен.

— Мне, — говори́т, — никого́ не ве́лено принима́ть, а е́сли вы по де́лу, то иди́те в канцеля́рию.

— Не по де́лу я, — обижа́ется ба́рин, — а по ли́чному знако́мству; граф наве́рно тебе́ сказа́л мою́ фами́лию — Лапу́тин, а ты, ве́рно, напу́тал.

— Никако́й фами́лии мне вчера́ граф не говори́л.

— Этого не мо́жет быть; ты про́сто позабы́л, фами́лию — Лапу́тин.

— Никогда́ я ничего́ не позабыва́ю, а э́той фами́лии я да́же и не могу́ позабы́ть, потому́ что я сам Лапу́тин.

Ба́рин так и вскипе́л.

to remember something. This is someone's name."

"That's right, your excellency," he says, "that's my name."

"Yes, yes, my dear fellow, it is indeed your name, but I remember something—there seems to have been another Laputin. Perhaps it's your father who was Laputin?"

The gentleman replied that indeed his father had been Laputin.

"That's why I remember it, I do. Laputin. It's quite possible that it was your father. I have a very good memory; come, Laputin, come tomorrow. I'll leave orders for you to be admitted, Laputin."

The latter was beside himself with joy and the very next day went there.

CHAPTER THIRTEEN

But Count Zakrevsky, even though he had boasted of his memory, nevertheless had slipped up on this occasion and said nothing about admitting Mr. Laputin.

The latter came flying.

"I'm So-and-So," says he, "and I wish to see the Count."

But the doorman would not let him in.

"There are no orders," he says, "to admit anyone."

The gentleman tries to argue with him this way and that. "I haven't come on my own," he says, "but at the invitation of the Count." The doorman remains adamant.

"I have no orders to admit anyone," he says. "And if you've come on business go to the office."

"I have not come on business," the gentleman says, "but through personal acquaintance. The Count must have given you my name—Laputin, and you must have mixed it up."

"The Count didn't give me any name yesterday."

"That can't be. You've simply forgotten the name—Laputin."

"I never forget anything, and as for this name I am not likely to forget it because I am Laputin myself."

The gentleman simply boiled over.

— Как, — говорит, — ты сам Лапу́тин! Кто тебя́ научи́л так назва́ться?

А швейца́р ему́ отвеча́ет:

— Никто́ меня́ не науча́л, а э́то на́ша приро́да, и в Москве́ Лапу́тиных обши́рное мно́жество, но то́лько остальны́е незначи́тельны, а в настоя́щие лю́ди оди́н я вы́шел.

А в э́то вре́мя, пока́ они́ спо́рили, граф с ле́стницы схо́дит и говори́т:

— Действи́тельно, э́то я его́ и по́мню, он и есть Лапу́тин, и он у меня́ то́же мерза́вец. А ты в друго́й раз приди́, мне тепе́рь не́когда. До свида́ния.

Ну, разуме́ется, по́сле э́того уже́ како́е свида́ние?[59]

ГЛАВА ЧЕТЫРНАДЦАТАЯ

Рассказа́л мне э́то maître tailleur Lepoutant с сожали́тельною скро́мностью и приба́вил в ви́де фина́ла, что на друго́й же день ему́ дове́лось, и́дучи с рабо́тою по бульва́ру, встре́тить самого́ анекдоти́ческого Лапу́тина, кото́рого Васи́лий Ко́ныч име́л основа́ние счита́ть свои́м благоде́телем.

— Сиди́т, — говори́т, — на ла́вочке о́чень гру́стный. Я хоте́л проюркну́ть ми́мо, но он лишь заме́тил и говори́т:

— Здра́вствуй, monsieur Lepoutant! Как живёшь-мо́жешь?[60]

— По Бо́жьей и по ва́шей ми́лости о́чень хорошо́. Вы как, ба́тюшка, изво́лите себя́ чу́вствовать?

— Как нельзя́ ху́же; со мно́ю прескве́рная исто́рия случи́лась.

— Слы́шал, — говорю́, — су́дарь, и пора́довался, что вы его́ по кра́йней ме́ре не тро́нули.

— Тро́нуть его́, — отвеча́ет, — невозмо́жно, потому́ что он не свобо́дного трудолю́бия,[61] а при гра́фе в мерза́вцах слу́жит; но я хочу́ знать: кто его́ подку́пил, что́бы мне э́ту по́длость сде́лать?

"What do you mean," says he, "you're Laputin yourself! Who put you onto calling yourself that?!"

And the doorman replies:

"No one put me on to it, but that's our stock, and there is any number of Laputins in Moscow, only the others are of no account and I'm the only one who has come up in the world."

And at that moment, while they were arguing, the Count comes down the stairs and says:

"That's right, he is the one I had in mind, he is that very Laputin, and in my house he's a scoundrel, too. And you come some other time, I am busy now. Good day."

Well, naturally, how can you pay a call after this?

CHAPTER FOURTEEN

Maître tailleur Lepoutant told me this story with an air of compassionate modesty, adding by way of finale that the very next day, as he walked along the boulevard with his work, he happened to run into anecdotic Laputin himself, whom Vasily Konych had reason to regard as his benefactor.

"He is sitting on a bench," he said, "very sad. I wanted to slip past, but the moment he noticed me he said:

'Good morning, Monsieur Lepoutant. How's life treating you?'

'Very well, by the grace of God and with your help. And you, sir, how are you?'

'Couldn't be worse. A most wretched thing happened to me.'

'I have heard about it, sir,' I say, 'and was glad that at least you didn't lay hands on him.'

'I couldn't lay hands on him because he is not a man of free profession but the Count's knave; but what I want to know is: Who bribed him to play this filthy trick on me?'"

А Ко́ныч, по свое́й простоте́, стал ба́рина утеша́ть.

— Не ищи́те, — говори́т, — су́дарь, подуче́ния. Лапу́тиных, то́чно, мно́го есть, и есть ме́жду них лю́ди о́чень че́стные, как, наприме́р, мой поко́йный де́душка, — он по всей Москве́ сте́лечки продава́л...

А он меня́ вдруг с э́того сло́ва враз че́рез всю спи́ну па́лкою... Я и убежа́л, и с тех пор его́ не вида́л, а то́лько слы́шал, что они́ с супру́гой за грани́цу во Фра́нцию уе́хали, и он там разори́лся и у́мер, а она́ над ним па́мятник поста́вила, да, говоря́т, по слу́чаю, с тако́ю на́дписью, как у меня́ на вы́веске: «Лепута́н». Так и вы́шли мы опя́ть однофами́льцы.

ГЛАВА ПЯТНАДЦАТАЯ

Васи́лий Ко́ныч зако́нчил, а я его́ спроси́л: почему́ он тепе́рь не хо́чет перемени́ть вы́вески и вы́ставить опя́ть свою́ зако́нную, ру́сскую фами́лию?

— Да заче́м, — говори́т, — су́дарь, вороши́ть то, с чего́ но́вое сча́стье ста́ло, — че́рез э́то мо́жно вред всей окре́стности сде́лать.

— Окре́стности-то како́й же вред?

— А как же-с, — моя́ францу́зская вы́веска, хотя́, поло́жим, все зна́ют, что одна́ лафе́рма, одна́ко че́рез неё на́ша ме́стность друго́й эфе́кт получи́ла, и дома́ у всех сосе́дей совсе́м друго́й про́тив пре́жнего профи́т име́ют.

Так Ко́ныч и оста́лся францу́зом для по́льзы обыва́телей своего́ замоскворе́цкого[62] закоу́лка, а его́ зна́тный однофами́лец без вся́кой по́льзы сгнил под псевдони́мом у Пер-Лаше́за.[63]

And Konych, in his simplicity, began to comfort the gentleman.

"Don't look, sir," he says, "for instigation. There really are many Laputins and among them some very honest folk, as for example my late grandfather; he used to sell insoles all over Moscow. . . ."

"And at those words he suddenly let me have it across the back with his stick. I ran away, and since then I haven't seen him, but have heard that he and his spouse went abroad, to France, and there he got ruined and died, and she erected a monument to him and they say that the inscription happened to be the same as that on my sign: 'Lepoutant.' Thus we became namesakes once more."

CHAPTER FIFTEEN

Vasily Konych concluded and I asked him why he wouldn't now change his sign and display his lawful Russian name.

"Well, sir," he says, "why should I stir up that which brought me new fortune—this way I can harm the whole neighborhood."

"But what harm will it do the neighborhood?"

"Well, you see, my French sign, even though, I suppose, everybody knows that it is mere formality, yet because of it our neighborhood has got a different stamp, and the houses of all my neighbors have now a different value from what they had before."

Thus Konych has remained a Frenchman for the good of the residents of his little side-lane beyond the Moscow River while his aristocratic namesake has rotted away at Père-Lachaise, under a pseudonym, without doing any good.

ANTON CHEKHOV
(1860-1904)

Anton Pavlovich Chekhov was born in Taganrog, on
the Sea of Azov, the son of a small tradesman and the
grandson of a serf who had managed to buy freedom for
himself and his family.

After studying medicine at the University of Moscow,
and receiving his medical degree, Chekhov set up a general
practice, but soon gave it up and devoted himself entirely
to literature which had helped him earn his living while
a student. For many years Chekhov contributed short
stories and sketches to lowbrow comic magazines and to
daily newspapers. This taught him to prune his stories of
everything superfluous.

In 1885 one of Chekhov's newspaper stories attracted
the attention of the veteran writer Dmitry Grigorovich
who, forty years earlier, had played, with Nekrasov and
Belinsky, the role of literary godfather to Dostoevsky when
the latter wrote his *Poor Folk*. Grigorovich introduced
Chekhov to Alexey Suvorin, the editor of the most influential Russian daily, *Novoye Vremya* (*New Times*),
and thus began their long personal and literary association which set Chekhov on the road to success.

In addition to many volumes of short stories, the last
of which was written in 1902, Chekhov also wrote, between 1888 and 1903, five major plays and several one-
acters. He contributed as much to the renovation of the
Russian theater as he did to the Russian short story, although many of the admirers of Chekhov's stories (among
them Tolstoy and Bunin) did not think much of his
plays.

As a short-story writer Chekhov is rated today as one
of the greatest in world literature. The influence of Maupassant, of whom he was a great admirer, has been as-
serted by some and disputed by others. There is no doubt,

however, that Chekhov himself influenced short-story writing, not only in Russia, but in many countries. His impact on literature was especially significant in England —in the stories of Katherine Mansfield and A. E. Coppard for example.

Chekhov initiated in Russian literature, the period during which the short story became the dominant genre in prose fiction. Remaining essentially within the realist tradition, he renovated it by developing his own brand of realistic impressionism. This original quality of Chekhov's writing was well realized by Tolstoy who said:

> Chekhov as an artist cannot even be compared with previous Russian writers — with Turgenev, Dostoevsky, or myself. Chekhov has his own peculiar manner, like the impressionists. You look and it is as though the man were indiscriminately dubbing on whatever paints came to his hand, and these brush strokes seem to be quite unrelated to each other. But you move some distance away, you take a look, and you get, on the whole, an integrated impression.

"Sleepy" is a very good example of Chekhov's impressionist technique. It belongs to his middle period when he was still contributing short stories to the *Petersburg Gazette*. It was written in January 1888. Chekhov himself described it, in a letter to his friend, the poet Pleschcheyev, as "a rather poor little story," which, he said, he had "scribbled" in less than half-a-day. Yet it is an excellent example of Chekhov's craftsmanship, of his unerring touch, of his utmost economy in the use of artistic means.

Chekhov was only forty-four when he died of tuberculosis in Badenweiler, Germany. He had contracted the disease more than twenty years earlier, and it had bothered him ever since. His widow, the famous actress Olga Knipper whom he met before the production of *The Seagull* by the Moscow Art Theatre and who was to create some of the most famous parts in his plays, survived him by fifty-five years.

СПАТЬ ХОЧЕТСЯ
А. П. Чéхова

Ночь. Нянька Вáрька,[1] дéвочка лет тринáдцати, качáет колыбéль, в котóрой лежи́т ребёнок, и чуть слы́шно мурлы́чет:

> Бáю-бáюшки-баю,
> А я пéсенку спою...[2]

Пéред óбразом гори́т зелёная лампáдка; чéрез всю кóмнату от углá до углá тя́нется верёвка, на котóрой вися́т пелёнки и больши́е чёрные панталóны. От лампáдки ложи́тся на потолóк большóе зелёное пятнó, а пелёнки и панталóны бросáют дли́нные тéни на пéчку, колыбéль, на Вáрьку... Когдá лампáдка начинáет мигáть, пятнó и тéни оживáют и прихóдят в движéние, как от вéтра. Дýшно. Пáхнет щáми и сапóжным товáром.

Ребёнок плáчет. Он давнó ужé оси́п и изнемóг от плáча, но всё ещё кричи́т, и неизвéстно, когдá он уймётся. А Вáрьке хóчется спать. Глазá её слипáются,[3] гóлову тя́нет вниз, шéя боли́т. Онá не мóжет шевельнýть ни вéками, ни губáми, и ей кáжется, что лицó её вы́сохло и одеревенéло, что головá стáла мáленькой, как булáвочная голóвка.

— Бáю-бáюшки-баю, — мурлы́чет онá, — тебé кáшки наварю́...[4]

В пéчке кричи́т сверчóк. В сосéдней кóмнате, за двéрью, похрáпывают хозя́ин и подмастéрье Афанáсий... Колыбéль жáлобно скрипи́т, самá Вáрька мурлы́чет — и всё э́то сливáется в ночнýю, убаюкивающую мýзыку, котóрую так слáдко слýшать, когдá ложи́шься в постéль. Тепéрь же э́та мýзыка

222

SLEEPY
Anton Chekhov

I t is night. Nanny Varka, a girl of about thirteen, is rocking a cradle with a baby in it, and barely audibly purring:

> Rockabye, baby,
> I'll lullaby you . . .

In front of the icon a green light is burning; across the entire room, from corner to corner, stretches a line on which hang diapers and a pair of roomy black trousers. The icon light throws a large green patch onto the ceiling, and the diapers and trousers cast long shadows onto the stove, onto the cradle, onto Varka. . . . When the icon light begins to flicker, the patch and the shadows come to life and are set in motion as though by a wind. It is stuffy. There is a smell of cabbage-soup and cobbler's ware.

The baby is crying. It has long since grown hoarse and exhausted from crying, but it still shrills and nobody knows when it will quiet down. And Varka is sleepy. She can hardly keep her eyes open, her head is weighed down, her neck aches. She cannot move either her eyelids or her lips, and her face seems to her to have become dry and wooden, her head grown small, like the head of a pin.

"Rockabye, baby," she purrs, "I'll make you some stew. . . ."

In the stove a cricket shrills. In the next room, behind the door, the master and the apprentice Afanasy are snoring. . . . The cradle creaks plaintively, Varka herself purrs —and all this merges into the nocturnal, lulling music, so sweet to hear as you go to bed. But now this music only irritates and oppresses, because it makes you drowsy, and

223

только раздражает и гнетёт, потому что она вгоняет в дремоту, а спать нельзя; если Варька, не дай Бог,[5] уснёт, то хозяева прибьют её.

Лампадка мигает. Зелёное пятно и тени приходят в движение, лезут в полуоткрытые, неподвижные глаза Варьки и в её наполовину уснувшем мозгу складываются в туманные грёзы. Она видит тёмные облака, которые гоняются друг за другом по небу и кричат, как ребёнок. Но вот подул ветер, пропали облака, и Варька видит широкое шоссе, покрытое жидкою грязью: по шоссе тянутся обозы, плетутся люди с котомками на спинах, носятся взад и вперёд какие-то тени; по обе стороны сквозь холодный, суровый туман видны леса. Вдруг люди с котомками и тенями падают на землю в жидкую грязь. «Зачем это?» — спрашивает Варька. «Спать, спать!» отвечают ей. И они засыпают крепко, спят сладко, а на телеграфных проволоках сидят вороны и сороки, кричат, как ребёнок, и стараются разбудить их.

— Баю-баюшки-баю, а я песенку спою... — мурлычет Варька и уже видит себя в тёмной, душной избе.[6]

На полу ворочается её покойный отец Ефим Степанов. Она не видит его, но слышит, как он катается от боли по полу и стонет. У него, как он говорит, «разыгралась грыжа». Боль так сильна, что он не может выговорить ни одного слова и только втягивает в себя воздух и отбивает зубами барабанную дробь:

— Бу-бу-бу-бу...

Мать Пелагея побежала в усадьбу к господам сказать, что Ефим помирает. Она давно уже ушла, и пора бы ей вернуться. Варька лежит на печи, не спит и прислушивается к отцовскому «бу-бу-бу». Но вот слышно, кто-то подъехал к избе. Это господа прислали молодого доктора, который приехал к ним из города в гости. Доктор входит в избу; его не видно в потёмках, но слышно как он кашляет и щёлкает дверью.

you must not sleep: should Varka, God forbid, fall asleep, her employers will beat her.

The icon light flickers. The green patch and the shadows are set in motion, they force their way into Varka's half-open, staring eyes and form into hazy dreams in her half-dormant brain. She sees dark clouds which chase each other across the sky and shrill like the baby. But now the wind blows, the clouds disappear and Varka sees a wide highway covered with watery mud; wagon trains stretch out along the highway, people with bundles on their backs drag themselves along, some sort of shadows flit back and forth; on both sides, through the cold, raw fog, forests can be seen. Suddenly, the people with their bundles and the shadows fall on the ground, into the watery mud. "Why is this?" asks Varka. "To sleep, to sleep!" they answer her. And they fall asleep soundly, they sleep sweetly, while crows and magpies sit on the telegraph wires, shrilling like the baby, and trying to wake them.

"Rockabye, baby, I'll lullaby you," Varka purrs and sees herself now in a dark, stuffy cabin.

On the floor, her late father Efim Stepanych is turning from one side to the other. She cannot see him, but she hears how he rolls on the floor with pain and moans. His "hernia is acting up," as he puts it. The pain is so bad that he cannot utter a word and merely sucks in air and his teeth beat a rapid tattoo:

"Boo-boo-boo-boo. . . ."

Her mother Pelageya has run off to the manor house to tell the gentry that Efim is dying. She left a long while ago and it's time for her to be back. Varka is lying on the stove, awake, and listens to her father's "boo-boo-boo." But now someone is heard driving up to the cabin. The gentry have sent the young doctor who has been visiting them from town. The doctor comes into the cabin, he cannot see in the dark, but one can hear him cough and rattle the door.

— Засветите огонь, — говорит он.

— Бу-бу-бу... — отвечает Ефим.

Пелагея бросается к печке и начинает искать черепок со спичками. Проходит минута в молчании. Доктор, порывшись в карманах, зажигает свою спичку.

— Сейчас, батюшка, сейчас, — говорит Пелагея, бросается вон из избы и, немного погодя, возвращается с огарком.

Щёки у Ефима розовые, глаза блестят и взгляд как-то особенно остр, точно Ефим видит насквозь и избу, и доктора.

— Ну, что? Что ты это вздумал? — говорит доктор, нагибаясь к нему. — Эге! Давно ли это у тебя?

— Чего-с? Помирать, ваше благородие, пришло время... Не быть мне в живых...

— Полно вздор говорить... Вылечим!

— Это как вам угодно, ваше благородие,[7] благодарим покорно, а только мы понимаем... Коли смерть пришла, что уж тут.

Доктор с четверть часа возится с Ефимом; потом поднимается и говорит:

— Я ничего не могу поделать... Тебе нужно в больницу ехать, там тебе операцию сделают. Сейчас же поезжай... Непременно поезжай! Немножко поздно, в больнице все уже спят, но это ничего, я тебе записочку дам. Слышишь?

— Батюшка, да на чём же он поедет? — говорит Пелагея. — У нас нет лошади.

— Ничего, я попрошу господ, они дадут лошадь.

Доктор уходит, свеча тухнет, и опять слышится «бу-бу-бу»... Спустя полчаса к избе кто-то подъезжает. Это господа прислали тележку, чтобы ехать в больницу. Ефим собирается и едет.

Но вот наступает хорошее, ясное утро. Пелагеи нет дома: она пошла в больницу узнать, что делается с Ефимом. Где-то плачет ребёнок, и Варька слышит, как кто-то её голосом поёт:

Баю-баюшки-баю, а я песенку спою...

"Strike a light," he says.

"Boo-boo-boo," answers Efim.

Pelageya rushes to the stove and begins looking for the crock with matches. A minute goes by in silence. The doctor, after fumbling in his pockets, lights a match of his own.

"Just a moment, sir, just a moment," says Pelageya, dashes out of the cabin and returns a little later with a candle end.

Efim's cheeks are pink, his eyes shine, and have a particularly keen look as though he can see right through both the cabin and the doctor.

"Well, what is it? What do you think you're doing?" says the doctor, bending over him. "Aha! Have you had this long?"

"What, sir? Time has come for me to die, your honor. . . I am not for this life. . . ."

"Stop talking nonsense. . . . We'll have you well!"

"That's as you please, your honor, we thank you kindly, but we understand. . . . When death comes, what's the use. . . ."

For about a quarter of an hour the doctor fusses over Efim; then he rises and says:

"There is nothing I can do. . . . You must go to the hospital, they'll operate on you there. Go right away. . . . Go without fail! It's a bit late, they're all asleep at the hospital, but that doesn't matter, I'll give you a note. Do you hear me?"

"O, sir, how will he go?" says Pelageya. "We don't have a horse."

"Never mind, I'll ask the gentry, they'll send a horse."

The doctor leaves, the candle goes out, and again one can hear the "boo-boo-boo." Half an hour later, someone drives up to the cabin. It is a cart sent by the gentry to take Efim to the hospital. He gets ready and leaves. . . .

Then comes morning—fine, clear. Pelageya is not home: she has gone to the hospital to find out how things are with Efim. Somewhere a baby cries, and Varka hears someone sing in her own voice:

"Rockabye, baby, I'll lullaby you. . ."

Возвращается Пелагея; она крестится и шепчет:

— Ночью вправили ему, а к утру Богу душу отдал... Царство небесное, вечный покой.... Сказывают, поздно захватили... Надо бы раньше...

Варька идёт в лес и плачет там, но вдруг кто-то бьёт её по затылку с такой силой, что она стукается лбом о берёзу. Она поднимает глаза и видит перед собой хозяина-сапожника.

— Ты что же это, паршивая? — говорит он. — Дитё[8] плачет, а ты спишь?

Он больно треплет её за ухо, а она встряхивает головой, качает колыбель и мурлычет свою песню. Зелёное пятно и тени от панталон и пелёнок колеблются, мигают ей и скоро опять овладевают её мозгом. Опять она видит шоссе, покрытое жидкою грязью. Люди с котомками на спинах и тени разлеглись и крепко спят. Глядя на них, Варьке страстно хочется спать: она легла бы с наслаждением, но мать Пелагея идёт рядом и торопит ее. Обе они спешат в город наниматься.

— Подайте милостынки Христа-ради! — просит мать у встречных. — Явите божескую милость, господа милосердные![9]

— Подай сюда ребёнка! — отвечает ей чей-то знакомый голос. — Подай сюда ребёнка! — повторяет тот же голос, но уже сердито и резко. — Спишь, подлая?

Варька вскакивает и, оглядевшись, понимает, в чём дело: нет ни шоссе, ни Пелагеи, ни встречных, а стоит посреди комнаты одна только хозяйка, которая пришла покормить своего ребёнка. Пока толстая, плечистая хозяйка кормит и унимает ребёнка, Варька стоит, глядит на неё и ждёт, когда она кончит. А за окнами уже синеет воздух, тени и зелёное пятно на потолке заметно бледнеют. Скоро утро.

Pelageya comes back; she makes the sign of the cross
and whispers:

"In the night they straightened it out, but by the morning he went to meet his Maker. . . . May the Kingdom of
Heaven and everlasting peace be his. . . . They say they
caught it too late. . . . Should've been sooner. . . ."

Varka goes into the woods and cries there, but suddenly
someone hits her on the back of the head with such force
that she bangs her forehead against a birch tree. She
raises her eyes and sees her master, the cobbler, standing
before her.

"What d'you think you're doing, you mangy brat?" he
says. "The baby is crying and you're asleep."

He jerks her painfully by the ear and she gives her head
a shake, rocks the cradle, and purrs her song. The green
patch and the shadows from the trousers and the diapers
waver, wink at her, and soon again take possession of her
brain. Again she sees the highway covered with watery
mud. The people with bundles on their backs and the
shadows have stretched out and are sound asleep. Looking
at them, Varka feels a passionate longing for sleep; what
a joy it would be for her to lie down, but her mother
Pelageya is walking beside her and urging her on. They
are both hurrying to town to look for work.

"Give alms for the love of Christ!" her mother begs
the passers-by. "Be merciful, kind people."

"Give me the baby!" someone's familiar voice answers
her. "Give me the baby!" repeats the same voice, but this
time angrily and sharply. "Asleep, are you, you wretch?!"

Varka jumps up and, looking around, realizes what is
going on: there is no highway, no Pelageya, no passers-by,
but it is just her mistress, standing in the middle of the
room, who has come to feed her baby. While the fat,
broad-shouldered woman feeds and soothes the baby,
Varka stands watching her and waiting for her to finish.
The air outside the windows is already turning blue, the
shadows and the green patch on the ceiling grow notice-
ably paler. It will soon be morning.

— Возьми! — говорит хозяйка, застёгивая на груди сорочку. — Плачет. Должно, сглазили.

Варька берёт ребёнка, кладёт его в колыбель и опять начинает качать. Зелёное пятно и тени мало-помалу исчезают, и уж некому лезть в её голову и туманить мозг. А спать хочется по-прежнему, ужасно хочется! Варька кладёт голову на край колыбели и качается всем туловищем, чтобы пересилить сон, но глаза всё-таки слипаются и голова тяжела.

— Варька, затопи печку! — раздаётся за дверью голос хозяина.

Значит, уже пора вставать и приниматься за работу. Варька оставляет колыбель и бежит в сарай за дровами. Она рада. Когда бегаешь и ходишь, спать уже не так хочется, как в сидячем положении. Она приносит дрова, топит печь и чувствует, как расправляется её одеревеневшее лицо и как проясняются мысли.

— Варька, поставь самовар! — кричит хозяйка.

Варька колет лучину, но едва успевает зажечь их и сунуть в самовар, как слышится новый приказ:

— Варька, почисть хозяину калоши!

Она садится на пол, чистит калоши и думает, что хорошо бы сунуть голову в большую, глубокую калошу и подремать в ней немножко... И вдруг калоша растёт, пухнет, наполняет собою всю комнату. Варька роняет щётку, но тотчас же встряхивает головой, пучит глаза и старается глядеть так, чтобы предметы не росли и не двигались в её глазах.

— Варька, помой снаружи лестницу, а то от заказчиков совестно!

Варька моет лестницу, убирает комнаты, потом топит другую печь и бежит в лавочку. Работы много, нет ни одной минуты свободной.

Но ничто так не тяжело, как стоять на одном месте перед кухонным столом и чистить картошку. Голову тянет к столу, картошка рябит в глазах,

"Take it," says the mistress, fastening the shift on her breast. "It's crying. Must have been given the evil eye."

Varka takes the baby, puts it in the cradle and again starts rocking. The green patch and the shadows gradually disappear, and there is now no one to get into her head and befuddle her brain. But she still has the same longing for sleep, a terrible longing. Varka lays her head on the edge of the cradle and rocks with her whole body to overcome sleepiness, but she still can hardly keep her eyes open and her head is heavy.

"Varka, light the stove!" the mistress's voice is heard behind the door.

This means that it is already time to get up and set about work. Varka leaves the cradle and runs to the shed for firewood. She is glad. When you run or walk you are not so sleepy as when you are sitting down. She brings the firewood, lights the stove and feels her stiffened face relax and her mind clear.

"Varka, put on the samovar!" shouts the mistress.

Varka splits some kindling into spills, but she barely has time to light them and shove them into the samovar when a new order rings out.

"Varka, clean the master's overshoes!"

She sits down on the floor, cleans the overshoes and thinks how nice it would be to put her head into a large, deep overshoe and have a little nap in it. . . . And suddenly the overshoe grows, swells, fills up the whole room. Varka lets the brush fall, but immediately gives her head a shake, bulges her eyes and tries to focus them, so that the things do not grow and do not move before her eyes.

"Varka, scrub the front steps, it's shameful for the customers!"

Varka scrubs the steps, tidies the rooms, then lights the other stove and runs to the store. There is a lot of work, not one free moment.

But nothing is so hard as standing still in front of the kitchen table and peeling potatoes. Her head sags down to the table, the potatoes swim before her eyes, her hands

нож вáлится из рук, а вóзле хóдит тóлстая, сердѝтая хозяйка с засýченными рукавáми и говорѝт так грóмко, что звенѝт в ушáх. Мучѝтельно тáкже прислýживать за обéдом, стирáть, шить. Бывáют минýты, когдá хóчется, ни на что не глядя, повалѝться нá пол и спать.

День прохóдит. Глядя, как темнéют óкна, Вáрька сжимáет себé деревенéющие вискѝ и улыбáется, самá не зная чегó рáди. Вечéрняя мгла ласкáет её слипáющиеся глазá и обещáет ей скóрый, крéпкий сон. Вéчером к хозяевам прихóдят гóсти.

— Вáрька, ставь самовáр! — кричѝт хозяйка.

Самовáр у хозяев мáленький, и прéжде чем гóсти напивáются чáю, прихóдится подогревáть его раз пять. Пóсле чáю Вáрька стоѝт цéлый час на однóм мéсте, глядѝт на гостéй и ждёт приказáний.

— Вáрька, сбéгай купѝ три бутылки пѝва!

Онá срывáется с мéста и старáется бежáть быстрéе, чтобы прогнáть сон.

— Вáрька, сбéгай за вóдкой! Вáрька, где штóпор? Вáрька, почѝсть селёдку!

Но вот, наконéц, гóсти ушлѝ; огнѝ тýшатся, хозяева ложáтся спать.

— Вáрька, покачáй ребёнка! — раздаётся послéдний прикáз.

В пéчке кричѝт сверчóк; зелёное пятнó на потолкé и тéни от панталóн и пелёнок опять лéзут в полуоткрытые глазá Вáрьки, мигáют и тумáнят ей гóлову.

— Баю-бáюшки-баю, — мурлычет она, — а я пéсенку спою...

А ребёнок кричѝт и изнемогáет от крѝка. Вáрька вѝдит опять грязное шоссé, людéй с котóмками, Пелагéю, отцá Ефѝма. Онá всё понимáет, всех узнаёт, но сквозь полусóн не мóжет тóлько никáк понять той сѝлы, котóрая скóвывает её по рукáм и по ногáм, дáвит её и мешáет ей жить. Онá оглядывается, ѝщет эту сѝлу, чтобы избáвиться от неё, но не нахóдит. Наконéц, измýчившись, она напрягáет

can hardly hold the knife, and besides her the fat, cross-tempered mistress walks about with her sleeves rolled up and talks so loudly that Varka's ears ring. It's agony also to serve at table, to wash, to sew. There are moments when, come what may, she feels like flopping on the floor and sleeping.

The day passes. Watching the windows grow dark, Varka presses her stiffening temples and smiles, not knowing why herself. The evening dusk caresses her sticky eyes and promises her speedy, sound sleep. In the evening the master and mistress have company.

"Varka, put on the samovar!" shouts the mistress.

Their samovar is small, and before the guests have their fill of tea it has to be reheated at least five times. After tea Varka stands for a whole hour in one place, watching the guests and awaiting orders.

"Varka, run and buy three bottles of beer!"

She dashes off and tries to run faster to drive away sleepiness.

"Varka, run for some vodka! . . . Varka, where's the corkscrew? Varka, clean the herring!"

But then, at last, the guests are gone; the lights are put out, the master and mistress go to bed.

"Varka, rock the baby!" the last order rings out.

In the stove the cricket shrills. The green patch on the ceiling and the shadows from the trousers and the diapers again force their way into Varka's half-open eyes, flicker, and befuddle her brain.

"Rockabye, baby," she purrs, "I'll lullaby you. . . ."

And the baby shrills and is exhausted with shrilling. Varka again sees the muddy highway, the people with bundles, Pelageya, her father Efim. She understands everything, recognizes everyone, but through her doze she just cannot understand this force which shackles her hand and foot, weighs down on her, and interferes with her life. She turns round, looks for that force in order to rid herself of it, but cannot find it. At last, exhausted, she strains

все свои силы и зрение, глядит вверх на мигающее зелёное пятно и, прислушавшись к крику, находит врага, мешающего ей жить.

Этот враг — ребёнок.

Она смеётся. Ей удивительно: как это раньше она не могла понять такого пустяка? Зелёное пятно, тени и сверчок тоже, кажется, смеются и удивляются.

Ложное представление овладевает Варькой. Она встаёт с табурета и, широко улыбаясь, не мигая глазами, прохаживается по комнате. Ей приятно и щекотно от мысли, что она сейчас избавится от ребёнка, сковывающего её по рукам и ногам... Убить ребёнка, а потом спать, спать, спать...

Смеясь, подмигивая и грозя зелёному пятну пальцами, Варька подкрадывается к колыбели и наклоняется к ребёнку. Задушив его, она быстро ложится на пол, смеётся от радости, что ей можно спать, и через минуту спит уже крепко, как мёртвая...

all her strength and vision, looks up at the flickering green patch and, listening intently to the shrilling, finds the enemy that interferes with her life.

That enemy is the baby.

She laughs. She is surprised. How is it that until now she had failed to understand such a simple thing? The green patch, the shadows and the cricket, too, seem to laugh and be surprised.

The false notion takes hold of Varka. She gets up from her stool and, smiling a wide smile, without blinking her eyes, walks about the room. She is pleasantly tickled by the thought that presently she will be rid of the baby which shackles her, hand and foot. . . . To kill the baby and then sleep, sleep, sleep. . . .

Laughing, winking at the green patch, and shaking her fingers at it, Varka steals up to the cradle and bends over the baby. Having strangled it, she quickly lies down on the floor, laughing with joy now that she can sleep, and a minute later is already sleeping as soundly as if she were dead. . . .

FEODOR SOLOGUB
(1863-1927)

Feodor Kuzmich Teternikov, who adopted the pen-name Sologub, was born in St. Petersburg, the son of an artisan. His father died when he was quite young, and his mother was obliged to work as a domestic servant. Her employers helped with the education of the boy, and after graduating from a Teachers' College he commenced the career of a schoolteacher. After many years in a provincial town he was transferred to St. Petersburg and ended up as superintendent of elementary schools. He retired in 1907, after the publication of his best-known novel, *The Petty Demon,* which had a great success. The main character in that novel, in which the action is set in a small provincial town, is the schoolteacher Peredonov who has been described as the most memorable character creation in modern Russian literature: he is an embodiment of sullen evil, of pointless cruelty, and of crass vulgarity—a combination of some Gogolian and Dostoevskian traits. The whole atmosphere of the town and its everyday life, which symbolizes the cruelty and vulgarity of all life, is conveyed in terms of the grotesque. Parallel to the story of Peredonov, and reflecting Sologub's dualistic, Manichean conception of the world, runs the story of the two adolescents, Sasha and Lyudmila, and of their strange loves, innocent and yet impure, tainted by the evil breath of life.

Sologub also wrote several other novels. In the first of them, *Bad Dreams* (1896), the atmosphere is somewhat similar to that of *The Petty Demon;* its main protagonist is also a schoolteacher, and there is much in it that is autobiographical. Somewhat different is the most ambitious and original of his novels, *The Legend in the Making* (1908-12), which begins with the famous words: "I take

236

a slice of life, crude and poor, and create out of it a delightful legend, for I am a poet . . ."

Sologub was also an exquisite poet, one of the pillars of Russian Symbolism, combining classical limpidity and purity of form with highly modern, "decadent," often morbid, contents. He also wrote a great number of stories which have been described as a link between his poetry and his novels. They reflect the same Manichean philosophy, the same belief in the existence of two worlds—a world of Good in which reign Unity, Calm, and Beauty, and a world of Evil in which one finds Diversity, Lust, and Vulgarity (*poshlost'*). In the poetic universe of Sologub the sun, the source of life on the earth, is also the source of evil, and is often presented as the Evil Dragon. We are captives in this world of evil in which we are doomed to live forever vainly trying to escape from it.

"In Bondage" is one of Sologub's many symbolic stories about children—he called one of his volumes of stories "Children of the Earth." His children are weird, unchildlike, and things that they do, and that happen to them, are also unchildlike. The motif of death—often assuming the form of suicide—runs through many of these stories. Sologub's children seem to symbolize innocence which is already tainted by the surrounding evil world, at the heart of which lies a tiny seed of corruption that may grow and grow. Like his verse, Sologub's prose style is beautifully clear and balanced.

Sologub, whom the abortive revolution of 1905 had inspired to some poetry of revolt and some caustic political fables, rejected emphatically the Bolshevik Revolution of 1917. After the end of the Civil War, throughout which he remained in Petrograd, he and his wife, a well-known translator, sought permission to go abroad. Before this was granted, his wife, in a fit of despair, threw herself into the Neva. Her body was recovered only a year later. After that Sologub withdrew into himself and lived the life of a recluse. A few of his poems appeared in print between 1922 and 1927, but many others remain unpublished. Some are known to have been vehemently anti-Soviet.

В ПЛЕНУ
Ф. К. Сологу́ба

I

Па́ка сиде́л в высо́кой бесе́дке у забо́ра свое́й да́чи и смотре́л в по́ле. Случи́лось, что он оста́лся оди́н. А случа́лось э́то не ча́сто. У Па́ки была́ гуверна́нтка, был студе́нт, кото́рый учи́л его́ кое-чему́ первонача́льному, да и Па́кина ма́ма, хотя́ и не пребыва́ла в его́ де́тской неотлу́чно, — у неё же ведь бы́ло так мно́го э́тих несно́сных, све́тских обя́занностей, отноше́ний, — но всё же о́чень забо́тилась о Па́ке, — был бы Па́ка ве́сел, мил, любе́зен, не подходи́л к опа́сностям и к чужи́м нехоро́шим мальчи́шкам, и зна́лся то́лько с детьми́ семе́й из их кру́га. И потому́ Па́ка почти́ постоя́нно был под надзо́ром. Уже́ и привы́к к э́тому, и не де́лал попы́ток освободи́ться. Да ещё он был так мал: ему́ шёл то́лько восьмо́й год.[1]

Иногда́ у́тром и́ли днём, когда́ ещё ма́ма спала́, и́ли уже́ не́ было её до́ма, гуверна́нтка и студе́нт находи́ли вдруг каки́е-то неотло́жные те́мы для разгово́ра наедине́. Вот в таки́е-то мину́ты Па́ка и остава́лся оди́н. Был тако́й ти́хий и послу́шный, что совсе́м не опаса́лись оставля́ть его́ одного́: никуда́ же не уйдёт, и уже́ наве́рное ничего́ не до́лжного не сде́лает. Ся́дет и займётся че́м-нибудь. Очень удо́бный ма́льчик.

Па́ка, не развлека́емый свои́ми наста́вниками, стал заду́мываться и сра́внивать. Бес сравне́ния — бес о́чень ме́лкий, но оди́н из са́мых опа́сных. Не вя́жется к си́льным, — там ему́ не бу́дет пожи́вы, —

IN BONDAGE
Feodor Sologub

I

Paka sat in the tall summerhouse by the fence of their villa and gazed into the fields. He happened to have been left alone. And this did not happen often. Paka had a governess; a tutor who taught him some elementary things; and Paka's mamma, too, although she did not spend all her time in the nursery—she had so many of those bothersome social obligations, relations—nevertheless took great care that Paka should be gay, pleasant, amiable, did not go near danger or strange bad little boys, but associated only with children from families of their own circle. And therefore Paka was almost constantly under supervision. Already he was used to it and made no attempt to set himself free. And then, he was still so small: he was in his eighth year only.

Sometimes in the morning or afternoon, while his mamma was still asleep, or had already gone out, the governess and the tutor suddenly found some urgent subjects for conversation in private. It was on such occasions that Paka was left alone. He was so quiet and obedient that they were not in the least afraid of leaving him alone: he would never wander away and certainly never do anything he was not supposed to do. Just sat and busied himself with something. A very convenient boy.

Paka, not distracted by his mentors, began to think and to compare. The demon of comparison is a very petty demon but one of the most dangerous. He does not attach himself to the strong—there is not much to be gained from

239

а ма́леньких лю́бит соблазня́ть. И собла́зны его́ для ма́леньких и сла́бых неотрази́мы.

Сего́дня, в зно́йный ле́тний день, Па́ка почу́вствовал но́вую для него́ доса́ду. Но́вые жела́ния томи́ли его́. Знал, что э́ти жела́ния неисполни́мы. Чу́вствовал себя́ несча́стным и оби́женным.

Хоте́лось уйти́ из э́того чи́нного до́ма в широ́кое во́льное по́ле, и там игра́ть с ребяти́шками. Быть на реке́, войти́ в во́ду.

Вон там, внизу́, у ре́чки каки́е-то ма́льчики, — ло́вят ры́бу, крича́т что́-то ра́достное. Пра́во, лу́чше им живётся, чем Па́ке. И почему́ до́ля его́ столь отли́чна от до́ли э́тих во́льных и весёлых дете́й? Неуже́ли ми́лая ма́ма хо́чет, чтобы он здесь тоскова́л и печа́лился? Не мо́жет э́того быть.

Горя́чее со́лнце обдава́ло его́ зно́ем, и тума́нило мы́сли. Стра́нные мечты́ ройли́сь в Па́киной голове́...

Ми́лая ма́ма далёко, далёко, в ино́й стране́. Па́ка в плену́. Он принц, лишённый насле́дства. Злой волше́бник о́тнял его́ коро́ну, воцари́лся в его́ короле́встве, а Па́ку заточи́л под надзо́р чароде́йки. И зла́я фе́я приняла́ о́браз его́ ми́лой ма́мочки.

Стра́нно, как Па́ка ра́ньше не догада́лся и не по́нял, что э́то не ма́ма, а зла́я фе́я. Ра́зве така́я была́ его́ ми́лая ма́ма пре́жде, в счастли́вые го́ды, когда́ жи́ли они́ в за́мке го́рдых пре́дков?

Далёко, далёко!

Гру́стные Па́кины глаза́ тоскли́во смотре́ли на доро́гу.

Ми́мо проходи́ли ма́льчики. Их бы́ло тро́е. Те са́мые, что бы́ли сейча́с на ре́чке. Оди́н был в бе́лой блу́зе, други́е два в си́них матро́сках и в коро́тких пантало́нах. За плечьми́[2] у них видне́лись тепе́рь лу́ки и колча́ны со стре́лами.

Счастли́вые ма́льчики! — поду́мал Па́ка. — Си́льные, сме́лые. Но́ги у них бо́сые, загоре́лые. Должно́ быть, они́ просты́е ма́льчики. Но, всё-таки, счастли́вые. Уж лу́чше быть просты́м ма́льчиком на во́ле, чем при́нцем в плену́.

them; but he likes to seduce the little ones. And his seductions are, for the little and weak ones, irresistible.

Today, on this blazing summer day, Paka experienced an annoyance new to him. New longings tormented him. He knew that these longings could not come true. He felt unhappy and injured.

He wanted to go away from this prim house into the wide, free fields, and play there with other children. To be by the river, to go into the water.

There, below, by the river, some boys are fishing, shouting something joyous. Really, their life is better than Paka's. And why should his lot be so different from the lot of these carefree, gay children? Can his dear mamma really want him to pine away here and be sad? That cannot be.

The hot sun scorched him, and misted over his thoughts. Strange dreams swarmed in Paka's head. . . .

His dear mamma is far, far away, in another land. Paka is in bondage. He is a prince, deprived of his inheritance. An evil magician seized his crown, came to rule in his kingdom and imprisoned Paka under the guard of a sorceress. And this wicked fairy took the shape of his darling mamma.

Strange that Paka had not guessed and understood earlier that this was not his mamma but a wicked fairy. Was his mamma like that before, in those happy years when they lived in the castle of their proud forebears?

Far, far away!

Paka's sad eyes looked longingly at the road.

Some boys were walking past. There were three of them. Those very boys who had just been by the river. One was wearing a white smock, the two others, blue sailor blouses and shorts. Over their shoulders could be seen bows and quivers with arrows.

"Lucky boys!" thought Paka. "Strong, bold. Their legs are bare, sunburned. They must be common boys. But all the same, lucky. It's better to be a common boy and free than a prince in bondage."

Но вот Пáка увúдел у стáршего на фурáжке гимназúческий значóк,[3] и удивúлся.

Мáльчики подходúли блúзко. Пáка рóбко сказáл им:

— Здрáвствуйте.

Мáльчики пóдняли на негó глазá и рассмеялись чему́-то. Стáрший из них, котóрый был со значкóм и в бéлой блу́зе, сказáл:

— Здрáвствуй, комáр, как поживáешь?

Пáка улыбну́лся легóнечко, и сказáл:

— Я не комáр.

— А кто же ты? — спросúл гимназúст.

— Я — плéнный принц, — довéрчиво признáлся Пáка.

Мальчугáны с удивлéнием устáвились на Пáку.

— Зачéм вы так вооружены? — спросúл Пáка.

— Мы — вóльные охóтники, — с гóрдостью сказáл вторóй из мáльчиков.

— Краснокóжие? — спросúл Пáка.

— А ты отку́да это узнáл? — с удивлéнием спросúл сáмый мáленький из босы́х мальчугáнов.

Пáка улыбну́лся.

— Да уж так, — сказáл он. — У вас и отéц — краснокóжий?

— Нет, у нас отéц — капитáн, — отвéтил стáрший.

— Плохúе же вы краснокóжие. А как вас зову́т? — продолжáл спрáшивать Пáка с любéзностью благовоспúтанного мáльчика, привы́кшего поддéрживать разговóр.

— Я — Лёвка, — сказáл гимназúст, — а это — мой брáтья Антóшка и Лёшка.[4]

— А я — Пáка, — сказáл плéнник, и протяну́л брáтьям вниз ру́ку, мáленькую и бéленькую.

Онú пожáли егó ру́ку и опять засмеялись.

— Вы что же всё смеётесь? — спросúл Пáка.

— А то рáзве плáкать? — отвéтил вопрóсом Антóшка.

But here Paka saw a school badge on the eldest boy's cap, and was surprised.

The boys came near. Paka timidly said to them:

"Hello!"

The boys raised their eyes at him and laughed at something. The oldest of them, the one with the school badge and in the white smock, said:

"Hello, mosquito, how are you?"

Paka smiled ever so lightly and said:

"I am not a mosquito."

"Who are you then?" asked the schoolboy.

"I am a captive prince," trustfully admitted Paka.

The boys stared at Paka in astonishment.

"Why are you armed like that?" asked Paka.

"We are free hunters," proudly said the second of the boys.

"Redskins?" asked Paka.

"How did you know?" asked the smallest of the barefoot boys with surprise.

Paka smiled.

"Just so," he said. "Your father is also a redskin?"

"No, our father is a captain," answered the eldest.

"What kind of redskins are you then? And what are your names?" continued Paka with the amiability of a well-bred boy used to keeping a conversation going.

"I am Lyovka," said the schoolboy, "and these are my brothers Antoshka and Lyoshka."

"And I am Paka," said the captive, and reached his hand, small and white, down to the brothers.

They shook his hand and again laughed.

"Why do you laugh all the time?" asked Paka.

"Why, must we cry?" Antoshka asked back.

— А что э́то зна́чит — Па́ка? что за и́мя? — спроси́л ма́ленький Лёшка.

— Я — принц, — повтори́л Па́ка, — е́сли бы я был просто́й ма́льчик, то меня́ зва́ли бы Па́влом.[5]

— Вот оно́ что! — протяну́л Лёшка.

Ма́льчики замолча́ли и гляде́ли друг на дру́га. Па́ка рассма́тривал их с любопы́тством и за́вистью.

Лёвка — ма́льчик лет двена́дцати, рыжева́тый, ко́ротко остри́женный, с весёлыми и до́брыми глаза́ми и мя́гкими губа́ми. Лицо́ кое-где́ в весну́шках. Нос широкова́тый и слегка́ вздёрнутый. Ми́лый ма́лый. Анто́шка лет десяти́ и Лёшка лет девяти́ повторя́ли ста́ршего бра́та дово́льно бли́зко, то́лько бы́ли ещё понежне́е и подобре́е на вид. Анто́шка, улыба́ясь, легóнечко щу́рился и смотре́л о́чень внима́тельно на собесе́дника. У Лёшки глаза́ бы́ли широко́ откры́тые, с привы́чным выраже́нием удивле́ния и любопы́тства. Все они́ стара́лись каза́ться мо́лодца́ми, и для того́ ле́том постоя́нно ходи́ли босы́е, устро́или в лесу́ нору́, и там вари́ли и пекли́ себе́ пи́щу.

Па́ка вздохну́л легóнечко, и тихóнько сказа́л:

— Счастли́вые вы. Хо́дите на свобо́де. А я-то сижу́ в плену́.

— Как же ты в плен попа́л? — спроси́л Лёшка, любопы́тными и широ́кими глаза́ми гля́дя на Па́ку.

— Да уж и сам не зна́ю, — отвеча́л Па́ка. — Мы ра́ньше с ма́мочкой жи́ли в за́мке. Бы́ло о́чень ве́село. Но зла́я фе́я, на́ша да́льняя ро́дственница, рассерди́лась на ма́мочку за то, что ма́мочка не пригласи́ла её на мой крести́ны, — и вот одна́жды но́чью унесла́ меня́ на ковре́-самолёте, когда́ я спал, и пото́м сама́ оберну́лась ма́мочкой. Но она́ не ма́мочка. А я в плену́.

— Ишь ты, кака́я зла́я ве́дьма, — сказа́л Анто́шка. — Она́ тебя́ бьёт?

Па́ка покрасне́л.

— О, нет, — сказа́л он, — как мо́жно! И она́ не ве́дьма, а зла́я фе́я. Но то́лько она́ о́чень воспи-

"But what does it mean—Paka? What kind of a name is it?" asked little Lyoshka.

"I am a prince," repeated Paka. "If I were a common boy I'd be called Pavel."

"That's how it is," drawled Lyoshka.

They fell silent and looked at one another. Paka examined them with curiosity and envy.

Lyovka was a boy of twelve or so, with close-cropped reddish hair, gay, kind eyes, and soft lips. His face was freckled here and there. His nose broadish and slightly upturned. A nice fellow. Antoshka, about ten, and Lyoshka, about nine, were rather close replicas of their elder brother, but looked even more gentle and kind. Antoshka, smiling, his eyes screwed up just a little, looked very attentively at Paka. Lyoshka's eyes were wide open, with an habitual expression of surprise and curiosity. They all tried to look like fine lads; and to this end they went barefoot throughout summer, fixed up a lair in the forest, and there cooked and roasted food for themselves.

Paka sighed ever so lightly and said softly:

"You're lucky. You go about free. And I live in bondage."

"How did you fall into bondage?" asked Lyoshka, inquisitive, wide open eyes staring at Paka.

"Well, I don't myself know," replied Paka. "Mamma and I used to live in a castle. It was very jolly. But a wicked fairy, a distant relative of ours, got cross with Mamma because Mamma hadn't invited her to my christening—and one night whisked me away on a magic carpet while I was asleep, and then pretended she was my mamma. But she is not my mamma. And I am in bondage."

"Phew, what an evil witch!" said Antoshka. "Does she beat you?"

Paka blushed.

"Oh no," he said. "How could she! And she is not a witch but a wicked fairy. But she is a very well-bred fairy,

танная фе́я и никогда́ не забыва́ется. Нет, меня́ не бьют, — как мо́жно! — повтори́л Па́ка, вздра́гивая ху́денькими пле́чиками при мы́сли о том, что его́ могли́ бы поби́ть. — Но то́лько меня́ стерегу́т, mademoiselle[6] и студе́нт.

— Аргусы?[7] — спроси́л Лёвка.

— Да, а́ргусы, — повтори́л Па́ка. — Два а́ргуса, — повтори́л он ещё раз, улыба́ясь, потому́ что ему́ понра́вилось э́то сло́во, и он мог тепе́рь объедини́ть им и mademoiselle и студе́нта.

— И не пуска́ют никогда́ в по́ле? — спроси́л Лёшка, и с го́рестным сочу́вствием смотре́л на Па́ку.

— Нет, одного́ не пуска́ют, — сказа́л Па́ка.

— А ты бы сам вы́рвался, да и махни́-драла́,[8] — посове́товал Анто́шка.

— Нет, — сказа́л Па́ка, — нельзя́ мне махни́-драла́, — а́ргусы сейча́с уви́дят и воро́тят.

— Пло́хо твоё де́ло, — мо́лвил Лёвка. — Да мы тебя́ освободи́м.

— О! — с недове́рием и восто́ргом воскли́кнул Па́ка, скла́дывая моли́твенно ру́ки.

— Ей Бо́гу, освободи́м, — повтори́л Анто́шка.

— А пока́ проща́й, нам не́когда, — сказа́л Лёвка.

И ма́льчики прости́лись с Па́кой, и ушли́, — побежа́ли, бы́стро-бы́стро, по у́зкой доро́жке, — скры́лись за куста́ми. Па́ка смотре́л за ни́ми, и нея́сные наде́жды волнова́ли его́, и мечты́ о далёкой ма́мочке, кото́рая и́щет Па́ку и не мо́жет найти́, и пла́чет неуте́шно, потому́ что нет с не́ю ми́лого Па́кочки.

II

Бра́тья, уходя́, говори́ли о Па́ке.

— Посмотре́ть бы на э́ту злу́ю фе́ю, — сказа́л Лёшка, — кака́я она́ така́я.

— Фе́я! Про́сто ве́дьма, — попра́вил Анто́шка.

— Коне́чно, ве́дьма, — подтверди́л и Лёвка.

— Как же его́ освободи́ть? — спроси́л Лёшка.

and never forgets herself. No, they don't beat me—how could they!" repeated Paka, his skinny little shoulders wriggling at the very thought that they could beat him. "But they keep watch on me, mademoiselle and the tutor."

"Arguses?" asked Lyovka.

"Yes, Arguses," repeated Paka. "Two Arguses," he repeated once more, smiling because he liked the word and he could now use it to couple mademoiselle and the tutor.

"And they never let you out into the fields?" asked Lyoshka, looking at Paka with commiseration.

"No, not alone," said Paka.

"You should tear loose and beat it," advised Antoshka.

"No," said Paka. "I may not beat it; the Arguses will see right away and bring me back."

"Tough deal," remarked Lyovka. "But we'll set you free."

"Oh!" with incredulity and delight exclaimed Paka, folding his hands beseechingly.

"Honestly, we'll set you free," repeated Antoshka.

"And in the meantime good-bye, we have no time," said Lyovka.

And the boys said good-bye to Paka and went away. They ran quickly, quickly down the narrow path, disappeared behind the bushes. Paka stared after them, and vague hopes agitated him, and dreams of his far-away mamma who was looking for Paka and could not find him and was weeping inconsolably because her darling Pakochka was not with her.

II

The brothers, on the way, talked about Paka.

"I'd like to take a look at that wicked fairy," said Lyoshka. "See what she's like."

"Fairy! Just a witch," corrected Antoshka.

"Of course she is a witch," confirmed Lyovka.

"How can we set him free?" asked Lyoshka.

Маленькому любопытному Лёшке весь мир представлялся с вопросительной стороны.⁹ Лёшка обо всём любопытствовал, ко всем приставал с вопросами, и всякому ответу простодушно верил. Антошка любил фантазировать и сочинять более или менее смелые проекты. А Лёвка, как старший, одобрял или отвергал эти предположения, и братья беспрекословно подчинялись его решениям.

Антошка сказал:

— Против ведьмы слово надо знать.

— А какое слово? — быстро спросил Лёшка.

Мальчики призадумались, и несколько минут шагали молча. Вдруг Антошка крикнул:

— А я знаю.

— Ну? — спросил Лёвка, и недоверчиво глянул на Антошку.

Антошка, слегка смущаясь под уставленными на него взорами обоих братьев, сказал:

— Я думаю, мужики это слово знают. У них в деревнях много колдунов. И они все, деревенские мужики и бабы, друг на друга часто сердятся, портят один другого, а чтобы их самих порча не брала, так они очень часто такие слова непонятные говорят, — про мать вспомнит, и такое слово произнесёт.¹⁰

Лёвка подумал немного, и сказал:

— Пожалуй, что и так. Это у них крылатые слова.

III

На другое утро три мальчика, возясь у речки, всё посматривали на забор Пакиной дачи. Когда белокурая Пакина голова показалась над забором, — и видно было, что мальчик опять один на своей вышке, — мальчуганы забрали удочки, и побежали вверх по дорожке.

— Здравствуй, пленник, — сказал Лёшка.

— Пленный принц, — поправил Антошка.

To little inquisitive Lyoshka the whole world appeared as a huge question mark. Lyoshka was inquisitive about everything, pestered everybody with questions, and artlessly believed every answer. Antoshka was fond of daydreaming and thinking up more or less bold undertakings. And Lyovka, being the eldest, approved or rejected those suggestions, and the brothers unquestioningly accepted his decisions.

Antoshka said:

"Against a witch you must know the right word."

"But what word?" quickly asked Lyoshka.

The boys became thoughtful and for several minutes strode along in silence. Suddenly Antoshka shouted:

"I know!"

"Well?" asked Lyovka, glancing doubtingly at Antoshka.

Antoshka, somewhat taken aback by the fixed stares of his two brothers, said:

"I think the peasants know such a word. They have many wizards in the villages. All of them, the village men and women, often get mad at one another, hoodoo each other, and to protect their own selves from hoodoo they often say some strange words—they'll mention something about mother and then use this word."

Lyovka thought for a while and said:

"Perhaps that's it. Those are their winged words."

Next morning the three boys, while playing by the river, kept glancing now and then at the fence of Paka's villa. When Paka's flaxen head appeared above the fence, and it could be seen that the boy was again alone at his vantage post, the boys collected their fishing rods and ran up the path.

"Hello, captive!" said Lyoshka.

"Captive prince," corrected Antoshka.

III

— Принц Пака, маленький зевака,[11] — сказал Лёвка.

Пака, сдержанно улыбаясь, пожимал их руки.

— Отчего же вы, краснокожие охотники, не наденете мокасины? — спросил он.

Мальчики засмеялись. Антошка сказал:

— А эти скороходы чем не хороши? Из собственной кожи. У нас на даче такое правило есть, чтобы диваны сапогами не пачкать, — так вот мы сапог и не надеваем.

— А мне бы не пройти босиком по песку, — сказал Пака.

— Где тебе! — молвил Лёвка. — У тебя скорлупа тоньше папиросной бумаги. Да мы к тебе по делу зашли. Мы хотим тебя освободить от злой феи. Понимаешь, разворожить. Ты скажи, когда это удобнее сделать.

Пака недоверчиво улыбнулся. Вчера, после первой радости надежд, когда вернулись к нему mademoiselle и студент, и потом мама — злая фея, и весь домашний обиход надвинулся с его несокрушимым порядком, замок злой феи показался пленённому Паке таким прочным, таким незыблемым, что сердце его тоскливо сжалось, и милая радостная надежда побледнела и тихо растаяла, как туман над ободнявшею долиною. И он сказал братьям:

— Да вы не сумеете.

— Нет, сумеем, — горячо ответил Лёшка.

И Лёвка рассказал:

— Мы такие слова выучили. Нарочно в деревню сходили, самого старого колдуна отыскали, заплатили ему за науку, и твёрдо выучили все слова, какие надо говорить.

— А какие это слова? — спросил Пака.

Лёвка свистнул. Антошка сказал:

— Тебе ещё нельзя такие слова знать.

— Ты ещё мал для этого, — сказал Лёшка.

Лёвка сказал Паке:

"Prince Paka, little sucker," said Lyovka.

Paka, with a reserved smile, shook their hands.

"Why don't you redskin hunters put on your moccasins?" he asked.

The boys laughed. Antoshka said:

"What's wrong with these runners? Made from our own hide. There is a rule in our summer house not to dirty the sofas with boots, so we don't wear any."

"I couldn't walk barefoot on sand," said Paka.

"Not you!" remarked Lyovka. "You have a shell thinner than tissue paper. But we've come to you on business. We want to set you free from the wicked fairy. You know, countercharm you. You tell us what would be the best time for it."

Paka smiled incredulously. Yesterday, after the first joy of hope, when mademoiselle and the tutor returned to him, and then Mamma, the wicked fairy, and the whole domestic routine closed in on him with its irrevocable order, the castle of the wicked fairy appeared to the captive Paka so stable, so unshakable, that his heart constricted with anguish, and the dear joyous hope paled and quietly melted away like early morning mist over a valley. And he said to the brothers:

"But you won't be able to."

"Yes, we will," heatedly replied Lyoshka.

And Lyovka told him:

"We've learned such special words. We went to the village on purpose and found the very oldest wizard, paid him for teaching us and learned by heart all the words one has to say."

"What are those words?" asked Paka.

Lyovka whistled. Antoshka said:

"You aren't supposed to know such words, yet."

"You are still too small for that," said Lyoshka.

Lyovka said to Paka:

— Ты нам расскажи́, когда́ твоя́ ве́дьма бу́дет до́ма, — ну, понима́ешь, э́та фе́я, у кото́рой ты в плену́, — попра́вился он, заме́тив недово́льную при сло́ве ве́дьма грима́су на Па́кином лице́. — Мы подойдём под окно́ — продолжа́л Лёвка, — и ска́жем крыла́тые слова́, — и сейча́с всё колдовство́ пропадёт, и ты освободи́шься.

— И ма́ма вернётся? — спроси́л Па́ка.

— Ну, уж там ви́дно бу́дет, — отве́тил Лёвка. — Коне́чно, е́сли всё её колдовство́ пропадёт, то зна́чит, ты опя́ть бу́дешь там, где она́ тебя́ взяла́.

Па́ка помолча́л, и сказа́л:

— Мы обе́даем в семь часо́в.

И ему́ ста́ло вдруг жу́тко, — и стра́шно, и ра́достно.

— Так в семь часо́в приходи́ть? — спроси́л Лёшка.

— Нет, — сказа́л Па́ка, лука́во и засте́нчиво улыба́ясь, — лу́чше попо́зже, часо́в в во́семь, вообще́ по́сле сла́дкого, а то у ма́мы, мо́жет быть, обе́д уже́ съе́ден бу́дет, так я без сла́дкого оста́нусь.

Бо́сые мальчуга́ны засмея́лись.

— Эх ты, принц Па́шка-лиза́шка,[12] — сказа́л Анто́шка, — сла́денькое лю́бишь.

— Люблю́, — призна́лся Па́ка.

Ма́льчики распроща́лись и ушли́.

IV

У себя́ до́ма, — не на да́че до́ма, а в их со́бственном помеще́нии в лесу́, в овра́ге, в норе́ под корня́ми сва́ленного бу́рею де́рева, — до́ма они́ совеща́лись, как испо́лнить замы́шленное предприя́тие. Откла́дывать не́ было никако́го смы́сла, — реши́ли сде́лать э́то сего́дня же.

Анто́шка приду́мал, что для бо́льшей кре́пости на́до слова́ не то́лько сказа́ть, но и написа́ть на стре́лах и пусти́ть э́ти стре́лы в о́кна ве́дьминой да́чи.

"You tell us when your witch will be at home—well, you know, that fairy who holds you in bondage," he corrected himself, noticing Paka's displeased mien at the mention of the word "witch." "We'll go up under the window," continued Lyovka, "and will say those winged words, and immediately the spell will vanish and you'll be set free."

"And Mamma will come back?" asked Paka.

"Well, we'll see about that later," replied Lyovka. "Of course, if all her spell vanishes that means you will again be back where she took you from."

Paka was silent a moment and said:

"We have dinner at seven o'clock."

And suddenly he felt eerie, both frightened and joyous.

"Then shall we come at seven?" asked Lyoshka.

"No," said Paka, slyly and shyly smiling. "Better later, about eight, anyhow after dessert, otherwise at my Mamma's the dinner might already be over, and then I shall be left without any dessert."

The barefoot boys laughed.

"Oh you, prince Paka-sweetsucker," said Antoshka. "You're fond of sweets."

"I am," Paka admitted.

The boys said good-bye and left.

IV

At their home, not at home in the villa, but in their own special abode in the woods, in a ravine, in a lair under the roots of a storm-felled tree—at home they conferred on how to carry out their undertaking. There was no point in putting it off: they decided to do it that very day.

Antoshka's idea was that, to make the words more effective, they should not only be said but written on the arrows, and those arrows shot into the windows of the witch's villa.

Лёвка распределил роли:

— Мы подкрадёмся под окна и будем ждать. Когда будет видно, что Пака съел своё сладкое, мы и закричим.

— Все сразу? — спросил Лёшка.

— Нет, зачём, — надо, чтобы они все хорошёнько их разобрали. Сначала я скажу в прошёдшем врёмени, потому что я ужё был таким малышом, как вы. Потом ты, Антошка, крикнешь настоящее врёмя, — ты теперь малыш, а потом и ты, Лёшка, кричи будущее врёмя, — ты ещё будешь таким большим, как я. И эти же слова каждый из нас на своей стрелё напишет.

— Стрёлы надо чёрные сдёлать, — сказал Антошка.

— Само собою, — согласился Лёвка.

— Писать своею кровью, — продолжал Антошка.

Лёвка и это одобрил.

— Ну, понятно, — сказал он. — Не чернилами же такие слова писать.

V

Пака очень волновался. Вся его судьба перемёнится в этот день. Он вернётся к мамочке. Какая мамочка? Злая фея приняла вид мамочки. Значит, мамочка такая же. Только добрая, добрая, всё будет играть со своим мальчиком, а когда мальчик захочет к рёчке, то будет пускать его к другим весёлым, загорёлым мальчуганам.

Но только Пака должен был сознаться, что злая фея, хотя и злая, всё же была с ним всегда любёзна. Держала в плёну, но, видно, помнила, что он принц. Даже иногда целовала и ласкала его. Должно быть, привыкла к нему. Когда Пака освободится от неё, злая фея очень рассёрдится. Или опечалится? Может быть, будет скучать о Паке? Плакать?

Lyovka assigned the roles:

"We'll steal up to the windows and wait. When we see that Paka has eaten his dessert we'll shout."

"All at once?" asked Lyoshka.

"Why, no. It's important that everyone should make them out clearly. First, I'll say it in the past tense, because once upon a time I was a little squirt just like you. Then you, Antoshka, will shout out the present tense—you're a little squirt now. And then you, Lyoshka, shout the future—you'll some day be as big as me. And each of us will write the same words on his arrow."

"The arrows must be black," said Antoshka.

"Goes without saying," Lyovka agreed.
"Write in our own blood," continued Antoshka.

Lyovka approved that, too.
"Well, naturally," he said. "You can't write such words with just ink."

V

Paka was very excited. His whole fate will be changed today. He will return to his mamma. What is his mamma like? The wicked fairy has assumed his mamma's shape. That means his mamma is just like her. Only kind, kind; and all the time she will play with her boy, and when he wants to go to the river she'll let him be with other gay, sunburned boys.

But Paka had to admit that the wicked fairy, even though wicked, had always been amiable with him. Kept him in bondage, but apparently remembered that he was a prince. Sometimes even kissed and caressed him. Must have got used to him. When Paka is set free from her, she will be very angry. Or sad? Maybe she will miss Paka? Will cry?

Паке стало тоскливо. Нельзя ли устроить дело миром? — чтобы злая фея помирилась с мамочкою, отказалась бы от своего колдовства, — и тогда она могла бы даже вместе с ними жить. Надо поговорить со злою феею, предупредить её, — может быть, она и сама раскается.

И когда студент, кончив с ним задачу, позвал его в сад, Пака заявил, что ему надо итти к маме. И отправился — к злой фее.

Злая фея была одна. Она ждала гостей к обеду, лежала на очень красивом и очень мягком ложе, и читала книжку в жёлтой обложке. Она была молодая, красивая. Тёмные волосы, томные движения. Жгучий взор чёрных глаз. Полные, полуоткрытые, очень красивые руки. Одета всегда к лицу.

— А, маленький, — сказала она, неохотно отрываясь от книжки. — Что тебе?

Пака поцеловал её руку, посмотрел на неё нерешительно, и молвил:

— Мне надо с вами поговорить.[13]

Злая фея засмеялась.

— Поговорить с нами? — переспросила она. — С кем это с нами?

Пака покраснел.

— Ну, с тобою. Мне очень надо.

Смеясь, щуря блестящие глаза и закрывая смеющийся рот книжкою, злая фея сказала:

— Садись и поговори, маленький. А что ты сейчас делал?

— Мы с ним решали задачу, — ответил Пака.

— А, с ним!

Злая фея хотела сказать, что так невежливо, что надо назвать студента по имени, — но уже ей стало скучно, и она сказала:

— Ну, Пака, говори, что тебе надо.

Пака сильно покраснел и, нервно поламывая пальцы, сказал:

— Я всё знаю.

Paka felt dispirited. Couldn't this be settled amicably?—so that the wicked fairy would make peace with his mamma, renounce her spell? Then she could even live together with them. He must have a talk with the wicked fairy, warn her—perhaps she will repent of her own accord.

And when the tutor, having finished working a sum with him, called him into the garden, Paka announced that he had to go to his mamma. And he went to the wicked fairy.

The wicked fairy was alone. She was expecting guests for dinner, and lay on a very beautiful and very soft couch, reading a book in a yellow wrapper. She was young, beautiful. Dark hair, languid movements. Burning dark eyes. Plump, half-bared, very beautiful arms. Always dressed becomingly.

"Ah, my little one," she said, reluctantly relinquishing her book. "What is it you want?"

Paka kissed her hand, looked at her hesitatingly, and said:

"Thee?" she asked. *"Who is this thee?"*

The wicked fairy laughed.

"Thee?" she asked. "Who is this *thee?"*

Paka blushed.

"Well, with you. I really must."

Laughing, squinting her brilliant eyes, and covering her laughing mouth with the book, the wicked fairy said:

"Sit down and talk ahead, my little one. What have you been doing just now, by the way?"

"We've been working out a sum with him," replied Paka.

"Ah, with him!"

The wicked fairy was about to say that it was impolite, that the tutor should be referred to by name; but she was bored already, and she said:

"Well, Paka, say what you have to say."

Paka went red and, nervously cracking his fingers, said:

"I know everything."

Злая фея весело и неудержимо-звонко засмеялась.

— О, неужели! — воскликнула она. — Уже так рано, и всё знаешь. Ты, Пака, феномен, если это правда.

— Нет, мама, — кротко возразил Пака, — я не феномен, я только принц, взятый вами в плен.

— О! — воскликнула злая фея, перестала смеяться, и с удивлением смотрела на Паку. — У нас фантазии! — с удивлением сказала она.

Пака так же кротко продолжал:

— Я ещё знаю, милая фея, что вы не мама, а злая фея. Вы очень любезная особа, но, пожалуйста, не сердитесь, я всё-таки знаю, что вы злая фея.

— Боже мой! — воскликнула злая фея, — от кого ты наслушался таких чудесных сказок? Поди сюда поближе, маленький.

Пака опасливо приблизился, и злая фея пощупала его голову, руки.

— Ты не болен? — спросила она.

— Нет, милая фея, — ласково сказал Пака, целуя маленькие, белые и нежные руки злой феи, — но, пожалуйста, отпустите меня на волю.

— На волю? — переспросила фея.

— Да, — продолжал Пака, — я хочу махни-драла к речке.

— О! махни-драла! — в ужасе повторила фея. — Ради Бога, Пака, разве можно такие слова говорить!

Но Пака, не слушая, продолжал:

— С мальчиками поиграть. Там есть славные мальчуганы. Но только, пожалуйста, без аргусов.

— Без аргусов? — переспросила злая фея, и опять засмеялась. — О, маленький фантазёр! Нам дали слишком много волшебных сказок, маленький Пака, и у нас в голове всё перемешалось. Но аргу-

The wicked fairy burst into a gay, irrepressibly ringing laugh.

"Oh really!" she exclaimed. "So young, and you know everything. If that's true, you're a phenomenon, Paka."

"No, mamma," meekly retorted Paka. "I'm not a phenomenon, I'm only a prince taken into bondage by you."

"Oh!" exclaimed the wicked fairy, stopping laughing, and looked at Paka in surprise. "We have fancies!" she said, surprised.

Paka went on just as meekly.

"I also know, dear fairy, that you are not Mamma, but a wicked fairy. You're a very amiable person, but please, don't be cross, I know all the same that you are a wicked fairy."

"My goodness!" exclaimed the wicked fairy. "From whom did you pick up such wonderful fairy tales? Come closer, my dear little one."

Paka approached warily, and the wicked fairy felt his head, his hands.

"You aren't ill?" she asked.

"No, dear fairy," affectionately said Paka, kissing the little white, tender hands of the wicked fairy. "But please, set me free."

"Free?" asked the fairy.

"Yes," went on Paka. "I want to beat it to the river."

"Oh! To beat it!" repeated the fairy horrified. "For God's sake, Paka, how can you use such words!"

But Paka, not listening, went on:

"To play with the boys. There are some nice boys there. But only please, no Arguses."

"No Arguses?" asked the wicked fairy, and again laughed. "Oh, my little fancymonger! We have been given too many fairy tales, little Paka, and everything got

сы, — это, правда, мне нравится. Позови ко мне своих аргусов, — это надо как-нибудь успокоить. Пака вышел.

Хитрая! — думал он, — не сердится, но видно, что не отпустит на волю. Много сказок дали читать! А сама зачем постоянно читает такие длинные сказки на французском языке в этих жёлтых книжках! Видно, и в сказках не всё сказка, а есть и правда, если и взрослые любят читать сказки.

VI

И вот уже был вечер, и начинало темнеть. Были зажжены весёлые лампы, обед приближался к концу, к самому интересному месту, — подавали сладкое, — воздушный пирог с земляникою и сливками. Были гости, мужчины и дамы, человек десять, но так как всё это были или родственники, — Пакин дядя с дочерьми, ещё другие кузины, — или собирающиеся породниться, близкие и хорошие знакомые, то стол был накрыт по-семейному, и Пака сидел тут же, на конце стола против злой феи, между своими аргусами.

Злая фея рассказала гостям про Пакочкины[14] фантазии, и над Пакою и его аргусами подшучивали. Пака улыбался: он знал, что он прав, и он любил этот воздушный пирог. А вот аргусам было очень неловко, и хотя они улыбались и даже иногда отшучивались, но у mademoiselle уши горели, а в голосе студента иногда звучали досадливые нотки. Перед обедом злая фея поговорила с ними очень мило и весело о их недосмотре: Пакины фантазии, ужасное выражение махни-драла, — откуда это? удивлялась злая фея. Она была очень любезна, но как-то так вышло, что аргусы вышли от неё с ощущением жестокого нагоняя.

И вот, едва Пака успел кончить своё сладкое, в открытое окно столовой с лёгким шелестом и свистом влетела и упала на белую скатерть чёрная де-

muddled in our head. But Arguses—that I do like. Call
your Arguses to me—this must be cleared up somehow."

Paka went out.

"Cunning!" he thought. "She's not cross, but I can see
that she won't set me free. Given too many tales to read!
But why does she herself read such long tales in French
all the time, in those yellow books? Apparently even in
fairy tales not everything is a fairy tale, but there is also
truth, if grown-ups, too, are fond of reading fairy tales."

VI

And now it was evening, and getting dark. Gay lamps
were lit, dinner was drawing to its close, to the most
interesting moment: dessert was being served, a straw-
berry soufflé with cream. There were guests, gentlemen
and ladies, about ten of them, but since all of them were
either relatives—Paka's uncle with his daughters, some
other cousins, or those about to become relatives, close
and good friends—the table was set family style, and
Paka sat here too, at the end of the table, opposite the
wicked fairy, between his Arguses.

The wicked fairy had told the guests about dear Paka's
fancies, and they were making fun of him and his Arguses.
Paka was smiling: he knew he was right, and he loved
that soufflé. As for the Arguses, they felt very uncomfortable, and although they smiled and sometimes even
joked back, mademoiselle's ears were tingling and in the
tutor's voice an occasional note of annoyance could be
heard. Before dinner the wicked fairy had had a very nice,
cheerful talk with them about their oversight: Paka's fancies, the horrid expression "beat it"—where was it from?
the wicked fairy had asked in surprise. She had been very
amiable, but it somehow happened that the Arguses came
out of her room with a feeling of having received a severe
dressing-down.

And now, when Paka had barely finished eating his
dessert, into the open dining-room window, with a light
rustle and whizz, flew a black wooden arrow with a faint

ревянная стрела, со слабо краснеющею на ней надписью. И в то же время за окном детский голос выкрикнул площадную брань.

«Началось!» подумал Пака.

Он вскочил, дрожа всем телом, и с боязливым нетерпением смотрел на злую фею. А злая фея, как и другие дамы и девицы, была испугана неожиданностью. Раздались восклицания обедающих, но прежде, чем кто-нибудь догадался подойти к окну, влетела вторая стрела, вонзилась в букет цветов на столе, и послышался другой детский голос, выкрикнувший гадость. Третья стрела попала в мундир студента, третий голос звонко выкрикнул безобразные слова, и потом в саду послышался смех, шелест удаляющихся шагов, крики прислуги, — кто-то убегал, кого-то догоняли.

И всё это взяло времени меньше минуты. Когда мужчины наконец бросились к окнам, то в лёгком полусвете вечерней зари уже за оградою сада увидели они проворно убегающих трёх мальчишек.

— Не догнать, — сказал Пакин дядя. — Вот вам наглядное объяснение выражения махни-драла.

И все смотрели на Паку. А он стоял, смотрел вокруг, и дивился. Всё осталось на месте, обманули его глупые мальчишки, не сумели освободить его из плена.

— Говорил я им, что не сумеют! — горестно воскликнул Пака, и залился горькими слезами.

Расспрашивали. Волновались. Смеялись. Было шумно, не то весело, не то досадно. Злая фея восклицала:

— Как это кстати, что мы на днях уедем! Какие невозможные мальчишки!

— Но их накажут! — успокаивал её Пакин дядя.

— О, какое мне дело! — говорила злая фея, и притворялась, что плачет. — Пака такой впечатлительный. Боже мой, два аргуса не досмотрели.

Плакала и смеялась. Смеялись и утешали. Паку увели. Пака плакал. Аргусы ворчали.

red inscription on it and fell on the white tablecloth. And at the same time, outside the window, a childish voice shouted out some obscene words.

"It's started!" thought Paka.

He jumped up, trembling all over, and with impatient apprehension watched the wicked fairy. And the wicked fairy, just like the other ladies and young girls, was frightened by the unexpected. Exclamations arose among the diners, but before anyone had thought of going to the window, a second arrow flew in, embedded itself in a bouquet of flowers on the table, and another childish voice was heard shouting out an obscenity. The third arrow hit the tutor's uniform coat, a third ringing voice shouted out hideous words, and then in the garden were heard laughter, the rustle of retreating footsteps, servants' shouts: someone was running away, someone was being pursued.

And all this took less than a minute. When the men at last dashed to the windows, in the faint half-light of the sunset they saw, already beyond the garden fence, three nimbly fleeing boys.

"You won't catch them," said Paka's uncle. "Here is a living illustration of the term 'beat it'."

And everyone looked at Paka. He stood glancing around and wondering. Everything remained in its place, the silly boys had deceived him, they had been unable to release him from bondage.

"I told them they wouldn't be able!" dolefully exclaimed Paka, and burst into bitter tears.

They questioned him. They fussed. They laughed. There was a great deal of hubbub, half from gaiety, half from annoyance. The wicked fairy exclaimed:

"How fortunate that we are leaving soon! What impossible boys!"

"But they will be punished," Paka's uncle comforted her.

"Oh, what do I care!" said the wicked fairy, pretending she was crying. "Paka is so impressionable. My goodness, the two Arguses were negligent."

She cried and laughed. They laughed and comforted her. Paka was led away. Paka cried. The Arguses grumbled.

Да, в Пакиной жизни бывали тяжёлые минуты.
Это был скучный, противный вечер. Хорошо, что
была потом ночь, и можно было заснуть.

VII

На утро босым мальчикам пришлось объяснять-
ся с отцом. Капитан хмуро смотрел на своих сыновей. Они стояли рядышком, плакали и каялись.
Лёвка рассказывал:

— Мы ему поверили, что он пленный принц, и за-
хотели его освободить от злой феи. Мы думали, что
для этого надо сказать волшебные слова.

— Какие слова? — хмуро спросил капитан.

Он хмурился усиленно, чтобы не засмеяться.

— Крылатые слова, — сказал Лёвка, плаксиво
растягивая окончания слов.

— Какие крылатые? — опять спросил капитан.
— Ведь вы их знаете?

Лёвка молча кивнул головой.

— Ну, скажите, какие же это слова, — приказал
капитан.

Мальчишки повторили. Капитан гневно покраснел.

— Вырастил дураков, — сердито проворчал он.
— Не сметь вперёд говорить этого! Это гадость, —
крикнул он на сыновей. — Откуда вы научились?

Лёвка рассказывал, рыдая:

— Мы думали, что мужики знают всякие крылатые слова, какие нужно. Мы и пошли в деревню. К
самому старому пришли. Он пил водку, и произно-
сил слова. Мы дали ему сорок копеек, больше не было. Он нас и научил этим словам. Мы просили ещё.
А он сказал: — за сорок копеек многому не на-
учишься. И то, говорит, против таких слов ни одна
ведьма не устоит.

— Молодцы ребята, — сказал капитан. — И с
такими-то словами вы под чужие окна пошли. Ах,
вы, негодяи! Что мне теперь с вами делать?

Yes, in Paka's life there were some painful moments. This was a dull, unpleasant evening. A good thing that it was followed by the night and one could go to sleep.

VII

In the morning the barefoot boys had to have it out with their father. Frowning, the Captain looked at his sons. They stood in a row, crying and repenting. Lyovka was telling the story:

"We believed him, that he was a captive prince, and we wanted to set him free from the wicked fairy. We thought that for this we had to say magic words."

"What words?" frowning, asked the Captain.

He was frowning hard, in order not to burst out laughing.

"Winged words," said Lyovka, tearfully dragging out the last syllables.

"What kind of 'winged'?" again asked the Captain. "You know them, do you?"

Lyovka nodded silently.

"Well, tell me, what are those words?" ordered the Captain.

The boys repeated them. The Captain went red with wrath.

"Some fools I've reared!" angrily he grumbled. "Don't you dare use them in the future! They're foul," he shouted at his sons. "Where did you learn them?"

Lyovka told him, sobbing:

"We thought the peasants knew all sorts of winged words, such as we needed. So we went to the village. We came to the very oldest. He was drinking vodka and saying words. We gave him forty kopecks, it's all we had. So he taught us these words. We asked for more. But he said: for forty kopecks you can't learn a lot. As it is, he said, no witch can withstand those words."

"Good lads," said the Captain. "And with those words you went under other people's windows. Oh, you scamps! What am I to do with you now?"

VIII

Мальчуга́ны зна́ли, что Па́ку сего́дня у́тром уве-
зу́т. Зла́я фе́я е́дет за-грани́цу, и везёт за собо́ю Па́-
ку с его́ а́ргусами. Ма́льчики вы́шли на полотно́
желе́зной доро́ги, там, где она́ подхо́дит к их овра́-
гу, и жда́ли. И вот от ста́нции показа́лся бы́стро
приближа́ющийся по́езд.

Па́ка смотре́л в окно́ затума́ненными глаза́ми. Ве-
зу́т — и а́ргусы опя́ть с ним, и зла́я фе́я, — любе́з-
ная, ла́сковая, но всё не ма́ма, а зла́я фе́я, и тот же
всё плен!

И вдруг Па́ка уви́дел трёх босы́х ма́льчиков. Бе-
зу́мная, отча́янная наде́жда мелькну́ла в его́ душе́.
Мо́жет быть, они́ узна́ли но́вые слова́? Настоя́щие?
И вдруг соверши́тся ра́достное чу́до?

И Па́ка в восто́рге вы́сунулся из окна́, и замаха́л
платко́м.

И мальчуга́ны ра́достно побежа́ли по отко́су пу-
ти́, бли́же к по́езду. Па́кин ваго́н подходи́л бы́стро.
Лицо́ злой фе́и показа́лось над Па́киным лицо́м, рав-
нодушно-любе́зное лицо́ краси́вой да́мы, — и вдруг
искази́лось выраже́нием жесто́кой трево́ги.

И в ра́достном ожида́нии мальчуга́ны, оди́н за
други́м, прокрича́ли ещё но́вые, то́лько что разу́чен-
ные и́ми крыла́тые слова́, и замаха́ли ша́пками.

— Опя́ть э́ти ужа́сные ма́льчики! — воскли́кнула
зла́я фе́я. — Па́ка, не смотри́ пока́, ма́ленький, в
окно́.

Но уже́ всё равно́, по́езд промча́лся ми́мо мальчуга́-
нов, — и они́ опя́ть оста́лись бесси́льные, разоча-
ро́ванные в их стра́стном ожида́нии ра́достного со-
бы́тия.

— Увезла́! прокля́тая ве́дьма! — го́рестно кри́к-
нул Анто́шка.

Мальчуга́ны повали́лись в траву́, и го́рько пла́-
кали.

VIII

The boys knew that Paka was to be taken away that morning. The wicked fairy was going abroad and taking with her Paka and his Arguses. The boys went out to the railway track where it passed near their ravine, and waited. And lo, from the station appeared the fast-approaching train.

Paka was looking out the window with misted eyes. They were taking him away; and the Arguses were again with him; and the wicked fairy—amiable, affectionate, but still not Mamma but a wicked fairy; and it was still the same bondage.

And suddenly Paka saw the three barefoot boys. A mad, desperate hope flashed through his mind. Maybe they had discovered some new words? The real ones? And suddenly a joyful miracle would be performed?

And in rapture Paka leant out of the window and waved his handkerchief.

And the boys joyously ran along the embankment, closer to the train. Paka's carriage was drawing nearer quickly. The face of the wicked fairy appeared above Paka's face, the indifferently amiable face of a beautiful lady, and suddenly it was distorted by an expression of cruel alarm.

And in joyous expectation the boys, one after the other, shouted some new winged words, only just memorized, and waved their caps.

"Again those awful boys!" exclaimed the wicked fairy. "Paka, my little one, don't look out of the window just now."

But it no longer mattered, the train had whisked past the boys—and again they were left helpless, disappointed in their passionate expectation of the joyous event.

"She took him away! The damned witch!" ruefully shouted Antoshka.

The boys fell on the grass and wept bitterly.

И в бы́стро улета́ющем ваго́не Па́ка пла́кал, зла́я фе́я смея́лась, а́ргусы стара́лись развле́чь Па́ку че́м-нибудь.

Бесси́льные, бе́дные слова́! Нерасторжи́мый плен! Го́рькие де́тские слёзы!

Глу́пые, бе́дные, — о, е́сли бы зна́ли! Фе́я, похи-ща́ющая на ковре́-самолёте спя́щих дете́й, как про́чно, неруши́мо её влады́чество! и никому́ не дано́ со-рва́ть с неё личи́ны. И а́ргусы ничего́ не ви́дят, но не вы́пустят из огра́ды. И не уйти́ из пле́на. И во́льные охо́тники напра́сно и́щут му́дрых и зна́ющих.

Всё на ме́сте, всё ско́вано, звено́ к звену́, наве́к зачаро́вано, в плену́, в плену́...

And in the rapidly disappearing railway carriage Paka wept, the wicked fairy laughed, the Arguses tried to distract Paka somehow.

Powerless, poor words! Indissoluble bonds! Bitter childish tears!

Foolish, poor ones—oh, if only they knew! The fairy, kidnapping sleeping children on a magic carpet—how firm, how irrevocable her dominion! And it is not in anyone's power to tear off her mask. And the Arguses see nothing, but will not let them out beyond the walls. And they cannot escape from bondage. And in vain do free hunters search for those who are wise and knowledgeable.

Everything is in its place, everything fettered, link by link, bewitched forever, in bondage, in bondage. . . .

IVAN BUNIN
(1870-1953)

Ivan Alexeyevich Bunin is another of the outstanding Russian writers who was born south of Moscow, in the very heart of Russia, the region immortalized by Turgenev and Tolstoy in their descriptions of hunting and other rural pastimes. Bunin came from an old but impoverished landed gentry family. Fully conscious and very proud of the family tradition, he himself led the life of a déclassé, Bohemian man of letters, and in the last thirty-five years of his life tasted the bitter bread of exile.

Almost from the outset Bunin was a "bilingual" writer —in the sense of writing both in verse and in prose. But while he attached great value to his poetry which certainly deserves attention, his contemporaries remember him (and posterity no doubt will, too) mainly for his prose. He was ten years younger than Chekhov, whom he knew personally, and who encouraged his first steps in literature. Only two years separated Bunin from Gorky and their literary emergence was almost simultaneous; for several years they were bound up by personal friendship. While Bunin's rise to fame was not as spectacular as Gorky's, his curve of development was a steadily ascending one: from the early stories in Chekhovian lyrical vein to *The Village* (1910), a powerful though somewhat uneven diptych of the Russian countryside, greatly admired by Gorky; from *The Village* to *Dry Valley* (1912), a work of haunting, cruel beauty and of compelling rhythm, on the theme of the decay of the landed gentry; from *Dry Valley* to "The Gentleman from San Francisco" (1915), a Tolstoyan story that brought Bunin international fame (one of its English co-translators was D. H. Lawrence); from "The Gentleman" to *Mitya's Love* (1924), a tale of love and death of rare musical unity; and from *Mitya's Love* to *The Life of Arsenyev* (1930), Bunin's spiritual

autobiography and in many ways the summit of his creation—such are the principal stages of this steady upward
path.

The last two of the above-mentioned works were written
in exile: in 1919 Bunin, unable to reconcile himself to
the Bolshevik regime, emigrated and soon settled down in
France, dividing his time between Paris and a villa in
Grasse. For a couple of years it might have seemed that
in exile the roots of Bunin's creative inspiration would dry
up, but the year 1924 saw an unexpected blossoming
forth of his talent: *Mitya's Love* and several books of
stories were followed by *The Life of Arsenyev* and its
sequel *Lika* (1933), and then, during World War II, by
another book of stories, *Dark Avenues*.

Bunin's literary idol was Tolstoy about whom he wrote
a book, based in part on personal reminiscences. As
writers they had not much in common, for Bunin lacked
completely Tolstoy's power of invention. But the theme
of death has a Tolstoyan insistence and ring in Bunin's
work. It is, however, nearly always interwoven with the
theme of love: love and death are for Bunin the two most
wonderful and incomprehensible things in this cruel and
yet wonderful world. The motif of wonderment, going
back to the Psalms, in the face of God's creation, full of
mystery and grandeur, runs through nearly all of Bunin's
work and gives it a rare unity of mood. It may be added
that Bunin is one of the most fastidious and exacting
stylists in the whole of Russian literature, superior in this
respect to both Chekhov and Gorky. The language of his
works of the mature period is both poetic and sinewy.

In 1933 Bunin was awarded the Nobel Prize for Literature, the first Russian writer to be so honored.

Bunin died in Paris, as irreconcilably hostile to the
Communist rulers of Russia as before. In spite of this,
Soviet writers, critics, and scholars posthumously re-
admitted him into the pantheon of Russian literature, and
several editions of his works have been published in Russia
since 1956.

СОЛНЕЧНЫЙ УДАР
И. А. Бу́нина

По́сле обе́да вы́шли из я́рко и горячо́ освещённой столо́вой на па́лубу и останови́лись у по́ручней. Она́ закры́ла глаза́, ладо́нью нару́жу приложи́ла ру́ку к щеке́, засмея́лась просты́м, преле́стным сме́хом, — всё бы́ло преле́стно в э́той ма́ленькой же́нщине, — и сказа́ла:

— Я совсе́м пьяна́... Вообще́ я совсе́м с ума́ сошла́. Отку́да вы взяли́сь? Три часа́ тому́ наза́д я да́же не подозрева́ла о ва́шем существова́нии. Я да́же не зна́ю, где вы се́ли? В Сама́ре?[1] Но всё равно́, вы ми́лый. Это у меня́ голова́ кру́жится и́ли мы куда́-то повора́чиваем?

Впереди́ была́ темнота́ и огни́. Из темноты́ бил в лицо́ си́льный, мя́гкий ве́тер, а огни́ несли́сь куда́-то в сто́рону: парохо́д с во́лжским щего́льством кру́то опи́сывал широ́кую дугу́, подбега́я к небольшо́й при́стани.[2]

Пору́чик[3] взял её ру́ку, поднёс к губа́м. Рука́, ма́ленькая и си́льная, па́хла зага́ром. И блаже́нно и стра́шно за́мерло се́рдце при мы́сли, как, вероя́тно, крепка́ и смугла́ она́ вся под э́тим лёгким холсти́нковым пла́тьем по́сле це́лого ме́сяца лежа́нья под ю́жным со́лнцем, на горя́чем морско́м песке́ (она́ сказа́ла, что е́дет из Ана́пы).[4] Пору́чик пробормота́л:

— Сойдём...
— Куда́? — спроси́ла она́ удивлённо.
— На э́той при́стани.

SUNSTROKE
Ivan Bunin

After dinner they came out of the bright, hot glare of the dining room onto the deck and stood by the railing. She closed her eyes, laid her hand palm out against her cheek, laughed her natural, charming laugh—everything was charming about this small woman—and said:

"I am quite drunk. Altogether, I've gone quite mad. Where did you come from? Three hours ago I hadn't even any idea that you existed. I don't even know where you came on board. At Samara? But it doesn't matter, you're a dear. Is it my head going round or are we turning somewhere?"

Ahead of them lay darkness and lights. From the darkness a strong, warm wind blew in their faces, and the lights rushed somewhere to one side: their steamer, sweeping a wide curve with true Volga smartness, was approaching a small landing stage.

The lieutenant took her hand, lifted it to his lips. The hand, small and strong, smelt of suntan. Blissfully, fearfully, his heart skipped a beat at the thought of how strong and tanned all of her probably was beneath this light gingham dress after a whole month of lying under the southern sun on the hot sea sand (she had told him that she was on her way from Anapa). The lieutenant muttered:

"Let's get off. . . ."

"Where?" she asked, surprised.

"At this landing."

— Зачём?

Он промолчал. Она опять приложила тыл руки к горячей щеке.

— Сумасшедший...

— Сойдём, — повторил он тупо. — Умоляю вас...

— Ах, да делайте, как хотите, — сказала она, отворачиваясь.

Разбежавшийся пароход с мягким стуком ударился в тускло освещённую пристань, и они чуть не упали друг на друга. Над головами пролетел конец каната, потом понесло назад, и с шумом закипела вода, загремели сходни... Поручик кинулся за вещами.

Через минуту они прошли сонную конторку, вышли на глубокий, по ступицу, песок и молча сели в запылённую извозчичью пролётку. Отлогий подъём в гору, среди редких кривых фонарей, по мягкой от пыли дороге, показался бесконечным. Но вот поднялись, выехали и затрещали по мостовой, вот какая-то площадь, присутственные места,[5] каланча, тепло и запахи ночного летнего уездного города... Извозчик остановился возле освещённого подъезда, за раскрытыми дверями которого круто поднималась старая деревянная лестница; старый небритый лакей в розовой косоворотке и в сюртуке недовольно взял вещи и пошёл на своих растоптанных ногах[6] вперёд. Вошли в большой, но страшно душный, горячо накалённый за день солнцем номер с белыми опущенными занавесками на окнах и двумя необожжёнными свечами на подзеркальнике, — и как только вошли и лакей затворил дверь, поручик так порывисто кинулся к ней и оба так исступлённо задохнулись в поцелуе, что много лет вспоминали потом эту минуту: никогда ничего подобного не испытал за всю жизнь ни тот, ни другой.

В десять часов утра, солнечного, жаркого, счастливого, со звоном церквей, с базаром на площади перед гостиницей, с запахом сена, дёгтя и опять всего того сложного и пахучего, чем пахнет русский

"Why?"

He did not answer. She again laid the back of her hand against her hot cheek.

"You're mad. . . ."

"Let's get off," he repeated dully. "I implore you. . . ."

"Oh, do as you like," said she, turning away.

With a soft thud the gliding steamer hit the dimly lit landing pier and they almost fell on top of one another. The end of a hawser flew past overhead, then the steamer bore back, water churned noisily, the gangplank rattled. The lieutenant dashed for their things.

A minute later they went past the drowsy ticket office, came out onto the hub-deep sand and silently got into a dusty cab. The gradual climb up hill, past infrequent crooked lamp posts, along a road soft with dust, seemed to them interminable. But at last they reached the top and drove with a clatter over cobblestones: there was some sort of square, public buildings, a watchtower, the warmth and odors of a provincial town on a summer night. The driver stopped in front of a lighted entrance, beyond the open door of which an old wooden staircase rose steeply. An old unshaven porter in a pink Russian shirt and frockcoat grumpily took their things and shambled ahead of them. They came into a large but terribly stuffy room, burning hot from the day's sun, with white curtains lowered on the windows and two unused candles on the mantelpiece. And as soon as they had come in, and the porter had closed the door, the lieutenant rushed to her so impetuously, and they both kissed with such breathless passion, that many years later they were still to remember this moment: in all their lives neither of them had experienced anything like that.

At ten o'clock in the morning—a morning that was sunny, hot, happy, with the pealing of church bells, a market in the square before the hotel, a smell of hay and tar and all that heady mixture of other smells found in a

уездный город, она, эта маленькая безымянная женщина, так и не сказавшая своего имени, шутя называвшая себя прекрасной незнакомкой, уехала. Спали мало, но, когда она вышла из-за ширмы возле
кровати, в пять минут умывшись и одевшись, она
была свежа, как в семнадцать лет. Смущена ли
была она? Нет, очень немного. Попрежнему была
проста, весела и — уже рассудительна.

— Нет, нет, милый, — сказала она в ответ на его
просьбу ехать дальше вместе: — нет, вы должны
остаться до следующего парохода. Если поедем
вместе, всё будет испорчено. Мне это будет очень
неприятно. Даю вам честное слово, что я совсем не
то, что вы могли обо мне подумать. Никогда ничего
даже похожего на то, что случилось, со мной не
было, да и не будет больше. На меня точно затмение нашло... Или, вернее, мы оба получили что-то
вроде солнечного удара...

И поручик как-то легко согласился с нею. В лёгком и счастливом духе он довёз её до пристани, —
как раз к отходу розового Самолёта,[7] — при всех
поцеловал на палубе и едва успел вскочить на сходни, которые уже двинули назад.

Так же легко, беззаботно и возвратился он в гостиницу. Однако, что-то уж изменилось. Номер без
неё показался каким-то совсем другим, чем был при
ней. Он был ещё полон ею — и пуст. Это было
странно! Ещё пахло её хорошим английским одеколоном, ещё стояла на подносе её недопитая чашка,
а её уже не было... И сердце поручика вдруг сжалось такой нежностью, что поручик поспешил закурить и, хлопая себя по голенищам стэком, несколько раз прошёлся взад и вперёд по комнате.

— Странное приключение! — сказал он вслух,
смеясь и чувствуя, что на глаза его навёртываются
слёзы. — «Даю вам честное слово, что я совсем не

Russian provincial town—she, this small anonymous
woman, who never did tell him her name, jokingly referring to herself as the beautiful stranger, went away.
They had slept little, but when she came out from behind
the screen by the bed, having washed and dressed in five
minutes, she was as fresh as though she were seventeen
years old. Was she embarrassed? No, not much. As before, she was natural, gay, and—already inclined to be
rational.

"No, no, my dear," she said in answer to his plea that
they travel on together, "no, you must stay here until
the next steamer. If we go on together, everything will be
spoiled. That would be very unpleasant for me. I give
you my word of honor that I am not at all what you may
have thought me. Nothing remotely like this has ever
happened to me, nor will in the future. It was a kind of
eclipse . . . or rather, we both had a kind of sunstroke. . . ."

And somehow the lieutenant agreed with her readily.
In a light-hearted and happy mood he took her to the
landing stage just in time for the departure of a pink
"Samolyot" steamer, kissed her on the deck in front of
everyone, and barely had time to leap onto the gangway
which was already being pulled back.

In the same light-hearted and carefree mood he returned to the hotel. Something, however, had changed already. Without her, the room appeared to be quite different from what it had been when she was there. It was
still full of her—and empty. This was strange! There was
still the smell of her good English eau de cologne; her unfinished cup still stood on a tray; but she was no longer
there. And the lieutenant's heart contracted with such a
pang of tenderness that he hastened to light a cigarette and
paced the length of the room several times, slapping the
sides of boots with his swagger-stick.

"A strange adventure!" he said aloud, laughing and
feeling tears come to his eyes. " 'I give you my word of

то, что вы могли́ поду́мать...» И уже́ уе́хала... Не-
ле́пая же́нщина!

Ши́рма была́ отодви́нута, посте́ль ещё не у́бра-
на. И он почу́вствовал, что про́сто нет сил смотре́ть
тепе́рь на э́ту посте́ль. Он закры́л её ши́рмой, затво-
ри́л о́кна, что́бы не слы́шать база́рного го́вора и
скри́па колёс, опусти́л бе́лые пузы́рившиеся зана-
ве́ски, сел на дива́н... Да, вот и коне́ц э́тому «до-
ро́жному приключе́нию»! Уе́хала — и тепе́рь уже́
далеко́, сиди́т, вероя́тно, в стекля́нном бе́лом сало́-
не и́ли на па́лубе и смо́трит на огро́мную, блестя́-
щую под со́лнцем ре́ку, на встре́чные плоты́, на
жёлтые о́тмели, на сия́ющую даль воды́ и не́ба, на
весь э́тот безме́рный во́лжский просто́р.... И про-
сти́, и уже́ навсегда́, наве́ки... Потому́ что где́ же
они́ тепе́рь мо́гут встре́титься? — «Не могу́ же
я, поду́мал он, не могу́ же я ни с того́, ни с сего́
прие́хать в э́тот го́род, где её муж, где её трёх-
ле́тняя де́вочка, вообще́ вся её семья́ и вся её
обы́чная жизнь!» — И го́род э́тот показа́лся ему́
каки́м-то осо́бенным, запове́дным го́родом, и
мысль о том, что она́ так и бу́дет жить в нём
свое́й одино́кой жи́знью, ча́сто, мо́жет быть, вспо-
мина́я его́, вспомина́я их случа́йную, таку́ю ми-
молётную встре́чу, а он уже́ никогда́ не уви́дит её,
мысль э́та изуми́ла и порази́ла его́. Нет, э́того не
мо́жет быть! Э́то бы́ло бы сли́шком ди́ко, неесте́-
ственно, неправдоподо́бно! — И он почу́вствовал та-
ку́ю боль и таку́ю нену́жность всей свое́й дальне́й-
шей жи́зни без неё, что его́ охвати́л у́жас, отча́яние.

— Что за чорт! — поду́мал он, встава́я, опя́ть
принима́ясь ходи́ть по ко́мнате и стара́ясь не смо-
тре́ть на посте́ль за ши́рмой. — Да что же э́то тако́е
со мной? Ка́жется, не в пе́рвый раз — и вот... Да
что в ней осо́бенного и что со́бственно случи́лось?
В са́мом де́ле, то́чно како́й-то со́лнечный уда́р! И
гла́вное, как же я проведу́ тепе́рь, без неё, це́лый
день в э́том захолу́стьи?

Он ещё по́мнил её всю, со все́ми мале́йшими её

honor that I am not at all what you may have thought me. . . .' And now she is gone. Absurd woman!"

The screen had been moved away, the bed still unmade. And he felt that he simply could not bear to look at that bed now. He put the screen before it, closed the windows in order not to hear the market noises and the creaking of wheels, lowered the billowing white curtains, and sat down on the sofa. Yes, here was the end to this "travel adventure"! She was gone and by now must be far away, probably sitting in the white glassed-in lounge or on deck and looking at the vast river sparkling in the sun, at the passing rafts, at the yellow shoals, at the shimmering vista of water and sky, at all this immense Volga expanse. And farewell—for good, forever. For where can they possibly meet now? "I can't," he thought, "I can't just go to the town where her husband is, and her three-year-old girl, and the rest of her family, and all her ordinary life!" And that town appeared to him as something special, set apart, and the thought that she would just go on living her lonely life there, perhaps often remembering him, remembering their fleeting chance encounter, and that he would never see her again —this thought amazed and overwhelmed him. No, this could not be! This would be too senseless, unnatural, unreal! And he felt such pain, and all his future life without her appeared to him so futile, that he was seized with horror and despair.

"What the devil!" he thought as he got up, paced the room again and tried not to look at the bed behind the screen. "What is the matter with me? After all, it isn't the first time—and here . . . What is so special about her anyway, and what has really happened? Indeed, it is a kind of sunstroke! But the main thing is: How am I now to spend a whole day in this out-of-the-way place without her?"

He still could remember all of her, with all the minut-

особенностями, помнил запах её загара и холстинкового платья, её крепкое тело, живой, простой и весёлый звук её голоса... Чувство только что испытанных наслаждений всей её женской прелестью было ещё живо в нём необыкновенно, но теперь главным было всё-таки это второе, совсем новое чувство — то странное, непонятное чувство, которого совсем не было, пока они были вместе, которого он даже предположить в себе не мог, затевая вчера это, как он думал, только забавное знакомство, и о котором уже некому, некому было сказать теперь! — «А главное, подумал он, ведь и никогда уже не скажешь! И что делать, как прожить этот бесконечный день, с этими воспоминаниями, с этой неразрешимой мукой, в этом Богом забытом городишке над той самой сияющей Волгой, по которой унёс её этот розовый пароход!»

Нужно было спасаться, чем-нибудь занять, отвлечь себя, куда-нибудь итти. Он решительно надел картуз, взял стэк, быстро прошёл, звеня шпорами, по пустому корридору, сбежал по крутой лестнице на подъезд... Да, но куда итти? У подъезда стоял извозчик, молодой, в ловкой поддёвке,[8] и спокойно курил цигарку, очевидно, дожидаясь кого-то. Поручик взглянул на него растерянно и с изумлением: как это можно так спокойно сидеть на козлах, курить и вообще быть простым, беспечным, равнодушным? — «Вероятно, только я один так страшно несчастен во всём этом городе», подумал он, направляясь к базару.

Базар уже разъезжался. Он зачем-то походил по свежему навозу среди телег, среди возов с огурцами, среди новых мисок и горшков, и бабы, сидевшие на земле, наперебой зазывали его, брали горшки в руки и стучали, звенели в них пальцами, показывая их добротность, мужики оглушали его, кричали ему: — «Вот первый сорт огурчики, ваше благородие!»[9] — Всё это было так глупо, нелепо, что он бежал с базара. Он пошёл в собор, где пели

est details, could remember the fragrance of her suntan and of her gingham dress, her strong body, the lively, natural, and gay sound of her voice. The feeling of delight he had just experienced from all her woman's loveliness was still extraordinarily vivid in him, but now the most important was this other, completely new feeling—this strange, incomprehensible feeling which had not been there while they were together, which he could not even imagine himself capable of when he ventured, yesterday, upon this, as he thought, merely amusing acquaintance, a feeling which there was now no one, no one to tell about! "And the main thing," he thought, "is that I never shall be able to tell her about it! And what am I to do, how am I to live through the rest of this endless day, with these memories, with this unresolved agony, in this God-forsaken little town above the same glistening Volga along which that pink steamer has carried her away!"

He had to look for escape, to occupy himself somehow, to distract himself, to go somewhere. Resolutely he put on his cap, took his swagger-stick, walked rapidly, jingling his spurs, along the deserted corridor, ran down the steep stairs to the front entrance. Yes, but where was he to go? Before the entrance stood a cab, the young driver, in a smart *poddyovka*, calmly smoking a cigarette, evidently waiting for someone. The lieutenant glanced at him with bewildered astonishment. How could one sit so calmly on the box, smoke, and altogether be simple, carefree, indifferent? "Probably I alone am so dreadfully unhappy in all this town," he thought as he set off for the market.

The market was already breaking up. For some reason he strolled, treading upon fresh manure, among carts and wagons with cucumbers, among new pots and pans, and the peasant women sitting on the ground vied with each other in trying to get his attention. They took the pots in their hands, rapped them with their fingers, demonstrating their soundness. The men deafened him, shouting: "Here are first-rate cucumbers, your honor!" All this was so inane, so ridiculous, that he fled from the

ужé грóмко, вéсело и решúтельно, с сознáнием испóл-
ненного дóлга, потóм дóлго шагáл, кружúл по мá-
ленькому, жáркому и запýщенному сáдику на об-
рýве горы́, над неоглáдной свéтло-стáльнóй шúрью
реки́... Погóны и пýговицы егó кúтеля так нажглó,
что к ним нельзя́ бы́ло прикоснýться. Окóлыш кар-
тузá был внутрú мóкрый от пóта, лицó пылáло...
Возвратя́сь в гостúницу, он с наслаждéнием вошёл
в большýю и пустýю прохлáдную столóвую в нúж-
нем этажé, с наслаждéнием снял картýз и сел за
стóлик вóзле откры́того окнá, в котóрое неслó жá-
ром, но всё-таки вéяло вóздухом, и заказáл ботвúнью со льдом.[10] Всё бы́ло хорошó, во всём бы́ло без-
мéрное счáстье, велúкая рáдость; дáже в э́том знóе
и во всех базáрных зáпахах, во всём э́том незнакó-
мом городúшке и в э́той стáрой уéздной гостúнице
былá онá, э́та рáдость, а вмéсте с тем сéрдце прóсто разрывáлось на чáсти. Он вы́пил нéсколько рю́-
мок вóдки, закýсывая малосóльными огурцáми с ук-
рóпом и чýвствуя, что он, не задýмываясь, ýмер бы
зáвтра, éсли бы мóжно бы́ло каки́м-нибудь чýдом
вернýть её, провестú с ней ещё одúн, ны́нешний
день, — провестú тóлько затéм, тóлько затéм, чтóбы вы́сказать ей и чéм-нибудь доказáть, убедúть,
как он мучúтельно и востóрженно лю́бит её... Зачéм
доказáть? Зачéм убедúть? Он не знал, зачéм, но э́то
бы́ло необходúмее жúзни.

— Совсéм разгуля́лись нéрвы! — сказáл он, на-
ливáя пя́тую рю́мку вóдки.

Он вы́пил цéлый графúнчик, надéясь одурмáнить,
ошеломúть себя́, надéясь, что наконéц разрешúтся
э́то мучúтельное и востóрженное состоя́ние. Но нет,
онó всё усúливалось.

Он отодвúнул от себя́ ботвúнью, спросúл чёрного кóфе и стал курúть и напряжённо дýмать: что
же тепéрь дéлать емý, как избáвиться от э́той вне-
зáпной, неожúданной любвú? Но избáвиться — он
э́то чýвствовал слúшком жúво — бы́ло невозмóжно.
И он вдруг опя́ть бы́стро встал, взял картýз и стэк

market. He went into the cathedral where they were already singing loudly, cheerfully, and with determination, conscious of duty fulfilled, then walked for a long time, circling a small, hot and neglected public garden on the cliff above the infinite steel-bright expanse of the river. His shoulder straps and the buttons of his tunic had become too hot to touch. The band inside his cap was wet with sweat, his face was flaming. On his return to the hotel he entered with delight the big, deserted, cool dining room on the ground floor; with delight took off his cap and sat down at a table by an open window which let in heat but with a breath of fresh air, and ordered some iced soup. Everything was good, in everything there was immense happiness and great joy; there was this joy even in the heat and in all the market smells, in the whole of this unfamiliar wretched little town and in this old provincial hotel, and yet his heart was simply breaking asunder. He drank several glasses of vodka, accompanying it with fresh dill pickles and feeling that he would, without hesitating, die tomorrow if by some miracle he could bring her back, spend one more day, this day, with her —spend it only for the purpose, only for the purpose of telling her, and in some way demonstrating to her, convincing her, how agonizingly and rapturously he loved her. Why demonstrate it? Why convince? He didn't know why, but it was more necessary to him than life itself.

"My nerves are all shot to pieces!" he said, pouring himself a fifth glass of vodka.

He drank a whole decanter, hoping to drug, to stupefy himself, hoping that this agonizing and rapturous state would at last resolve itself. But no, it grew and grew.

He pushed away the soup, asked for black coffee and began to smoke, thinking intently: what was he to do now, how was he to rid himself of this sudden, unexpected love? But to rid himself of it— he felt this all too vividly—was impossible. And suddenly he again rose abruptly, took his cap and his stick and inquiring where

и, спросив, где почта, торопливо пошёл туда, с уже готовой в голове фразой телеграммы: «Отныне вся моя жизнь навеки, до гроба ваша, в вашей власти». Но, дойдя до старого толстостенного дома, где была почта и телеграф, в ужасе остановился: он знал город, где она живёт, знал, что у неё есть муж и трёхлетняя дочка, но не знал ни фамилии, ни имени её! Он несколько раз спрашивал её об этом вчера за обедом и в гостинице, и каждый раз она смеялась и говорила:

— А зачем вам нужно знать, кто я? Я Марья Моревна,[11] заморская царевна... Вообще прекрасная незнакомка... Разве не достаточно с вас этого?

На углу, возле почты, была фотографическая витрина. Он долго смотрел на большой портрет какого-то военного в густых эполетах, с выпуклыми глазами, с низким лбом, с поразительно великолепными бакенбардами и широчайшей грудью, сплошь украшенной орденами... Как дико, как нелепо, страшно всё будничное, обычное, когда сердце поражено, — да, поражено, он теперь понимал это, — этим страшным «солнечным ударом», слишком большой любовью, слишком большим счастьем! Он взглянул на чету новобрачных — молодой человек в длинном сюртуке и белом галстуке, стриженный ёжиком, вытянувшийся во фронт под руку с девицей в подвенечном газе, — перевёл глаза на портрет какой-то хорошенькой и задорной барышни в студенческом картузе набекрень... Потом, томясь мучительной завистью ко всем этим неизвестным ему, не страдающим людям, стал напряжённо смотреть вдоль улицы.

— Куда итти? Что делать? — стоял в его голове и душе неразрешимый, тяжкий вопрос.

Улица была совершенно пуста. Дома были все одинаковые, белые, двухэтажные, купеческие, с большими садами, и казалось, что в них нет ни души; белая густая пыль лежала на мостовой; и всё это слепило, всё было залито жарким, пламенным и

the post office was, set hurriedly off for it with the telegram ready-phrased in his mind: "Henceforth my whole life forever, until death is yours, in your power." But when he reached the old, thick-walled building where the post and telegraph office was located he stopped horror-stricken. He knew the town where she lived, knew that she had a husband and a three-year-old daughter, but he did not know either her surname or her first name! He had asked for it several times yesterday at dinner and in the hotel, and each time she had laughed and said: "But why should you know who I am? I am Marya Morevna, the princess from beyond the sea. In short, the beautiful stranger. Isn't that enough for you?"

At the corner, next to the post office, there was a photographer's shop window. He gazed for a long time at a large portrait of some military man with thick epaulets, bulging eyes, a low forehead, amazingly magnificent side-whiskers, and an extraordinarily broad chest, all covered with decorations. . . . How mad, how absurd, how terrible are everyday, humdrum things when the heart is smitten —yes, smitten, he understood it now—by this terrible "sunstroke," this too great love, too great happiness! He looked at a couple of newlyweds—a young man in a long frockcoat and white tie, with cropped hair, standing at attention, arm in arm with a young girl in a bridal veil; shifted his eyes to the portrait of a pretty and perky young lady in a student's cap cocked to one side. Then, tormented with envy of all these unknown people who did not suffer, he stared down the street.

"Where am I to go? What am I to do?" These insoluble questions weighed heavily on his mind and heart.

The street was quite empty. The houses were all alike, two-storied, merchants' houses, with large gardens, and they looked uninhabited. Thick white dust lay on the roadway. And all this was dazzling, all was drenched in hot sunshine, fiery and joyous, but now somehow point-

радостным, но здесь как будто бесцельным, солнцем. Вдали улица поднималась, горбилась и упиралась в чистый, безоблачный, сероватый с сиреневым отблеском небосклон. В этом было что-то южное, напоминающее Севастополь, Керчь... Анапу.¹²
Это было особенно нестерпимо. И поручик, с опущенной головой, щурясь от света, сосредоточенно глядя себе под ноги, шатаясь, спотыкаясь, цепляясь шпорой за шпору, зашагал назад.

Он вернулся в гостиницу настолько разбитый усталостью, точно совершил огромный переход где-нибудь в Туркестане, в Сахаре.¹³ Он, собирая последние силы, вошёл в свой большой и пустой номер. Номер был уже прибран, лишён последних следов её, — только одна шпилька, забытая ею, лежала на ночном столике! Он снял китель и взглянул на себя в зеркало: лицо его, — обычное офицерское лицо, серое от загара, с белёсыми, выгоревшими от солнца усами и голубоватой белизной глаз, от загара казавшихся ещё белее, — имело теперь возбуждённое, сумасшедшее выражение, а в белой тонкой рубашке со стоячим крахмальным воротничком было что-то юное и глубоко несчастное. Он лёг на кровать, на спину, положил запылённые сапоги на отвал. Окна были открыты, занавески опущены, и лёгкий ветерок от времени до времени надувал их, веял в комнату зноем нагретых железных крыш и всего этого светоносного и совершенно теперь опустевшего, безмолвного и безлюдного волжского мира. Он лежал, подложив руки под затылок, и пристально глядел в пространство перед собой. Потом стиснул зубы, закрыл веки, чувствуя, как по щекам катятся из-под них слёзы, — и наконец заснул, а когда снова открыл глаза, за занавесками уже красновато желтело вечернее солнце. Ветер стих, в номере было душно и сухо, как в духовой печи... И вчерашний день и нынешнее утро вспомнились так, точно они были десять лет тому назад.

Он не спеша встал, не спеша умылся, поднял зана-

less. In the distance the street rose, humped, and ran into the horizon—pure, cloudless, grayish with a mauve tinge. There was in it something southern, reminding one of Sevastopol, Kerch . . . Anapa. This was particularly unbearable. And the lieutenant, his head lowered, his eyes screwed up against the glare, looking with concentration underfoot, staggering, stumbling, one spur catching on the other, walked back.

He returned to the hotel so worn out by fatigue as though he had completed a long march somewhere in Turkestan, in the Sahara. Mustering the remnants of his strength he entered his large, empty room. It had been already tidied, deprived of the last traces of her—only one hairpin, forgotten by her, lay on the bedside table. He took off his tunic and looked at himself in the mirror; his face—the usual officer's face, dark from sunburn, with pale, sunbleached mustache and bluish whites of the eyes which, because of the sunburn, looked even whiter—now wore an agitated, crazed expression; and in the fine white shirt, with its starched stand-up collar, there was something youthful and profoundly unhappy. He lay down on the bed, putting his dusty boots on the footboard. The windows were open, the curtains down, and a light breeze from time to time puffed them out, wafting into the room the heat of the sweltering iron roofs and of the whole of this luminous Volga world, now completely emptied, soundless and deserted. He lay with his hands under the back of his head and stared into the space in front of him. Then he clenched his teeth, lowered his eyelids, feeling tears roll from under them down his cheeks, and, at last, fell asleep. And when he opened his eyes again, the evening sun was already showing reddish-yellow behind the curtains. The wind had died down, the room was stuffy and dry like an oven. Both the previous day and this morning came back to him as though they had been ten years ago.

Unhurriedly he rose, unhurriedly he washed, raised

вéски, позвонúл и спросúл самовáр и счёт, дóлго пил чай с лимóном. Потóм приказáл привестú извóз- чика, вы́нести вéщи и, садя́сь в пролётку, на её ры́- жее, вы́горевшее сидéнье, дал лакéю цéлых пять рублéй.

— А похóже, вáше благорóдие, что э́то я и при- вёз вас нóчью! — вéсело сказáл извóзчик, беря́сь за вóжжи.

Когда спустúлись к прúстани, ужé синéла над Вóлгой сúняя лéтняя ночь, и ужé мнóго разноцвéт- ных огонькóв бы́ло рассéяно по рекé, и огнú висé- ли на мáчтах подбегáющего парохóда.

— В аккурáт достáвил! — сказáл извóзчик за- úскивающе.

Порýчик и емý дал пять рублéй, взял билéт, про- шёл на прúстань... Так же, как вчерá, был мя́гкий стук в её причáл и лёгкое головокружéние от зы́б- кости под ногáми, потóм летя́щий конéц, шум за- кипéвшей и побежáвшей вперёд воды́ под колёсами нéсколько назáд подáвшегося парохóда... И необык- новéнно привéтливо, хорошó показáлось от много- лю́дства[14] э́того парохóда, ужé вездé освещённого и пáхнущего кýхней.

Чéрез минýту побежáли дáльше, вверх, тудá же, кудá унеслó и её дáвеча ýтром.

Тёмная лéтняя заря́ потýхла далекó впередú, сý- мрачно, сóнно и разноцвéтно отражáясь в рекé, ещё кое-гдé светúвшейся дрожáщей ря́бью вдалú под ней, под э́той зарёй, и плы́ли и плы́ли назáд огнú, рассéянные в темнотé вокрýг.

Порýчик сидéл под навéсом на пáлубе, чýвствуя себя́ постарéвшим на дéсять лет.

the curtains, rang and asked for a samovar and his bill, took a long time drinking tea with lemon. Then he gave orders for a cab to be brought and his things to be carried down, and getting into the cab, onto its rusty, faded seat, gave the porter all of five rubles.

"Looks, your honor, as though it was I who brought you here last night, too," cheerfully said the driver, picking up the reins.

As they drove down to the landing pier the blue summer night had descended on the Volga, and many multicolored lights were already scattered along the river, and lights hung on the masts of the swiftly approaching steamer.

"I made it just in time," said the driver obsequiously.

The lieutenant gave him five rubles, too, bought a ticket, went out onto the landing pier. Just as yesterday, there was a soft thud against its moorings and a light dizziness from unsure footing, then the flying end of the hawser, then the noise of the churning water as it ran forward under the wheels of the slightly backing steamer. And there was something extraordinarily welcoming, something good about this crowded steamer, already lit up and redolent of cooking.

In a minute they were on their way upstream where she too had been swept that morning.

The dark summer evening glow died away far ahead, its many colors duskily and drowsily reflected in the river which, here and there, still shimmered and rippled in the distance beneath it, beneath that glow, and the lights, scattered in the darkness around, floated farther and farther back.

The lieutenant sat on the deck under an awning, feeling himself grown ten years older.

EVGENY ZAMYATIN
(1884-1937)

Evgeny Ivanovich Zamyatin was born in Central Russia, in the little town of Lebedyan which figured in Turgenev's *Sportsman's Sketches*. He received his higher education in the Department of Naval Engineering of the Polytechnic Institute in St. Petersburg: his mathematical and engineering training is often felt in his stories. In his student days he was an active member of the Bolshevik faction of the Russian Social-Democratic Party and was imprisoned as a result of his political activities. Ironically, when the Bolsheviks came to power, and Zamyatin was no longer a Bolshevik, he had to spend a short time in the same prison in a cell opening onto the same corridor.

Zamyatin's first work, *Things Provincial*, was published in 1911. His next, *At the Back of Beyond* (1914), led to judicial proceedings against him because of its unflattering portrayal of a Russian military garrison in the Far East. During World War I Zamyatin had little time for writing: he was busy doing war work; toward the end of the war he was in England, supervising the construction of an icebreaker for the Russian government. Back in Russia after the outbreak of the Revolution, he lectured on ship-building at his former alma mater, and also conducted a creative writing workshop for budding writers at the House of Arts in hungry, cold, blockade-bound Petrograd —so strikingly described in the story which the reader will find below. Several writers who are today in the forefront of Soviet letters, sat in those days at Zamyatin's feet and learned the craft of writing from him.

Zamyatin's own literary output is not great: a couple of volumes of stories, three or four plays, two novels, and a volume of posthumously collected literary essays. His major work, the novel *We,* written in 1920, was never

published in Russia and, like Pasternak's *Dr. Zhivago,* appeared first in translations (between 1924 and 1928); the complete Russian edition of it appeared first in New York in 1952. A bold vision of the standardized state of the future, organized along totalitarian lines, it anticipated both Aldous Huxley's *Brave New World* and George Orwell's *1984.* Even before its publication abroad, Zamyatin was treated by Communist critics as an "inside émigré." Upon its publication a campaign of hate was unleashed against him. Expelled from the Writers' Federation, ostracized by publishers and magazine editors, Zamyatin wrote a letter to Stalin, asking that the sentence of "literary death" that had been passed upon him be replaced by deportation. Thanks to the intervention of Gorky, his request was granted. In 1931 Zamyatin and his wife went abroad and settled down in Paris where he died in 1937.

Zamyatin used to describe himself as a neo-realist. In one of his lectures delivered at the beginning of the Revolution, in surveying recent Russian literature, he defined neo-realism as the outcome of the dialectical development which began with the realism of Chekhov, Gorky, and Bunin, provoked the anti-realist reaction of the symbolists, and culminated in neo-realism as the synthesis of the two trends. The realists, said Zamyatin, saw man and his life in an ordinary mirror. The symbolists used a fluoroscope and therefore saw only the skeleton of life, and the symbol of life became for them the symbol of death; hence their preoccupation with death; hence also their search for new means of expression. The neo-realists went back to life, but having learned a great deal from the symbolists they were no longer satisfied with the old means of portraying reality: they looked at life through a microscope, and the seemingly distorted, unverisimilar picture they saw was more authentic and real. Their motto was a synthesis of everyday life and fantasy. "The Cave," one of the best and most characteristic examples of Zamyatin's manner, offers a certain analogy with cubism in painting.

ПЕЩЕРА
Е. И. Замятина

Ледники́, ма́монты, пусты́ни. Ночны́е, чёрные, чём-то похо́жие на дома́, ска́лы; в ска́лах пеще́ры. И неизве́стно, кто труби́т но́чью на ка́менной тропи́нке ме́жду скал и, выню́хивая тропи́нку, раздува́ет бе́лую сне́жную пыль: мо́жет быть серохо́ботый ма́монт; мо́жет быть ве́тер; а мо́жет быть — ве́тер и есть ледяно́й рёв како́го-то ма́монтейшего ма́монта. Одно́ я́сно: зима́. И на́до покре́пче сти́снуть зу́бы, чтоб не стуча́ли; и на́до щепа́ть де́рево ка́менным топоро́м; и на́до вся́кую ночь переноси́ть свой костёр из пеще́ры в пеще́ру, всё глу́бже; и на́до всё бо́льше навёртывать на себя́ косма́тых звери́ных шкур...

Ме́жду скал, где века́ наза́д был Петербу́рг, нача́ми броди́л серохо́ботый ма́монт. И завёрнутые в шку́ры, в пальто́, в одея́ла, в лохмо́тья — пеще́рные лю́ди отступа́ли из пеще́ры в пеще́ру. На Покро́в[1] Марти́н Марти́ныч и Ма́ша[2] заколоти́ли кабине́т; на Каза́нскую[3] вы́брались из столо́вой и заби́лись в спа́льне. Да́льше отступи́ть бы́ло не́куда; тут на́до бы́ло вы́держать оса́ду — и́ли умере́ть.

В пеще́рной Петербу́ргской спа́льне бы́ло так же, как неда́вно в Но́евом ковче́ге: пото́пно перепу́танные чи́стые и нечи́стые тва́ри. Марти́н Марти́нычев пи́сьменный стол; кни́ги; ка́менно-веко́вые гонча́рного ви́да лепёшки; Скря́бин о́пус 74;[4] утю́г; пять любо́вно, до-бела́ вы́мытых карто́шек; никкелиро́ванные решётки крова́тей; топо́р; шифонье́р; дрова́.

THE CAVE
Evgeny Zamyatin

Glaciers, mammoths, wastelands. Black rocks in the night that somehow resemble houses; in the rocks—caves. And no one knows who trumpets at night along the stony path among the rocks; and, sniffing out the path, blows about the white snow-dust. Perhaps it is a gray-trunked mammoth; perhaps the wind; but perhaps—the wind *is* the icy roar of some super-mammothish mammoth. One thing is clear: it is winter. And you have to clench your teeth as tight as you can to keep them from chattering; and you have to split kindling with a stone axe; and each night you have to move your fire from cave to cave, deeper and deeper; and you have to bundle yourself with more and more shaggy animal hides. . . .

Among the rocks, where ages ago had stood Petersburg, roamed at night a gray-trunked mammoth. And wrapped in hides, coats, blankets, rags, the cave dwellers retreated from cave to cave. On Intercession Day Martin Martinych and Masha boarded up the study; on the Day of the Kazan Virgin they made their way out of the dining room and entrenched themselves in the bedroom. There was no further retreating: here they must withstand the siege—or die.

In the cavelike Petersburg bedroom everything was just as it recently had been in Noah's Ark: clean and unclean creatures—flood-confounded. Martin Martinych's desk; books; stone-age flat cakes resembling pottery; Scriabin's Opus 74; a flatiron; five potatoes lovingly washed white; nickel-plated bed frames; an axe; a bureau; firewood. And in the middle of this universe—its god: a short-legged,

И в це́нтре всей э́той вселе́нной — бог: коротконо́-
гий, ржа́во-ры́жий, призёмистый, жа́дный пеще́р-
ный бог: чугу́нная пе́чка.

Бог могу́че гуде́л. В тёмной пеще́ре — вели́кое
о́гненное чу́до. Лю́ди — Марти́н Марти́ныч и Ма́ша
— благогове́йно, мо́лча, благода́рно, простира́ли к
нему́ ру́ки. На оди́н час — в пеще́ре весна́; на оди́н
час — скидывались звери́ные шку́ры, ко́гти, клыки́,
и сквозь обледене́вшую мозгову́ю ко́рку пробива́-
лись зелёные стебельки́ — мы́сли.

— Март,[5] а ты забы́л, что за́втра — — Ну, уж я
ви́жу: забы́л!

В октябре́, когда́ ли́стья уже́ пожо́лкли, пожу́хли,
сни́кли — быва́ют синегла́зые дни; запроки́нуть го́-
лову в тако́й день, чтоб не ви́деть зе́млю — и мо́жно
пове́рить: ещё ра́дость, ещё ле́то. Так и с Ма́шей,
е́сли вот закры́ть глаза́ и то́лько слу́шать её —
мо́жно пове́рить, что она́ пре́жняя, и сейча́с засмеё-
тся, вста́нет с посте́ли, обни́мет, а час тому́ наза́д
ножо́м по стеклу́ — э́то не её го́лос, совсе́м не она́.

— Ай Март, Март! Как всё... Ра́ньше ты не за-
быва́л. Два́дцать девя́тое: Мари́и...[6]

Чугу́нный бог ещё гуде́л. Све́та, как всегда́, не
было: бу́дет то́лько в де́сять. Колыха́лись лохма́тые,
тёмные сво́ды пеще́ры. Марти́н Марти́ныч — на
ко́рточках, узло́м — ту́же! ещё ту́же! — запроки́-
нув го́лову, всё ещё смо́трит в октя́брьское не́бо —
не уви́деть пожо́лклые, сни́кшие гу́бы. А Ма́ша — — —

— Понима́ешь, Март: е́сли бы за́втра затопи́ть с
са́мого утра́, что́бы весь день бы́ло, как сейча́с! А?
Ну, ско́лько у нас? Ну с полсаже́ни[7] ещё есть в ка-
бине́те?

До поля́рного кабине́та Ма́ша давны́м-давно́ не
могла́ добра́ться и не зна́ла, что там уже́... Ту́же
у́зел, ещё ту́же!

— Полсаже́ни? Бо́льше! Я ду́маю, там...

Вдруг — свет: ро́вно де́сять.[8] И не ко́нчив, за-
жму́рился Марти́н Марти́ныч, отверну́лся: при све́-

rusty-red, squat, greedy cave-god: a cast-iron stove.

The god droned powerfully. In the dark cave—a great
fiery wonder. The people—Martin Martinych and Masha
—reverently, silently, thankfully, stretched forth their
hands to him. For one hour—spring was in the cave; for
one hour—animal hides, claws and fangs were thrown off,
and through the ice-covered brain crust broke green shoots
—thoughts.

"Mart, you haven't forgotten that tomorrow—never
mind, I see that you have!"
In October, when leaves have already yellowed, dulled
and drooped, there come blue-eyed days; on such a day,
throw back your head so you cannot see the earth, and
you can believe there is still joy, it is still summer. And
so with Masha, if you just close your eyes and only listen:
you can believe that she is her former self, and that this
very minute she will break into laughter, rise from the bed,
embrace you; and an hour ago as a knife scraped on
glass—it was not her voice, not her at all. . . .
"Oh Mart, Mart! How everything . . . You never forgot
before. The twenty-ninth: St. Mary's. . . ."
The cast-iron god still droned. As always, there was no
light: it would go on only at ten. The dark, shaggy vaults
of the cave swayed. Martin Martinych, squatting with his
head thrown back—the knot is tighter! ever tighter!—keeps
on looking into the October sky—not to see the yellowed,
drooping lips. And Masha—
"You understand, Mart. If the fire were started in the
morning, so that all day long it would be as it is now! Eh?
Well, how many have we? Well, is there still about half a
cord in the study?"
For a long, long time Masha had not been able to get to
the arctic study and she did not know that there already . . .
Tighter the knot, ever tighter!
"Half a cord? More! I think that there . . ."
Suddenly—light: it is exactly ten. And not having
finished, Martin Martinych squinted and turned away: in

те — труднее, чем в темноте. И при свете ясно видно — лицо у него скомканное, глиняное; теперь у многих глиняные лица: назад — к Адаму. А Маша — —

— И знаешь, Март, я бы попробовала — может я встану... если ты затопишь с утра.

— Ну, Маша, конечно же... Такой день... Ну, конечно — с утра.

Пещерный бог затихал, съёживался, затих, чуть потрескивает. Слышно: внизу, у Обёртышевых, каменным топором щепают коряги от барки — каменным топором колют Мартина Мартиныча на куски. Кусок Мартина Мартиныча глиняно улыбался Маше и молол на кофейной мельнице сушёную картофельную шелуху для лепёшек — и кусок Мартина Мартиныча, как с воли залетевшая в комнату птица, бестолково, слепо тукался в потолок, в стёккла, в стены: «Где бы дров — где бы дров — где бы дров».

Мартин Мартиныч надел пальто; сверху подпоясался кожаным поясом (у пещерных людей — миф, что от этого теплее); в углу у шифоньера громыхнул ведром.

— Ты куда, Март?

— Я сейчас. За водой вниз.

На тёмной обледенелой от водяных сплесков лестнице постоял Мартин Мартиныч, покачался, вздохнул и, кандально позвякивая ведёрком, спустился вниз, к Обёртышевым: у них ещё шла вода. Дверь открыл сам Обёртышев, в перетянутом верёвкой пальто, давно не бритый, лицо — заросший каким-то рыжим, насквозь пропылённым бурьяном пустырь. Сквозь бурьян — жёлтые каменные зубы, и между камней — мгновенный ящеричный хвостик — улыбка.

— А, Мартин Мартиныч! Что, за водичкой? Пожалуйте, пожалуйте, пожалуйте.

В узенькой клетке между наружной и внутренней дверью с ведром не повернуться — в клетке Обёр-

the light it is more difficult than in the dark. And in the light it is clearly seen—his face is crumpled, clayey, nowadays many have faces of clay: back—to Adam. And Masha—

"And you know, Mart, I'd try—maybe I'll get up . . . if you'll start the fire in the morning."

"Why, Masha, of course. . . Such an occasion. . . Why of course, from morning."

The cave-god grew quieter, contracted, became still; now and then he crackles. Listen: downstairs, at the Obertyshevs', they are splitting logs of a barque with a stone axe—with that stone axe they are splitting Martin Martinych into pieces. A piece of Martin Martinych clayishly smiled at Masha and ground dried potato peels in the coffee grinder for flat cakes; and a piece of Martin Martinych, like a free bird which had flown into a room, aimlessly and blindly beat against the ceiling, the windows, the walls: "Where to get wood, where to get wood, where to get wood?"

Martin Martinych put on his coat, girded himself with a leather belt (the cave dwellers have a myth that it is warmer this way), and banged a pail by the bureau in the corner.

"Where to, Mart?"

"I'll be right back. Downstairs for water."

On the dark stairway, icy with water splashes, Martin Martinych stood for a moment, rocked to and fro, took a deep breath, and then, with a fetter-like rattle of the pail, he went downstairs to the Obertyshevs': they still had running water. The door was opened by Obertyshev himself, dressed in a coat tied with rope, long unshaven, his face—a waste overgrown with some sort of reddish, dust-laden weed. Showing through the weeds—yellow stone teeth; and between the stones—the flick of a lizard's tail—a smile.

"Ah, Martin Martinych! What? You've come for some water? Come in, come in, come in."

In the narrow cage between the outer and inner doors you could not turn around with a pail in hand—in that

тышевские дрова́. Гли́няный Марти́н Марти́ныч бо́ком бо́льно сту́кнулся о дрова́ — в гли́не глубо́кая вмя́тина. И ещё глу́бже: в тёмном коридо́ре об у́гол комо́да. Че́рез столо́вую — в столо́вой Обёртышевская са́мка и трое́ обёртышат; са́мка торопли́во пря́тала под салфе́ткой ми́ску: пришёл челове́к из другой пеще́ры — и Бог зна́ет, вдруг ки́нется, схва́тит.

В ку́хне, отверну́в кран, каменнозу́бо улыба́лся[9] Обёртышев:

— Ну что же: как жена́? Как жена́? Как жена́?

— Да что, Алексе́й Ива́ныч, всё то́ же. Пло́хо. Вот за́втра — имени́ны, а у меня́...

— У всех, Марти́н Марти́ныч, у всех так, у всех, у всех...

Слы́шно в ку́хне: вспа́рхивает, шурши́т кры́льями залете́вшая пти́ца, впра́во, вле́во — и вдруг отча́янно, с ма́ху в сте́ну всей гру́дью:

— Алексе́й Ива́ныч, я хоте́л... Алексе́й Ива́ныч, нельзя́ ли у вас хоть пять-шесть поле́н...

Жёлтые ка́менные зу́бы сквозь бурья́н, жёлтые зу́бы — из глаз, весь Обёртышев оброста́л зуба́ми, всё длинне́е зу́бы.

— Что вы, Марти́н Марти́ныч, что вы, что вы! У нас у сами́х... Са́ми зна́ете, как тепе́рь всё, са́ми зна́ете, са́ми зна́ете...

Ту́же узел! Ту́же — ещё ту́же! Закрути́л себя́ Марти́н Марти́ныч, по́днял ведро́ — и че́рез ку́хню, че́рез тёмный коридо́р, че́рез столо́вую. На поро́ге столо́вой Обёртышев су́нул мгнове́нную, я́щерично-ю́ркую ру́ку:

— Ну, всего́...[10] То́лько дверь, Марти́н Марти́ныч, не забу́дьте прихло́пнуть, не забу́дьте. Обе две́ри, о́бе, о́бе — не нато́пишься!

На тёмной обледене́лой площа́дке Марти́н Марти́ныч поста́вил ведро́, оберну́лся, пло́тно прихло́пнул пе́рвую дверь. Прислу́шался — услыха́л то́лько

cage was Obertyshev's firewood. Martin Martinych, made
of clay, bumped his side painfully against the firewood:
there was a deep indentation in the clay. And still deeper
—against the corner of a chest of drawers in the dark
corridor. Through the dining room—in the dining room
was the she-Obertyshev and three Obertyshlings; the she-
Obertyshev was hastily hiding a bowl under a napkin: a
man has come from another cave and God knows, he might
suddenly pounce and grab.

In the kitchen, having turned on the faucet, Obertyshev
gave a stony-toothed smile:

"Well, how's your wife? How's your wife? How's your
wife?"

"Oh well, still the same, Alexey Ivanych. Bad! Tomorrow is her namesday, but I have no . . ."

"It's the same, Martin Martinych, the same with everyone, the same, the same."

Listen: a bird has flown into the kitchen; it flutters, and
rustles its wings; to the right, to the left—and suddenly
in desperation it strikes the wall full with its breast:

"Alexey Ivanych, I wanted . . . Alexey Ivanych, couldn't
you . . . just five or six logs . . ."

Yellow stone teeth showing through the weeds, yellow
teeth—from his eyes, all of Obertyshev was being overgrown with teeth, teeth that grew longer and longer.

"Oh, come now, Martin Martinych, come now, come
now. We ourselves have but . . . You know yourself how
things are nowadays, you know, you know. . . ."

Tighter the knot! Tighter—ever tighter! Martin Martinych wound himself up, lifted the pail, and—through
the kitchen, through the dark corridor, through the dining
room. At the dining room threshold Obertyshev stuck out
his hand—a momentary lizardy whisk.

"Well, so long. . . . Only the door, Martin Martinych,
don't forget to slam it shut, don't forget. Both doors, both,
both—you just can't get enough heat!"

On the dark ice-encrusted landing Martin Martinych
set down the pail, turned around, firmly pulled shut the
first door. He listened: he heard only the dry shivering of

сухую костяную дрожь в себе и своё трясущееся —
пунктирное, точечками — дыхание. В узенькой клетке между двух дверей протянул руку, нащупал —
полено, и ещё, и ещё... Нет! Скорей выпихнул себя
на площадку, притворил дверь. Теперь только прихлопнуть поплотнее, чтобы щёлкнул замок...

И вот — нет силы. Нет силы прихлопнуть Маши-
но завтра. И на черте, отмеченной чуть приметным
пунктирным дыханием, схватились на́ смерть два
Мартина Мартиныча: тот, давний, со Скрябиным,
какой знал: нельзя, — и новый, пещерный, какой
знал: нужно. Пещерный, скрипя зубами, подмял,
придушил — и Мартин Мартиныч, ломая ногти, открыл дверь, запустил руку в дрова — полено, чет-
вёртое, пятое, — под пальто, за пояс, в ведро —
хлопнул дверью и вверх — огромными, звериными
скачками. По середине лестницы, на какой-то обледенелой ступеньке — вдруг пристыл, вжался в сте́-
ну: внизу снова щёлкнула дверь — и пропылённый
Обёртышевский голос:

— Кто — там? Кто там? Кто там?

— Это я, Алексей Иваныч. Я — я дверь забыл...
Я хотел... Я вернулся — дверь поплотнее...

— Вы? Гм... Как же это вы так? Надо аккуратнее, надо аккуратнее. Теперь всё крадут, сами знаете, сами знаете. Как же это вы так?

Двадцать девятое. С утра — низкое, дырявое,
ватное небо, и сквозь дыры несёт льдом. Но пещерный бог — набил брюхо с самого утра, милостиво
загудел — и пусть там дыры, пусть обросший зубами Обёртышев считает поленья — пусть, всё равно:
только бы сегодня; «завтра», — непонятно в пещере; только через века будут знать «завтра», «после-
завтра».

Маша встала и, покачиваясь от невидимого ветра,
причесалась по старому: на́ уши, посередине пробор.

his bones and his tremulous breathing, punctuated like a
dotted line. In the narrow cage between the two doors
he stretched forth a hand, felt around—a log, and another,
and another . . . No! Quickly he shoved himself out onto
the landing, closed the door. Now only to slam it more
tightly, so the lock would click. . . .

But—he had no strength. He had no strength to slam
the door on Masha's tomorrow. And on a line delineated
by his scarcely perceptible punctuated breathing, two
Martin Martinyches grappled in a struggle to the death: the
one, of old, of Scriabin, who knew: he must not—and the
new one, of the cave, who knew: he must. He of the cave,
with teeth grinding, trampled, strangled the other—and
Martin Martinych, breaking his nails, opened the door,
stuck his hand into the firewood—a log, a fourth, a fifth,—
under his coat, in his belt, into the pail—slammed the door
and up the stairs—with huge animal's bounds. In the
middle of the stairs, on some icy step, he suddenly froze,
and pressed into the wall: below, the door clicked again—
and Obertyshev's dust-laden voice:

"Who's—there? Who's there? Who's there?"
"It's me, Alexey Ivanych. I . . . I forgot the door . . .
I wanted to . . . I returned to close the door more
tightly . . ."
"You? Hm . . . How could you do that? You must be
more careful, more careful. Nowadays everybody steals,
you know yourself, you know yourself. How could you do
that?"

The twenty-ninth. From morning—a low, cottony sky
full of holes, and through the holes—an icy breath. But
the cave-god stuffed his belly from morning, graciously
began to drone—and let there be holes, let Obertyshev,
overgrown with teeth, count his logs—let him, it makes no
difference: if only for today; tomorrow has no meaning in
the cave; only after ages have passed will "tomorrow" and
"the day after tomorrow" be known.

Masha got up and, rocked by an invisible wind, combed
her hair as of old: over her ears with a parting in the middle.

И это было — как последний, болтающийся на голом дереве, жухлый лист. Из среднего ящика письменного стола Мартин Мартиныч вытащил бумаги, письма, термометр, какой-то синий флакончик (торопливо сунул обратно — чтобы не видела Маша) — и, наконец, из самого дальнего угла чёрную лакированную коробочку: там, на дне, был ещё настоящий — да, да! самый настоящий чай! Пили настоящий чай. Мартин Мартиныч, запрокинув голову, слушал такой похожий на прежний голос:

— Март, а помнишь: моя синенькая комната, и пианино в чехле, и на пианино — деревянный конёк — пепельница, и я играла, а ты подошёл сзади — — — — —

Да, в тот вечер была сотворена вселенная, и удивительная, мудрая морда луны, и соловьиная трель звонков в коридоре.

— А помнишь, Март: открыто окно, зелёное небо — и снизу, из другого мира — шарманщик?

Шарманщик, чудесный шарманщик — где ты?

— А на набережной... помнишь? Ветки — ещё голые, вода — румяная, и мимо плывёт последняя синяя льдина, похожая на гроб. И только смешно от гроба — потому что ведь мы — никогда не умрём. Помнишь?

Внизу начали колоть каменным топором. Вдруг перестали, какая-то беготня, крик. И расколотый надвое, Мартин Мартиныч одной половиной видел бессмертного шарманщика, бессмертного деревянного конька, бессмертную льдину, а другой — пунктирно дыша — пересчитывал вместе с Обёртышевым поленья дров. Вот уж Обёртышев сосчитал, вот надевает пальто, весь обросший зубами — свирепо хлопает дверью, и — — —

— Погоди, Маша, кажется — кажется у нас стучат.

Нет. Никого. Пока ещё никого. Ещё можно ды-

It was like the last, withered leaf fluttering on a bare tree. From the middle drawer of the desk Martin Martinych took papers, letters, a thermometer, some kind of blue phial (he hurriedly shoved it back, so Masha would not see) and, finally, from the furthest corner, a black lacquered box. In it, on the bottom, there still was some real— yes! yes! some most real tea! They drank real tea. Martin Martinych, having thrown back his head, listened to a voice so similar to that of the past:

"Mart, do you remember: my nice blue room, and the piano with its cover, and on the piano—a little wooden horse—an ashtray, and I was playing, and you came up from behind—"

Yes, that evening the universe was created, and the wonderful, wise old snout of the moon, and the nightingale-trill of bells in the hallway.

"And do you remember, Mart: the window open, the green sky—and below, from another world—the organ-grinder?"

Organ-grinder, marvelous organ-grinder—where are you?

"And on the embankment . . . remember? Branches— still bare, the water—reddish, and the last blue block of ice, resembling a coffin, floats by. And the coffin only made us laugh, for we—we'll never die. Remember?"

Downstairs they began splitting wood with a stone axe. Suddenly they ceased, some sort of scurrying, a shout. And split in two, Martin Martinych with one half saw the immortal organ-grinder, the immortal wooden horse, the immortal block of ice, and with the other—his breath punctuated—he was re-counting with Obertyshev the logs of firewood. Now Obertyshev has already counted them, now he is putting on his coat; all overgrown with teeth he savagely slams the door, and—

"Wait, Masha, it seems—it seems that someone is knocking at our door."

No. No one. No one as yet. He can still breathe, he can

шать, ещё мо́жно запроки́нуть го́лову, слу́шать го́-
лос — тако́й похо́жий на тот, пре́жний.

Су́мерки. Два́дцать девя́тое октября́ соста́рилось.
При́стальные, му́тные, стару́шечьи глаза́ — и всё
ёжится, смо́рщивается, го́рбится под пристальным
взгля́дом. Оседа́ет сво́дами потоло́к, приплю́снулись
кре́сла, пи́сьменный стол, Марти́н Марти́ныч, крова́-
ти, и на крова́ти — совсе́м пло́ская, бума́жная
Ма́ша.

В су́мерках пришёл Се́лихов, домо́вый председа́-
тель.[11] Когда́-то он был шестипудо́вый,[12] но тепе́рь
уже́ вы́тек наполови́ну, болта́лся в пиджа́чной скор-
лу́пе, как оре́х в погрему́шке. Но ещё по ста́рому
погромы́хивал сме́хом.

— Ну-с, Марти́н Марти́ныч, во-пе́рвых — во-вто-
ры́х, супру́гу ва́шу — с тезоимени́тством.[13] Как же,
как же! Мне Обёртышев говори́л...

Марти́на Марти́ныча вы́стрелило из кре́сла, по-
нёсся, заторопи́лся — говори́ть, что́-нибудь гово-
ри́ть...

— Ча́ю... я сейча́с — я сию́ мину́ту... У нас сего́-
дня — настоя́щий. Настоя́щий! Я то́лько...

— Ча́ю? Я, зна́ете ли, предпочёл бы шампа́нско-
го. Не́ту? Да что вы! Гра-гра-гра! А мы, зна́ете, с
прия́телем тре́тьегодня из го́фманских гна́ли спирт.[14]
Поте́ха! Налака́лся. — «Я, — говори́т, — Зино́вь-
ев:[15] на коле́ни!» Поте́ха! А отту́да домо́й иду́ — на
Ма́рсовом по́ле[16] навстре́чу мне челове́к в одно́м жи-
ле́те,[17] ей Бо́гу! «Что э́то вы?» — говорю́. — «Да
ничего́, — говори́т. — Вот разде́ли сейча́с, домо́й
бегу́ на Васи́льевский».[18] Поте́ха!

Приплю́снутая, бума́жная, смея́лась на крова́ти
Ма́ша. Всего́ себя́ завяза́в в туго́й у́зел, всё гро́мче
смея́лся Марти́н Марти́ныч — чтобы подбро́сить в
Се́лихова дров, то́лько бы не переста́л, чтобы о чём-
нибудь ещё...

Се́лихов переста́вал, чуть пофы́ркивая, зати́х. В
пиджа́чной скорлупе́ болтну́лся впра́во и вле́во;
встал.

still throw back his head and listen to the voice—so similar to the other, the former.

Dusk. The twenty-ninth of October has grown old. The staring, troubled eyes of an old crone—and everything shrivels, wrinkles, hunches up under the fixed gaze. The vaulted ceiling is settling; the armchairs, the desk, Martin Martinych, the beds were flattened, and on the bed—a completely flat, paper-thin Masha.

Selikhov, the house-chairman, came at dusk. At one time he had been well over two hundred pounds, but now half of that had gone; he knocked about in his jacket-husk like a nut in a rattle. But he rumbled with laughter as of old.

"W-e-ll, Martin Martinych, in the first place—secondly, I congratulate your wife on the great day of her saint. Ah, yes! Of course! Of course! Obertyshev told me. . . ."

Martin Martinych was shot from the armchair, he bolted, hurried to speak, to say something. . . .

"Some tea . . . I'll immediately—this very minute . . . Today we have real tea. Real tea! I only . . ."

"Some tea? You know, I'd prefer champagne. There ain't any? No kidding? Har-har-har! And you know, the day before yesterday me and my friend brewed our own from Hoffman drops. What fun! He got potted. 'I am Zinoviev;' he says, 'on your knees!' What fun! And I was going home from there when on Mars Field a man comes toward me in shirt sleeves, by God! 'What's with you?' I say. 'Oh, nothing,' he says, 'They just undressed me and I am running home to Vasilievsky.' What fun!"

Flattened, paper-thin, Masha laughed on the bed. Tying himself into a tight knot, Martin Martinych laughed louder and louder—in order to stoke Selikhov; so he would not stop, so he would say something more. . . .

Selikhov was stopping, snorting slightly; he became still. He swayed in his jacket-husk—to the right, to the left: he got up.

— Ну-с, имениница, ручку. Чик! Как, вы не знаете? По йхнему, честь имею кланяться — ч. и. к.[19] Потеха!

Громыхал в коридоре, в передней. Последняя секунда: сейчас уйдёт, или —

Пол чуть-чуть покачивался, покруживался у Мартина Мартиныча под ногами. Глиняно улыбаясь, Мартин Мартиныч придерживался за косяк. Селихов пыхтел, заколачивая ноги в огромные боты.

В ботах, в шубе, мамонтоподобный — выпрямился, отдышался. Потом молча взял Мартина Мартиныча под-руку, молча открыл дверь в полярный кабинет, молча сел на диван.

Пол в кабинете — льдина; льдина чуть слышно треснула, оторвалась от берега — и понесла, понесла, закружила Мартина Мартиныча, и оттуда — с диванного, далёкого берега — Селихова еле слыхать.

— Во-первых — во-вторых, сударь мой, должен вам сказать: я бы этого Обёртышева, как гниду,[20] ей-Богу... Но сами понимаете: раз он официально заявляет, раз говорит — завтра пойду в уголовное...[21] Этакая гнида! Я вам одно могу посоветовать: сегодня же, сейчас же к нему — и заткните ему глотку этими самыми поленьями.

Льдина — всё быстрее. Крошечный, сплюснутый, чуть видный — так, щепочка — Мартин Мартиныч ответил — себе; и не о поленьях — нет, о другом:

— Хорошо. Сегодня же. Сейчас же.
— Ну вот и отлично, вот и отлично! Это — такая гнида, такая гнида, я вам скажу...

В пещере ещё темно. Глиняный, холодный, слепой — Мартин Мартиныч тупо натыкался на потопно перепутанные в пещере предметы. Вздрогнул: голос, похожий на Машин, на прежний:

— О чём вы там с Селиховым? Что? Карточки? А я, Март, всё лежала и думала: собраться бы с духом — и куда-нибудь, чтоб солнце... Ах, как ты

"W-e-ll, ma'am, your hand. Pam! What? You don't know? In their lingo, the pleasure's all mine—p.a.m. What fun!"

He thundered in the hallway, in the vestibule. The last second: he will leave now, or . . .

The floor swayed and spun slightly under the feet of Martin Martinych. Smiling a clay smile, Martin Martinych supported himself on the door-jamb. Selikhov puffed while pounding his feet into huge overshoes.

In his overshoes, in his fur coat, mammoth-like, he straightened up, caught his breath. Then silently he took Martin Martinych by the arm, silently he opened the door into the arctic study, silently he sat down on the sofa.

The floor in the study—a block of ice; scarcely audible, the block cracked, broke from the shore—and carried, carried, spun Martin Martinych, and from there—from the sofa, the distant shore—Selikhov can barely be heard.

"In the first place—secondly, my dear sir, I must tell you: I'd take that Obertyshev, like a louse, and by God . . . But you understand: since he has complained officially, since he says—'tomorrow I'll go to the criminal investigation office.' . . . What a louse! I can suggest only one thing: go to him, today, right now—and stuff those logs down his throat."

The block of ice—faster and faster. The minute, flattened, scarcely visible—a splinter—Martin Martinych answered to himself; and not about firewood, but about something else:

"Very well. Today. Right away."

"That's fine, that's fine! He's such a louse, such a louse, I'll tell you. . . ."

It is still dark in the cave. Cold, blind, made of clay—Martin Martinych dully stumbled against the flood-confounded objects in the cave. He started: a voice resembling Masha's, her former voice:

"What were you and Selikhov talking about? What? Ration cards? Mart, I was lying and thinking: if we'd gather our strength and go somewhere, where there is

гремишь! Ну как нарочно. Ведь ты же знаешь —
я не могу, я не могу, не могу!

Ножом по стеклу. Впрочем — теперь всё равно.
Механические руки и ноги. Поднимать и опускать
их — нужно какими-то цепями, лебёдкой, как кора-
бельные стрелы, и вертеть лебёдку — одного человека мало: надо троих. Через силу натягивая цепи,
Мартин Мартиныч поставил разогреваться чайник,
кастрюльку, подбросил последние Обёртышевские
поленья.

— Ты слышишь, что я тебе говорю? Что ж ты
молчишь? Ты слышишь?

Это, конечно, не Маша, нет, не её голос. Всё мед-
ленней двигался Мартин Мартиныч, ноги увязали
в зыбучем песке, всё тяжелее вертеть лебёдку. Вдруг
цепь сорвалась с какого-то блока, стрела-рука —
ухнула вниз, нелепо задела чайник, кастрюльку —
загремело на пол, пещерный бог змейно шипел. И
оттуда, с далёкого берега, с кровати — чужой,
пронзительный голос:

— Ты нарочно! Уходи! Сейчас же! И никого мне
— ничего, ничего не надо, не надо! Уходи!

Двадцать девятое октября умерло, и умер бес-
смертный шарманщик, и льдины на румяной от
заката воде, и Маша. И это хорошо. И нужно, чтоб
не было невероятного завтра, и Обёртышева, и
Селихова, и Мартина Мартиныча, чтобы умерло всё.

Механический, далёкий Мартин Мартиныч ещё
делал что-то. Может быть снова разжигал печку, и
подбирал с полу в кастрюльку, и кипятил чайник; и
может быть что-нибудь говорила Маша — не слышал: только тупо ноющие вмятины на глине от ка-
ких-то слов, и от углов шифоньера, стульев, письменного стола.

Мартин Мартиныч медленно вытаскивал из письменного стола связки писем, термометр, сургуч, коробочку с чаем, снова — письма. И наконец, отку-
да-то с самого со дна темносиний флакончик.

sun . . . Oh! How noisy you are! As if on purpose. Don't you know!—I can't, I can't, I can't!"

A knife on glass. However—now it made no difference. Mechanical arms and legs. Some sort of chains, a winch, are needed to raise and lower them, like the sheers of a ship; and to turn the winch—one man is not enough: three are needed. Tightening the chains beyond his strength, Martin Martinych set a teakettle and saucepan to heat, threw on the last Obertyshev logs.

"Do you hear what I am telling you? Why are you silent? Do you hear?"

This, of course, is not Masha; no, it is not her voice. Martin Martinych moved slower and slower, his feet were swallowed by quicksand, the winch turned harder and harder. Suddenly a chain tore loose from some block, a sheer-arm crashed down, awkwardly bumped the tea-kettle and saucepan—they clattered to the floor, the cave-god hissed like a snake. And over there, from the distant shore, from the bed—a strange piercing voice:

"You did that on purpose! Go away! This very instant! I don't want to see anybody, I don't need anything, I don't need anything! Go away!"

The twenty-ninth of October died, and the immortal organ-grinder died, and the blocks of ice on the reddish water at sunset, and Masha. And this is good. There should be no improbable tomorrow, no Obertyshev, no Selikhov, no Martin Martinych; everything should die.

The mechanical, distant Martin Martinych was still doing something. Perhaps he again was lighting the stove, and was gathering the contents of the saucepan from the floor, and was setting the teakettle to boil; and perhaps Masha was saying something—he did not hear; there were only dully aching indentations in the clay from some sort of words, from the corners of the chiffonier, chairs, desk.

Martin Martinych was slowly extracting from the desk bundles of letters, a thermometer, sealing-wax, a little box of tea, and again—letters. And finally, somewhere from the very bottom, a small dark-blue phial.

Де́сять: да́ли свет. Го́лый, жёсткий, просто́й, холо́дный — как пеще́рная жизнь, и смерть — электри́ческий свет. И тако́й просто́й — ря́дом с утюго́м, 74-м о́пусом, лепёшками — си́ний флако́нчик.

Чугу́нный бог ми́лостиво загуде́л, пожира́я перга́ментно-жёлтую, голубова́тую, бе́лую бума́гу пи́сем. Тихо́нько напо́мнил о себе́ ча́йник, постуча́л кры́шкой. Ма́ша оберну́лась:

— Скипе́л чай? Март ми́лый, дай мне —

Уви́дела. Секу́нда, наскво́зь прони́занная я́сным, го́лым, жесто́ким электри́ческим све́том: ско́рченный пе́ред пе́чкой Марти́н Марти́ныч; на пи́сьмах — румя́ный, как вода́ на зака́те, о́тблеск; и там — си́ний флако́нчик.

— Март... Ты... ты уже́ хо́чешь...

Ти́хо. Равноду́шно пожира́я бессме́ртные, го́рькие, не́жные, жёлтые, бе́лые, голубы́е слова́ — тихо́нько мурлы́кал чугу́нный бог. И Ма́ша — так же про́сто, как проси́ла ча́ю:

— Март, ми́лый! Март — дай мне!

Марти́н Марти́ныч улыбну́лся издалека́:

— Но ведь ты же зна́ешь, Ма́ша: там — то́лько на одного́.

— Март, ведь меня́ всё равно́ уже́ нет. Ведь э́то уже́ не я — ведь всё равно́ я... Март, ты же понима́ешь — Март!

Ах, тот са́мый — тот са́мый го́лос... И е́сли запроки́нуть го́лову вверх...

— Я, Ма́ша, тебя́ обману́л: у нас в кабине́те — ни поле́на. И я пошёл к Обёртышеву, и там ме́жду двере́й... Я укра́л — понима́ешь? И Се́лихов мне... Я до́лжен сейча́с отнести́ наза́д — а я всё сжёг — я всё сжёг — всё!

Равноду́шно задрёмывает чугу́нный бог. Потуха́я, чуть вздра́гивают сво́ды пеще́ры, и чуть вздра́гивают дома́, ска́лы, ма́монты, Ма́ша.

— Март, е́сли ты меня́ ещё лю́бишь... Ну, Март, ну вспо́мни! Март, ми́лый!

Ten o'clock: the light was turned on. Bare, harsh, plain, cold (like cave life, and death) electric light. And beside the flat-iron, the 74th Opus, the flat cakes—such a plain, blue phial.

The cast-iron god droned kindly, devouring the parchment-yellow, bluish and white paper of the letters. The teakettle rattled its lid, quietly bringing itself to mind. Masha turned around:

"Has the tea boiled? Mart dear, give me—"

She saw it. One second, pierced through and through by the clear, bare, cruel electric light: huddled before the stove—Martin Martinych; on the letters—a reddish reflection, like the water at sunset; and there—the blue phial.

"Mart . . . You . . . you already want to . . ."

It is quiet. Indifferently devouring the immortal, bitter, tender, yellow, white, blue words—quietly purred the cast-iron god. And Masha—just as simply as when asking for tea:

"Mart, dear! Mart—give it to me."

Martin Martinych smiled from afar.

"But you do know, Masha: there's only enough for one."

"Mart, I'm gone anyway. This is not me—it makes no difference, I'll . . . Mart, you do understand—Mart!"

Oh, that same—that same voice. . . . And if you would throw back your head. . . .

"Masha, I deceived you: there's not a single log in our study. And I went to Obertyshev, and there between the doors . . . I stole—do you understand? And Selikhov told me . . . I must take them back right away—but I've burned them all, I've burned them all—all of them!"

Indifferently, the cast-iron god drowses. Dying out, the cave vaults shudders slightly, and slightly shudder the houses, the rocks, the mammoths, Masha.

"Mart, if you still love me . . . Please, Mart. Remember! Mart, dear!"

Бессме́ртный деревя́нный конёк, шарма́нщик, льди́на. И э́тот го́лос... Марти́н Марти́ныч ме́дленно встал с коле́н. Ме́дленно, с трудо́м воро́чая лебёдку, взял со стола́ си́ний флако́нчик и по́дал Ма́ше.

Она́ сбро́сила одея́ло, се́ла на посте́ли румя́ная, бы́страя, бессме́ртная — как тогда́ вода́ на зака́те, схвати́ла флако́нчик, засмея́лась.

— Ну вот ви́дишь: неда́ром я лежа́ла и ду́мала — уе́хать отсю́да. Зажги́ ещё ла́мпу — ту, на столе́. Так. Тепе́рь ещё что́-нибудь в пе́чку.

Марти́н Марти́ныч, не гля́дя, вы́греб каки́е-то бума́ги из стола́, ки́нул в печь.

— Тепе́рь... Иди́ погуля́й немно́го. Там, ка́жется, луна́ — м о я́ луна́: по́мнишь? Не забу́дь — возьми́ ключ, а то захло́пнешь, а откры́ть — —

Нет, там луны́ не́ было. Ни́зкие, тёмные глухи́е облака́ — сво́ды, и всё — одна́ огро́мная ти́хая пеще́ра. У́зкие, бесконе́чные прохо́ды ме́жду стен; и похо́жие на дома́ тёмные, обледене́лые ска́лы; и в ска́лах — глубо́кие, багро́во-освещённые ды́ры: там, в ды́рах, во́зле огня́ — на ко́рточках лю́ди. Лёгкий ледяно́й сквознячо́к сдува́ет из-под ног бе́лую пыль, и никому́ неслы́шная — по бе́лой пы́ли, по глы́бам, по пеще́рам, по лю́дям на ко́рточках — огро́мная ме́рная по́ступь како́го-то ма́монтейшего ма́монта.

The immortal wooden horse, the organ-grinder, the block of ice. And this voice . . . Martin Martinych slowly rose from his knees. Slowly, with difficulty turning the winch, he took the phial from the table and gave it to Masha.

She threw off the blanket, sat on the bed—rosy, quick, immortal, like the water had once been at sunset, grabbed the phial, laughed.

"So you see: not without cause have I lain and thought of leaving here. Turn on another lamp—that one, on the table. That's right. Now throw something else in the stove."

Martin Martinych, without looking, scooped some papers out of the desk, threw them in the stove.

"Now . . . Go take a short walk. It seems that the moon is there—*my* moon: remember? Don't forget—take the key, otherwise you'll lock the door, and won't be able to. . ."

No, there was no moon there. Low, dark thick clouds—a vault, and everything—one huge, quiet cave. Narrow, endless passageways between walls; and resembling houses—dark, ice-encrusted rocks; and in the rocks—deep holes glowing crimson; there, in the holes by the fire—squatting people. A light, icy draught blows white dust from under their feet, and heard by no one—over the white dust, over the boulders, over the caves, over the squatting people—the huge, measured tread of some super-mammothish mammoth.

ISAAC BABEL
(1894-1941)

Isaac Emmanuilovich Babel was born in Odessa into the family of a small Jewish tradesman. He attended a secondary school in Odessa, studying at the same time, at his father's insistence, the Hebrew language and the Talmud. An important part was played in his life by his French teacher who instilled in him a love of French literature, both classical and modern. When Babel began to write stories, still as a schoolboy, he wrote them at first in French. He regarded Flaubert and Maupassant as his masters. His first steps in serious literature he owed to Maxim Gorky who, in 1916, printed his first stories in his magazine *Letopis'*. Gorky later advised him to gain more experience of life before continuing to write. After that Babel tasted a variety of professions and occupations: he was employed in the Commissariat for Education, in the notorious Cheka (Soviet political police), in a printing office, and so on, and also served, in 1920, during the Soviet-Polish War, in Budyonny's famous Red Cavalry which provided him with material for some of his most famous stories. He made his literary comeback in 1924 when several of the stories, including the one printed below, which were later to form part of the book *Konarmiya* (*Red Cavalry*), were published in Mayakovsky's magazine *LEF*. Almost immediately Babel was hailed as the rising star of Soviet literature. When the volume of his stories appeared in 1926 it was at once translated into several languages.

Babel was not a prolific writer. Besides the *Red Cavalry* stories, most of which are only a few pages long, he wrote also a volume of *Jewish Stories*, in which a prominent part is played by the Jewish gangsters of Odessa, a few other stories (some of them autobiographical), and two plays, both of them also from Jewish life.

In the 1930s Babel's literary output fell sharply while he was being increasingly subjected to criticisms by Communist critics for his alleged "estheticism," his lack of real symathy with the Revolution, and so on. At the end of that decade Babel disappeared from literature, one of the many victims of Stalin's purges. It was not until Khrushchev's famous secret report to the 20th Congress of the Communist Party on the misdeeds of Stalin (February 1956), which unleashed a wave of literary rehabilitations, that Babel was brought out of the limbo. A volume of his *Selected Works,* including almost all of his stories, was published in 1957, with a warm and flattering introduction by Ilya Ehrenburg who called Babel a true humanist and internationalist. Little was revealed by Ehrenburg of Babel's personal fate: arrested in 1939 "on false denunciation," he was said to have died in 1941. Orthodox Communist critics soon began to criticize Ehrenburg for "overdoing" his rehabilitation of Babel.

It has been said of Babel's stories that it is style that holds them together whether they be tales of the Revolution and the Civil War, or stories of Jewish life in Odessa. Babel has a sense of form. Unlike many of the others during that period, his stories are pithy, compact. His predilection for ornamentalism, for the exotic and the unusual, goes hand in glove with that aversion to psychological probing which characterized most of the young writers of the early Soviet period. The elements of contrast and paradox play an important part in his stories. The grotesque rubs shoulders with the romantically heightened. Underlying all the stories in *Red Cavalry* is the contrast between the milieu and the figure of the narrator, so utterly unwarlike, as well as between the naturalistic and the romantic elements in the style. The same is true of the Jewish stories where the characters are romantically glamorized and yet pathetic and humorous. "The Death of Dolgushov" is characteristic of Babel in its terseness and its combination of stark realism and romanticism.

СМЕРТЬ ДОЛГУШОВА
И. Э. Бабеля

Завесы боя продвигались к городу. В полдень пролетел мимо нас Корочаев[1] в чёрной бурке — опальный начдив четыре,[2] сражающийся в одиночку и ищущий смерти. Он крикнул мне на бегу:

— Коммуникации наши прорваны. Радзивиллов и Броды[3] в огне!..

И ускакал — развевающийся, весь чёрный, с угольными зрачками.

На равнине, гладкой, как доска, перестраивались бригады. Солнце катилось в багровой пыли. Раненые закусывали в канавах. Сёстры милосердия лежали на траве и вполголоса пели. Афонькины[4] разведчики рыскали по полю, выискивая мертвецов и обмундирование. Афонька проехал в двух шагах от меня и сказал, не поворачивая головы:

— Набили нам ряжку. Дважды два.[5] Есть думка за начдива,[6] смещают. Сомневаются бойцы...

Поляки подошли к лесу, верстах[7] в трёх от нас, и поставили пулемёты где-то близко. Пули скулят и взвизгивают. Жалоба их нарастает невыносимо. Пули подстреливают землю и роются в ней, дрожа от нетерпения. Вытягайченко, командир полка, храпевший на солнцепёке, закричал во сне и проснулся. Он сел на коня и поехал к головному эскадрону. Лицо его было мятое, в красных полосах от неудобного сна, а карманы полны слив.

THE DEATH OF DOLGUSHOV
Isaac Babel

T he screens of battle were moving toward the town. At noon Korochayev, in his black cloak, flew past us—the disgraced commander of the Fourth Division, who fought singlehanded and sought death. He shouted to me as he rode past:

"Our communications are cut. Radziwillów and Brody are in flames!"

And he galloped away, all black and billowing, his pupils like coals.

On the board-flat plain the brigades were re-forming. The sun rolled through purple dust. In ditches wounded men were having a bite to eat. Nurses lay on the grass and sang softly. Afonka's scouts were scouring the fields, searching for the dead and for equipment. Afonka rode past within two paces of me and said, without turning his head:

"We've had it in the neck. Like two and two. I've a notion about the Divisional Commander—he'll be fired. The men are uneasy. . . ."

The Poles have reached the woods, about three versts from us, and posted their machine guns somewhere close by. Bullets whine and squeal. Their complaint mounts unbearably. Bullets strike the earth and burrow into it, trembling with impatience. Vytyagaychenko, the regimental commander, who was snoring in the sunshine, cried out in his sleep and woke up. He mounted his horse and rode off toward the vanguard squadron. His face was crumpled, lined with red streaks from his uncomfortable nap, and his pockets were full of plums.

— Су́киного сы́на, — сказа́л он серди́то и вы́плюнул изо рта ко́сточку, — вот га́дкая каните́ль. Тимо́щка,[8] выкида́й флаг!

— Пойдём, што ль?[9] — спроси́л Тимо́шка, вынима́я дре́вко из стремя́н, и размота́л зна́мя, на кото́ром была́ нарисо́вана звезда́ и напи́сано про III Интернациона́л.[10]

— Там вида́ть бу́дет, — сказа́л Вытяга́йченко и вдруг закрича́л ди́ко: — Де́вки, сида́й на ко́ников![11] Склика́й люде́й, эскадро́нные!..

Трубачи́ проигра́ли трево́гу. Эскадро́ны постро́ились в коло́нну. Из кана́вы вы́лез ра́неный и, прикрыва́ясь ладо́нью, сказа́л Вытяга́йченке:

— Тара́с Григо́рьевич, я есть делега́т. Вида́ть, вро́де того́, что оста́немся мы...

— Отобьётесь... — пробормота́л Вытяга́йченко и по́днял коня́ на дыбы́.

— Есть така́я наде́я[12] у нас, Тара́с Григо́рьевич, что не отобьёмся, — сказа́л ра́неный ему́ вслед.

— Не каню́чь, — оберну́лся Вытяга́йченко, — небо́сь не оста́влю, — и скома́ндовал по́вод.

И то́тчас же зазвене́л пла́чущий ба́бий го́лос Афо́ньки Биды́, моего́ дру́га:

— Не переводи́ ты с ме́ста на рыся́,[13] Тара́с Григо́рьевич, до его́ пять вёрст бежа́ть. Как бу́дешь руба́ть, когда́ у нас ло́шади заморённые... Ха́пать не́чего — поспе́ешь к Богоро́дице гру́ши околачивать...[14]

— Ша́гом! — скома́ндовал Вытяга́йченко, не поднима́я глаз.

Полк ушёл.

— Если ду́мка за начди́ва пра́вильная, — прошепта́л Афо́нька, заде́рживаясь, — е́сли смеща́ют, тогда́ мы́ли хо́лку и выбива́й подпо́рки.[15] То́чка.

Слёзы потекли́ у него́ из глаз. Я уста́вился на Афо́ньку в изумле́нии. Он закрути́лся волчко́м, схвати́лся за ша́пку, захрипе́л, ги́кнул и умча́лся.

"Son of a bitch!" he said crossly and spat a pit out of his mouth. "Here is a rotten mess! Unfurl the standard, Timoshka!"

"Going to get a move on, or what?" asked Timoshka, disengaging the staff from his stirrups and unrolling the banner on which there was a star and some words about the Third International.

"We'll see soon," said Vytyagaychenko and suddenly yelled wildly: "Hey, girls, to horse! Squadron commanders, call your men!"

The buglers sounded the alarm. The squadrons formed a column. Out of a ditch climbed a wounded man and, screening himself with his palm, said to Vytyagaychenko:

"Taras Grigoryevich, I'm a delegate. Looks as if we were to be left behind. . . ."

"You'll fight them off," muttered Vytyagaychenko, making his horse rear.

"We sort of feel we won't, Taras Grigoryevich," said the wounded man after him.

"Stop crabbing," Vytyagaychenko turned to him, "I'm not likely to leave you behind"—and he gave orders to move off.

And at once there rang out the whimpering, womanish voice of my friend, Afonka Bida:

"Don't take to trot straight away, Taras Grigoryevich, there's five versts running before we reach him. How can you fight with our horses winded? There's no rush—you'll be in time for the Virgin's feast, to knock the pears off. . . ."

"Walking pace!" commanded Vytyagaychenko without raising his eyes.

The regiment set out.

"If my notion about the divisional commander is right," whispered Afonka, lingering behind, "if he's to be fired, then we are done for. Period."

Tears streamed from his eyes. I stared at him in amazement. He spun around like a top, grabbed at his cap, wheezed, whooped and sped away.

Грищук со своей глупой тачанкой[16] да я — мы остались одни и до вечера мотались между огневых стен. Штаб дивизии исчез. Чужие части не принимали нас. Поляки вошли в Броды[17] и были выбиты контратакой. Мы подъехали к городскому кладбищу. Из-за могил выскочил польский разъезд и, вскинув винтовки, стал бить по нас. Грищук повернул. Тачанка его вопила всеми четырьмя своими колёсами.

— Грищук! — крикнул я сквозь свист и ветер.

— Баловство, — ответил он печально.

— Пропадаем, — воскликнул я, охваченный гибельным восторгом, — пропадаем, отец!

— Зачем бабы трудаются?[18] — ответил он ещё печальнее, — зачем сватання, венчання,[19] зачем кумы на свадьбах гуляют...

В небе засиял розовый хвост и погас. Млечный Путь проступил между звёздами.

— Смеха мне, — сказал Грищук горестно и показал кнутом на человека, сидевшего при дороге, — смеха мне,[20] зачем бабы трудаются...

Человек, сидевший при дороге, был Долгушов, телефонист. Разбросав ноги, он смотрел на нас в упор.

— Я вот что, — сказал Долгушов, когда мы подъехали, — кончусь... Понятно?

— Понятно, — ответил Грищук, останавливая лошадей.

— Патрон на меня надо стратить,[21] — сказал Долгушов.

Он сидел, прислонившись к дереву. Сапоги его торчали врозь. Не спуская с меня глаз, он бережно отвернул рубаху. Живот у него был вырван, кишки ползли на колени и удары сердца были видны.

— Наскочит шляхта[22] — насмешку сделает. Вот документ,[23] матери отпишешь, как и что...

Grishchuk with his silly cart and I—we were left alone and until evening knocked about between the walls of fire. The divisional staff had vanished. Other units would not have us. The Poles entered Brody and were beaten out by a counterattack. We came up to the town cemetery. From behind the graves emerged a detachment of Polish scouts; shouldering their rifles, they fired at us. Grishchuk turned back. His cart shrilled with all its four wheels.

"Grishchuk!" I called out through the whistling and the wind.

"Some fun!" he called back mournfully.

"We're done for," I shouted, seized with rapture of doom, "we're done for, dad!"

"What's the good of women taking all the trouble," he answered still more mournfully. "What's the good of wooings, marryings, what's the good of gossips making merry at the wedding feasts?"

A rosy trail flared up in the sky and died out. The Milky Way came in sight among the stars.

"Makes me laugh," said Grishchuk mournfully and pointed his whip at a man sitting by the roadside, "makes me laugh, why do women take all the trouble. . . ?"

The man sitting by the roadside was Dolgushov, the telephonist. His legs spread, he was staring at us.

"That's how it is," he said when we had come up. "I'll be finished. Understood?"

"Understood," said Grishchuk, pulling up the horses.

"You must use up a cartridge on me," said Dolgushov.

He sat leaning against a tree. His boots were thrust out apart. Without taking his eyes off me, he carefully peeled back his shirt. His belly had been torn out, his intestines were crawling out onto his knees, and you could see the heartbeats.

"The Polacks will ride up—they'll have fun with me. Here are my papers, you'll write to my mother how and what. . . ."

— Нет, — ответил я и дал коню шпоры.

Долгушов разложил по земле синие ладони и осмотрел их недоверчиво...

— Бежишь? — пробормотал он, сползая. — Беги, гад...

Испарина ползла по моему телу. Пулемёты отстукивали всё быстрее, с истерическим упрямством. Обведённый нимбом заката, к нам скакал Афонька Бида.

— По малости чешем,[24] — закричал он весело. — Что у вас тут за ярмарка?[25]

Я показал ему на Долгушова и отъехал.

Они говорили коротко, — я не слышал слов. Долгушов протянул взводному[26] свою книжку. Афонька спрятал её в сапог и выстрелил Долгушову в рот.

— Афоня, — сказал я с жалкой улыбкой и подъехал к казаку, — а я вот не смог.

— Уйди, — ответил он, бледнея, — убью! Жалеете вы, очкастые, нашего брата, как кошка мышку...

И взвёл курок.

Я поехал шагом, не оборачиваясь, чувствуя спиной холод и смерть.

— Вона, — закричал сзади Грищук, — ан дури![27] — и схватил Афоньку за руку.

— Холуйская кровь![28] — крикнул Афонька. — Он от моей руки не уйдёт...

Грищук нагнал меня у поворота. Афоньки не было. Он уехал в другую сторону.

— Вот видишь, Грищук, — сказал я, — сегодня я потерял Афоньку, первого моего друга...

Грищук вынул из сиденья сморщенное яблоко.

— Кушай, — сказал он мне, — кушай, пожалуйста...

"No," I answered and spurred my horse.

Dolgushov spread his blue palms out on the ground and examined them incredulously.

"Sneaking off?" he muttered sliding down. "Sneak off, you bastard."

Sweat trickled down my body. The machine guns were rattling away, faster and faster, with hysterical obstinacy. Ringed with the halo of the sunset, Afonka Bida was galloping toward us.

"We're giving them a bit of a raking-over," he shouted gaily. "What sort of show d'you have here?"

I pointed Dolgushov out to him and rode off a little.

They had a brief talk—I couldn't hear the words. Dolgushov handed his regimental book to the troop commander. Afonka hid it in his boot and shot Dolgushov in the mouth.

"Afonya," said I with a pitiful smile and rode up to the Cossack, "I just couldn't. . . ."

"Be off," he said, turning pale. "I'll kill you! You guys in specs have as much pity for us as a cat for a mouse. . . ."

And he cocked his rifle.

I rode off at a walk, without turning round, sensing cold and death with my back.

"Hey, you!" shouted Grishchuk from behind. "Quit fooling . . ." and he grabbed Afonka by the arm.

"The scum!" cried Afonka. "He won't get away from me."

Grishchuk caught up with me at a turn in the road. Afonka was not to be seen. He had ridden off in the opposite direction.

"There, you see, Grishchuk," I said, "today I've lost Afonka, my very first friend."

Grishchuk took a wizened apple out from his seat.

"Eat it," he said to me. "Eat it, please."

MIKHAIL ZOSHCHENKO
(1895-1958)

Mikhail Mikhailovich Zoshchenko was born in Poltava and was thus a countryman of Gogol. His father had been an artist. He studied at the Law School of the University of Petrograd but did not graduate, enlisting in 1915 as a volunteer in the Russian Army. He made his entry into literature in 1921, joining several other young writers in the Serapion Brotherhood, a rather loose literary association held together not by any literary or other tenets, but by enthusiasm for literature and a common belief in its autonomy and self-sufficiency. One of their masters, for whom they had a great admiration, was Zamyatin. "A work of literature may reflect the epoch but it need not do so," declared the Serapions. In a facetious autobiography written soon after the publication of the Serapions' first joint collection of stories and poems, Zoshchenko boldly made fun of the Communist critics who demanded "precise ideology" from writers, and wrote:

> Now that's plumb disagreeable! Tell me, how can I have 'a precise ideology' when not a single party among them all appeals to me?
>
> I don't hate anybody—there's *my* precise ideology . . .
>
> In their general swing the Bolsheviks are closer to me than anybody else. And so I'm willing to bolshevik around with them . . . But I'm not a Communist (or rather not a Marxist), and I think I never shall be.

Zoshchenko soon evolved a style and manner of his own which made his writings easily recognizable. It was based on *skaz*. His first book of stories (*Stories Told by Nazar Ilyich Mr. Sinebryukhov,* 1922) was typical of the period. Most of the stories were about World War I and the

Civil War, and were put into the mouth of a semi-educated noncom whose language was a mixture of natural peasant raciness and a hideous, artificial lingo. Gradually, however, Zoshchenko developed a new manner which combined the earlier stylized *skaz* with the purely comic anecdotes satirizing Soviet everyday life. Zoshchenko's narrator is a Soviet man-in-the-street who passively accepts the Revolution, but vaguely regrets the good old days; in fact, a composite portrait of the Soviet philistine.

Throughout the 1920s and the early 1930s Zoshchenko was one of the most popular Soviet writers, widely read both in Russia and by the Russians outside it. In the biographical dictionary of Soviet writers published in 1930 we read: "The name of Zoshchenko, a most popular Soviet humorous writer, enjoys widest fame. His stories are read even by those who, as a rule, do not follow contemporary literature." It is not very easy perhaps to explain to foreigners how and why this extremely popular writer came to be denounced, in 1946, as "a slanderer," as a corruptor of Soviet youth, and his works as "the very dregs of literature." Yet such was the case. With the pre-revolutionary poetess Anna Akhmatova, Zoshchenko was chosen by the Communist culture boss Andrey Zhdanov as the main target of a violent campaign against the "un-Soviet" elements in Soviet literature, against "bourgeois Formalists" and "servile cosmopolitans." Zoshchenko was expelled from the Union of Soviet Writers and for several years nothing was heard of him. When his signature began to appear again under some stories in the 1950s it was difficult to recognize the old Zoshchenko. He never regained his place in Soviet literature, though after 1956 his earlier work began to be reissued but in carefully selected and bowdlerized editions. The story here offered to the reader was written in 1926.

СВЯТОЧНАЯ ИСТОРИЯ
М. Зощенко

Нынче святочных рассказов никто не пишет. Главная причина — ничего такого святочного в жизни не осталось.

Всякая рождественская чертовщина, покойники и чудеса отошли, как говорится, в область предания.

Покойники, впрочем, остались. Про одного покойника могу вам, граждане, рассказать.

Эта истинная быль случилась перед самым Рождеством. В сентябре месяце.

Поведал мне об этой истории один врач по внутренним и детским болезням.

Это был врач довольно старенький и весь седой. Через этот факт[1] он поседел или вообще поседел — неизвестно. Только, действительно, был он седой, и голос у него был сиплый и надломленный.

То же и насчёт голоса. Неизвестно, на чём голос он пропил. На факте или вообще.

Но дело не в этом.

А сидит раз этот врач в своём кабинете и думает свои грустные мысли:

«Пациент-то, думает, нынче нестоящий пошёл. То-есть каждый норовит по страхкарточке[2] даром лечиться. И нет того,[3] чтобы к частному врачу зайти. Прямо хоть закрывай лавочку».

И вдруг звонок раздаётся.

Входит гражданин средних лет и жалуется врачу на недомогание. И сердце, дескать, у него всё

YULETIDE STORY
Mikhail Zoshchenko

Nowadays nobody writes Yuletide stories. The main reason being that there is nothing of a Yuletide nature left in life.

All kinds of Christmas devilry, dead men and miracles have passed, as the saying goes, into the realm of legends.

Dead men, however, still remain. I can tell you, citizens, about one dead man.

This genuinely true story happened just before Christmas. In the month of September.

It was told me by a doctor specializing in internal and children's diseases.

He was a rather oldish doctor and quite gray-haired. Whether he grew gray through that affair, or just so, is not known. But he was indeed gray-haired and his voice was husky and cracked.

The same goes for his voice. It is not known how he drank his voice away. Through that affair, or just so.

But that's not the point.

One day this doctor was sitting in his office and thinking his sad thoughts:

"Patients," he thought, "are no good nowadays. That is, everyone tries to get treated free on his health insurance card. They wouldn't dream of dropping in on a private doctor. You might as well close up shop."

And suddenly the doorbell rings.

In comes a middle-aged citizen and complains to the doctor about feeling unwell. His heart, he says, keeps stop-

время останавливается, и вообще чувствует он, что помрёт вскоре после этого визита.

Осмотрел врач больного — ничего такого. Совершенно как бык здоровый, розовый, и усы кверху закручены. И всё на месте. И никакого умирания в организме незаметно.

Тогда прописал врач больному нашатырно-анисовых капель,[4] принял за визит семь гривен,[5] покачал головой и, по правилам своей профессии, велел ему зайти ещё раз завтра. На этом они и расстались.

На другой день в это же время приходит к врачу старушонка в чёрном платье. Она поминутно сморкается, плачет и говорит:

— Давеча, говорит, приходил к вам мой любимый племянник, Василий Леденцов. Так он, видите ли, в ночь на сегодня скончался. Нельзя ли ему после этого выдать свидетельство о смерти?

Врач говорит:

— Очень, говорит, удивительно, что он скончался. От анисовых капель редко кончаются. Тем не менее, говорит, свидетельство о смерти выдать не могу — мне надо увидеть покойника.

Старушка, Божий цветочек, говорит:

— Очень великолепно. Идёмте тогда за мной. Тут недалече.[6]

Взял врач с собою инструмент, надел, заметьте, калоши и вышел со старушкой.

И вот поднимаются они в пятый этаж. Входят в квартиру. Действительно, ладаном попахивает. Покойник на столе расположен. Свечки горят вокруг. И старушка где-то жалобно хрюкает.

И так врачу стало на душе скучно и противно. «Экой я, думает, старый хрен,[7] каково[8] смертельно ошибся в пациенте. Какая канитель за семь гривен».

Присаживается он к столу и быстро пишет удостоверение.

Написал, подал старушке и, не попрощавшись,

ping, and in general he feels that he will die soon after this visit.

The doctor examined the patient—nothing of the kind. Absolutely as healthy as a bull, rosy, and his mustache twisted upwards. And everything in its place. And no dying noticeable in the organism.

Thereupon the doctor prescribed the patient some ammoniac aniseed drops, accepted seventy kopecks and, in accordance with the rules of his profession, told him to call in once more tomorrow. Whereupon they parted.

The next day, at the same time, an old woman in a black dress comes to the doctor. She blows her nose continuously, cries and says:

"The other day," says she, "my favorite nephew, Vasily Ledentsov, came to see you. Well, you see, last night he passed away. Would it be possible after this to issue him a death certificate?"

The doctor says:

"It is very remarkable," says he, "this passing away of his. People seldom pass away from aniseed drops. Nevertheless," he says, "I cannot issue a death certificate. I must see the deceased."

The old woman, this little flower of God, says:

"Most excellent. Follow me then. It isn't far from here."

The doctor took his tools, put on—observe this—his overshoes and went out after the old woman.

And so they go up to the fifth floor. They enter the apartment. Indeed, it smells a little of incense. The deceased is laid out on the table. The candles are burning around. And the old woman is grunting plaintively somewhere.

And the doctor felt so dreary and disgusted at heart.

"What an old duffer I am," he thinks, "what a deadly mistake I made about the patient. What a lot of fuss, all for seventy kopecks!"

He sits down at the table and quickly writes out a certificate.

He wrote it. He handed it to the old woman and, with-

поскорее вышел. Вышел. Дошёл до ворот. И вдруг вспомнил — мать честная,[9] калоши позабыл.

«Экая, думает, неперка[10] за семь гривен. Придётся опять наверх ползти».

Поднимается он вновь по лестнице. Входит в квартиру. Дверь, конечно, открыта. И вдруг видит: сидит покойник Василий Леденцов на столе и сапог зашнуровывает.

Зашнуровывает он сапог и со старушкой о чём-то препирается. А старушка, Божий одуванчик, ходит вокруг стола и пальцем свечки гасит. Послюнит палец и гасит.

Очень удивился этому врач, хотел с испугу вскрикнуть, однако сдержался и как был, без калош — кинулся прочь.

Прибежал домой, упал на кушетку и со страху зубами лязгает. После выпил нашатырно-анисовых капель, успокоился и позвонил в милицию.[11]

А на другой день милиция выяснила всю эту историю.

Оказалось: агент по сбору объявлений, Василий Митрофанович Леденцов, присвоил три тысячи казённых денег.[12] С этими деньгами он хотел начисто смыться и начать новую великолепную жизнь.

Однако не пришлось.

Калоши врачу вернули к Рождеству, в самый сочельник, после всяких длинных процедур, заявлений, просьб и хождений по всем местам.

out saying good-bye, hurriedly walked out. Walked out. Reached the gate. And suddenly remembered: goodness gracious, he forgot his overshoes.

"What a nuisance," he thinks, "all for seventy kopecks. I'll have to crawl upstairs again."

Again he goes up the stairs. Enters the apartment. The door is, of course, open. And suddenly he sees: there, on the table, sits the deceased, Vasily Ledentsov, lacing up his boot.

He is lacing up the boot and squabbling about something with the old woman. And the old woman, the little dandelion of God, walks around the table and snuffs the candles with her finger. Moistens her finger with saliva and snuffs a candle.

The doctor was greatly surprised at this, was about to cry out from fright, but controlled himself and, just as he was, without the overshoes, dashed away.

He came running home, fell on the couch, and his teeth chattered from fright. Afterwards he drank some ammoniac aniseed drops, calmed down, and rang up the militia.

And the next day the militia cleared up the whole story.

It turned out that Vasily Mitrofanovich Ledentsov, an advertising agent, had embezzled three thousand. With that money he wanted to vanish into the blue and begin a new magnificent life. . . .

However, he didn't make it.

The overshoes were returned to the doctor for Christmas, on its very eve, after all sorts of long procedures, declarations, petitions and visits to all sorts of offices.

NOTES, QUESTIONNAIRE,
VOCABULARY

NOTES

1. коллёжский регистра́тор. Collegiate Registrar, an official of the fourteenth, or lowest, grade in the Russian civil service under the so-called "Table of Ranks," introduced by Peter the Great in 1722. The grades were known as кла́ссы (classes), and each class had a corresponding чин (rank) attached to it. Parallel "tables of ranks" were set up for military and naval officers.

2. Вя́земский. Prince Pyotr Andreyevich Vyazemsky (1792-1878), an elder friend of Pushkin, poet and literary critic. This quotation from his poem "Stantsiya" ("The Station") is somewhat inaccurate: instead of коллёжский регистра́тор Vyazemsky has губе́рнский регистра́тор, a title which does not correspond to any actual grade.

3. подья́чие. Clerks or scribes in the old Muscovite administration, notorious for their bribe-taking and chicanery. They were one of the principal targets of satire in the eighteenth-century Russian literature, especially in the works of Alexander Sumarokov (1718-1777).

4. Му́ром. A district town in the Province of Vladimir, on the river Oka. The forests around it were in those days renowned for their highwaymen.

5. фельдъе́герь. A special messenger traveling on Government business (from the German *Feldjäger*).

6. ре́дкого смотри́теля не зна́ю я в лицо́..., that is "rare are the stationmasters whom I do not know by sight."

7. е́хал на перекладны́х... плати́л прого́ны. Ехать на перекладны́х, "to travel post-chaise, in relays." прого́ны, "the price of the stage journey," the sum allowed to cover all expenses when traveling on official business.

8. обноси́ть can mean both "to pass round" and "to miss in passing round." Here in the latter sense. This remark is said to be based on Pushkin's own experience in 1829 when, at a dinner given by the military governor of Tiflis, he was "bypassed" by the servant. Pushkin mentions this incident in his *Journey to Arzrum*.

9. Ду́ня. A diminutive form of the name Евдоки́я, Eudoxia.

10. до́чка-с. -с is an abbreviation of суда́рь, "sir." It was used fairly commonly in the nineteenth century in token of respect when socially inferior people were addressing their superiors, but came to be considered somewhat vulgar. When used among equals, or from a superior person to an inferior one, it acquired an ironical accent.

11. исто́рию блу́дного сы́на. The parable of the Prodigal Son is told in the New Testament (Luke, 15. 11-32).

12. This apparent quotation has not been identified by any Pushkin scholar.

13. вошёл. The archaic form of the gerund of the verb войти́. Its modern Russian equivalent would be войдя́, or воше́дши, the latter having a somewhat popular tinge.

14. от беды́ не отбожи́шься. A saying which literally means "A calamity cannot be sworn away" (божи́ться — from Бог — "to swear, to take an oath").

15. Что суждено́, тому́ не минова́ть. A proverb, of which the more usual form is Чему́ быть, того́ не минова́ть, "What is to be cannot be circumvented."

16. черке́сская ша́пка. A large fur cap, the same as папа́ха.

17. киби́тка. There was a great variety of carriages in old Russia, not all of them having their equivalent in the West, and therefore some of their names have found their way into the dictionaries of the English language. 'Kibitka' is a hooded carriage which was used on runners, as a sledge, in winter, and on wheels at other times.

18. поло́жено бы́ло, "it was laid down, it was decided."

19. челове́к. Here in the sense of "manservant."

20. Ду́нюшкину. From Ду́нюшка, an affectionate form of Ду́ня.

21. дни, for дня, archaic colloquial form of genitive.

22. высокоблагоро́дие. A deferential title (modeled on the German *Hochwohlgeboren*), used in addressing, or referring to, the officials, military and civil, between the eighth and the sixth grades. Actually, Minsky, as a captain, was not entitled to it and should have been referred to as его́ благоро́дие.

23. ни жив, ни мёртв. Literally, "neither alive nor dead."

24. горя́чка. A colloquial word in this meaning. In those days used rather loosely to denote both "high temperature" and a nondescript illness accompanied by high fever. In modern Russian "fever" would be лихора́дка; "high temperature," жар.

25. Смоле́нск. A town in Western Russia, on the river Dnieper, recovered from Poland in the seventeenth century.

26. Изма́йловский полк. One of the famous Russian guard regiments, named after the Turkish fortress of Izmail, victoriously stormed by the Russians under Suvorov in 1790. Its barracks were located near Izmailovsky Avenue and gave the name to the district. The transverse streets, which began near the barracks, were called ро́ты, "companies," and bore ordinal numbers (Пе́рвая ро́та, and so on).

27. Де́мутов тракти́р. A well-known hotel in St. Petersburg, situated on the Moyka. It was founded by Phillip-Jakob Demut, of Strasbourg (1750-1802). Pushkin himself used to stay there. In present-day usage the word тракти́р would be applied only to a lowly inn or a public house, but not to a fashionable hotel.

28. Что с во́зу упа́ло, то пропа́ло. A proverb, literally meaning "What has fallen off the cart is lost."

29. Что сде́лано, того́ не воро́тишь. A saying which literally means "What has been done cannot be brought back."

30. отоше́д. From отойти́, see note 13 above.

31. Лите́йная (у́лица). One of the main streets in St. Petersburg, running from the Neva to Nevsky Avenue.

32. Всех Скорбя́щих, that is Бо́жья Ма́терь Всех Скорбя́щих Ра́дость, "Our Lady the Joy of All the Sorrowing." An icon much venerated in Russia since the seventeenth century. Here refers to a church of that name.

33. то́чно так. In military parlance the equivalent of да, its opposite being ника́к нет. Also used by non-military as a deferential form.

34. а я и позабу́дь. The imperative, sometimes also with the imperative of the verb "to take" (that is, возьми́ и позабу́дь), can be used colloquially as a kind of expressive, dynamic past tense, more or less like the English "up and." It is tantamount here to а я и позабы́л.

35. ну́жды нет. This idiomatic expression, with the word нужда́ differently accented, means "never mind, doesn't matter."

36. Авдо́тья Самсо́новна. Авдо́тья is the popular form of Евдоки́я. Самсо́новна is the patronymic (о́тчество), her father's name being Самсо́н.

37. сверка́ющие па́льцы. Literally, "gleaming fingers."

38. махну́л руко́й. Literally, "waved his hand." Махну́ть руко́й на что́-нибудь means "to dismiss something as hopeless, or not worth bothering about." It is a common

idiom which need not, and usually does not, imply a physical gesture it denotes. There are in Russian other similar verbs, involving hands, e.g. всплеснýть рукáми, развестú рукáми. In Vladimir Nabokov's **Pnin**, Professor Timofey Pnin, who teaches Russian in an American college, is said to be an expert in Russian "carpalistics" (from "carpal," that is, "of or pertaining to the carpus or wrist"), and a colleague of his makes a film, "with Pnin in a polo shirt, a Gioconda smile on his lips, demonstrating the movements underlying such Russian verbs ... as *makhnut'*, *vsplesnut'*, *razvesti;* the one-hand downward loose shake of weary relinquishment; the two-hand dramatic splash of amazed distress; and the 'disjunctive' motion —hands traveling apart to signify helpless passivity."

39. ни слýху ни дýху. Literally, "Neither rumor nor breath (or smell)," that is, "not heard anything about her."

40. голь кабáцкая. Голь, from гóлый (naked), "paupers, beggars"; кабáцкая, from кабáк, "pub."

41. Дмúтриев. Ivan Ivanovich Dmitriev (1760—1837), poet, an elder contemporary of Pushkin, at one time Minister of Justice. Терéнтыич, a character in Dmitriev's ballad "Карикатýра" ("A Caricature").

42. вы́тянул пять стакáнов пýншу. Тянýть, with reference to drinking, can mean "to drink slowly, to sip." Here, however, the perfective verb has rather the meaning of "consumed," "drank as much as. . ."

43. вóльные лóшади. Privately hired horses as distinct from those supplied at the government's expense.

44. бáтюшка. Literally "father." This is the usual form of address to a priest, but was also used, loosely and familiarly, as a general form of addressing a man (the corresponding feminine form would be мáтушка), with different connotations—deferential, familiar, or facetious. Though less frequently than in the past, it is still used colloquially in present-day Russian, often with a humorous or facetious overtone.

45. цáрство емý небéсное, "may the Kingdom of Heaven be his"—the usual formula of reference to a recently deceased person, corresponding more or less to the Latin *"requiescat in pace."*

46. заседáтель. An elected official in pre-reform Russia; more often than not, a court assessor.

47. пятáк серебрóм. At various times in the nineteenth century, paper currency (ассигнáции) was considerably depreciated in relation to silver, and it was necessary to specify whether the amount was reckoned in notes or in

hard coin. In Pushkin's day five silver kopecks were worth four or five times more in paper money. Cp. below in Leskov's story, which takes place later.

Gogol

1. Вознесе́нский проспе́кт — a street in St. Petersburg.
2. ко́фий. The old form of the word ко́фе.
3. ру́ки опусти́л. Literally, "dropped his hands," that is, "lost his heart." A symbolic gesture of despair (cp. note 38 to Pushkin).
4. колле́жский асе́ссор. A civil servant of the eighth grade (see note 1 to Pushkin in this volume).
5. середа́ — an alternative form of the word среда́, "Wednesday," now obsolete.
6. суха́рь поджа́ристый. Literally, "a crisp dried crust," that is, "a crusty old stick."
7. бу́дошник (old spelling of бу́дочник). In Gogol's days, "a policeman on duty." The word is derived from бу́дка, "[sentry]-box."
8. Иса́киевский мост. A bridge over the Neva in St. Petersburg.
9. Нева́. The river on which St. Petersburg (now Leningrad) stands; it flows from the Lake of Ladoga to the Finnish Gulf.
10. в я́блоках. Of horses, "dappled."
11. под бородо́ю, "under the beard," here in the sense of подборо́док "chin."
12. де́сять пуд (instead of пудо́в). Пуд — Russian old measure of weight, 40 Russian pounds, equal to 36 lbs.
13. кварта́льный надзира́тель. Police officer in charge of a district.
14. жела́ю здра́вия ва́шему благоро́дию. Literally, "I wish health to your honor." This was a common form of greeting, especially in addressing the military.
15. ва́шу ми́лость. Literally, "your grace."
16. вчера́шнего ве́чера. The use of the genitive case in such temporal expressions is obsolete — its remnant may be seen today in сего́дня, "today" (literally "of this day"). Modern Russian for it would be вчера́ ве́чером.
17. о́бер-полицме́йстер, chief of city police. As many of the Russian official titles, it was taken from the German.
18. колле́жскими асе́ссорами, кото́рые де́лались на Кавка́зе. In the Caucasus, relatively recently annexed to Russia, the promotion was simpler and more rapid.

19. Ри́га, on the Baltic Sea, one of the westernmost cities in the Russian Empire, later the capital of independent Latvia. Камча́тка, a peninsula on the Pacific, the easternmost point of the old Russian Empire.

20. майо́ром. The rank of major in the Army corresponded to that of the collegiate assessor in the civil service. It was abolished in 1884.

21. голу́бушка. A familiar and affectionate, but sometimes ironical, form of address ("dearie"). Its masculine equivalent is голу́бчик. It is derived from го́лубь, "pigeon."

22. ду́шенька. An even more affectionate form of address ("darling"). A diminutive of душа́, "soul."

23. пове́товых. From пове́т, the Ukrainian, or South Russian, counterpart of the Russian уе́зд, "district."

24. босто́н. A card game, popular in the eighteenth and early nineteenth century.

25. экзеку́торского ме́ста. Экзеку́тор, the official in charge of procurement in a government department.

26. как вко́панный. Literally, "as though dug in."

27. во что бы (то) ни ста́ло, "at all cost," "whatever it may cost."

28. ста́тский сове́тник, "state councillor," a civil servant of the fifth grade.

29. Каза́нский собо́р, the famous cathedral in St. Petersburg, on Nevsky Avenue, built in 1811 by Andrey Voronikhin (1759-1814).

30. ми́лостивый госуда́рь. Literally, "gracious sir," the common polite form of addressing strangers, both verbally and in letters, before the Revolution.

31. Воскресе́нский мост, one of the bridges over the Neva, in a rather poor district.

32. Не́вский (проспе́кт). The main street in St. Petersburg; after the October Revolution of 1917 renamed Avenue of October 25, but still sometimes referred to as Nevsky.
Полице́йский и Ани́чкин мосты́. These two bridges form part of Nevsky Avenue, the former over the Moyka, the latter over the Fontanka.

33. надво́рный сове́тник, "Court (or Aulic) Councillor," a civil servant of the seventh grade.

34. столонача́льник, "head of the desk," an official in charge of a section in a government department.

35. во всю ива́новскую, that is, изо все́й мо́чи, изо всех сил, "with all might." Originated from the expressions звони́ть во всю ива́новскую (to ring all the bells on the belfry of Ivan the Great in Moscow) and крича́ть во всю ива́новскую (to shout all over the Ivan Square —

the square in Moscow in which all Tsar's decrees were proclaimed). A common expression also is храпéть во всю ивáновскую, "to snore very loudly."

36. вот тебé раз! This exclamation expresses unpleasant surprise (also вот так раз!).

37. Упрáва благочи́ния. A municipal department whose functions corresponded to that of the Police Department. From благочи́ние, "good order."

38. газéтная экспеди́ция. The despatch office of a newspaper.

39. припечáтать. Used here in place of напечáтать or пропечáтать, "to print."

40. отпускáется в услужéние. Literally, "is released for service," a euphemistic formula meaning that the serf was for sale.

41. вы́вез в 1814 годý из Пари́жа. This is a reference to Russian officers returning home after the occupation of Paris upon the defeat of Napoleon.

42. стáтская совéтница, штаб-офицéрша. These terms could be used both of wives and of widows of the persons holding those ranks. штаб-офицéры — field officers.

43. дворóвый человéк—a household serf.

44. ногé, котóрую я в сапóг..., that is ногé, котóрую я сýну (or могý сýнуть) в сапóг. Such elliptical constructions are common in colloquial Russian and the reader will find other examples of them in this volume.

45. должны́ быть. In modern Russian this would be вы, должнó быть, человéк...

46. как Бог свят, "just as the Lord is holy." a form of oath.

47. "Сéверная Пчелá," *The Northern Bee*, a newspaper published in St. Petersburg between 1825 and 1864.

48. си́няя ассигнáция, "a blue banknote," that is, a five-ruble note.

49. берéзинский, presumably manufactured by Berezin. rapé, particularly fine, probably imported, tobacco (from French râpé, "grated").

50. чáстный пристав, a district superintendent of police (from часть, "district").

51. [попáсть] не в бровь, а прямо в глаз. Literally, "[to hit] not the eyebrow but straight in the eye," that is, "to hit the mark," "to strike home."

52. ни зá что ни прó что, "for no reason," "for no fault of one's own."

53. четвертóк. The Church Slavonic for четвéрг.

54. на съéзжей. Съéзжая, local police station.

55. бóртище пýговиц, a dozen buttons.

56. кра́сная ассигна́ция, a ten-ruble note.
57. вчера́шнего дня. See note 16 above.
58. сде́ланном самому́ себе́. Сде́лать вопро́с is now archaic, зада́ть вопро́с being the modern Russian equivalent.
59. бель-эта́ж. French *bel étage*, "first floor."
60. гла́вные уча́стницы. This is the polite plural.
61. бо́льше ничего́, кро́ме сле́дствие волхвова́ний. An ungrammatical turn, for бо́льше ничего́, как сле́дствие волхвова́ний.
62. оста́вил с но́сом. Оста́вить с но́сом, "to lead up the garden path."
63. Алекса́ндра Подто́чина. Whether deliberately, or through oversight, Gogol changes here Mme Podtochina's first name from Pelageya to Aleksandra.
64. как во́дится, "as is usual."
65. о́пыты де́йствия магнети́зма. In 1832, a certain lady named Turchaninova was banished by the police from St. Petersburg for practicing cure by "animal magnetism." ("Magnetism" was used in the sense of "hypnotism").
66. исто́рия о танцу́ющих сту́льях. A fantastic story of chairs that moved and jumped of their own in one of the houses belonging to the Department of Court Stables (hence the name of the street), and all sorts of rumors engendered by it, were mentioned by Pushkin in his diary, December 17, 1833.
67. отоше́д. See note 13 to Pushkin.
68. Таври́ческий сад. Taurida Garden, one of the public gardens in St. Petersburg. The Taurida Palace, situated in it, was built for Potyomkin, Catherine the Great's favorite and famous general, known as Potyomkin-Tavrichesky because of his victories over the Turks (Taurida=Crimea). Later this palace became the seat of the first Russian parliament.
69. Хозре́в-Мирза́. A Persian prince who came to Russia in 1829 to apologize for the assassination of the Russian Minister, Alexander Griboyedov (1795-1829), the famous writer, by a Persian mob.
70. Хирурги́ческая Акаде́мия. The original name of Вое́нно-Медици́нская Акаде́мия, the famous School of Medicine in St. Petersburg.
71. тропа́к, for трепа́к, a kind of lively dance.
72. шпи́лька. Literally, "hairpin." Applied to sharp-tongued persons.
73. бабье́, "womenfolk"; кури́ный наро́д, literally "hens' race." Both expressions used here as terms of contempt.
74. *par amour* (Fr.), "for love."

75. юмор. From French *humeur*, "humor, mood." In those days sometimes used in Russian instead of настроéние.
76. Гостиный Двор, lit. "Merchants' Court," the famous shopping arcade in St. Petersburg. Гость in old Russian meant "merchant."
77. в сéверной столице. Though St. Petersburg became, at the beginning of the eighteenth century, and remained until 1918, the official capital of Russia, both it and Moscow (the old capital) were often referred to as capitals. "The Northern capital" meant St. Petersburg.

TURGENEV

1. Тютчев. Feodor Ivanovich Tyutchev (1803—73), one of the great Russian poets. These lines are from his often quoted poem about Russia.
2. No such proverb was found in several collections of French proverbs. There is however a similar German adage: *Nässe Jäger, trockne Fischer — schlechtes Geschäft.*
3. Ермолáй. Turgenev's companion on hunting expeditions. He figures in several stories in *Sportsman's Sketches* and plays some part in them—cp. "Ermolay and the Miller's Wife." He had a real prototype in life.
4. Белёвский уéзд. The district of Belyov, in the Tula Province.
5: чучьё, for чутьё, "scent, flair."
6. таратáйка, light two-wheeled one-horse carriage, "gig."
7. пошёл было. The past tense with было (unaccented) is used to denote an action intended but thwarted or not carried out: "was about to go," "was on the point of leaving."
8. ни дать ни взять, "exactly like."
9. старинного письмá. Письмó, as an art term, means "style, manner."
10. хоровóды, dancing in a ring, accompanied by choral singing.
11. Спáсское, Spasskoye, the name of the estate belonging to Turgenev's mother.
12. бедá стряслáсь, стрястись, "to befall."
13. вишь. Colloquial abbreviation of видишь, "see."
14. Вáсиным, from Вáся, diminutive of Василий.
15. Лýша, diminutive of Лукéрья (=Гликéрия).
16. хлоп, from хлóпнуться, "to flop down." Such verbal interjections (ср. хвать, глядь, etc.) are often used in Russian as predicates).
17. пóлно и ногáми владéть. Полно in colloquial usage

means "enough." Here the meaning is: "I even lost the command of my legs."

18. окостене́ла. Literally, "became ossified."

19. По па́чпорту его́ отпусти́ла. Па́чпорт = па́спорт, "passport." Lukerya means that Vasya was freed by the narrator's mother (before the Emancipation Act of 1861). This implied being provided with a passport, a document of identity, to which the serfs were not entitled, but without which it was impossible to obtain employment.

20. предба́нник. The entrance hall in a regular Russian bathhouse, always a separate building, where the bathers undressed and left their clothes.

21. ходи́ть за + instr., "to look after someone."

22. ины́м, "to some (people)."

23. лежу́-полёживаю. Such tautological, or near-tautological, doublets are quite common in Russian (ср. темны́м-темно́, давны́м-давно́, идёт-бредёт, etc.)

24. ну пища́ть: ну followed by an infinitive is an expressive substitute for the past tense of inchoative perfective, "began to squeak."

25. прыг-прыг. From пры́гать, to "jump." A verbal interjection, used as a predicate (ср. above, note 16). Such interjections are sometimes doubled.

26. и был тако́в. An idiom meaning "and off he went," "and that was the last that was seen of him."

27. в уго́ду + dat., "to please (someone)."

28. охо́ча (coll.), here "fond of."

29. Отче Наш, "Our Father"; Богоро́дицу, "Hail, Mary"; ака́фист Всем Скорбя́щим: ака́фист, "Acathistos," (Greek for "not sitting, standing"), a special office in the Greek Orthodox Church in honor of the Mother of God; Всем Скорбя́щим, that is, Всем Скорбя́щим Ра́дость, "Joy of All the Sorrowing," one of the designations of the Mother of God in Greek hymnology.

30. уж куда́ меня́ лечи́ть. Куда́ is used idiomatically with many meanings; куда́ лу́чше, "far better"; куда́ тебе́, "you'll never manage," etc. The meaning here is "What's the use of treating me!"

31. разгина́л. Ungrammatical for разгиба́л.

32. не моги́. This imperative of мочь is not used in standard Russian.

33. погуто́рят. Гуто́рить (pop.), "to chat."

34. Иерусали́м, Jerusalem.

35. Ки́ев. A city on the Dnieper, in Southern Russia (Ukraine), the first historical capital of Russia and one of the favorite places of pilgrimage because of its famous Cave Monastery, founded in the eleventh century.

36. окромя́, pop. for кро́ме, "except."
37. бой-де́вка. From бо́йкий, "a smart, pert girl."
38. хорово́дные песни, songs accompanying ring dancing; подблю́дные, fortune-telling songs; свя́точные, Christmas carols (from свя́тки, "Christmas holidays").
39. "Во лузя́х", that is "Во луга́х", "In the Meadows," the title of a song.
40. ан я вся как ско́ванная, "and here I am as though all shackled."
41. таково́ — for так.
42. коко́шник, a Russian woman's festive headgear.
43. большу́ю тя́гу. Тя́га here in the sense of тя́жесть, "burden."
44. духо́вному чи́ну, "to the clerical calling" (that is, priests and monks).
45. как есть стра́нница. Как есть, "veritable," "as they make them."
46. верть. From верте́ть, "to turn, whirl," ср. above, note 16.
47. ра́да-раде́хонька. Such duplicated adjectives and adverbs have a particularly intensifying force.
48. Петро́вки. The period of fasting preceding St. Peter's and St. Paul's Day, June 30 (Old Style).
49. Симео́н Сто́лпник. St. Simeon Stylites, a Syrian hermit in the fifth century who lived thirty-five years on a small platform on top of a high pillar.
50. уго́дник (Бо́жий), from угоди́ть, "to please" — "a saint."
51. наче́тчик. From чита́ть, начита́ться. Among the Russian Old Believers a person well-read in the Bible.
52. жи́телев. Ungrammatical for жи́телей.
53. ага́ряне, "the Hagarites (or Agarenes)," a tribe mentioned in the Bible, hostile to Israel, sons of Hagar (or Agar), handmaiden of Abraham's wife Sarah and mother of his eldest son Ishmael. She and her son were sent into the wilderness because of Sarah's jealousy. The name of Hagar was used by St. Paul (Gal. 4.24), and after him by the old Russian churchmen, as a symbol for the bondage of the Old Law. The name of Agarenes was sometimes used in Russia allegorically for all infidels, and in the eighteenth century more specifically for the Turks.
54. Иоа́нна д'Арк, Joan of Arc (1412?—31), French saint and national heroine, known as the Maid of Orleans.
55. да куда́ ни шло. Expresses reluctant consent or approval: "Well, all right, let it be."
56. уго́дий нет. Уго́дья here means "arable land."
57. пуща́й, popular for пуска́й.

DOSTOEVSKY

1. Бобо́к. This word, though meaningless here, is derived from боб, "bean," and means "a single bean in a pod."
2. "Запи́ски одного́ лица́". The story was included by Dostoevsky in his "Diary of a Writer," a regular feature article, dealing with a variety of topics, which he contributed to the weekly newspaper *Grazhdanin* (*The Citizen*), of which he was joint editor in 1873-76. On occasions, Dostoevsky used одно́ лицо́ as a literary disguise. Later Dostoevsky published *The Diary of a Writer* as his own, one-man monthly paper. "Bobok" was published in *Grazhdanin* in 1873.
3. не Бог зна́ет or не Бог весть (this is an old form of зна́ет) како́й means "not much of a ...", "not particularly"; e.g., не Бог зна́ет како́й рома́н, "not much of a novel"; не Бог зна́ет како́й высо́кий, "not particularly tall."
4. фельето́н, the French *feuilleton*. In Russian newspapers this word was applied specifically to articles, usually on literary, artistic or scientific subjects, published over several columns at the bottom of a page or two pages. Also used for some regular newspaper columns by the same author, such as Dostoevsky's own "Diary of a Writer."
5. атти́ческая соль. "Sal atticus," refined and delicate wit.
6. его́ превосходи́тельство, "His Excellency," a term used in referring to, or addressing (as ва́ше п.), civil servants of the fifth and fourth grades.
7. Вольте́ровы, Voltaire's. François Marie Arouët, known simply as Voltaire (1694-1778), famous French writer and philosopher. бонмо́, French *bons mots*, that is, "witticisms."
8. указу́ю, archaic form for ука́зываю.
9. колле́жский сове́тник, "Collegiate Councillor," civil servant of the sixth grade.
10. пенсио́нишка, pejorative diminutive of пенсио́н, "pension." In modern Russian it is пе́нсия.
11. куса́ется. Literally, "bites." With reference to prices, "stiff, excessive."
12. врата́, archaic for ворота́, used now in high or poetic style.
13. на лити́ю не пое́хал. Лития́, a short religious service celebrated outside the church, often a requiem sung before the open grave. Here, the wake for the deceased, probably preceded by such a service.
14. моско́вская вы́ставка. Probably refers to an exhibition

of pictures which were later sent to an International Exhibition in Vienna. Dostoevsky wrote, in his "Diary of a Writer," about a similar exhibition in St. Petersburg.

15. календа́рь Суво́рина. The calendar, or almanac, published annually by Aleksey Sergeyevich Suvorin (1833-1912), the well-known Russian publisher and newspaper editor, a friend of Chekhov's. It was used as a popular reference source.

16. преферáнс. "Preference," a game somewhat similar to whist. The suits in it have a permanent rank, hearts always being the best, or "preference." This game enjoyed great popularity in Russia.

17. Поко́йся, ми́лый прах, до рáдостного у́тра. A popular epitaph, composed by N. M. Karamzin (1766-1826).

18. надво́рный сове́тник. "Court (or Aulic) Councillor," civil servant of the seventh grade.

19. наказа́ние мне. Literally, "a punishment for me," that is, "what a bore for me."

20. по цене́-с. For -с see note 10 to Pushkin.

21. во гресе́х. The Church Slavonic for во грехáх, 'in sins."

22. кри́кса. From кричáть, by analogy with плáкса, "cry baby."

23. мытáрства, "trying experiences, ordeals"; used also in a sense similar to Purgatory.

24. хошá бы. Popular for хотя́ бы.

25. сорокови́нки, diminutive of сорокови́ны, a wake observed on the fortieth day after a person's death when, according to popular belief, he or she partakes for the last time of a meal in the family; a place is therefore laid for the deceased at the family table. In the Russian Orthodox Church it is usual to celebrate a memorial service for the deceased on the ninth, the twentieth and the fortieth days after his or her death.

26. присти́гли. From присти́чь, that is нагнáть or наступи́ть.

27. кутья́. A special dish, usually of rice, wheat, or barley, with raisins or other fruit, eaten at funeral wakes (and in some parts of Russia also on Christmas Eve).

28. подожди́те кáпельку. Кáпельку, "a little drop," often used figuratively for "a little while, a second."

29. действи́тельный тáйный сове́тник. "Titular Privy Councillor," civil servant of the second grade, equivalent to full general in the Army and admiral in the Navy. The only grade higher than it was that of кáнцлер (Chancellor), but this fell into disuse about the middle of the nineteenth century.

30. доли́на Иоасафа́това, the Valley of Jehoshaphat, mentioned in the Bible (Joel 3) as the place of judgment.

31. Васи́лий Васи́льев. Васи́льев stands for Васи́льев сын, "Vasily's son." This form of the patronymic was common in official usage.

32. Бо́ткин. Sergey Petrovich Botkin (1832—89), famous Russian clinicist. One of the largest hospitals in St. Petersburg was named after him. The two other names, Schultz and Eck, seem to be fictitious, though there may have been doctors of those names in St. Petersburg in those days. It is possible that Dostoevsky's choice of German names, in opposition to Botkin's, was not accidental.

33. Лебезя́тников. In Dostoevsky's *Crime and Punishment* there is a minor character of that name. It is derived from the verb лебези́ть, "to fawn, cringe."

34. просыпа́ются. The third person plural verb often used obsequiously by the socially inferior, especially lower-grade civil servants, in referring to their superiors.

35. полисо́н. French *polisson*, "rascal."

36. *en haut lieu* (Fr.), "in high places," presumably at the Court.

37. с Зи́фелем жидо́м. The word жид became in Russian (but not in some other Slavic languages, including the Ukrainian) an opprobrious term for евре́й (Hebrew, Jew), somewhat like "Yid" in English or "youpin" in French. Dostoevsky himself often used it without any special derogatory flavor, in accordance with widespread popular usage.

38. Ю́лька, pejorative diminutive of Ю́лия, Julia.

39. Бордо́, Bordeaux, city in South-Western France.

40. институ́т, a boarding school for girls, usually rather exclusive.

41. паж, "page"; that is, a cadet in the Corps des Pages, an exclusive military school in St. Petersburg.

42. *grand-père* (Fr.), "grandfather."

43. на Свято́й, that is, на Свято́й неде́ле, "in the Holy, or Easter, week."

44. Кати́шь, Catiche, a French form of the diminutive name Ка́тя, from Catherine.

45. пшик. An onomatopoeic word, suggesting something that can be easily blown away or burst, "a bubble," "a thing of nought."

46. ма́ло ли каки́е, "all sorts of..." Ср. ма́ло ли что быва́ет, "all sorts of things may (do) happen."

47. "Граждани́н". See above, note 2.

TOLSTOY

1. архиерей. High dignitary of the Church, head of a diocese, usually a bishop.
2. Арха́нгельск. A city in the Far North of Russia, on the White Sea, known in English as Archangel. Солове́цкие, that is, Солове́цкие острова́, Solovetsk Islands, where the famous monastery was situated, which played not an unimportant part in Russian history and was the outpost of Russian culture in the extreme north. After the Revolution of 1917 it became a notorious place of deportation, and many Russian Church leaders lived (and some died) in exile there.
3. уго́дник, from угоди́ть = to please, "a saint." Three saints, St. Zosima, St. Savvaty and Hermann, were particularly venerated in the Solovetsk Monastery.
4. не кача́ло. Literally, "it did not rock [the ship]."
5. ста́рцы. Literally, "elders"; often used of monks living in a hermitage.
6. лунь. The hen-harrier, a kind of falcon, of the genus *Circus*. The expression седо́й как лунь is commonly used in the sense of "hoary with age, snow-white."
7. ва́ше преосвяще́нство. Usual term of address to a bishop.
8. старшо́й. Literally, "the senior one."
9. повостре́е. Popular form for поостре́е; from о́стрый, (во́стрый), "sharp."
10. труба́, that is, подзо́рная труба́, "spyglass."
11. Отче наш — 'Our Father' in Church Slavonic; и́же еси́ на небесе́х — "Who art in Heaven" (also in Church Slavonic).
12. ло́дка не ло́дка. Literally, "a boat not a boat," that is, "some thing like a boat and yet not a boat." Such negative locutions are fairly common in Russian.
13. се́редь — popular for средь or среди́, "in the midst of."

LESKOV

1. придво́рная це́рковь. One of the churches belonging to the Imperial Court.
2. кум. A child's godfather in relation to the parents, as well as to the other sponsor (or sponsors). It is the same relationship which in the old English usage was expressed by the word "gossip."
3. Ко́ныч. The correct full form of this patronymic would be Ко́нонович.

4. метр тальéр Лепутáн, that is, *maître-tailleur* (master tailor) Lepoutant (the explanation will come later in the story).

5. дáча, "summerhouse"; but can also mean, as here, "summer holiday" (cf. French *en villégiature*). лýчше, как на дáче, ungrammatical for чем на дáче.

6. проминáжа. This is one of the numerous word-coinings in which Leskov delighted, putting them into the mouth of his characters, or using them himself. They were usually a reflection of the popular etymology of foreign loanwords. This one is a contamination of the French *promenade* and Russian проминáть нóги or проминáться, "to take an exercise."

7. Москвá-рекá и Яýза. The river on which the city of Moscow stands and its tributary.

8. объéзд. What is meant here is apparently a square, or a roundabout, in the middle of which stood the little church.

9. *maitr taileur*. The misspelling is deliberate.

10. поддёвки. Old-fashioned long-skirted coats, worn especially by merchants.

11. страсть. Used colloquially, as an adverb, means "awfully, terribly, very much."

12. лафéрма. Another "Leskovism," a contamination of фúрма (firm) and для профóрмы (for the form's sake), perhaps also with an allusion to Лафéрм, a well-known tobacco firm.

13. армя́к. A peasant's cloth coat.

14. кустýмы. A distortion of костю́мы.

15. Когелéт. The Hebrew for Ecclesiastes, one of the Wisdom Books in the Bible. Both Kogeleth and Ecclesiastes mean "preacher."

16. рабóтать вся́кой суетé. Рабóтать here in the sense of "to be subservient."

17. Рогóжская застáва. One of the "gates" of Moscow, not far from the Rogozhsk Old Believers' cemetery. The district was closely associated with the Old Believers.

18. древлестепéнные: from дрéвле, "of yore," and степéнный, "respectable, honorable"; старовéров: Old Believers, Russian religious dissenters in the seventeenth century, sticklers to old texts and old ritual forms. Seceding from the official Church, but not relinquishing their Russian Orthodox faith, they formed one of the most conservative communities within the Russian society, surviving bitter official persecution.

19. рáбские кафтáшки, "servants' coats," the traditional

coats, with pleats, worn by Old Believers who regarded themselves as the only true servants of God.

20. талáн,   popular for талáнт.

21. замя́вшись.   A somewhat ungrammatical use of the indeclinable participle (gerund) instead of the past passive participle замя́тые.

22. Крещéнье.   The feast of Epiphany, commemorating Christ's baptism, that is January 6 (Old Style).

23. Бог пристáнет (or настáвит) и пáстыря пристáвит. A proverb: "God will take care of you and attach a shepherd to you."

24. лю́ди простóй мáсти... одни́ кóзыри... масть is "a suit" (in cards); кóзырь, "a trump."

25. остановúмшись, ungrammatical for остановúвшись.

26. по тогдáшнему счёту на ассигнáции.   Paper money was devaluated early in the nineteenth century. In 1839 a definite ratio was fixed between a paper rouble and a silver rouble.

27. мовé-матéрия. Мовé, French *mauvais* (bad). But perhaps some confusion with *moiré* is also implied here.

28. дéнег полу́шку.... головóй об кадýшку. Полýшка, "half a kopeck." Literally, "half a kopeck of money . . . head against tub."

29. охóч,   coll.,   "willing."

30. чéрез что такóе?   "for what reason, why?"

31. к э́тому слýчаю присы́павшись. Присы́паться here probably in the sense of придрáться, "seizing upon this chance."

32. покáл — popular for бокáл.

33. предлóг жи́зни,   literally, "pretext of life."

34. мясоéд.   The period when one is allowed to eat meat, as opposed to fasting; here, specifically, the period between Christmas and Shrovetide.

35. приня́ть закóн.   Literally, "to receive the law." The word закóн was often used with reference to marriage. Its use is something of a parallel to the English "wedlock."

36. хля́сь, from хля́скать, "to whack" (vulg. coll.). Verbal interjection used as a predicate (cp. note 16 to Turgenev).

37. вы́ступок,   a kind of slipper.

38. дай Бог скорéе нóги.   One of the typical Russian elliptical locutions, the verb унести́ being omitted here.

39. рукомеслó.   The same as ремеслó, "craft," by analogy with рукодéлие.

40. дóсточки, for дóсочки, diminutive of дóски, "boards."

41. покупнóй свóдчик. Свóдчик, "intermediary, broker."

42. китрáдь, for тетрáдь (another type of Leskovism).

43. по да́рственной, that is, по да́рственной за́писи, "by deed of gift."

44. соблюдён бу́деши, "you will be preserved," бу́деши, archaic for бу́дешь.

45. жела́ниев, ungrammatical for жела́ний.

46. окромя́, pop. for кро́ме, "except."

47. мусьё, that is, "Monsieur" (French).

48. о сю по́ру, "by now, till now." сю=э́ту.

49. ему́ от э́того ничего́ не помогло́ся, that is, "this did not help him in the least." The use of помо́чься as a passive of помо́чь is not admissible in standard Russian.

50. они́ сде́лали: see note 34 to Dostoevsky. See also below жа́ждали.

51. не Бог весть, "not much of a ..."

52. по откупа́м. Откуп — the farming out of revenues, in particular of vodka distilleries, a source of many private fortunes in the first half of the nineteenth century.

53. Закре́вский. Count Arseny Andreyevich Zakrevsky (1783-1865), military Governor-General of Moscow from 1848 to 1859. He was known for his ultra-conservative views.

54. из поля́цких шляхтецо́в, that is, из по́льских шля́хтичей, 'of the Polish gentry.' Actually, Zakrevsky belonged to the nobility of the Tver Province.

55. князь Серге́й Миха́йлович Голи́цын. A descendant of one of the oldest Russian titled families, Prince S. M. Golitsyn (1774-1859) was a typical Muscovite *grand seigneur.* From 1830 to 1835 he was Curator of the Moscow Educational District.

56. ва́ше сия́тельство, "Your Highness," a form of address to those who have the title of a Prince or a Count.

57. не пуща́ет, popular for не пуска́ет.

58. пребыва́ет. Here, "remains."

59. до свида́ния ... како́е свида́ние... The play on the word свида́ние (rendez-vous, meeting) is lost in translation.

60. живёшь-мо́жешь. See note 23 to Turgenev on tautological or near-tautological doublets.

61. не свобо́дного трудолю́бия. Literally, "not of free industry," that is, "not a freeman."

62. замоскворе́цкий, "of beyond the Moskva-river," from Замоскворе́чье, a district in Moscow, on the "wrong" side of the river, populated mostly by merchants and artisans (ср. 'Trastevere' in Rome).

63. Пер-Лаше́з. Père-Lachaise, the well-known cemetery in Paris, named after French-Jesuit François d'Aix de La Chaise (1624-1709).

Chekhov

1. Ва́рька, pejorative diminutive form of Варва́ра, Barbara.
2. А я пе́сенку спою́. Literally, "And I'll sing a song."
3. глаза́ её слипа́ются. Literally, "her eyes stick together."
4. Тебе́ ка́шки наварю́. Literally, "I'll cook for you some gruel."
5. не дай Бог. Literally, "may God not give it," that is, "God forbid."
6. изба́, a peasant house, usually a log cabin.
7. ва́ше благоро́дие. See note 22 to Pushkin. Here used by a peasant to one who is his social superior.
8. дитё pop. for дитя́, "child, baby."
9. яви́те бо́жескую ми́лость, господа́ милосе́рдные. Literally, "show God's mercy, charitable ladies and gentlemen."

Sologub

1. ему́ шёл то́лько восьмо́й год, "he was only in his eighth year." A common way of referring to a child's age in between two birthdays, especially soon after the last birthday.
2. за плечьми́, archaic for за плеча́ми; a poetic licence on Sologub's part.
3. гимнази́ческий значо́к. The school badge worn on the capbands by students of public secondary schools (гимна́зии) before the Revolution of 1917.
4. Лёвка, Анто́шка и Лёшка — pejorative diminutives of Лев (Leo), Анто́н (Anthony) and Алексе́й (Alexis).
5. Па́влом. Па́вел, "Paul." Па́ка is not the usual diminutive from Pavel.
6. Mademoiselle. This French term was often used to designate a governess, but especially a French or a Swiss one. English governesses were called "Miss," and the German ones, "Fräulein."
7. Аргусы. In Greek mythology Argus was the fabulous hundred-eyed creature, set by Juno to guard Io after she had been turned into a heifer.
8. махни́-драла́. A made-up word, derived from махну́ть and драть, both these verbs used colloquially in the sense of "making off, running off."
9. Лёшке весь мир представля́лся с вопроси́тельной стороны́. Literally, "To Lyoshka the whole world presented itself from its interrogatory side."

10. про мать вспомнит и такое слово произнесёт. The reference is to a common Russian obscenity, sometimes long and highly elaborate, involving a four-letter word. The boys must have heard the peasants use it.

11. Принц Пáка, мáленький зевáка. Literally, "Prince Paka, a little gaper" (зевáть = to gape).

12. Принц Пáшка — лизáшка. Literally, "Prince Pashka, a sucker." Пáшка is a pejorative diminutive of Пáвел.

13. с вáми поговорúть. Instead of ты (thou), usual between son and mother, Paka, to emphasize the importance of the occasion, uses here the formal вы (you). The only way of rendering this in English was to reverse the pronouns, but this was not done later.

14. Пáкочкины. From Пáкочка, the affectionate form of Пáка.

BUNIN

1. Самáра. A large grain-trading city on the lower Volga, now called Кýйбышев.

2. с вóлжским щегольствóм ... к небольшóй прúстани. A steamer going upstream on the Volga always turned round before coming in to a landing stage. The captains vied with one another in the smart performance of this maneuver.

3. порýчик. The third officer's rank in the Russian Army, the two below it being подпорýчик and прáпорщик.

4. Анáпа. A port on the Black Sea, in the Northern Caucasus, opposite Kerch in Crimea.

5. присýтственные местá. Various government and municipal offices were designated by this general name.

6. на растóптанных ногáх. Literally, something like "on well-trodden feet."

7. Самолёт. The name of the best-known passenger steamer line on the Volga. Its steamers were painted pink.

8. поддёвка. See above, note 10 to Leskov.

9. вáше благорóдие. See above, note 22 to Pushkin.

10. ботвúнья со льдом, iced fish soup made of kvass with beets, onions, cucumbers, etc.

11. Мáрья Морéвна. A fairy princess in Russian folk tales.

12. Севастóполь, Керчь, Анáпа. Cities on the Black Sea coast, the first two in Crimea, the last in the Caucasus.

13. Туркестáн, a province in Russian Central Asia. Сахáра, the desert in Africa.

14. многолюдство, from мнóго людéй; literally, "populousness."

ZAMYATIN

1. Покро́в, that is, день Покрова́ Пресвято́й Богоро́дицы, the feast of the Intercession of Our Lady, October 1, Old Style.

2. Ма́ша, one of the diminutives of the name Мари́я, Maria (Mary).

3. на Каза́нскую. Каза́нская Бо́жья Ма́терь, the highly venerated ikon of Our Lady of Kazan. A religious holiday in its honor fell on October 22.

4. Скря́бин о́пус 74. Aleksandr Nikolayevich Skryabin (or Scriabin) [1872-1915]. Russian composer and pianist. Op. 74 was his last work, consisting of five preludes the French subtitles of which Zamyatin may have had in mind (1. *Douloureux, déchirant;* 2. *Très lent, contemplatif;* 3. *Allegro drammatico;* 4. *Lent, vague, indécis;* 5. *Fier, belliqueux*). They seem to fit in with the moods of the story.

5. Март, diminutive of Марти́н or Марты́н.

6. два́дцать девя́тое: Мари́и. One of the saints commemorated by the Russian Church on October 29 (Old Style) is Maria; it was thus Masha's nameday.

7. полсаже́ни. Са́жень, equal to three arshins or seven feet, a Russian measure of length prior to the adoption of metrical system. It was also used as a standard measure of wood, both linear and square.

8. вдруг свет: ро́вно де́сять. In those days of shortages, with the country in the throes of the Civil War and blockaded from outside, electricity was not switched on till 10 P. M.

9. каменнозу́бо улыба́лся. Literally, "smiled in a stone-toothed way."

10. всего́ — for всего́ хоро́шего (or до́брого). A common form of taking leave, "so long."

11. домо́вый председа́тель, chairman of the house committee. In the early days of the Revolution all houses were run by their elected committees.

12. шестипудо́вый, "weighing six poods," that is 240 Russian pounds, or 216 lbs. avoirdupois.

13. тезоимени́тство. A rather grandiloquent term for имени́ны "nameday," normally used before the Revolution for namedays of members of the Imperial family.

14. из го́фманских гна́ли спирт. Го́фманские ка́пли, "Hofman drops," so named after a doctor, a rather popular medicine, often prescribed by Russian doctors.

15. Зино́вьев. Grigory Evseyevich Zinoviev (real name Apfelbaum) [1883-1936], one of the leading figures in the

Bolshevik Party, later President of the Communist (Third) International. In those days, as Chairman of the Petrograd Soviet, was regarded as the Bolshevik boss of Petrograd and disliked and feared by non-Bolsheviks. Under Stalin was executed as "an enemy of the people," during the great purges of the late thirties.

16. Ма́рсово по́ле, the Field of Mars (Champ de Mars), a huge square in St. Petersburg in which reviews of troops and parades were held before the Revolution.

17. в одно́м жиле́те, literally "in nothing but a waistcoat," that is, "in shirt sleeves."

18. Васи́льевский. Васи́льевский о́стров, Vasily Island, a district in St. Petersburg, on the other side of the Neva from the Field of Mars and quite a long way from it.

19. ч.и.к. A quip at the widespread use, in those days, of initials to designate various institutions, etc. The letters here mean честь име́ю кла́няться, "I have the honor to bow," a usual polite formula of taking leave of someone.

20. гни́да. Literally, "nit' (the egg of a louse or a young louse). Applied to persons in contempt (cp. in Shakespeare: "Thou Flea, thou Nit, thou winter cricket thou").

21. уголо́вное, that is уголо́вное отделе́ние, "criminal investigation department."

BABEL

1. Корочáев. Probably the actual name of one of the divisional commanders of Budyonny's First Cavalry Army which was engaged at the time in a war with Poland (1920). The same may be true of Vytyagaychenko, below.

2. начди́в четы́ре, that is, commander of the Fourth Division. Начди́в is a syllabic abbreviation, so common in postrevolutionary Russian language, for нача́льник диви́зии.

3. Радзиви́ллов и Бро́ды. Radziwillów and Brody, two towns near the former Austro-Russian frontier, the first on the Russian side, the second on the Austrian, at that time in Poland.

4. Афóнькины. From Афóнька, pejorative diminutive of Афанáсий, Athanasius.

5. ря́жка, more usual ря́шка (vulg.), "face." Два́жды два, literally, "twice two," that is, as clear as twice two is four.

6. за начди́ва, for про начди́ва. A Ukrainism.

7. верста́. A Russian measure of length before the adoption of the metrical system, about two-thirds of a mile.

8. Тимо́шка. Pejorative diminutive of Тимофе́й, Timothy.

9. што ль, for что ль.

10. Тре́тий Интернациона́л, the Third or Communist International, an international Communist organization, founded in 1919.

11. сида́й, for сади́сь; ко́ников, for ко́ней.

12. наде́я, a distortion of иде́я, "notion."

13. на рыся́, pop. for на рысь, "to a trot."

14. ха́пать не́чего: ха́пать (vulg.) means primarily "to grab, seize." Here, "there is no use rushing." поспе́ешь к Богоро́дице гру́ши окола́чивать. К Богоро́дице probably refers to Успе́ние Богоро́дицы, feast of the Assumption of Our Lady, that is, August 15. The story was dated by Babel: "Brody, August 1920."

15. мы́ли хо́лку и выбива́й подпо́рки. Literally, "soap the withers and knock out the props."

16. тача́нка. Originally just a cart, but the word (and the thing itself) came to be used during the Civil War for machine gun carts.

17. Поляки́ вошли́ в Бро́ды. In most of the editions (and in some of the translations) one reads here: Полки́ вошли́ в Бро́ды, "the regiments entered Brody." This does not seem to make sense and is probably a misprint.

18. труда́ются, for тружда́ются, or трудя́тся.

19. сва́тання, венча́ння, for сва́танья, венча́нья; probably to reproduce Grishchuk's pronunciation.

20. сме́ха мне. Ungrammatical for смешно́ мне.

21. стра́тить, for истра́тить.

22. шля́хта. Stands here for the Poles; the word means "landed gentry" (in Polish).

23. доку́мент. Incorrectly accented, for докуме́нт.

24. по ма́лости че́шем. Literally, "we are combing them by and by."

25. я́рмарка. Literally, "fair (market)." Here in the sense of "show" or "circus."

26. взво́дному, that is, взво́дному команди́ру, "to the troop commander."

27. ан дури́! ан, a particle that can mean "but, now, on the contrary." дури́ть, "to fool about." The meaning here, "quit fooling."

28. холу́йская кровь. From холу́й, "servant, menial, knave," with the derogatory meaning of the last one predominant now.

Zoshchenko

1. че́рез э́тот факт. Literally, "through this fact."
2. страхка́рточка, a portmanteau word for страхова́я ка́рточка, "insurance card."
3. и нет того́. Literally, "and there is not of that," that is, "they wouldn't do such a thing."
4. нашаты́рно-ани́совых ка́пель. Нашаты́рь, ammonium chloride. Ани́с, aniseed.
5. гри́вна. Originally a coin; in later usage, ten kopecks. Used ordinarily in combination with six, seven, eight, and nine.
6. недале́че, popular form of недалёко.
7. ста́рый хрен. Хрен: literally, "horse radish." Used with ста́рый as a term of abuse and contempt.
8. каково́ = как.
9. мать честна́я. Literally, "honest mother."
10. непёрка. This word could not be found in any dictionary. It may be a dialecticism, or some special slang word, or even a word coined by Zoshchenko. Its obvious meaning is "nuisance."
11. мили́ция, militia; the institution which has replaced the prerevolutionary police in Russia.
12. казённых де́нег. Historically speaking, казна́ meant the Treasury, or even the state as a juridical person; and казённый, everything pertaining to the state and the government, its property, etc. By extension it could also mean the property of the bank, company, or another institution in which a person was employed. Here it means the money belonging to whatever institution Ledentsov was working for.

QUESTIONNAIRE

Pushkin

1. Кто расска́зчик в э́том расска́зе?
2. Почему́ он называ́ет станцио́нных смотри́телей «му́чениками»?
3. Как зову́т до́чку смотри́теля и кака́я она́ из себя́?
4. Что случи́лось с молоды́м ро́тмистром на почто́вой ста́нции?
5. Каку́ю роль сыгра́л в э́том эпизо́де до́ктор?
6. Опиши́те нару́жность Ми́нского.
7. Почему́ Пу́шкин ввёл в расска́з при́тчу о Блу́дном Сы́не?
8. Заче́м Самсо́н Вы́рин отправля́ется в Петербу́рг?
9. В чём заключа́ется ирони́ческий смысл расска́за?
10. Како́е друго́е назва́ние мо́жно бы́ло бы дать э́тому расска́зу?

Gogol

1. Кто тако́й Ива́н Яковлевич?
2. Где, что и как он нахо́дит?
3. Почему́ идёт он на Исаа́киевскин мост?
4. Почему́ Ковалёв называ́ет себя́ майо́ром?
5. Заче́м вхо́дит он в Каза́нский собо́р?
6. Куда́ он е́дет пото́м?
7. Что происхо́дит в газе́тной экспеди́ции?
8. Кто така́я госпожа́ Подто́чина?
9. О чём пи́шет ей Ковалёв?
10. Како́й сове́т даёт Ковалёву до́ктор?
11. Как отно́сится к э́тому сове́ту Ковалёв?
12. С чем прихо́дит к Ковалёву кварта́льный надзира́тель?
13. Каки́е слу́хи хо́дят о но́се Ковалёва?
14. Как возвраща́ется нос на своё ме́сто?
15. Что вы ду́маете об э́том расска́зе?

Turgenev

1. Где и когда происходит действие этого рассказа?
2. Как зовут рассказчика?
3. Где находит он Лукерью?
4. Почему он её знает?
5. Как она оказалась в своей плетушке?
6. Кто такой Вася Поляков?
7. Что предлагает рассказчик Лукерье?
8. Почему она отказывается?
9. Каким образом в рассказе Лукерьи появляется Жанна д'Арк?
10. Объясните название рассказа.

Dostoevsky

1. В какой форме написан этот рассказ?
2. О чём идёт речь во вступлении к рассказу?
3. Почему рассказчик попадает на кладбище?
4. Что он слышит?
5. Кто такие Первоедов, Лебезятников и Клиневич? Охарактеризуйте их.
6. Как индивидуализирует Достоевский язык своих персонажей?
7. Какова развязка рассказа?
8. Что, по-вашему, хотел Достоевский сказать этим рассказом?

Tolstoy

1. Куда направляется архиерей?
2. Зачем он туда плывёт?
3. Почему он просит остановить корабль?
4. Кого находит он на острове?
5. Чему учит он трёх старцев?
6. Почему три старца догоняют корабль?
7. Как они это делают?
8. Что говорит им архиерей?
9. Что хотел сказать этим рассказом Толстой?

LESKOV

1. Что зна́чит "што́пальщик"?
2. Ско́лько расска́зчиков в э́том расска́зе и каки́е ме́жду ни́ми отноше́ния?
3. Кто гла́вное лицо́ в расска́зе?
4. Кто таки́е "старове́ры"?
5. Кто тако́й "Ко́зырь"?
6. Почему́ он так называ́ется?
7. Почему́ он вызыва́ет к себе́ Васи́лия Ко́ныча?
8. Что он да́рит Васи́лию Ко́нычу?
9. Како́е усло́вие он при э́том ста́вит?
10. Почему́ он э́то де́лает?
11. Кто ока́зывается тре́тьим Лапу́тиным?
12. Почему́ Лапу́тин уезжа́ет во Фра́нцию?
13. В чём заключа́ется иро́ния э́того расска́за?

CHEKHOV

1. Како́й промежу́ток вре́мени охва́тывает э́тот расска́з?
2. Каки́м о́бразом чита́телю приоткрыва́ется про́шлое Ва́рьки?
3. Что узнаёте вы из расска́за о хозя́евах Ва́рьки?
4. Каку́ю роль игра́ют в расска́зе зелёное пятно́ и те́ни от пелёнок и пантало́н?
5. Как прохо́дит день Ва́рьки?

SOLOGUB

1. Где происхо́дит де́йствие э́того расска́за?
2. Кто таки́е "а́ргусы"?
3. Охарактеризу́йте отноше́ния ме́жду Па́кой и его́ ма́терью.
4. Как отно́сится оте́ц к проде́лке ма́льчиков?
5. Почему́ ма́льчики пла́чут по́сле того́ как проно́сится Па́кин по́езд?
6. Что означа́ют, по-ва́шему, заключи́тельные фра́зы расска́за?
7. Чем осо́бенно отлича́ется э́тот расска́з от други́х в э́том то́ме?

Bunin

1. Кто действующие лица в этом рассказе?
2. Где они встречаются?
3. Что узнаёт читатель о их жизни в течение рассказа?
4. Где они сходят с парохода и куда едут?
5. Зачем поручик идёт на почту?
6. Как он проводит время после того?
7. Нравится ли вам этот рассказ? И почему он вам нравится или не нравится?

Zamyatin

1. Когда происходит действие этого рассказа?
2. Какими образами пользуется автор, чтобы передать атмосферу того периода?
3. В каком отношении друг к другу находятся Маша и Мартин Мартиныч?
4. О чём напоминает Маша Мартину Мартинычу?
5. Что знает Мартин Мартиныч, чего не знает Маша?
6. Что решает сделать Мартин Мартиныч?
7. Кто такие Обёртышевы?
8. Как описывает их автор?
9. Как Маша и Мартин Мартиныч справляют именины?
10. Какую роль играет в рассказе Селихов? Кто он такой?
11. Чем кончается рассказ?

Babel

1. Какую войну имеет Бабель в виду в этом рассказе?
2. От чьего имени ведётся рассказ?
3. Кто такой Афонька Бида?
4. Кого находят при дороге рассказчик и Грищук?
5. О чём просит Долгушов и что происходит затем?
6. Что значат последние слова, обращённые рассказчиком к Грищуку?

Zoshchenko

1. С чьих слов рассказана эта история?
2. Почему она называется "святочной"?

3. Что прописывает доктор больному?
4. Зачем старушка приходит на следующий день к доктору?
5. В каком виде находит доктор покойника?
6. Какую роль играют в рассказе калоши?

A NOTE ON SOME PARTICLES AND CONJUNCTIONS

Russian is extremely rich in little words—some of them particles, others conjunctions—which do not lend themselves to a uniform rendering in English, their meaning depending on the context. Yet they affect very much the tone, the emotional coloring, the flavor of the sentence. Even though often they can be left untranslated, it is important that the student should grasp their force. Below an attempt is made to explain some of them which are frequently met with in the stories in this volume and for which the reader will not find exact English equivalents in the vocabulary. They occur particularly often in reported speech, and Gogol's, Dostoevsky's and Leskov's dialogues abound in them.

ведь can in most cases be translated as "after all"; some times as "you see," "you know," or "why" (used as an exclamation).

да, if not followed by a comma (when it means yes) usually means "and."

дескать (sometimes abridged to де) and мол are used to introduce reported statements and correspond to such expressions as "says he," "quoth he," but can often be left without translation if the reported nature of the statement is clear.

ж, же is an identifying or emphatic particle. Это он же написал, "It is he, too, who wrote this;" Я же говорил вам, "I did tell you, didn't I?" кто же не знал её! (Pushkin, The Stationmaster, p. 12) "And who did not know her?"

—ка. Used with imperatives, by way of additional exhortation. Дайте-ка мне посмотреть, "Just let me see."

—то can also be emphatic: Он-то знает! "He does know!" This can be still further intensified by уж which has the same emphatic force: Уж он-то знает! "He knows for sure!" Уж ей ли было не житьё! "Was it not a (good) life for her (of all people)!" (Pushkin, *The Stationmaster*, p. 14)

только, used as a conjunction, can often be translated as "but."

VOCABULARY

This is not a complete vocabulary but a list of less usual words which may not be familiar to a student after one year of Russian. All the nouns are given in the nominative case singular, except for words used solely or commonly in plural. The gender is indicated only for words ending in ь; otherwise the ending or the meaning should be the guide to the gender. In the case of words with a fill-vowel, its disappearance in declension is indicated as follows: ковёр,-вра. All the adjectives are given in the masculine form and all the verbs in the infinitive, except for some passive participles and certain impersonal and idiomatic expressions. Only that aspect of the verb is listed which occurs in the stories; the nature of the aspect is, however, always indicated, *i.* for imperfective, *p.* for perfective.

Other abbreviations used in the vocabulary:

acc., accusative	*iter.*, iterative
arch., archaic	*loc.*, locative
comp., comparative	*m.*, masculine
dat., dative	*mod.*, modern
dim., diminutive	*obs.*, obsolete
f., feminine	*part.*, participle
fig., figurative	*pejor.*, pejorative
gen., genitive	*pop.*, popular
instr., instrumental	*tr.*, transitive
intr., intransitive	*vulg.*, vulgar

авось, авось-либо perchance, maybe

азартно excitedly, recklessly

аккурат: в аккурат punctually

аккуратный neat

алебарда halberd

али, аль (pop.) for или, иль

алый scarlet

архиерей bishop

ассигнация banknote

атлас satin

аттестат diploma, certificate

бабочка butterfly

багор,-ра hooked pole

багровый purple

365

бакенба́рды sidewhiskers, muttonchops
баловство́ fun
бальзами́н balsamine
ба́рин gentleman, master
ба́рка barge
ба́рский aristocratic, seignorial
ба́рхат velvet
барча́та, pl. of барчо́нок, -нка dim. of ба́рин
бати́стовый cambric
ба́тюшка father (see also notes)
беда́ misfortune; на беду́ bad luck would have it
бе́дствие calamity
беззабо́тно in a carefree way
безлю́дный deserted
безме́здно free of charge
безме́рный immense
безмо́лвный silent
безобра́зие shocking, scandalous things
безобра́зный unsightly, ugly
безрассу́дно recklessly; pointlessly
безымённый, безымя́нный nameless, anonymous
беле́сый whitish
беле́ться to show white
бережли́во with care
бе́режно carefully
берёза birch
бес demon, devil
бесе́дка garden-house
беспа́мятство panic, frenzy
беспе́чный carefree
беспрекосло́вно unquestioningly
беспреста́нно continuously, all the time
бессо́вестный unscrupulous
бессо́нница insomnia
бессты́дный shameless

бестолко́во senselessly
бесце́льный aimless
бира́ть, iter. of брать i. to take
би́сер beads
благобесе́довать to converse in a peaceful, friendly way
благовоспи́танный well-bred, well brought up
благогове́йно reverently
благоде́тель, m. benefactor
благоде́тельство benefaction
благодея́ние benefaction
благонаме́ренный well-intentioned
благополу́чно safely
благослове́ние blessing
благослови́ть p. to bless
блаже́нно blissfully
близору́кий nearsighted
блин. pancake
блу́за smock
богаде́льня almshouse
богомо́лец, -ьца pilgrim
богомо́лье pilgrimage
бо́дрый hale
бое́ц, -йца́ fighter, soldier
бой: с бо́ю by force
болва́н dummy
боле́зненный morbid, sickly
боло́нка lapdog
боло́тный marsh
болта́ться to dangle
больни́ца hospital
бо́льно (pop.) very, much
бормота́ть i. to mutter
борода́вка wart
босо́й barefoot
ботфо́рты top boots
бо́ты overshoes
боязли́во fearfully
бра́ниваться, iter. of брани́ться i. to bicker
бра́нный martial
бревно́ log
бред delirium, ravings
брезгли́вый squeamish

бритва razor
брить *i.* to shave
бритьё shaving
брюзжа́ть to grumble
брю́ки trousers
брю́хо belly
бу́бны, -ён diamonds (in cards)
бу́дничный workaday
буква́льно literally
бульва́р boulevard
бунт rebellion
бу́рка felt cloak
бурья́н weeds
бутербро́д sandwich
буфе́тчик butler, barman
быва́лый former

василёк, -ька́ cornflower
ва́тный of cottonwool
вво́лю to one's heart's content
ввяза́ться *p.* to butt in
ведро́ pail, bucket
ве́дьма witch
ве́жливость *f.* politeness, courtesy
век century
ве́ко, *pl.* ве́ки eyelid
велика́нский giant
вено́к, -нка́ wreath
венча́ние wedding
ве́ский weighty
весло́, *pl.* вёсла oar
весну́шка freckle
ве́тренность *f.* flightiness
ве́тхий very old
ве́тхость *f.* decrepitude
ве́ять *i.* to waft
вжа́ться *p.* to squeeze into
взбеси́ть *p.* to madden, anger
взвести́ куро́к *p.* to cock
взви́зг scream
взви́ться *p.* to soar up
вздёрнутый upturned
вздор nonsense, rubbish

вздра́гивать *i.* to tremble, shudder
взять в толк *p.* to grasp, understand
виде́ние vision
ви́дывать, iter. of вида́ть to see
винто́вка rifle
висо́к, -ска́ temple
вистова́ть *i.* to whist, to lead
вицмунди́р civil servant's uniform
витри́на show case
вкуси́ть *p.* to taste
влады́чество dominion
вмя́тина dent
внеза́пно suddenly
вни́кнуть *p.* to go deeply into
внуша́ть *i.* to inspire, instill
вня́тный clearly audible
водопа́д waterfall
вожжа́ rein
воз cart
возвести́ть *p.* to announce
воздохну́ть *p.* (obs.) to sigh
возду́шный пиро́г soufflé
вози́ться *i.* to fuss
возле́чь *p.* (obs.) to lie
возме́здие retribution
вознагражде́ние remuneration
возни́кнуть *p.* to arise, spring up
возопи́ть *p.* to cry out
вои́стину truly
во́йлочек, -чка dim. of во́йлок felt
волхвова́ние sorcery
волчо́к, -чка́ (spinning) top
волше́бник magician, wizard
во́льный free
вонзи́ться *p.* to get embedded

вонь, *f.* stench
вонять *i.* to stink
воодушевление animation
вопить *i.* to yell
вопль, *m.* yell, scream
вопросительный interrogatory
вопрошать *i.* to inquire
воробей, -ья sparrow
ворона crow
ворочаться=возвращаться *i.* to return
ворошить *i.* to stir
ворс nap
ворсистый nappy
воспринимать *i.* to sponsor (at baptism)
восторг delight, rapture
восторженно rapturously, ecstatically
воцариться *p.* to come to rule
впечатление impression
впечатлительность impressionability
впечатлительный impressionable
вполголоса in a low voice
впрямь truly, indeed
впутать *p.* to involve
враг enemy
вразумить *p.* to bring to senses
врата=ворота gate
врач physician
врозь apart
вселенная universe
всерьёз in all earnest
вскинуть *p.* to shoulder (rifle)
вскипеть *p.* to boil
вслед (за + instr.) after
вследствие in consequence of, as a result of
вслух aloud
вспархивать to flutter up
вспыльчивый impulsive, quicktempered
встревожиться *p.* to become anxious
встряхивать *i.* to shake, toss
вступиться *p.* to butt in, intervene
втайне secretly
вторить *i.* to echo
втягивать *i.* to draw in
вштуковать *p.* to piece in (fabric)
выбиваться *i.* to stray out
выверт (pop.) turning out
вывеска signboard
вывести *p.* to pen; to deduce; вывести детей to raise children
выговорить *p.* to utter
выгрести *p.* to rake out
выговор accent
выгода profit, benefit
выгодно profitable
выгоревший, part. of
выгореть *p.* to fade
выдавиться *p.* to be squeezed out
выезжать (на + loc.) *i.* to turn smg. to account
вызваться *p.* to volunteer
выискивать *i.* to search out
выйти в люди *p.* to rise in station
выкачивать *i.* to ladle out
выкидать *p.* (pop.) to throw out, to unfurl
вылежаться *p.* to have one's fill of lying down, to mature
вылечить *p.* to cure
вылить *p.* to pour out
вымести *p.* to sweep away
вымещать (на + loc.) *i.* to take out on somebody
вынюхивать *i.* to sniff out
выпихнуть *p.* to push out
выплюнуть *p.* to spit out

вы́просить *p.* to obtain by asking

вы́прямиться *p.* to stand erect

вы́пуклый bulging

вы́сечь *p.* to thrash, whip

вы́ситься *i.* to rise

вы́скочить *p.* to jump out

высокоме́рный haughty

вы́сохнуть *p.* to dry up

вы́теснить *p.* to squeeze out

вы́толкнуть *p.* to push out

вы́тянуться во фронт *p.* to stand at attention

вы́шитый embroidered

вы́шка vantage point

вяза́ться (к + dat.) *i.* to attach oneself to

гад vermin

га́дость *f.* nasty, disgusting thing or action

гайду́к outrider, footman

га́лстук tie

галу́н braid

гам din

гаси́ть *i.* to extinguish

герб coat of arms

ги́бельный destructive

ги́кнуть *p.* (coll.) to whoop

гла́вное the main thing, above all

гла́дкий smooth, flat

глас (arch.) voice

гласи́ть *i.* to proclaim, to run

гли́няный of clay

гло́тка gullet

глухо́й muffled

глушь, *f.* wilderness, back of beyond

глы́ба block, boulder

гнев anger, wrath

гневи́ть *i.* to anger

гне́вный angry, wrathful

гнездо́ nest

гнёздышко, dim. of гнездо́ nest

гнести́ *i.* to oppress

гнило́й rotten

гну́сный infamous

го́вор hubbub

голени́ще leg of a boot

головно́й vanguard

головокруже́ние dizziness

го́лубь, *m.* pigeon, dove

гонча́рный of pottery, earthenware

го́рбиться *i.* to stoop

горди́ться *i.* to be proud

го́рдый proud

го́рестный grievous

городи́шко, pejor. dim of го́род town, city

горсть, *f.* hollow of the hand, cupped hands

горшо́к, -шка́ pot

Госпо́дь, *m.* the Lord; Госпо́день the Lord's; моли́тва Госпо́дня The Lord's Prayer

гости́ница hotel, inn

гость, *m.* guest, visitor; в го́сти on a visit, as a visitor

госуда́рство state

госуда́рь, *m.* sovereign

гра́мота reading and writing

графи́нчик dim. of графи́н decanter

гребе́ц, -бца́ oarsman

грёза daydream

грёзиться *i.* to appear in daydreams

грех sin

гречи́ха buckwheat

гре́шный sinful

гри́венник 10-kopeck piece

гри́вна ten kopecks

грипп influenza

гроб coffin

громыхну́ть *p.* to clatter

грош quarter of a kopeck

гру́бость, *f.* coarseness, rudeness

гру́да heap, pile

гру́стный sad

гры́жа hernia

губе́рнский provincial

гуверна́нтка governess

гуде́ть *i.* to hum

гуса́р hussar

дабы́ in order to

дава́лец, -ьца customer

да́веча (pop.) the other day, recently

дави́ть to press

дави́ться *i.* to choke

да́вка jam, crush

дальнови́дность, *f.* foresight

дар gift

дари́тель, *m.* giver

дарова́ние talent

да́ром gratis

двойно́й double, twofold

дво́рник house porter

дворо́вый (челове́к) household serf

дво́рня household servants

дебоши́р rowdy

де́вственница virgin

дёготь, -гтя, *m.* tar

де́рзкий impertinent

дерзну́ть *p.* to dare, venture

дёрнуть *p.* to jerk

десна́ gum (in mouth)

деся́тский foreman

де́яться *i.* to come to pass

дитё (pop.) child, infant

добела́ to the point of whiteness

добро́тность, *f.* high quality

добы́ча prey, quarry

довело́сь *p.*: мне довело́сь I happened

довери́тельная на́дпись authorization

доводи́ться *i.* to have occasion

догада́ться *p.* to guess

долготерпе́нье endurance

должностно́е лицо́ official

до́лжность, *f.* office

доли́на valley

доложи́ть *p.* to report, announce

до́ля share

доморо́щенный homespun, homegrown

донести́ *p.* (на + acc.) to inform on

доно́с information (on someone)

дороговизна high cost

доса́да annoyance, vexation

доспе́хи (вое́нные) trappings (military)

доста́ть to reach, to fetch

дости́чь *p.* to attain, reach

досто́инство dignity

доходи́ть *i.* to reach; дохо́дна reaches

дохо́ды income

до́чиста clean (adv.)

драгоце́нный precious

дре́вко (flag)staff

дре́вний ancient

дремо́та slumber

дробь, *f.* (бараба́нная) tattoo

дрова́ firewood

друг с дру́жкой with one another

дря́блый flabby

дрянь, *f.* trash

дуби́на cudgel

дуга́ curve

ду́дочка dim. of ду́дка reed-pipe

ду́мка dim. of ду́ма thought, notion

дух spirit; smell; на духу́ at confession
духова́я печь oven
духо́вный clerical
ду́шный stuffy
дья́кон deacon
дьячо́к, -чка́ sexton
дыбы́: станови́ться на дыбы́ to rear
дыра́ hole
дыря́вый holey, full of holes
дю́жина dozen

еди́нственно solely
ежедне́вный daily
е́жели(pop.) if
ёжик: стри́женный ёжиком with a crew cut
ёжиться i. to huddle oneself up
ей-Бо́гу (coll.) honestly, I swear
есте́ственник naturalist
естество́ essence, nature

жа́воронок, -нка lark
жа́дный greedy
жа́ждать i. to thirst, to crave
жа́лкий piteous
жа́лоба complaint
жа́лование salary, wages
жа́ловаться i. to complain
жать i. to reap
желтизна́ yellowness
жгу́чий burning
живопи́сец, -сца painter
живопи́сно picturesquely
жиле́т waistcoat
жили́ще dwelling, abode
жило́й inhabited
жильё dwelling
жужжа́ть to buzz
жук beetle
жу́ткий eerie, uncanny
жу́хлый withered, shrivelled

заби́ться p. to hide, find refuge
заблаговре́менно in good time
забо́р fence
заведе́ние establishment
заве́са curtain, screen
за́висть, f. envy
завоева́ть p. to conquer
заворкова́ть p. to start cooing
зага́р suntan
загла́вие title
заголи́ться p. to bare oneself
загоре́лый suntanned
загреме́ть p. to rumble, rattle
заде́рживаться i. to linger, to be held up
заде́ть p. to touch
задо́рный pert, quarrelsome
задохну́ться p. to suffocate
задрёмывать i. to doze off
заду́мчивость, f. pensiveness
задуши́ть p. to strangle
зажи́ть p. to begin to live
зажму́рить (глаза́) p. to screw up one's eyes, to squint
зазвене́ть p. to ring out
зазева́ться p. to gape at
зазыва́ть i. to call in
заи́скивающе ingratiatingly
за́йчик dim. of за́яц hare
зака́т sunset
закипе́ть p. to churn up
закла́д wager; би́ться, пойти́ об з. to make a wager
закла́дывать (экипа́ж, лоша-де́й) i. to harness horses or horses to a carriage
заключе́ние conclusion, inference
заколоти́ть p. to board up

закоу́лочек, -чка back
  street
заколыха́ться *p.* to billow,
  sway
зако́нный orthodox,
  regular; legitimate
закрути́ть *p.* to wind up
закрути́ться *p.* spin, whirl
закряхте́ть *p.* to grunt
закуси́ть *p.* ⎱ to have
заку́сывать *i.* ⎰ a snack
залепета́ть *p.* to start
  babbling
залива́ть *i.* to flood
залива́ться *i.* to trill away
заме́тный conspicuous
замеша́тельство confusion,
  embarrassment
замеша́ть *p.* to confuse
замо́к, -мка́ padlock
за́мок, -мка castle
заморённый winded
замо́рская from overseas
за́мшевый of kid leather,
  chamois
замы́шленный *p.* part of
  замы́слить *p.* to devise
занаве́ска curtain, blind
занемо́чь *p.* to fall ill
зано́зистый prickly
зано́счивый arrogant
запа́чканный soiled
запева́ла leader (of a
  choir)
запове́дный secret
за́поведь, *f.* commandment
запроки́нуть *p.* to throw up
запро́шлым ле́том summer
  before last
запу́таться *p.* to get mixed
  up
запу́щенный neglected
запыха́ться *p.* to get out of
  breath
зара́нее beforehand
заря́ sunset; dawn
заслу́живать *i.* to deserve

заста́ва gate (of a city)
засте́нчиво shyly
засу́нуть *p.* to shove
засучи́ть *p.* to tuck up
затева́ть *i.* to undertake
зати́хнуть *p.* to hush
заткну́ть *p.* to stop up
затме́ние eclipse
затопи́ть *p.* to heat
заточи́ть *p.* to imprison,
  incarcerate
затреша́ть *p.* to begin
  rattling
затро́гивать *i.* to touch
затума́ненный misted over
заты́лок, -лка back of the
  neck
зау́треня matins
захлёбываться *i.* to choke
захолу́стье Godforsaken
  place, back of beyond
захрипе́ть *p.* to wheeze,
  speak hoarsely
зацепи́ться *p.* to hook on to
зачаро́вано spellbound
зашата́ться *p.* to shake
зашнуро́вывать *i.* to lace up
за́яц hare
звене́ть to ring
звено́ link
зверь, *m.* beast
землеме́р land surveyor
земляни́ка strawberries
земля́нка mud hut
зла́то (arch.) = зо́лото gold
злострада́ние misfortune
змейно in a snakelike way
зме́йка dim. of змея́ snake
зна́мя banner
зна́тный aristocratic
зна́ться с + instr. to hobnob
значо́к, -чка́ badge
зной scorching heat
зрачо́к, -чка́ pupil of the
  eye
зре́лище sight, spectacle
зре́ние eyesight

зря for nothing
зы́бкость unsteadiness
зыбу́чий песо́к, -ска́ quicksands
иго́лка needle
изба́виться *p.* to get rid of
изби́ть *p.* to give a thrashing
и́зверг outcast
извеще́ние announcement
извива́ться *i.* to meander
извиня́ться *i.* to excuse oneself
извле́чь *p.* to extract
изво́зчик cabman, cab
издержа́ть *p.* to spend
изму́читься *p.* to get exhausted, worried
изнемога́ть *i.* } to get
изнемо́чь *p.* { exhausted
изнутри́ from inside
изобрази́ть *p.* to portray
изобрази́ться *p.* to be portrayed, expressed
изрече́ние saying, aphorism
изумле́ние amazement
изъясни́ться *p.* to explain
ика́ть *i.* to hiccup
имени́нник, имени́нница one whose nameday it is
имени́ны nameday
исказиться *p.* to get distorted
и́скра spark
и́скренний sincere
иску́сный skilful
иску́сство art, skill
испа́рина perspiration
испаря́ться *i.* to evaporate
испове́довать *i.* to confess (tr.)
испо́днее (пла́тье) underwear
испо́лниться *p.* to be filled
исполня́ть *i.* to carry out
испо́ртить *p.* to spoil, ruin
испра́вить *p.* to mend

испра́вно efficiently
испыта́ние ordeal
испыта́ть *p.* to experience
исступлённо frenziedly
истра́тить *p.* to spend
истяза́ние tormenting

каба́к pothouse, tavern
кабине́т study
каблу́к heel
каду́шка keg
кажи́сь (pop.) it seems
казённый of or pertaining to the government (see also notes)
казначе́й treasurer
каланча́ fire watchtower
кале́ка cripple
ка́менно-веко́вый of Stone Age
ка́мешек, -шка, ка́мушек, -шка dim. of ка́мень rock, stone
кана́ва ditch
кана́т rope, cable, howser
канда́льно (from кандалы́) fetter-like
каните́ль, *f.* red tape, mess
кану́н eve
каню́чить *i.* (pop.) to ask whiningly
ка́пать *i.* to drop
ка́пля drop
карту́з peaked cap
кастрю́лька saucepan
катава́сия hullaballoo
ката́ться *i.* } to roll
кати́ться *p.* }
катафа́лк catafalque
ка́торга penal servitude
кафта́н caftan, long tunic
ка́чество quality
ка́яться *i.* to repent
ки́нуться *p.* to dash
ки́сточка (shaving) brush
кисть, *f.* tassel
ки́тель, *m.* tunic

кишки́, -о́к intestines
кла́дбище cemetery
кле́тка cage
клык tusk
клюв beak
клю́нуть (ды́рочку) to pick (a hole)
ключева́я (вода́) spring water
ковёр, -вра́: ковёр-самолёт magic carpet
ковче́г: Но́ев ковче́г Noah's Ark
ковырну́ть p. to poke
ко́готь, -гтя, m. claw
ко́жаный of leather
ко́злы box (of a carriage)
ко́зырь, m. trump
кой which
колдо́вка witch, sorceress
колдовство́ sorcery
колду́н wizard, sorcerer
колеба́ться to vacillate
коле́ни knees
колесо́ wheel
ко́ли (pop.) if
коло́дка boot tree
ко́лос ear of corn
коло́ть i. to stab
колпа́к nightcap
колча́н quiver
колыбе́ль cradle
колыха́ться i. to sway
коля́ска carriage
кома́р mosquito
комо́д chest of drawers
комо́к, -мка́ clod
конопля́ hemp
конто́рка (ticket) office
конура́ cubbyhole
кончи́на demise, passing away
кора́бль, m. ship
коренно́й native
ко́рка crust
корма́ stern (of a ship)
корми́лица wet nurse

корми́ться i. to earn one's livelihood
ко́рмчий helmsman
короле́вство kingdom
ко́рточки: на ко́рточках on all fours
корыстолюби́вый mercenary
коры́сть (f.): из коры́сти for mercenary reasons
коря́га snag
коса́ braid (of hair)
ко́свенно indirectly
косма́тый shaggy
косоворо́тка Russian shirt
костёр bonfire
ко́сточка stone (of a fruit)
кося́к jamb
кото́мка bundle
кра́жа theft
край land; edge
кра́йний extreme
кра́йность (f.): по кра́йности at a pinch, at least
кран faucet
крапи́ва nettles
красноко́жий Redskin
красть i. to steal
кра́сться i. to move stealthily
крахма́льный starched
крести́ны christening
крёстная мать godmother
криво́й crooked; one-eyed
кро́йть i. to cut (clothes)
кропи́ть i. to sprinkle
крот mole
кро́шечный tiny
кроши́ть i. to crumble
круг circle
кру́жево lace
кружи́ться i. to circle
кру́жка mug
кру́пный large, major
кру́то steeply, sharply
крыжо́вник gooseberry
крыла́тый winged
крыло́ wing

крыльцо́ porch
крюк hook
кря́кнуть *p.* to grunt
кста́ти à propos, by the way
ку́дри curls, locks
кудря́вый curly
кури́ный hen's
куро́к, -рка́ cock (of a gun)
куса́ться to bite
ку́ча heap
куш tidy sum

ла́вочка dim. of ла́вка bench
ла́вочка dim. of ла́вка store;
  закры́ть ла́вочку to go out
  of business, to close shop
ла́вочник shopkeeper
ла́дан incense
ладо́нь, *f.* palm (of a hand)
лампа́дка ikon light
ла́ндыш lily of the valley
ла́сково gently, fondly
ла́сточка swallow
ла́ты coat of mail
лгать *i.* to tell a lie
лебёдка winch
ледни́к glacier
легкомы́слие flightiness
лего́нечко dim. of легко́
  lightly
лёгонький dim. of лёгкий
  light
ле́звие (also ле́звиё) blade
лека́рство medicine
ле́карь, *m.* physician
леле́ять to cherish
лепёшка flat cake
ли́вень, -вня, *m.* shower
ливре́я livery
лило́вый violet, mauve
ли́па linden
листва́ foliage
лихора́дка fever
лицо́ face, person
личи́на disguise, mask
лишённый part. of лиши́ть
  to deprive

ли́шний superfluous
лобыза́ть (arch.) to kiss
ло́же couch
ло́жный false
ложь, лжи, *f.* lie
лосни́ться *i.* to shine
лохма́тый dishevelled
лохмо́тья rags
лук onion
лук bow
лука́во slyly
лучи́на kindlings
льди́на ice floe
льсти́вый obsequious
любова́ться *i.* to admire
  (the sight of)
ляга́вая hound
ля́згать to make clinking
  sound

мале́нечко dim of мале́нько
  just a little
мале́ц youngster
малоду́шие pusillanimity,
  cowardice
малосо́льный огуре́ц fresh
  pickled cucumber
ма́монт mammoth
мани́шка shirt front,
  dickey
масть, *f.* suit (in cards)
мастерово́й artisan
мастерство́ skill
мах: с ма́ху at a swing
маха́ть *i.* to wave
ма́хонький tiny
ма́чта mast
ма́йчить *i.* to loom
мгла haze
мгнове́ние moment, instant
ме́дный copper
мели́сса melissa or lemon
  balm
ме́лкий small
ме́льница coffee grinder
мере́щиться: мне мере́щится
  I seem to see

мерзáвец scoundrel, loathsome individual
мерзáвочка dim. of мерзáвка
(*f*. of мерзáвец)
мéрзкий loathsome
мéрный measured,
rhythmic
мéртвенный deathly
мертвéц dead man
мести́ *i*. to sweep
мести́ться *i*. to be
accommodated
мéстность, *f*. locality
местоположéние location
мéсяц moon
метáться *i*. to toss about
мигáть *i*. to blink, to flicker
мизи́нный пáлец = мизи́нец
little finger
милосéрдие mercy
ми́лостиво graciously
ми́лость, *f*. favor; вáша
ми́лость your worship
ми́лостынька dim. of
ми́лостыня alms
мимолётный fleeting
ми́на expression of face,
grimace
ми́ска bowl
Млéчный путь Milky Way
мнéние opinion
многословие loquacity,
verbiage
мнóжество multitude
моги́ла grave, tomb
моги́льщик gravedigger
могýче mightily
мóжет стáться may be
мозг brain
мокрóта phlegm
мóлвить *p*. to say
молéбен Te Deum
молéльщик person who
prays
моли́твенно prayerfully
моли́ться *i*. to say prayers
мóрда mug

морщи́на wrinkle
мостовáя roadway
мóська pug
мотáться *i*. to knock about
мошéнник rascal
мóщи relic (of a saint)
мрак darkness, gloom
мудрёный outlandish
мудрéц sage
мýдрый wise
мýмия mummy
мунди́р dress uniform
муравéй ant
мурлы́кать *i*. to purr
мýченик martyr
мучи́тельный agonizing
мщéние revenge, vengeance
мы́лить *i*. to soap
мы́сленный mental
мытáрства sufferings,
ordeal
мышь, *f*. mouse
мя́млить *i*. to mumble
мя́та mint
мя́тый crumpled

набекрéнь aslant, atilt
нáбережная embankment,
quay
наби́ться *p*. to crowd
наблюдéние observation
нáбожность, *f*. devotion, piety
набрести́ *p*. to chance upon
навари́ть *p*. to cook a lot
навёртывать *i*. to pile on
навéс awning
навести́ть *p*. to visit
навóз manure
нагáйка whip
наглядéться *p*. to have one's
fill of looking
нагнáть *p*. to catch up
нагнýться *p*. to bend down
нагóй naked, nude
нагоня́й scolding, dressing
down
надгрóбная нáдпись epitaph

наделять *i.* to bestow upon
надзор supervision
надивиться *p.* to have
enough of wondering
надломленный cracked
надоесть *p.* to bore; мне
надоело I am fed up
надоумить *p.* to prompt
надпись, *f.* inscription
надтреснутый cracked
наедине privately, tête-à-
tête
наездница horsewoman
нажечь *p.* to burn, to make
red-hot
нажить *p.* to make money,
fortune
нажраться (vulg.) *p.* to eat
a lot
наземь to the ground
назидательный edifying
наизусть by heart
наказать *p.* instruct
накалённый part. of накалить
p. to make hot
накануне on the eve, the
day before
наклоняться *i.* to bend over
накопить *p.* to accumulate
накопиться *p.* to get
accumulated
накрапывать *i.* to drizzle
налечь *p.* to set upon
наматывать *i.* to string
намеднись (pop.) the other
day
намерение intention
намолчаться *p.* to have
one's fill of being silent
намочить *p.* to soak
намылить *p.* to soap
наниматься *i.* to enroll for
work
наперебой vying with one
another
наплевать *p.* to spit мне

наплевать: I don't care a
hoot
напрашиваться *i.* to be
asking for
напряжённо intensely
напрямик bluntly
напутать *p.* to mix up
нарадоваться *p.* to have
enough of rejoicing
нарочно on purpose
наружность *f.* looks,
appearance
наседочка dim. of наседка
brood hen
насилу with an effort, with
difficulty
наскочить *p.* to jump upon
наслаждение delight
наследница heiress
насмешка mockery
насмешник scoffer
наставительный edifying,
instructive
наставник instructor,
mentor
настаивать *i.* to insist
натешиться *p.* to have
one's fill of fun
наткнуться *p.* to come
across
нахальный insolent
нахмуриться *p.* to frown
начальство one's
superiors
начальствовать *i.* to
preside over, rule over
нащупать *p.* to feel (by
touch)
наяву in reality
небосклон horizon
небось I expect, I daresay,
one must: он небось знает
I expect he knows
небрежение neglect
невеста fiancée, bride
невольный involuntary
негодование indignation

негодя́й blackguard
негоциа́нт merchant
недале́че (pop.) not far
недове́рчиво incredulously
недомога́ние indisposition
недосмо́тр oversight
недосто́йный unworthy
недоуме́ние perplexity
недочёт deficiency
недурно́й not bad (looking)
неесте́ственно unnaturally
не́жность tenderness
незначи́тельный insignificant
незы́блемый immovable
неизъясни́мый ineffable
неиспра́вность, f. ineffi-
    ciency
не́йстовый frenzied, frantic
не́когда: мне, ему́, etc.
    не́когда I have no time
не́когда once upon a time
некста́ти inopportunely
неле́пый absurd
нело́вко awkwardly
ненави́деть i. to hate
ненаме́ренно unintentionally
нена́стный: н. день rainy
    day; нена́стное вре́мя bad,
    foul weather
неогля́дный vast, fathom-
    less
неоднокра́тно more than
    once
неотло́жный urgent
неотлу́чно continually
неотрази́мый irresistible
непостижи́мо inconceivably
неправдоподо́бно unlikely,
    implausible
непреме́нно without fail
непристо́йный unseemly,
    indecent
непрое́зжий закоу́лочек not
    a through road
непро́чь: быть непро́чь not
    to be loth

нерад́ушно inhospitably
неразреши́мый insoluble
нерасторжи́мый indis-
    soluble
неруши́мо inviolably
несбы́точный unreal, fan-
    tastic
несказа́нный ineffable
несно́сный intolerable,
    unbearable
несокруши́мый impregnable
несообра́зность incongruity
несподру́чно inconvenient
нестерпи́мо unbearably
неудержи́мо irresistibly
неумы́шленный unpremedi-
    tated
неуста́нный indefatigable,
    constant
неуте́шно inconsolably
не́хотя reluctantly
неча́янно inadvertently
нечувстви́телен insensitive
нея́вственно indistinctly
ни за что ни про что
    without rhyme or reason
низки́ bottoms (of trousers)
никелиро́ванный nickel-
    plated
нимб halo
ни-ни́ not a bit
ни́щий beggar, mendicant
новичо́к, -чка́ newcomer
новобра́чные newlyweds
но́мер room in a hotel
нора́ burrow
норови́ть i. to aim at, to be
    bent upon
нос (корабля́) prow
носи́ться i. to race, rush
    about
нрав disposition
нра́вственный moral
нра́вы mores, customs
ну́жды нет never mind
нутро́ innards
ны́не now, nowadays

ны́нче (pop.) now, today
ныть *i.* to ache
нюха́тельный olfactory

обби́ться *p.* to get frayed
обведённый encircled
обде́лать *p.* to carry out, accomplish
обе́дня liturgy, mass
обезнадёжить *p.* to discourage
оберну́ться *p.* + instr. to turn into
обжёчься *p.* to get burnt
оби́дчивый touchy
оби́дчик offender
обижа́ться *i.* to be hurt, offended
оби́льный abundant
оби́тель, *f.* abode
обихо́д routine
о́блако cloud
облегчи́ть *p.* to alleviate
обледене́лый ice-encrusted
облучо́к, -чка́ box (of a carriage)
обма́кивать *i.* to dip
обмундирова́ние equipment
обнажи́ться *p.* to bare oneself
ободня́вший part of ободня́ть to turn into day
обо́дрить *p.* to encourage
обо́дриться *p.* to be heartened, bucked up
обожа́ть *i.* to adore
обо́з wagon train
обозна́чить *p.* to designate, mark
обойти́сь *p.* (в + acc.) to come to (in money)
обокра́сть *p.* to rob
обольща́ться *i.* to flatter oneself
обоня́ние sense of smell
о́браз image, ikon
образова́ние education

обраще́ние treatment
обреми́зиваться *i.* to lose (at cards)
обро́к quit-rent
оброста́ть *i.* to grow over
обры́в cliff
обстоя́тельный detailed, circumstantial
обстоя́тельство circumstance
обступи́ть *p.* to surround
обсчи́тывать *i.* to short-change
обтерпе́ться *p.* to get used to
обши́рный vast
обшла́г cuff (of a sleeve)
обще́ственный public, social
общежи́тельность *f.* sociability
общежи́тие civilization, social intercourse
обыва́тель resident
обя́занность *f.* duty
ове́чка dim. of овца́; заблу́дшая ове́чка stray lamb
овладе́ть *p.* to seize
овра́г ravine, gully
ога́рок end of candle
огляде́ться *p.* to look round
огра́да enclosure
огражда́ть *i.* to safeguard, protect
огуре́ц, -рца́ cucumber
одеколо́н eau de Cologne
одеревене́ть *p.* to become wooden
одино́чка: в одино́чку alone, singlehanded
одича́лый grown wild, neglected
однофами́лец namesake
одноцве́тный monochrome
одолжи́ть *p.* to lend
одува́нчик dandelion
одурма́нить *p.* to befuddle
ожива́ть *i.* to come to life

озабо́ченный worried
озаря́ть *i.* to illumine
окамене́лый petrified
оклевета́ть *p.* to slander
око́лица edge, outskirts of
a village
око́лыш band (of a cap)
окостене́ть *p.* to ossify
окре́стность *f.* neighborhood
оку́тать *p.* to wrap
о́ный (arch.) that one
опа́льный in disgrace
опа́сливо warily
опа́сность danger
оплоша́ть *p.* to make a slip
опоя́сать *p.* to girdle
опра́виться *p.* to recover
опушённый fringed
о́рден decoration
оре́шек, -шка dim. of оре́х
nut
орошённый (part. of оро-
си́ть) besprinkled
оса́да siege
оса́нка bearing
осве́домиться *p.* to inquire
осведомле́ние inquiry
оседа́ть *i.* to settle
осека́ться *i.* to misfire
осёл donkey, ass
осенённый shaded
оси́пнуть *p.* to grow hoarse
ослабе́ть *p.* to grow weak
ослепле́ние blindness
осложне́ние complication
осме́литься *p.* to dare,
venture
осмотри́тельно cautiously
основа́ние ground, basis,
foundation
особли́во especially
осо́ка sedge
оста́ток, -тка remainder
о́стров island
остроконе́чный pointed
острота́ witticism
остроу́мие wit

остру́ганный whittled
оступи́ться *p.* to miss
footing
осужда́ть *i.* to condemn
отби́ться *p.* to fight off
о́тблеск glow
отва́л footboard
отверга́ть *i.* to reject
отве́рстие aperture,
opening
отве́шивать покло́ны *i.* to
make bows
отворя́ть кровь *i.* to let
blood
отвы́кнуть *p.* to get disused
отгова́ривать *i.* to try to
talk out of
отдалённый distant
отде́латься *p.* to get rid
отдыша́ться *p.* to recover
breath
оте́чество fatherland
отзыва́ться *i.* to respond
откидно́й reversible
откла́ниваться *i.* to take
leave
откли́кнуться *p.* to respond,
call back
отко́с slope
открове́нный outspoken
о́ткуп farming out, government contract
отло́гий sloping
отлуча́ться *i.* to absent
oneself
о́тмель, *f.* shallows
отнести́сь *p.* to refer to;
отнести́сь к + dat. to treat
оторопе́ть *p.* to be flabbergasted
отписа́ть *p.* to tell in
writing
отправля́ть *i.* to perform,
fulfill, carry out
отпу́тать *p.* to disentangle
о́троду in one's lifetime; of
age

отрубить *p.* to chop off
отставно́й retired
отсту́кивать *i.* to rattle off
отступа́ть *i.* to retreat
отступи́ться *p.* to renounce
отча́лить *p.* to sail away
отча́яние despair
о́тчество patronymic
отшу́чиваться *i.* to joke
back
о́хать *i.* охнуть *p.* to groan,
say 'Oh'
охо́та will, desire
охо́та: мне, ему́, etc., I feel
like, I wish
охо́титься to hunt
охо́тник hunter
охо́тник до + gen. fond
of
охо́ч fond of, addicted to
оцепене́ть *p.* to become
numb
очка́стый bespectacled
очки́ eyeglasses
очко́ counter (of abacus)
очну́ться *p.* to come to
ощуще́ние sensation
ошеломи́ть *p.* to stun

па́левый straw-colored
па́луба deck
па́мятник tombstone
па́мять, *f.* memory
панталбны pants
па́перть, *f.* porch (of
church)
па́рень, *m.* lad, fellow
па́рус sail
парши́вый mangy
па́сека bee garden, apiary
па́сквиль, *m.* lampoon
па́ства flock
пасти́ *i.* to tend (cattle),
па́стырь, *m.* shepherd
патро́н cartridge
па́хнуть *i.* to smell

паху́чий fragrant
пачку́н sloven, dirty person
па́спорт passport
певу́нья singer
пе́гий piebald
пелёнки, -ок diapers
перевести́сь *p.* to get
transferred
переве́шивать *i.* to out-
weigh
переворота́ться *p.* to turn
over
переглянуться *p.* to ex-
change glances
перегну́ть *p.* to bend over
перегну́ться *p.* to lean over
перегоро́дка partition
передразни́ть *p.* to mimick
перекла́дны́е: е́хать на пере-
кла́дны́х to travel post,
using relay horses
перекрести́ть *p.* to make the
sign of the cross
перела́дить *p.* to change,
rearrange
перемеще́ние transfer
переня́ть *p.* to take over
переси́лить *p.* to overcome
перестра́иваться *i.* to
reform
перето́ржка auction
перетя́нутый girdled
переу́лок, -лка side street
перехвати́ть *p.* to overdo
перехо́д march
перечини́ть *p.* to mend
пёстрый motley,
particolored
печа́тка seal
печа́ть press
печёный baked
пеще́ра cave
пивова́р brewer
пиджа́чный of coat
пиро́жное pastry
пита́ться *i.* to feed (intr.)

плакси́во tearfully
пла́менный fiery
плащ cloak
пла́щик dim. of плащ waterproof coat
плен captivity, bondage
плете́нь, *m.* wattle fence
плету́шка wattle shed
плечи́стый broadshouldered
плита́ slab
пли́тка dim. of плита́
пло́ский flat
плот raft
плотоя́дно lasciviously
плотоя́дный carnivorous
пло́тный solid
пло́шка saucer
площадна́я брань foul language
пло́щадь, *f.* square (in city)
плут rascal, rogue
плутовство́ roguery, swindle
плюма́ж plumes
плю́нуть *p.* to spit
плясово́й dancing
пляс́унья dancer
побе́г flight
побо́и beating
побре́зговать *p.* (+ instr.) to despise, to be squeamish about smg.
поброди́ть *p.* to wander a little
побы́вка visit
повали́ться *p.* to flop
по́вар cook, chef
повели́тельный imperative
пове́ргнуть *p.* to plunge
пове́рхность surface
пове́са rake
повествова́ние narrative
по́весть, *f.* story, tale
по́вод bridle; скома́ндовать по́вод to order advance
поворо́т turn
повреждéние damage

повремени́ть *p.* to wait a little
пога́снуть *p.* to be extinguished, to die (of light or fire)
погнуша́ться *p.* to despise, disdain
пого́ны shoulder straps
погоре́ть *p.* to burn
пого́ст churchyard
погрему́шка rattle
погуби́ть *p.* to ruin
погуто́рить *p.* (pop.) to chat
подави́ться *p.* to choke
пода́грик gouty person
пода́ть (экипа́ж, лошаде́й) to bring up (carriage, horses)
пода́ться *p.* to back, recede
подба́вить *p.* to add
подбуфе́тчик assistant barman
подвене́чный газ wedding veil
по́двиг great, heroic deed, exploit
подворси́ть *p.* to nap
поджа́ть хвост *p.* to put the tail between the legs
подзерка́льник mantelpiece or pier-glass table
подкра́дываться *i.*⎱ to steal
подкра́сться *p.*⎰ up
подкупи́ть *p.* to bribe
подле́ц cad, knave
подлиня́лый faded
по́длость mean or base action
подмасте́рье apprentice
подми́гивать *i.* to wink
подмо́стки, -ок scaffolding
подмя́ть *p.* to squash
подно́с tray
подогрева́ть *i.* to warm up
подогре́тый warmed up
подозрева́ть *i.* to suspect

подорожиться *p.* to demand a high price
подо́шва sole
подо́шевка dim. of подо́шва
подпира́ть *i.* to prop
подрема́ть *p.* to doze, snooze
подсказа́ть *p.* to chime in
подсоби́ть *p.* to assist
подстре́ливать *i.* to shoot up
подсу́нуть *p.* to shove under
поду́ть *p.* to blow
подуче́ние instigation
подшути́ть (над + instr.) *p.*
подшу́чивать *i.* to make fun of
подъе́зд entrance
пожа́ловаться *p.* to complain
пожа́луй daresay
пожа́ть плеча́ми *p.* to shrug shoulders
пожа́тые поля́ stubble (lit. reaped fields)
пожи́ва profit
пожило́й elderly
пожира́ть *i.* to devour
пожо́лкнуть *p.* to yellow
пожу́хнуть *p.* to wither
позапро́шлый one before last
позвя́кивать *i.* to tinkle
по́иски search, quest
показно́й showy
пока́мест (pop.) while, for the time being
покати́ться со́ смеху to roll with laughter
поклева́ть *p.* to peck
поко́иться *i.* to repose
поко́йник, поко́йница the deceased
поко́йный the late
поколе́ние generation
поколо́ть *p.* to break into pieces
поко́рно docilely

покоры́ститься *p.* (на + acc.) to be after
покро́в pall
покрови́тельство protection
пола́мывать *i.* to crack (fingers)
по́ле background
поле́но log
ползти́ *i.* to crawl
полиня́лый faded
полково́й regimental
полоса́ strip, streak
полоска́ть *i.* to gargle
по́лно enough, no more
полотно́ желе́зной доро́ги railroad track
полти́на 50 kopecks
польщён flattered
полюби́ться *p.* to come to be liked
помере́ть *p.* (pop.) to die
помеша́тельство insanity, madness
помеща́ть *i.* to place, insert
помеще́ние premises, dwelling
помира́ть *i.* (pop.) to die
помо́лвить *p.* to betroth
помя́ть *p.* to crumple
понапра́сну in vain, for nothing
понево́ле willy-nilly
поню́хать *p.* to smell
поня́тие notion
поня́тливый quick on the uptake
поощри́тель sponsor
поп (pop.) priest
попа́хивать *i.* to smell
поподли́чать *p.* to act meanly
пора́ time, season; на пе́рвых пора́х at first, to begin with
поравня́ться *p.* to come abreast
пораздразни́ть *p.* to tease

поразить *p.* to strike
порог threshold
порода race
породниться *p.* to become related to
пóрскнуть *p.* to snort
пóртить *i.* to spoil, to ruin
портнóй tailor
поручéние commission
пóручни rails
поручик first lieutenant
пóрча evil eye, hoodoo
порывисто impulsively
порыться *p.* to fumble
порядок, -дка order
порядочный respectable
посвятаться *p.* to make a proposal of marriage
послушный obedient
послюнить *p.* to wet with saliva
посмéть *p.* to dare
пóстный lenten
постóй sojourn, stay
посторóнние strangers, outsiders
постоялец, -ьца lodger
постýпок, -ка action
пóступь, *f.* gait
посудить *p.* to judge
пóсуху along dry land
посыпаться *p.* to be showered
пот perspiration
потаскýшка (pop.) slut
потёмки darkness
потерéть *p.* to rub, scuff
потéха fun
потихóньку slowly, quietly
потолóк, -кá ceiling
потóп flood
потормошить *p.* to stir
потрéскивать *i.* to crackle
потужить *p.* to grieve
потýпить глазá *p.* to cast eyes

потýхнуть *p.* to get extinguished
потянýться *p.* to stretch
поучительный instructive
пофыркивать *i.* to snort
похвалá praise, eulogy
похвалить *p.* to praise
похищáть *i.* to kidnap
пóхороны funeral
похрáпывать *i.* to snore slightly
пóчесть, *f.* honor
почéсть *p.* to consider
почивáть *i.* to rest
починиться *p.* to mend oneself
починка repair
почитáй I reckon
почитáть *i.* to respect, esteem
почтéнье respect
пóшепт whisper
пощупáть *p.* to feel (by touch)
пóяс girdle, belt
правдоподóбие verisimilitude
правительство government
пребывáние sojourn
пребыть *p.* ⎱ to stay, to be
пребывáть *i.* ⎰ in, to remain
предéл limit
предислóвие preface
предложéние proposal, offer
прéдок, -ка ancestor
предостáвить *i.* to leave to
предположить *p.* to suppose, assume
предпочитáть *i.* to prefer
предсказáть *p.* to foretell
представить *p.* to present; hand over, deliver
представлéние notion
предувéдомить *p.* to warn
предчýвствие foreboding

предчу́вствовать *i.* to anticipate
презре́ние contempt
прекосло́вие gainsaying
преле́стный charming
пренебрега́ть *i.* to disregard, neglect
препя́тствие obstacle, hindrance
прескве́рный very bad
пресле́довать *i.* to pursue
пре́сный insipid
претерпева́ть *i.* to endure
прибе́гнуть *p.* to resort to
прибра́ть *p.* to tidy
приволокну́ться *p.* to flirt
привра́тник doorman
пригляде́ться *p.* to look closely
приде́ржка support
придра́ться k + dat. *p.* to pick on
придуши́ть *p.* to stifle
приёмная reception room
призе́мистый stocky
признава́ться *i.* (в + loc.) to admit
прика́зчик bailiff
прикати́ть *p.* to come rolling
прики́нуться *p.* (+ instr.) to pretend to be
прикле́иваться *i.* to stick
приключе́ние adventure
прикосну́ться *p.* to touch
прили́чный decent, becoming
прильну́ть *p.* to nestle to
приме́та sign, omen
приме́тить *p.* to notice
принужда́ть *i.* to force
приня́ться за + acc. *p.* to set about
припа́сы provisions
приплю́снуться *p.* to get flattened
приро́дный native

присво́ить *p.* to appropriate, embezzle
присе́сть *p.* to sit down for a while
приско́рбно a great pity
прислони́ться *p.* to lean on
прислу́га servants
прислу́живать *i.* to serve
присма́тривать *i.* to look after
приспосо́биться *p.* to adapt oneself
пристава́ть к + dat. *i.* to pester
приста́льно intently
приста́нище shelter
при́стань, *f.* landing stage
приста́ть *p.* to stick on
пристра́стие predilection, passion
присты́ть *p.* to become rigid
притащи́ть *p.* to drag up
притво́рный feigned
притворя́ться *i.* to pretend
притесне́ние oppression, victimization
притяза́ние claim
прихло́пнуть *p.* to slam
прихо́д parish
при́хоть, *f.* whim
прича́л moorings
прича́лить *p.* to put to shore
причаща́ть *i.* to give communion
причт chapter (of a church)
прищу́рить *p.* to screw up (one eye)
про́ба trial
пробаси́ть *p.* to say in a bass voice
про́бка cork
пробо́р parting
пробра́ться *p.* to make one's way
прови́нность *f.* fault, offence
провожа́тый guide

про́волока wire
прово́рный nimble
прогна́ть *p.* to chase away
прого́ны traveling
 allowance
прогреме́ть *p.* to roar,
 thunder
прода́жа sale
прожѐчь *p.* to burn
 through
прозва́ние last name
прозра́чный transparent
происше́ствие occurrence
проклина́ть *i.* to curse
пролепета́ть *p.* to babble
проле́тка cab
проливно́й до́ждь downpour
промежу́ток gap, interval
промота́ться *p.* to go
 through a fortune
пронзи́тельный piercing
пронима́ть *i.* to make smg.
 felt
проню́хать *p.* to sniff out
пропада́ть *i.* to be lost
пропи́ть *p.* to drink away
пропуска́ть *i.* to let through
прорыва́ться *i.* to break
 through
просвещённый enlightened
просла́вить *p.* to glorify
простира́ть *i.* to stretch
простоду́шно naively
простолю́дин plebeian
простонаро́дный of the
 common people, folksy
просто́р expanse
проступи́ть *p.* to come out,
 appear
протере́ть *p.* протира́ть *i.* to
 rub a hole in, to wear
 through
проти́вный repulsive
противоре́чить *i.* to contra-
 dict
протя́жный drawn out
профи́т advantage

проха́живаться *i.* to walk to
 and fro
прохла́дный cool
про́ховый loosely woven,
 flimsy
про́чный solid
проша́мкать *p.* to mumble
проюркну́ть *p.* to slip past
прояви́ться *p.* to appear
пры́щик dim. of прыщ pimple
прядь, *f.* lock (of hair)
прямёхонько straight,
 directly
псало́мщик psalmodist
пта́шка (pop.) birdie
пузы́риться *i.* to billow
пулемёт machine-gun
пу́ля bullet
пункти́рный dotted
пусты́ня desert
пусты́рь, *m.* vacant lot
пустя́к trifle
пу́тный sensible
пу́хнуть *i.* to swell, get
 swollen
пу́чить *i.* to bulge (eyes)
пья́ница drunkard
пыла́ть *i.* to flame
пыль, *f.* dust
пята́к 5-kopeck piece., dim.
 пятачо́к, -чка́
пятно́ patch, spot
пято́к five of something

раб slave, serf, servant;
 раб Бо́жий servant of
 God
равноду́шный indifferent
раду́шно hospitably
разбира́ть *i.* to unpack
разбо́йник brigand
разбо́рчивый discriminat-
 ing, fastidious
разброса́ть *p.* to throw
 apart
развева́ться *i.* to wave,
 flutter, stream

разве́дчик scout
разве́ситься *p.* to be hung
развлека́ться *i.* ⎱ to distract
развле́чься *p.* ⎰ oneself
развле́чь to distract
развози́ться *p.* to make fuss
разворожи́ть *p.* to countercharm, undo the spell
развра́т debauchery
разврати́ть *p.* to debauch
развра́тный dissolute,
  debauched
разга́дка solution (to a
  puzzle)
разгово́рка (pop.) chat
разго́н: в разго́не out, on
  the run
разгуля́ться: не́рвы разгуля́-
  лись nerves are on edge,
  gone to pieces
разда́ться *p.* to sound
разде́лка (pop.) showdown
раздоса́дованный annoyed,
  vexed
раздража́ть *i.* to irritate
раздражи́тельный irritable
раздува́ть *i.* to blow out
разева́ть *i.* to open wide
разжа́ть *p.* to unclasp
рази́ть *i.* (pop.) to smell
  strongly
разлете́ться *p.* to come
  flying
разлинёвывать mod. разли-
  но́вывать to rule (lines)
различи́ть *p.* to distinguish
разложи́ть *p.* to unpack
разложи́ться *p.* to decay
размина́ть *i.* to massage
размота́ть *p.* to unfurl
размышля́ть *i.* to meditate
разнообра́зный diverse
разноцве́тный multicolored
разобра́ть *p.* to make out
разоре́ние ruin
разори́ться *i.* to get ruined

разреши́ть язы́к *p.* to loosen
  the tongue
разреши́ться *p.* to be solved
разря́д class, category
разуме́ется of course, goes
  without saying
разуме́ть *i.* to understand,
  assume
разутю́живать *i.* to press
  (with iron)
разъезжа́ть *i.* to drive about
разъезжа́ться *i.* to disperse
разыгра́ться *p.* to play up
ра́йский heavenly
раки́та broom
ра́на wound
ра́неный wounded
раскаля́ть *i.* to fan
раскача́ть *p.* to shake up
раска́яние repentance
раска́яться *p.* to repent
расплати́ться *p.* to settle
  accounts, to pay up
распоряди́ться *p.* to give
  orders, make arrangements
распоряже́ние order,
  instruction
распространя́ться *i.* to
  spread
рассе́янность, *f.* distraction
рассе́янный scattered
рассла́бленный debilitated
рассма́тривать *i.* to
  examine, scrutinize
расста́вить *p.* ⎱ to place,
расставля́ть *i.* ⎰ arrange
расста́ться с + instr. *p.* to
  part with
расстро́енный upset
рассуди́тельный sensible
рассыпа́ться *p.* to scatter
растолкова́ть *p.* to explain
растрепа́ть в пух *p.* to tear
  to pieces
расчёсывать *i.* to comb
расша́ркаться *p.* to click
  heels

расшибиться *p.* to hurt oneself

ра́ут party

рёв roar

ревизова́ть *i.* and *p.* to audit

реда́кция editorial office

реди́с radish

ре́дкий rare, infrequent

рези́нковый obs. for рези́новый rubber

реме́нь, -мня́ strap

ре́па turnip

ресни́ца eyelash

рессо́ра spring (of a carriage)

реце́пт recipe, prescription

реша́ться *i.* to make up one's mind

решётка grille

реши́тельно positively

ржа́вый rusty

рисова́ться *i.* to be outlined

ро́бкий timid

ро́бость, *f.* timidity

ро́дственник, ро́дственница relative

рого́жа sacking

рожь, ржи, *f.* rye

ро́йться *i.* to swarm

роково́й fateful

ром rhum

ро́пот murmur

роса́ dew

роско́шный luxurious

ро́скошь, *f.* luxury

ро́тмистр cavalry captain

руба́ть *i.* pop. for руби́ть

руби́ть to chop

ру́бленый chopped

ру́бище rags

руга́тельство term of abuse

рука́в sleeve

руль, *m.* rudder, helm

румя́нец flush

рундучо́к, -чка́ porch

рыба́к fisherman; dim. рыбачо́к, -чка́

рыжева́тый reddish

ры́нок, -нка market

ры́скать *i.* to scour

ры́ться *i.* to dig, burrow

ряби́ть (в глаза́х) to become blurred

ряби́ть to ripple

рябь, *f.* ripple

ря́дышком dim. of ря́дом next to

ря́ска dim. of ря́са cassock

са́ло lard

са́мка female

самобы́тный original

сара́й barn

са́харная голова́ sugar loaf

сбо́рочки dim. of сбо́рки pleats

сва́дьба wedding

сва́тание matchmaking

све́дущ expert, knowledgeable

свёрток, -тка bundle, roll

сверхъесте́ственный supernatural

сверчо́к, -чка́ cricket

светоно́сный radiant

све́тский worldly, social

свиде́тельство certificate

свире́по fiercely

свиста́ть *i.* ⎫ to whistle
сви́стнуть *p.* ⎭

свить гнездо́ to build a nest

сво́ды vaults

свято́й saint

свя́точный Yuletide

свяще́нник priest

сгла́зить *p.* to cast an evil eye

сгнить *p.* to rot

сго́рбленный stooping

сда́ча deal

сдува́ть *i.* to blow off

сду́ру foolishly

седина́ grey hairs
седло́ saddle
седовла́сый greyhaired
седо́й greyhaired
сей (arch.) this
селёдка herring
се́мя seed
се́ни entrance hall
се́нички dim. of се́ни
се́но hay
середа́ = среда́ Wednesday
сердоли́ковый cornelian
серёжки dim. of се́рьги earrings
серохо́ботый greytrunked
серп sickle
серту́к obs. for сюрту́к frockcoat
сестра́ милосе́рдия medical nurse (lit. sister of mercy)
сиде́лец, -ьца shop assistant
си́литься i. to endeavor, try hard
си́плый husky
сире́невый mauve
сирота́ orphan; dim. сиро́тка
сия́нье radiance
ска́зывать iter. of сказа́ть to tell
скала́ rock
сканди́ровать to drawl
скачо́к, -чка́ leap
сква́жина gap, crack
скве́рный bad
сквознячо́к, -ка́ dim. of сквозня́к draught
скла́дка fold
скло́нный inclined
скля́ночка dim. of скля́нка (little) bottle
ско́бки, ско́бок parentheses
скова́ть p. ⎱ to shackle
ско́вывать i. ⎰
ско́мканный crumpled
сконфу́зить p. to embarrass
сконча́ться p. to pass away
скорбный grievous

скорбь, f. grief
скорёхонько very quickly
скорлупа́ shell
ско́рченный twisted
скоти́на brute
скрести́сь i. to scratch
скриви́ться p. to make a wry face
скрип creaking
скрипе́ть i. to creak
скро́мность f. modesty
скули́ть i. to whine
скуфья́ skull-cap
сла́дкое dessert
сладостра́стный voluptuous
сле́дствие investigation
слёзный tearful
слепи́ть i. to dazzle
сли́ва plum
слива́ться i. to merge
сли́вки cream
сли́пнуть p. to run into
слог style
слух rumor
сля́коть, f. slush
смазли́венькая dim. of смаз-ли́вая pretty, comely
смани́ть p. to entice
смекну́ть p. to realize
смени́ть p. to replace
смерка́ться i. to grow dark
сме́ртный mortal
сме́та estimate
смета́ть p. to tack together
смеща́ть i. to dismiss, fire
смигну́ть p. to blink away
смире́нный humble
смири́тельный дом lunatic asylum
смоли́стый jet-black
сморка́ться i. to blow one's nose
смо́рщенный wizened
смотри́тель superintendent
сму́глый dark-complexioned
смуща́ться i. to be embarrassed

смыться *p.* (vulg.) to make off

сникнуть *p.* to droop

снисходительно leniently

собеседник interlocutor

соблазн temptation

соблазнительный tempting

соблазнять *i.* to tempt, seduce

собор cathedral

собственно really, as a matter of fact

собственноручно with one's own hands

событьице dim. of событие event

совестно shameful

соваться *i.* to butt in, poke one's nose into

совесть conscience

совместный compatible

согрешить *p.* to sin

сожалительный compassionate

сознание consciousness, awareness

сойти с ума *p.* to go mad

сокол falcon

солгать *p.* to tell a lie

солнцепёк: на солнцепёке right in the (blazing) sun

соловей, -вья nightingale

сомневаться *i.* to doubt

соображать *i.* ⎫ to consider,
сообразить *p.* ⎭ realise

сообразно in conformity with

соответственно accordingly

сопляк (vulg.) sniveller

сопряжённый с + instr. involved in

сорока magpie

сорочка shirt, shift

сословие estate, calling

сослуживец, -вца fellow worker

сосредоточиваться *i.* to concentrate

сострадание compassion

сохнуть *i.* to pine away

сочельник Christmas Eve

сочинить *p.* to compose, invent

сочный juicy

спасаться *i.* to seek salvation

спекулятор profiteer, racketeer

списать *p.* to copy

спиться *p.* to drink oneself to death

сплеск splash

сползать *i.* to crawl down

спотыкаться *i.* to stumble

спросонья half-awake

сравнение comparison

сравнивать *i.* to compare

сребролюбивый mercenary (lit. silver-loving)

срываться *i.* to tear off

сряду on end, running

ссылаться *i.* (на + acc.) to refer to

старикашка pejor. dim of старик old man

старушонка pejor. dim. of старуха old woman

статейка dim. of статья article

старьё old things, junk

статный well-built

стащить *p.* (pop.) to pinch

стебелёк, -ька dim. of стебель stem, stalk

стегать *i.* to whip

стелечки, -чек dim. of стельки insoles

степень, *f.* degree

стеречь *i.* to guard, watch over

стирать *i.* to wash (clothes)

стиснуть зубы *p.* to clench teeth

стойло stall
столица capital
сторона parts
сторониться *i.* to keep aside,
  aloof
стоять *i.* to be staying
странница wanderer
страстно passionately
страшиться *i.* to fear
стрела arrow; корабельная
  стрела, derrick, sheer
стрелять *i.* to shoot, fire
стремя stirrup
струйка, dim. of струя jet
  (of water)
стрястись *p.* to befall
стукаться *i.* to bump
стыдиться *i.* to be ashamed
ступица nave, hub (of a
  wheel)
стэк swagger-stick
сударь, *m.* sir
судно vessel
судорожно convulsively
судьба fate
суета vanity
суетиться *i.* to fuss, bustle
сукин сын (vulg.) son of a
  bitch
сукнецо dim. of сукно cloth
сулить *i.* to promise
сумасшедший mad (man);
  сумасшедший дом lunatic
  asylum
сумерки, -ек twilight, dusk
сумрачный gloomy, somber
супруга spouse
сургуч sealing wax
существо creature
существование existence
сущий veritable
сущность: в сущности as a
  matter of fact
схватиться на смерть *p.* to
  grapple in death struggle
сходни, -ен gangway

схороненная pass. part of
  схоронить to bury
счесть *p.* to count
счётец, -тца dim. of счёт
  account, bill
счёты abacus
съёживаться *i.* to contract
сюсюкать *i.* to lisp

табакерка snuff-box
таинство mystery
тайна secret
таковой such
так-сяк this way and that
талия waist
таратайка gig
таскаться *i.* to drag oneself
таять *i.* to melt
тварь, *f.* creature
твердить *i.* to keep saying
телёжка dim. of телега cart
телец, -льца calf
теплиться *i.* to flicker
теребить *i.* to finger
терпение patience
теснота crowded state
тетерев black grouse
тёща mother-in-law
тихоня a quiet one
товар merchandise
токмо (obs.) only
толчок, -чка push, jolt
томить *i.* to weary, torment
томный languid
топор ax
топорище handle of an ax
торчать *i.* to stick out
тосковать *i.* to pine away
тракт route
трапеза meal
трезвый sober
трель, *f.* trill
трепетать *i.* to tremble
трепетный flickering
третьеводнишний of the
  day before yesterday
трогательно touchingly

Тро́ица Trinity
тро́нуться to begin decaying
тропи́нка path
трос cable, howser
тро́сточка dim. of трость, f. cane, walking stick
труба́ (подзо́рная) telescope, spyglass; т. (дождева́я) rainspout
труба́ч bugler
труби́ть i. to trumpet
труп corpse
тря́пка rag
ту́же comp. of туго́й
тузи́ть i. to pommel, punch
ту́каться i. to bump
ту́ловище torso, body
тулу́п sheepskin coat
тума́нить i. to befuddle
ту́мба curbstone
ту́по dully
ту́скло dimly
тща́тельно thoroughly
тще́тный futile
тьма myriad
тьфу pshaw
тыл rear, back
тя́гостный painful
тя́жкий painful, heavy
тяну́ться i. to stretch

убаю́кивать i. to lullaby
убеди́ть p. to persuade, convince
убежда́ть i. to try to persuade
уби́йственный devastating, disastrous
уважа́ть i. to respect, esteem
уве́тливый affable
увеща́ние exhortation
увещева́ть i. to exhort
уво́лить p. to be excused
уговори́ть p. to talk into
угоди́ть p. to please
уго́дия lands

уголо́чек, -чка, dim. of уголо́к dim. of у́гол corner
уго́льничек, -чка dim. of уго́льник set square
у́гольный coal-black
угро́за threat
угрю́мо morosely
удовлетворе́ние satisfaction
удостовере́ние certificate
у́дочка fishing rod
уе́здный district
у́зел, -зла́ knot
ука́зывать i. to indicate
уко́л prick
укори́зна reproach
укро́п dill
у́ксус vinegar
у́лей, -ья beehive
улизну́ть p. to slip away
уличи́ть p. to unmask
улучи́ть мину́ту p. to catch a moment
уме́ренный moderate
умере́ть p. to die
умилённо with emotion
умо́лкнуть p. to fall silent
умоля́ть i. to implore
умча́ться p. to dash off
у́мысел design
унима́ть i. to try to quieten
уничто́жить p. to destroy, abolish
у́нтер-офице́р NCO
уны́лый melancholy
уня́ться p. to quiet down, subside
упира́ться i. to butt on
упи́танный fatted
упова́ние hope, aspiration
уподобля́ться i. to become similar to
упомина́емый mentioned
упо́р: в упо́р point-blank
употребле́ние use, usage
упря́мство obstinacy
у́сики dim. of усы́ moustache
ускака́ть p. to gallop away

услащённый sweetened
услуга favor
услужение service
услужливый obliging
усмехнуться *p.* to grin
устоять *p.* to stand the ground
утерпеть *p.* to withstand
утешить *p.* to comfort
утиральник (pop.) towel
утратить *p.* to lose
утроба womb
утюг iron (for pressing)
ухнуть *p.* to produce a loud sound
участие sympathy
участник participant
учёность, *f.* learning
ушат tub
ущерб damage
ущипнуть *p.* to pinch

фамилия surname
фасонисто stylishly
фея fairy
фистула falsetto
флакончик dim. of флакон phial
флигелёк, -лька dim. of флигель wing of a house; also cottage
фокус trick
фрак tailcoat
франт dandy
фронтон pediment
фуражка peaked cap
фуфайка (woolen) undershirt

халат dressing gown
хилый debile
хирагрик arthritic person
хитрый sly, cunning
хлоп! bang!
хлопотать *i.* to solicit
хмелён from хмельной tipsy
хмуриться *i.* to frown

хмуро frowningly, gloomily
хобот trunk (of elephant)
ходить за + instr. *i.* to look after
ходьба walk, walking
хозяйствовать *i.* to keep house
холка withers
холоп flunkey, menial
холостой single (unmarried)
холстинковый gingham
холуйский knavish
хорошенький pretty
хорошенько properly
хохотунья one given to laughing (fem.)
храм temple, church
хранить *i.* to keep
храпеть *i.* to snore
хребет: спинной хребет, -бта spine
хрюкать *i.* to grunt
хуторок, -рка dim. of хутор farmstead

царственный royal, regal
целковый one rouble
цепочка chain
цигарка cigarette
цирюльник barber
цыплёнок, -нка chicken

чай I expect
чайка gull
чародейка sorceress
чахнуть *i.* to pine away
чваниться *i.* to get stuck about
чемодан suitcase
чепуха nonsense, rubbish
черви hearts (in cards)
червонец, -нца 10-rouble piece
черепок, -пка crock
черпак dipper

черта́ feature, characteristic

че́стное сло́во word of honor

честь, *f.* honor

чёткий clear, legible

чехо́л, -хла́ case

чин rank, grade

чи́нный prim

чино́вник civil servant, official

чино́вный high-ranking

чихну́ть *p.* to sneeze

член limb

чрезвыча́йно exceedingly

чрезме́рный excessive

чугу́нный cast iron

чу́до miracle

чудо́вище monster

чу́ять *i.* to sense, feel

шарма́нщик hurdy-gurdy man

шата́ться *i.* to stagger

шерсть, *f.* wool; (of dog) hair

ширь, *f.* width, expanse

швейца́р janitor, doorman

швырну́ть *p.* to toss

шевельну́ть *p.* to stir

ше́лест rustle

шёлковый silken

шелуди́вый mangy

шелуха́ peel

шерохова́тый rough

ши́бко fast

шине́ль, *f.* (military) overcoat

ши́рма screen

шитьё needlework, embroidery

шифонье́р chiffonier

шку́ра hide

шла́форк obs. for шла́фрок dressing gown

шлифова́ть *i.* to polish

шоссе́ highway

шпи́лька hairpin

шпо́ры spurs

шта́тский civilian

што́пать *i.* to darn, mend

што́пка darning

што́пор corkscrew

штуко́вка invisible mending

шурша́ть to rustle

шутли́во jokingly

щади́ть to spare

щегольско́й elegant, smart

щегольство́ elegance, smartness

ще́дро generously, lavishly

щекота́ть to tickle

щеко́тно ticklish

щёлкать *i.* to click

щёлкнуть *p.* to give a flick

щелчо́к, -чка́ flick

щепа́ть to split (wood)

ще́почка dim. of ще́пка chip, splinter

ще́пы chips

щи cabbage soup

щу́пать *i.* to feel (by touch)

щу́риться *i.* to screw up one's eyes

эполе́ты epaulettes

ю́ношество youth

ю́ркий nimble

язы́чник heathen, pagan

я́корь, *m.* anchor

ямщи́к driver

я́рмарка fair

я́щерица lizard

A CATALOG OF SELECTED
DOVER BOOKS
IN ALL FIELDS OF INTEREST

A CATALOG OF SELECTED
DOVER BOOKS
IN ALL FIELDS OF INTEREST

DRAWINGS OF REMBRANDT, edited by Seymour Slive. Updated Lippmann, Hofstede de Groot edition, with definitive scholarly apparatus. All portraits, biblical sketches, landscapes, nudes. Oriental figures, classical studies, together with selection of work by followers. 550 illustrations. Total of 630pp. 9⅛ × 12¼.
21485-0, 21486-9 Pa., Two-vol. set $29.90

GHOST AND HORROR STORIES OF AMBROSE BIERCE, Ambrose Bierce. 24 tales vividly imagined, strangely prophetic, and decades ahead of their time in technical skill: "The Damned Thing," "An Inhabitant of Carcosa," "The Eyes of the Panther," "Moxon's Master," and 20 more. 199pp. 5⅜ × 8½. 20767-6 Pa. $4.95

ETHICAL WRITINGS OF MAIMONIDES, Maimonides. Most significant ethical works of great medieval sage, newly translated for utmost precision, readability. Laws Concerning Character Traits, Eight Chapters, more. 192pp. 5⅜ × 8½.
24522-5 Pa. $4.50

THE EXPLORATION OF THE COLORADO RIVER AND ITS CANYONS, J. W. Powell. Full text of Powell's 1,000-mile expedition down the fabled Colorado in 1869. Superb account of terrain, geology, vegetation, Indians, famine, mutiny, treacherous rapids, mighty canyons, during exploration of last unknown part of continental U.S. 400pp. 5⅜ × 8½. 20094-9 Pa. $7.95

HISTORY OF PHILOSOPHY, Julián Marías. Clearest one-volume history on the market. Every major philosopher and dozens of others, to Existentialism and later. 505pp. 5⅜ × 8½. 21739-6 Pa. $9.95

ALL ABOUT LIGHTNING, Martin A. Uman. Highly readable nontechnical survey of nature and causes of lightning, thunderstorms, ball lightning, St. Elmo's Fire, much more. Illustrated. 192pp. 5⅜ × 8½. 25237-X Pa. $5.95

SAILING ALONE AROUND THE WORLD, Captain Joshua Slocum. First man to sail around the world, alone, in small boat. One of great feats of seamanship told in delightful manner. 67 illustrations. 294pp. 5⅜ × 8½. 20326-3 Pa. $4.95

LETTERS AND NOTES ON THE MANNERS, CUSTOMS AND CONDITIONS OF THE NORTH AMERICAN INDIANS, George Catlin. Classic account of life among Plains Indians: ceremonies, hunt, warfare, etc. 312 plates. 572pp. of text. 6⅛ × 9¼. 22118-0, 22119-9, Pa., Two-vol. set $17.90

ALASKA: The Harriman Expedition, 1899, John Burroughs, John Muir, et al. Informative, engrossing accounts of two-month, 9,000-mile expedition. Native peoples, wildlife, forests, geography, salmon industry, glaciers, more. Profusely illustrated. 240 black-and-white line drawings. 124 black-and-white photographs. 3 maps. Index. 576pp. 5⅜ × 8½. 25109-8 Pa. $11.95

CATALOG OF DOVER BOOKS

THE BOOK OF BEASTS: Being a Translation from a Latin Bestiary of the Twelfth Century, T. H. White. Wonderful catalog of real and fanciful beasts: manticore, griffin, phoenix, amphivius, jaculus, many more. White's witty erudite commentary on scientific, historical aspects enhances fascinating glimpse of medieval mind. Illustrated. 296pp. 5⅜ × 8¼. (Available in U.S. only) 24609-4 Pa. $6.95

FRANK LLOYD WRIGHT: Architecture and Nature with 160 Illustrations, Donald Hoffmann. Profusely illustrated study of influence of nature—especially prairie—on Wright's designs for Fallingwater, Robie House, Guggenheim Museum, other masterpieces. 96pp. 9¼ × 10¾. 25098-9 Pa. $8.95

FRANK LLOYD WRIGHT'S FALLINGWATER, Donald Hoffmann. Wright's famous waterfall house: planning and construction of organic idea. History of site, owners, Wright's personal involvement. Photographs of various stages of building. Preface by Edgar Kaufmann, Jr. 100 illustrations. 112pp. 9¼ × 10.
23671-4 Pa. $8.95

YEARS WITH FRANK LLOYD WRIGHT: Apprentice to Genius, Edgar Tafel. Insightful memoir by a former apprentice presents a revealing portrait of Wright the man, the inspired teacher, the greatest American architect. 372 black-and-white illustrations. Preface. Index. vi + 228pp. 8¼ × 11. 24801-1 Pa. $10.95

THE STORY OF KING ARTHUR AND HIS KNIGHTS, Howard Pyle. Enchanting version of King Arthur fable has delighted generations with imaginative narratives of exciting adventures and unforgettable illustrations by the author. 41 illustrations. xviii + 313pp. 6⅛ × 9¼. 21445-1 Pa. $6.95

THE GODS OF THE EGYPTIANS, E. A. Wallis Budge. Thorough coverage of numerous gods of ancient Egypt by foremost Egyptologist. Information on evolution of cults, rites and gods; the cult of Osiris; the Book of the Dead and its rites; the sacred animals and birds; Heaven and Hell; and more. 956pp. 6⅛ × 9¼. 22055-9, 22056-7 Pa., Two-vol. set $21.90

A THEOLOGICO-POLITICAL TREATISE, Benedict Spinoza. Also contains unfinished Political Treatise. Great classic on religious liberty, theory of government on common consent. R. Elwes translation. Total of 421pp. 5⅜ × 8½.
20249-6 Pa. $7.95

INCIDENTS OF TRAVEL IN CENTRAL AMERICA, CHIAPAS, AND YUCATAN, John L. Stephens. Almost single-handed discovery of Maya culture; exploration of ruined cities, monuments, temples; customs of Indians. 115 drawings. 892pp. 5⅜ × 8½. 22404-X, 22405-8 Pa., Two-vol. set $17.90

LOS CAPRICHOS, Francisco Goya. 80 plates of wild, grotesque monsters and caricatures. Prado manuscript included. 183pp. 6⅜ × 9⅜. 22384-1 Pa. $5.95

AUTOBIOGRAPHY: The Story of My Experiments with Truth, Mohandas K. Gandhi. Not hagiography, but Gandhi in his own words. Boyhood, legal studies, purification, the growth of the Satyagraha (nonviolent protest) movement. Critical, inspiring work of the man who freed India. 480pp. 5⅜ × 8½. (Available in U.S. only)
24593-4 Pa. $6.95

HOW TO WRITE, Gertrude Stein. Gertrude Stein claimed anyone could understand her unconventional writing—here are clues to help. Fascinating improvisations, language experiments, explanations illuminate Stein's craft and the art of writing. Total of 414pp. 4⅝ × 6⅝. 23144-5 Pa. $6.95

ADVENTURES AT SEA IN THE GREAT AGE OF SAIL: Five Firsthand Narratives, edited by Elliot Snow. Rare true accounts of exploration, whaling, shipwreck, fierce natives, trade, shipboard life, more. 33 illustrations. Introduction. 353pp. 5⅜ × 8½. 25177-2 Pa. $9.95

THE HERBAL OR GENERAL HISTORY OF PLANTS, John Gerard. Classic descriptions of about 2,850 plants—with over 2,700 illustrations—includes Latin and English names, physical descriptions, varieties, time and place of growth, more. 2,706 illustrations. xlv + 1,678pp. 8½ × 12¼. 23147-X Cloth. $75.00

DOROTHY AND THE WIZARD IN OZ, L. Frank Baum. Dorothy and the Wizard visit the center of the Earth, where people are vegetables, glass houses grow and Oz characters reappear. Classic sequel to *Wizard of Oz.* 256pp. 5⅜ × 8. 24714-7 Pa. $5.95

SONGS OF EXPERIENCE: Facsimile Reproduction with 26 Plates in Full Color, William Blake. This facsimile of Blake's original "Illuminated Book" reproduces 26 full-color plates from a rare 1826 edition. Includes "The Tyger," "London," "Holy Thursday," and other immortal poems. 26 color plates. Printed text of poems. 48pp. 5¼ × 7. 24636-1 Pa. $3.95

SONGS OF INNOCENCE, William Blake. The first and most popular of Blake's famous "Illuminated Books," in a facsimile edition reproducing all 31 brightly colored plates. Additional printed text of each poem. 64pp. 5¼ × 7. 22764-2 Pa. $3.95

PRECIOUS STONES, Max Bauer. Classic, thorough study of diamonds, rubies, emeralds, garnets, etc.: physical character, occurrence, properties, use, similar topics. 20 plates, 8 in color. 94 figures. 659pp. 6⅛ × 9¼. 21910-0, 21911-9 Pa., Two-vol. set $15.90

ENCYCLOPEDIA OF VICTORIAN NEEDLEWORK, S. F. A. Caulfeild and Blanche Saward. Full, precise descriptions of stitches, techniques for dozens of needlecrafts—most exhaustive reference of its kind. Over 800 figures. Total of 679pp. 8⅛ × 11. 22800-2, 22801-0 Pa., Two-vol. set $23.90

THE MARVELOUS LAND OF OZ, L. Frank Baum. Second Oz book, the Scarecrow and Tin Woodman are back with hero named Tip, Oz magic. 136 illustrations. 287pp. 5⅜ × 8½. 20692-0 Pa. $5.95

WILD FOWL DECOYS, Joel Barber. Basic book on the subject, by foremost authority and collector. Reveals history of decoy making and rigging, place in American culture, different kinds of decoys, how to make them, and how to use them. 140 plates. 156pp. 7⅞ × 10¾. 20011-6 Pa. $8.95

HISTORY OF LACE, Mrs. Bury Palliser. Definitive, profusely illustrated chronicle of lace from earliest times to late 19th century. Laces of Italy, Greece, England, France, Belgium, etc. Landmark of needlework scholarship. 266 illustrations. 672pp. 6⅛ × 9¼. 24742-2 Pa. $16.95

SUNDIALS, Albert Waugh. Far and away the best, most thorough coverage of ideas, mathematics concerned, types, construction, adjusting anywhere. Over 100 illustrations. 230pp. 5⅜ × 8½. 22947-5 Pa. $5.95

PICTURE HISTORY OF THE NORMANDIE: With 190 Illustrations, Frank O. Braynard. Full story of legendary French ocean liner: Art Deco interiors, design innovations, furnishings, celebrities, maiden voyage, tragic fire, much more. Extensive text. 144pp. 8⅞ × 11¾. 25257-4 Pa. $10.95

THE FIRST AMERICAN COOKBOOK: A Facsimile of "American Cookery," 1796, Amelia Simmons. Facsimile of the first American-written cookbook published in the United States contains authentic recipes for colonial favorites—pumpkin pudding, winter squash pudding, spruce beer, Indian slapjacks, and more. Introductory Essay and Glossary of colonial cooking terms. 80pp. 5⅜ × 8½. 24710-4 Pa. $3.50

101 PUZZLES IN THOUGHT AND LOGIC, C. R. Wylie, Jr. Solve murders and robberies, find out which fishermen are liars, how a blind man could possibly identify a color—purely by your own reasoning! 107pp. 5⅜ × 8½. 20367-0 Pa. $2.95

ANCIENT EGYPTIAN MYTHS AND LEGENDS, Lewis Spence. Examines animism, totemism, fetishism, creation myths, deities, alchemy, art and magic, other topics. Over 50 illustrations. 432pp. 5⅜ × 8½. 26525-0 Pa. $8.95

ANTHROPOLOGY AND MODERN LIFE, Franz Boas. Great anthropologist's classic treatise on race and culture. Introduction by Ruth Bunzel. Only inexpensive paperback edition. 255pp. 5⅜ × 8½. 25245-0 Pa. $6.95

THE TALE OF PETER RABBIT, Beatrix Potter. The inimitable Peter's terrifying adventure in Mr. McGregor's garden, with all 27 wonderful, full-color Potter illustrations. 55pp. 4¼ × 5½. (Available in U.S. only) 22827-4 Pa. $1.75

THREE PROPHETIC SCIENCE FICTION NOVELS, H. G. Wells. *When the Sleeper Wakes, A Story of the Days to Come* and *The Time Machine* (full version). 335pp. 5⅜ × 8½. (Available in U.S. only) 20605-X Pa. $8.95

APICIUS COOKERY AND DINING IN IMPERIAL ROME, edited and translated by Joseph Dommers Vehling. Oldest known cookbook in existence offers readers a clear picture of what foods Romans ate, how they prepared them, etc. 49 illustrations. 301pp. 6⅛ × 9¼. 23563-7 Pa. $7.95

SHAKESPEARE LEXICON AND QUOTATION DICTIONARY, Alexander Schmidt. Full definitions, locations, shades of meaning of every word in plays and poems. More than 50,000 exact quotations. 1,485pp. 6½ × 9¼.
22726-X, 22727-8 Pa., Two-vol. set $31.90

THE WORLD'S GREAT SPEECHES, edited by Lewis Copeland and Lawrence W. Lamm. Vast collection of 278 speeches from Greeks to 1970. Powerful and effective models; unique look at history. 842pp. 5⅜ × 8½. 20468-5 Pa. $12.95

DEGAS: An Intimate Portrait, Ambroise Vollard. Charming, anecdotal memoir by famous art dealer of one of the greatest 19th-century French painters. 14 black-and-white illustrations. Introduction by Harold L. Van Doren. 96pp. 5⅜ × 8½.
25131-4 Pa. $4.95

PERSONAL NARRATIVE OF A PILGRIMAGE TO AL-MADINAH AND MECCAH, Richard F. Burton. Great travel classic by remarkably colorful personality. Burton, disguised as a Moroccan, visited sacred shrines of Islam, narrowly escaping death. 47 illustrations. 959pp. 5⅜ × 8½.
21217-3, 21218-1 Pa., Two-vol. set $19.90

PHRASE AND WORD ORIGINS, A. H. Holt. Entertaining, reliable, modern study of more than 1,200 colorful words, phrases, origins and histories. Much unexpected information. 254pp. 5⅜ × 8½.
20758-7 Pa. $5.95

THE RED THUMB MARK, R. Austin Freeman. In this first Dr. Thorndyke case, the great scientific detective draws fascinating conclusions from the nature of a single fingerprint. Exciting story, authentic science. 320pp. 5⅜ × 8½. (Available in U.S. only)
25210-8 Pa. $6.95

AN EGYPTIAN HIEROGLYPHIC DICTIONARY, E. A. Wallis Budge. Monumental work containing about 25,000 words or terms that occur in texts ranging from 3000 B.C. to 600 A.D. Each entry consists of a transliteration of the word, the word in hieroglyphs, and the meaning in English. 1,314pp. 6⅜ × 10.
23615-3, 23616-1 Pa., Two-vol. set $35.90

THE COMPLEAT STRATEGYST: Being a Primer on the Theory of Games of Strategy, J. D. Williams. Highly entertaining classic describes, with many illustrated examples, how to select best strategies in conflict situations. Prefaces. Appendices. xvi + 268pp. 5⅜ × 8½.
25101-2 Pa. $6.95

THE ROAD TO OZ, L. Frank Baum. Dorothy meets the Shaggy Man, little Button-Bright and the Rainbow's beautiful daughter in this delightful trip to the magical Land of Oz. 272pp. 5⅜ × 8.
25208-6 Pa. $5.95

POINT AND LINE TO PLANE, Wassily Kandinsky. Seminal exposition of role of point, line, other elements in nonobjective painting. Essential to understanding 20th-century art. 127 illustrations. 192pp. 6½ × 9¼.
23808-3 Pa. $5.95

LADY ANNA, Anthony Trollope. Moving chronicle of Countess Lovel's bitter struggle to win for herself and daughter Anna their rightful rank and fortune—perhaps at cost of sanity itself. 384pp. 5⅜ × 8½.
24669-8 Pa. $8.95

EGYPTIAN MAGIC, E. A. Wallis Budge. Sums up all that is known about magic in Ancient Egypt: the role of magic in controlling the gods, powerful amulets that warded off evil spirits, scarabs of immortality, use of wax images, formulas and spells, the secret name, much more. 253pp. 5⅜ × 8½.
22681-6 Pa. $4.50

THE DANCE OF SIVA, Ananda Coomaraswamy. Preeminent authority unfolds the vast metaphysic of India: the revelation of her art, conception of the universe, social organization, etc. 27 reproductions of art masterpieces. 192pp. 5⅜ × 8½.
24817-8 Pa. $6.95

AMERICAN CLIPPER SHIPS: 1833–1858, Octavius T. Howe & Frederick C. Matthews. Fully-illustrated, encyclopedic review of 352 clipper ships from the period of America's greatest maritime supremacy. Introduction. 109 halftones. 5 black-and-white line illustrations. Index. Total of 928pp. 5⅜ × 8½.
25115-2, 25116-0 Pa., Two-vol. set $17.90

TOWARDS A NEW ARCHITECTURE, Le Corbusier. Pioneering manifesto by great architect, near legendary founder of "International School." Technical and aesthetic theories, views on industry, economics, relation of form to function, "mass-production spirit," much more. Profusely illustrated. Unabridged translation of 13th French edition. Introduction by Frederick Etchells. 320pp. 6⅛ × 9¼. (Available in U.S. only)
25023-7 Pa. $8.95

THE BOOK OF KELLS, edited by Blanche Cirker. Inexpensive collection of 32 full-color, full-page plates from the greatest illuminated manuscript of the Middle Ages, painstakingly reproduced from rare facsimile edition. Publisher's Note. Captions. 32pp. 9⅜ × 12¼.
24345-1 Pa. $5.95

BEST SCIENCE FICTION STORIES OF H. G. WELLS, H. G. Wells. Full novel *The Invisible Man*, plus 17 short stories: "The Crystal Egg," "Aepyornis Island," "The Strange Orchid," etc. 303pp. 5⅜ × 8½. (Available in U.S. only)
21531-8 Pa. $6.95

AMERICAN SAILING SHIPS: Their Plans and History, Charles G. Davis. Photos, construction details of schooners, frigates, clippers, other sailcraft of 18th to early 20th centuries—plus entertaining discourse on design, rigging, nautical lore, much more. 137 black-and-white illustrations. 240pp. 6⅛ × 9¼.
24658-2 Pa. $6.95

ENTERTAINING MATHEMATICAL PUZZLES, Martin Gardner. Selection of author's favorite conundrums involving arithmetic, money, speed, etc., with lively commentary. Complete solutions. 112pp. 5⅜ × 8½.
25211-6 Pa. $3.50

THE WILL TO BELIEVE, HUMAN IMMORTALITY, William James. Two books bound together. Effect of irrational on logical, and arguments for human immortality. 402pp. 5⅜ × 8½.
20291-7 Pa. $8.95

THE HAUNTED MONASTERY and THE CHINESE MAZE MURDERS, Robert Van Gulik. 2 full novels by Van Gulik continue adventures of Judge Dee and his companions. An evil Taoist monastery, seemingly supernatural events; overgrown topiary maze that hides strange crimes. Set in 7th-century China. 27 illustrations. 328pp. 5⅜ × 8½.
23502-5 Pa. $6.95

CELEBRATED CASES OF JUDGE DEE (DEE GOONG AN), translated by Robert Van Gulik. Authentic 18th-century Chinese detective novel; Dee and associates solve three interlocked cases. Led to Van Gulik's own stories with same characters. Extensive introduction. 9 illustrations. 237pp. 5⅜ × 8½.
23337-5 Pa. $5.95

Prices subject to change without notice.

Available at your book dealer or write for free catalog to Dept. GI, Dover Publications, Inc., 31 East 2nd St., Mineola, N.Y. 11501. Dover publishes more than 175 books each year on science, elementary and advanced mathematics, biology, music, art, literary history, social sciences and other areas.